U0945893

暗夜星河

人物志

上部

王小窗 著

清華大學出版社
北 京

内 容 简 介

如果说今日中国繁荣富强、如日中天，那么从晚清至民国这段时期的中国就犹如处于黎明前的暗夜一般。林则徐、胡雪岩、严复等人物，就如暗夜之中的点点星光，试图以微弱之光，驱散这片夜空的晦暗。

本书是纪传体合集，介绍了从晚清至民国这段历史时期政治、经济、思想文化领域具有代表性的多位人物。每位人物都配有75~150分钟的视频，由作者亲自朗读录制。

图书在版编目(CIP)数据

暗夜星河：人物志 / 王小窗著. --北京：清华大学出版社，2025. 6（2025.8重印）.

ISBN 978-7-302-69324-6

Ⅰ. K820.5

中国国家版本馆CIP数据核字第20259K7S25号

责任编辑：张文青

封面设计：李　坤

责任校对：陈立静

责任印制：杨　艳

出版发行：清华大学出版社

网　址：https://www.tup.com.cn，https://www.wqxuetang.com

地　址：北京清华大学学研大厦A座　　**邮　编**：100084

社总机：010-83470000　　**邮　购**：010-62786544

投稿与读者服务：010-62776969，c-service@tup.tsinghua.edu.cn

质量反馈：010-62772015，zhiliang@tup.tsinghua.edu.cn

印 装 者：三河市春园印刷有限公司

经　销：全国新华书店

开　本：170mm×240mm　　**印　张**：32　　**字　数**：548千字

版　次：2025年7月第1版　　**印　次**：2025年8月第2次印刷

定　价：129.00元（全两册）

产品编号：111545-02

前言 · FOREWORD

人海茫茫，相遇是缘。感谢你翻开这本历史人物传记合集。

关于历史，我们都熟悉李世民感念魏征时说的名言：“以人为鉴，可以知得失；以史为鉴，可以知兴替。”

可如何走进历史，我们似乎总是难以掌握要领。回想学生时代的历史课上，从远古到近现代的历史好像都学了，每个时期我们都按照政治、经济、文化等领域分门别类地学习、总结。但仔细思考后会发现，历史是那么模糊、抽象、有距离感，我们好像从来没有走近过历史，更谈不上做到“以史为鉴”了。

我琢磨了许久，发现或许是我们学习历史的方法太抽象了，不真实，不具体，更不鲜活。我们中的大多数人，一聊起从晚清到民国这段时期的历史，脑海中就只浮现出那几个标签：落后挨打、鸦片战争、列强入侵、割地赔款、军阀混战等，至于那究竟是一个什么样的时代，不同出身、地域、领域的人到底是怎样生活的，他们分别以什么样的方式走过了那段岁月，我们了解不深。

这本书中，我讲述了政治、经济、思想文化等领域的多位人物的传记故事，他们的名字我们耳熟能详。我收集资料、细细考据，在脑海中想象穿越到他们那个时代，走进他们的生活。这时，我发现历史开始鲜活起来，历史的养分恰恰蕴藏于这些鲜活的细节中。

当对这一系列人物进行深入了解之后，奇妙的反应发生了：每个人就像一条线，捋清楚的线多了，交织起来就成了网，这张网吸引着我去探索更多历史的细节。

这个“从晚清到民国”的专题视频从一年半前发布至今，播放量已超过1.5亿次。很多网友留言，希望能尽快结集出版。在此，我非常感谢清华大学出版社的信任与支持，让我和网友的愿望得以实现。书中人物的相关视频，欢迎大家扫描封面底部的二维码，在我的抖音账号上观看。也欢迎大家扫描本页下方的二维码，关注我的“知识星球”。

最后，我要衷心感谢在各个平台上关注我、支持我的朋友，你们的爱支撑着我不断前行。

王小窗

2025年5月

王小窗的知识星球

目录 · CONTENTS

林则徐

（1785—1850）

苟利国家生死以 岂因祸福避趋之

林则徐是一个我们无比熟悉的名字，但在绝大多数人的印象中，与林则徐这个名字相关联的，似乎只有虎门销烟，殊不知林文忠公坚韧豁达、仁爱淡泊、清廉自守、一心为民的一生，确实值得我辈凝眸回望，高山仰止。

林则徐是中国近代史上的开篇英雄，他主持编写了《四洲志》，魏源说他是**“睁眼看世界的第一人”**。

当时的人就评价林则徐：**无一事不认真，无一事无良法。**

左宗棠的整个为官生涯，几乎就是以林则徐为榜样的。

1850年正月，湘江橘子洲头，寒江浓雾中，一叶扁舟停泊岸边。一名行色匆匆、脸上难抑兴奋的中年男子，被仆人引着走进了船舱。船舱正厅里坐着的，正是名满天下、风烛残年的林则徐，而中年男子则是左宗棠。林则徐已经六十六岁，在地方为官三十载，足迹遍布大半个中国。他自知身体难支，时日无多，道光皇帝也终于恩准他回乡养病。

但在林则徐心中，有一块石头始终放不下，就是新疆边患。他戍边三年，知道沙俄谋西北疆土之心不死，而满朝上下，几乎没人重视。他这次路过长沙，就是要专程见见这位大家口中有“今亮”之称、孔明之才的左宗棠。

左宗棠刚开始还有点拘谨，三杯两盏淡茶后就放开了，把自己对于边关、为官之道的理解完整地阐述出来。林则徐越听越兴奋，他万万没想到，眼前这位还未入仕途的后生，虽然从未到过边关，但想法、思路竟然与自己如出一辙。

林则徐不顾晚年身体孱弱，和左宗棠从傍晚聊到深夜，从深夜聊到天明。林则徐打开自己亲手绘制的新疆地图，把他多年来对边患的认识、为官理念，详细说给左宗棠听，唯恐遗漏。

随着天边越来越亮，林则徐的眼里也泛起了希望，他知道眼前之人，就是自己内心事业所要托付的对象，他拉着左宗棠的手说：**“吾老矣，空有御俄之志，终无成就之日。数年来留心人才，欲将此重任托付！”**又说：**“东南洋夷，能御之者或有人；西定新疆，舍君莫属。”**

可能林则徐当时也没想到，这一晚将在晚清，乃至中国历史上落下重重一笔。晚清唯此二位硬骨头，在这一晚完成了衣钵传承。

言传身教

林则徐的故事，还要从头说起。

翻开林家家谱，可以一直追溯至春秋时期。追问孔子“礼之根本”的林放，乃林家远祖。

林氏一族自唐代起迁居福建，世代耕读传家，唐、宋、明三朝都出过大官。到了清朝，林氏一族没落下来，林则徐祖上这一支定居福州。

林家日子再难，依然坚持代代读书。林则徐的祖父林万选求了一辈子功名，却只博了个秀才，家中条件也是每况愈下。林则徐父亲林宾日是祖父的第四子，从小勤奋读书，心气很足，希望有朝一日能金榜题名、光耀门楣。可惜家里条件太差，其父常年奔波在外，十三岁以前，林宾日都是就着家里的几本旧书自学，一直到十三岁，林万选才凑钱让林宾日入了私塾。

林宾日考运不佳，一直到二十九岁那年，也只是个穷秀才，连媳妇都没娶到。林宾日的才学其实不差，写得一手好文章，当时名儒陈时庵看过林宾日的文章，非常赞赏他的才华，把自己十八岁的女儿陈帙许配给他。

陈帙是一位了不起的女性，出身名门、生活优渥的她，嫁给家里穷得揭不开锅的林宾日，没有丝毫怨言。都说由奢入俭难，但陈帙很快就适应了眼前的苦日子，进入了贤妻良母的角色。她不仅心灵手巧、精于女红，更有一手剪纸绝活，寻常喜纸经她巧手雕琢，立时化作栩栩如生的花鸟鱼虫，陈帙凭借着这门手艺补贴家用。

据《文峰林氏世家》记载，1785年（乾隆五十年），林宾日与妻子结婚已经八年，当时已经生了八个女儿和一个儿子（林鸣鹤），长子不幸夭折，万幸妻子又有了身孕。这年的8月30日，福州城里暑气正盛、酷热难当，突然间乌云蔽日、疾雨倾盆，在这夏日暴雨中，林家宅子里传出了一阵婴儿的啼哭声——次子林则徐出生了。

据说当时福建巡抚徐嗣曾正巧路过林宅，因雨势太大，便进屋避雨，刚好听到婴儿降生时的啼哭。林宾日闻讯赶回家中，欣喜不已。他三十七岁中年得子，又看到巡抚刚巧在家中避雨，林宾日觉得高官登门，大吉大利。

而且徐巡抚本就是百姓爱戴的父母官，为官清廉，在福建为百姓办了不少实事。林宾日期许小儿子将来能像徐巡抚看齐，于是为其取名为林则徐（字元抚）。

添了林则徐这个新丁后，家里就有十一口人了，而主要收入就是林宾日那份微薄的教书工资，锅里的粥是一天比一天稀。虽说家贫如洗、野菜充饥，但父母从未想过因贫废学，一心支持林则徐走科举仕途这条路。

林宾日中了秀才后，始终未能如愿考中举人，他把所有的希望都寄托在儿子身上。林则徐四岁时，父亲就亲自给他启蒙，平日里去书馆教书，总把林则徐带在身边。当时不少人都劝林宾日夫妇说，你们家都这么困难了，没必要一根筋走科举这条路。大家都知道，这虽说是条出路，但实际上历来都是一座极窄极窄的独木桥，花费钱财不说，能否走通，学识只是一方面，运气占很大成分。太多饱学之士努力了一辈子，也只能做个穷秀才。

但林氏夫妇不为所动，有时候林则徐想帮衬家里干点活儿，母亲总是语重心长地说："我儿当安心读书，有朝一日高中为官才是正途。"

林则徐没有辜负父母的期盼，在读书这方面，他确实有天赋，八九岁就能写出好文章，尤其擅长作对子。

1794年的元宵佳节，老师带着林则徐等一批学童赏灯作诗，老师出上联"点几盏灯为乾坤作福"，林则徐听后脱口而出"打一声鼓代天地行威"。

老师和围观群众心头一惊，小小孩童竟有如此才情、如此胸怀！

还有一次老师带领学生到福州城外登鼓山。到了山顶，举目东望，海天相接，一望无际，老师指着近山远海对大家说，以山海为题，作七言对联。

林则徐沉思片刻，吟出了现在挂在各个中小学走廊里的名句：海到无边天作岸，山登绝顶我为峰。

说实话，天赋这东西，不服不行，小小年纪的林则徐，脱口而出就有庄子那种“独与天地精神往来”的气魄。那份豪迈之气，不输伟人年少时写的“春来我不先开口，哪个虫儿敢做声”。

林则徐十三岁那年，就以第一名的成绩中了秀才。当时到最后一个环节，还剩下年少的林则徐和一位白发苍苍的老童生，两人的文章难分伯仲，主考官临场出对子，指着小林则徐说“童子何知”，林则徐从容答道“大人利见”。老童生在沉默许久后说道：“老夫老矣。”

此后，老林家出了个神童的名声，在福州地界上传开了。

林则徐二十岁那年，成了举人。

1811年（嘉庆十六年），二十六岁的林则徐高中进士，进入翰林院。这一年，曾国藩出生了。

林则徐在二十岁之前，真正的老师就是他的父母。林家虽然生活艰苦，但林宾日夫妇安贫乐道，在清贫中保持着那份难得的闲情逸致，林宾日的书画功底极好，悉心指导林则徐，平日里劳作耕读之余，邀上文人好友浊酒淡茶，吟诗作对，谈论经世致用之学，林则徐常陪伴在父亲身边，耳濡目染。

林宾日身上的大儒气节也从骨子里影响了林则徐。林宾日年轻时能做到**贫贱不移**，晚年儿子当了大官，他又能做到**富贵不淫**。林则徐后来在江浙当地方大员，一心想恭迎双亲北上奉养，林宾日一再写信推辞。母亲陈帙见儿子孝心难却，也只是象征性地过去小住一段时间，之后依然回到福建老家。

林宾日虽然没当过官，但“**以天下苍生为己任**”的入世思想，在他身上是深有体现的。1822年（道光二年），江浙一带洪水泛滥，灾民四起，林宾日写信帮林则徐分析事态，并提供应对策略。林则徐忧国忧民、淡泊明志的精神底色，深受父亲影响。

经世致用

林则徐在进入仕途前，还遇到一位贵人——福建巡抚张师诚。林则徐在中举后娶妻成家，为了养家，到长乐县县衙找了份文书工作，一边读书，一边挣钱补贴家用。1806年（嘉庆十一年）除夕，按照惯例，各县都要向巡抚写新年贺贴，林则徐也照吩咐写了一封递上去。一般来说，这种帖子都是例行公事，大家无非都是写些官话套话，但如果有人真用心了，上级官员瞄一眼就能看出来。

林则徐文采本就出众，而且做事向来认真，他递上的帖子，被巡抚一眼看中。张师诚觉得这个小吏不简单，便即刻差人去请。

等巡抚衙门的人来到长乐县县衙，知县还当是贺贴出了问题，神情颇为紧张。林则徐被叫出来时，表现得非常淡定，跟着来人就去了巡抚衙门。

张师诚看到林则徐本人之后，更是心下一惊。眼前的年轻人不过二十岁上下，只是一介初出茅庐的书生，但一脸从容、泰然自若，张巡抚当即认定此人才可大用。他夸了几句林则徐帖子写得好，随即拿出一堆案卷，让林则徐根据这些案卷写封奏章。林则徐二话不说，立刻投入写作之中。

当时正是除夕之夜，屋外是锣鼓喧天、鞭炮齐鸣，林则徐心无旁骛地忙了一晚上。第二天清晨，奏章拟好，张巡抚过来一看，其实内心是满心欢喜的——写得太好了，但还是故作严肃地在文章上挑了几个毛病，让林则徐再写。林则徐只是点头，又工工整整地写了一遍。这时候，张巡抚再也按捺不住内心的狂喜，他拉着林则徐的手道："阁下可千万不要介意我的无礼和唐突。老夫有幸，遇到一位栋梁之材！阁下将来的功业，必在我之上！"说完一定要扶林则徐上座。林则徐一脸惊讶，赶忙推让。

张师诚邀请林则徐到巡抚衙门做自己的幕僚，同时他建议林则徐潜心学习经世致用之学。林则徐从二十三岁起到二十六岁中进士，一直跟着张师诚，张师诚对他也是倾囊相授，除了指导他继续读书外，在衙门这套行政事务上也悉心栽培。林则徐后来从京官下放到地方，一上来就得心应手，得益于这段经历。

林则徐进入翰林院后，立下**"不求做大官，只求做大事"**的人生志向，除了研读经典外，还将很大一部分精力花在研究农桑、水利、地理等知识上。因出身苦寒且有过基层工作经历的林则徐，知道哪些东西是真正能造福百姓的。

林则徐在翰林院供职七年，仕途还算平稳，但日子过得非常拮据，特别是随着子女的相继出生，那区区不到二百两银子的年俸，根本不够家庭支出。如果不搞灰色收入，清朝的京官日子是很难过的，林则徐自我要求高，自然不愿贪污。为了维持一家生计，他到私塾教书搞兼职，另外他写得一手好字，把自己的书法作品放到店里寄卖，也能换些钱。

林则徐的京官生涯，主要就是修炼内功，他自己留下较多记载的，就是在1816年和1819年分别到南昌和昆明做考官。

林则徐对于做考官这件事极其认真负责，每卷必反复斟酌，唯恐不细致造成错判。他深知考官的一个不经意，很可能就决定了一个学子的一生，他父亲林宾日就是典型例子。

1820年初春，河南一带雨水太多，河堤决口，洪水泛滥。此时的河南巡抚正是后来在鸦片战争中主和的琦善。此人治政不得要领，致使河南水患愈演愈烈。朝廷派林则徐出任江南道监察御史。监察御史的工作职责之一就是代表皇帝到各地巡查，遇到棘手的事情能第一时间将情况上报给朝廷，虽然官阶不高，但工作性质决定了这个官职权力不小。

林则徐到地方后一摸排，发现问题并不复杂，只是因为河堤修复工程进展太慢，往往旧的决口还没修好，就又添新的决口了。工程进展慢，问题出在工程用料不能及时到场上，商人囤积居奇，林则徐提出让地方官**“严密查封，平价收买，以济工需”**，问题很快就得到了解决。

嘉庆皇帝嘉奖林则徐办事得力，也觉得像这样的人才继续放在翰林院可惜了，便授予林则徐浙江杭嘉湖道一职，这可是个有绝对实权的地方官。浙江省分为四个片区，总长官是巡抚，四个片区的负责人是四个道台，道台之下才是各个府，各府的行政长官就是我们熟悉的知府，再往下是县令。林则徐所任的杭嘉湖道，包括杭州、嘉兴、湖州三府，都是富庶之地，这是多少人梦寐以求的肥差！

这样的地方，一般来讲，最大的问题就是官员贪腐。林则徐一上任就着手整顿吏治，查处贪腐；同时着重提升地方教育，创办书院，培养人才。这时候，林则徐已经发现鸦片对整个社会荼毒至深，他在辖区内开始了禁烟运动。

1821年（道光元年）7月，林则徐得知老父亲病重，便辞官回家。在杭嘉湖道这个位置上，林则徐只干了一年，但当地百姓对他感恩戴德、称赞有加。

林则徐在老家待了半年，侍奉父亲，父亲的身体也日渐好转。林家没什么家底，林则徐于1822年初赴京补官。即位不久的道光皇帝早就听说林则徐是个干实事的，就特意召见了他，让他继续回浙江任职。

林则徐回到浙江后，协助巡抚整顿浙江盐政，很快升任江苏按察使。这个官职相当于“江苏省公检法一把手”，职位仅次于巡抚。林则徐上任之后，宵衣旰食，夙夜在公。当时清朝地方官僚系统暮气已深，案件积压数年的情况屡见不鲜。林则徐亲自带队，加班加点地处理。他在大堂上题了一副八字对联：**求通民情，愿闻己过**。意思是：注重勘察民情，欢迎批评监督，广开言路，闻过则喜。

不出半年，江苏省历年积压的案子基本处理完毕，林则徐秉公执法，打击豪强，平反冤狱，江苏百姓赞颂其为**“林青天”**。

《唐六典·吏部》中记载了考核官员的四个标准：“一曰德义有闻，二曰清慎明著，三曰公平可称，四曰恪勤匪懈。”这“四善”可以归纳为**“德、慎、公、勤”**四个字，可以说，林则徐都做到了。

因为政绩突出，道光皇帝又让他署理江宁布政使，管辖区域包括南京、苏州、常州、徐州等九个府，基本涵盖了江苏省的经济和文化要地。当时境内水患严重、民不聊生，林则徐到任后，很快便能遏制灾情蔓延，令受灾民众**“饥者得食、寒者得衣、病者得医”**，灾区重现生机，其治灾理政之能被广为传颂。

从1820年到1832年的十二年间，林则徐的为官足迹遍布江浙和陕甘，但每个职位干的时间都不长，短则几个月，多则一两年。这里有两个原因，首先是林则徐确实能干，他被调任，几乎都是去处理一些棘手的事情，如赈灾、水患、盐政，但凡他去，皆能收获立竿见影的效果。对于道光皇帝来说，林则徐就是一块好用的砖，哪里需要就往哪里搬。

1831年（道光十一年），林则徐在治理黄河的时候，顶着寒风，步行数百里，细致勘察各处要害，制定详细的治河方略，认真监督执行，连道光皇帝都赞道：**“向来河工查验料垛，从未有如此认真者。”**皇帝对文武百官说，如果百官皆能**“如此勤劳，弊自绝矣”**。

林则徐无法在一个任上待太久的另一个重要原因，就是他做事太认真。大清官场那时已经糜烂不堪，官官相护、尸位素餐是常态，林则徐的兢兢业业会反衬出同僚的碌碌无为，况且林则徐从未当过一把手，可以想象，他这个官场异类与上级和同级都不好相处。

1832年（道光十二年），林则徐调任江苏巡抚。此时他的顶头上司——两江总督陶澍，是他早年在翰林院的至交好友，林则徐终于可以全方位地施展自己的政治主张。在江苏巡抚任上，他以身作则，公正廉洁，大力整顿吏治，积极兴修水利。林则徐尤其关心百姓生计，他就任的第二年，水灾严重，粮食歉收，百姓在重赋下苦不堪言。林则徐准备给皇帝上折子，希望能减免百姓税赋，但他的折子还没递上去，皇帝问责的谕旨就先到了，说这几年江苏税赋上缴总是不及时，一定要纠正过来。

这就犯难了：顺着皇帝的意思，受苦的肯定是百姓；不顺着皇帝的意思，乌纱帽分分钟不保。

当时两江总督陶澍就劝说他，要不还是顺着皇上的意思来，但林则徐坚持要为民请命，他给道光皇帝写了一封三千字的奏折，详细陈述江苏百姓的困难，希望皇帝能体察民情，减免税赋。这封折子，字字情真，句句热血，道光皇帝竟然真的准了林则徐的请求。

林则徐在江苏巡抚任上干了五年，江苏境内百姓的生活是越来越好，这得益于林则徐在水利工程上下的功夫，境内水患越来越少，年年丰收。

1837年（道光十七年），林则徐升任湖广总督，此时他已经五十三岁，我们熟悉的禁烟英雄终于要上线了。

禁烟英雄

林则徐在过去这十几年的地方官生涯中，已经深刻感受到鸦片对中国的荼毒，他自己的亲弟弟因为染上烟瘾，难以自拔。

这里我们有必要了解一下当时的时代背景。

英国经过工业革命的洗礼，在全世界寻找殖民地，一边倾销自己的工业品，一边掠夺全球资源。中国人口占当时世界人口的四分之一，地大物博，人口众多，关键是还很落后，在英国人眼里，这是最理想的市场。多年来，他们一直在谋求对华贸易，可是做了一段时间的生意之后，发现不对劲，中国自给自足的自然经济异常稳固，英国的商品在中国销量十分有限，反而是中国的茶叶、瓷器、丝绸在英国大受欢迎，这就使英国不仅没有从中国赚走银子，反而形成巨大的贸易逆差。

而且中国毕竟是东方大国，英国人也不敢轻易动武殖民。就在英国一筹莫展之际，他们发现，鸦片是个好东西。鸦片有成瘾性，只要吸上，就很难戒掉。最开始，英国的东印度公司把鸦片包装成药品，销售到中国，清政府也没在意。这里面利益巨大，很多地方官员、买办与鸦片贩子相互勾结，鸦片贸易规模迅速扩大，举国上下吸食鸦片的人越来越多。

鸦片并不是一个新鲜事物，早在唐宋时期，它就被当作一种药物使用，那时候的人就知道，这东西多食有害。明朝时，鸦片被称为“阿芙蓉”，是昂贵的药材，所以没有流行开来。

1729年（雍正七年），雍正帝意识到鸦片的危害，还颁布过禁烟令。1796年（嘉庆元年），清政府再次颁布禁令，严禁鸦片输入中国。这时候东印度公司已经通过鸦片在中国赚了巨额的银子，他们不舍得放弃这块大蛋糕；再加上在巨大的利益面前，大量中国人愿意铤而走险。从这时候起，鸦片贸易转入地下，也就是我们通常说的“走私”。东印度公司把鸦片运到沿海，直接卖给中国的鸦片贩子，鸦片贩子再分销到全国各地。因此尽管朝廷颁布了禁烟令，鸦片输入不仅没有减少，鸦片走私反而愈演愈烈。沿海地区的官僚，甚至是水师官兵都深度参与到鸦片走私当中，形成了庞大的利益链。

到19世纪初，鸦片在中国泛滥成灾，特别在东南沿海的富庶地区，吸食鸦片者已达当地人口的十之六七。

林则徐对于鸦片一直深恶痛绝，在他的治下，他一直主张禁烟，但毕竟杯水难灭群火。1837年林则徐升任湖广总督后，他向朝廷进言，痛陈鸦片流毒之广、危害之深，主张在全国禁烟，从源头上打击鸦片贸易。他说：**“迨流毒于天下，则为害甚巨，法当从严。若犹泄泄视之，是使数十年之后，中原几无可以御敌之兵，且无可以充饷之银。兴思及此，能无股栗！”**

实际上，林则徐还是乐观了。不过数年，大清便几无可用之兵，举国上下都是病恹恹的烟鬼。后来太平天国之所以能所向披靡，清军基本无战斗力就是原因之一。

林则徐等一众官员力主禁烟的同时，朝廷还有很大一批官员主张放开鸦片贸易，这部分人被称为“驰禁派”。更要命的是，驰禁派并非少数，而是大多数。1838年（道光十八年），林则徐的至交黄爵滋上奏，提出严禁鸦片，吸食贩卖者以死刑论处。道光皇帝拿不定主意，让各地督抚上书进言。到当年十月，道光皇帝一共收到各地督抚的奏章28封，竟然有23封反对禁烟。原因可想而知，这些当官的，要么是鸦片贸易的直接受益者，要么自己已经吸食成瘾。有人甚至提出，鸦片不仅不能禁，还要鼓励种植，不需要进口，也就不会使白银外流了。

驰禁派的观点和动作，林则徐看在眼里。他不管那么多，率先在自己管辖的湖南湖北禁烟，打击鸦片贩子，查封烟馆，收缴烟具，还组织了一群郎中验配药方，帮助百姓戒烟。一番努力下来，辖区内一时清明。

当时鸦片已经造成白银大量外流，民风不振，军力丧失。林则徐等一众禁烟派向朝廷详细分析利害，如不禁烟，**财政崩塌、国家危亡**只在旦夕之间。至于能不能禁，林则徐已经用实际行动证明了——没问题！

据说道光皇帝本人就沾染过鸦片，那种整天浑浑噩噩的感觉，他应该是深有体会的，这让他能判断出，以林则徐为代表的禁烟派所言不虚。道光皇帝最终决定，支持林则徐全面禁烟。

1839年（道光十九年）3月，林则徐得以面圣。君臣深入交流之后，林则徐被授予钦差大臣的身份，赴广州禁烟——当时鸦片输入的主要源头就是广州。

林则徐走出京城，举目南望，春意未到，寒气尤在。官场经验丰富的他，知道要干成这件事，前路布满荆棘。但林则徐不是畏难的人，他意志坚定，誓死要完成使命。他表示：**若鸦片一日未绝，本大臣一日不回，誓与此事相始终，断无中止之理**。

林则徐受命之后，昼夜兼程，赶赴广州，遇到恶劣天气也极力克服。唯一休整的两天，是在江西连遇大雪，道路中断。

林则徐一路上行事极其低调，以他湖广总督兼钦差大臣的身份，按照清朝官场旧例，沿途官员都要款待宴请。而林则徐严禁地方官员迎接他，他轻车简从，随行人员不过十来人，而且要求随行人员不能对地方有任何叨扰，违令者严处。到驿馆住宿，一切食用都自理，不增加地方负担。

林则徐之所以如此严格自律，一方面因他历来体恤百姓，不愿搞官场铺张那一套；另一方面因他知道此次去广州禁烟，那是富庶之地，不知道有多少贪官、买办备好银子等着他，他要做到“**人未到，威先至**”，让那些试图腐化他的人尽早认清现实。

同时，林则徐秘密安排了两人先行打探消息，将广州鸦片走私的网络、核心人物的情况提前摸排清楚。等林则徐到广州时，对鸦片走私的情况已基本了解。

我们在教科书上只知道“**虎门销烟**”这一个片段，那只是结果，林则徐禁烟是一整套系统而周密的举措。我翻阅了大量资料，总结为“**四板斧**”。从林则徐的禁烟政策和动作中，我们也能看出，在官场摸爬滚打近三十年的他，已经成长为一个成熟的政治家，曾经有些愣头青的他，这时很擅长团结地方官员了。

第一板斧：严厉打击吸食鸦片者，但不是说谁吸食鸦片就抓起来。当时广东地区吸食者众多，你要真这么简单粗暴地处理，根本行不通。林则徐的策略很人性化，也具备可行性。

其一，不管你之前因为什么原因吸食上瘾，只要愿意戒烟，不再吸食，就既往不咎。

其二，朝廷配发戒烟药物，协助戒断治疗。

其三，凡是家中鸦片、烟具悉数上交者，皆免罪，同时要求父兄、邻里承担监督责任。如果有人不愿意交，家人和邻居要及时检举揭发。

其四，在一段时间内主动上缴、戒烟者，恕无罪。如果一段时间后，官府挨家搜查，如发现藏匿不交者、继续吸食者，从重处罚。

说实话，上述措施是很接地气的。当时民间虽然吸食者众多，但还是有很多人认识到鸦片的危害，尤其看到自己的亲人吸食成瘾后，人不像人，鬼不像鬼，想劝又劝不动，对鸦片早已深恶痛绝。现在官府明令禁烟，清醒的老百姓肯定会全力配合，民间力量一旦调动起来，效果是相当显著的。

第二板斧：重拳打击烟贩和汉奸。当时清政府有明文禁烟令，禁止各国的鸦片进入中国。主要是中国烟贩和汉奸做中间商，他们开船到海上，把鸦片运进来后再分销。禁烟之初，林则徐要求所有中国船只都不能出港与洋船接触。对于查明贩烟情节严重的头目，斩首示众于码头，这对于烟贩有极大的震慑作用。而且一旦不让他们与洋船接触，洋船上的鸦片贩子也会心急，他们信息不通，有利于林则徐分而治之。

第三板斧：分化洋人阵营。林则徐在禁烟之初，就下令所有停在港口的商船停止上下货，不管你是否参与贩卖鸦片的活动。待鸦片清缴完成后，一切商贸照旧，对配合者会给予奖励。还是有很多商船做的是正经贸易，现在被鸦片走私影响了，自然心怀怨气，自然会检举走私鸦片的船只，配合清政府的行动，免得让自己的生意受影响。

即使对于贩运鸦片的洋人，林则徐也没有赶尽杀绝。他知道，这些洋人的鸦片也是花钱买来的，如果直接罚没，肯定会引发巨大的抵触，令禁烟运动严重受阻。林则徐发出告示，只要这些洋人主动上缴鸦片，每上缴一箱，清政府就奖励五斤茶叶，这既是一种奖励，也是一种补偿。从这些政策细节就能看出，林则徐绝不是那种纯粹的理想主义者，他做事的分寸感拿捏得相当到位，每一个动作都有法可依、有理有据、审慎周全。

而且他一再强调，大清对于合法商人和贸易，会全力保护，不论你来自哪个国家，我们一视同仁；但对于违法贸易，一定严惩不贷！大部分商人还是想好好做生意的，林则徐这一套组合拳打下来，很多外国商人也开始拥护禁烟政策。

第四板斧：加强海防，扩大港口水师。利益干系如此重大的事情，光讲道理是不够的，军事实力才是保障。林则徐在禁烟过程中，采取一系列措施加强海防，积极准备应对随时可能发生的军事冲突。在虎门增设炮台，秘密购入西洋大炮，扩充水师军力，责令认真操练，重用水师提督关天培。关天培是坚定的禁烟派，在抵抗侵略上全力支持林则徐。

这几板斧砍下来，有没有效果？当然有！

罚没和鸦片商人主动上缴的鸦片，据《清实录》记载，一共是20283箱。如此多的鸦片，怎么处理？

有人建议，设立官府的鸦片专卖局，这样能挽回一些损失，林则徐也考虑是否将鸦片运往京城，再做处理。但他最终决定，就地销毁！只有这样，才能让当地百姓和外国商人看到清政府禁烟的决心。他在虎门挖了两个大池子，池子里倒入生石灰，灌入海水后，再将鸦片倾倒进去销毁，这样的方法可以销毁得彻底。

1839年6月3日，在林则徐亲自主持下，“虎门销烟”正式启动，一直持续到当月的25日，共二十余天。林则徐担心有纰漏，每天都在现场盯着。空前的场面吸引了不少围观群众，有些烟瘾犯了的人还想浑水摸鱼偷走鸦片，都被当场抓获严惩。

外国商船停在珠江口，洋人们目睹了这一幕，这下，他们彻底相信了清政府禁烟的决心。

鸦片战争

就在这关键时刻，林则徐收到了道光皇帝的圣旨，要求他对抓获的烟贩从轻发落。林则徐立马就意识到出问题了——不用猜，肯定是驰禁派又动摇了皇帝禁烟的决心。

但眼下林则徐还有更重要的事情要做——全力以赴，巩固海防。他已经听到风声，英国的鸦片商人不肯罢休，正在游说英国政府出兵讨要说法。

这里要插一段。林则徐是名副其实的中国“睁眼看世界的第一人”，他一直保持着对西方国家的关注。抵达广州后，澳门的新闻报纸他每天必看。早些年，林则徐就组织翻译了不少西方书籍，涵盖历史、地理、武器制造等方面。为了尽量做到禁烟工作有法可依，他委托美国医生派克（Peter Parker，旧译伯驾），翻译了《万国公法》。魏源后来编写《海国图志》时，很多资料源自林则徐这里。

林则徐对于中英双方的海军实力差距，有清醒的认知。他之所以每一步都尽量做到合理合法，就是想最大限度地避免战争，给大清海军发展争取时间，这一点当时很多人有共识。林则徐的厉害之处在于，他知道“**能战、敢战，而后才能和**”。这个道理，整个晚清官场的高层中，只有林则徐和左宗棠真正理解，而且敢于身体力行。

按说林则徐禁烟，发展到这一步还算顺利，怎么后来突然就爆发战争，而且林则徐还被贬谪发配了呢？这其中的深层原因，是英国高层早就蠢蠢欲动，不愿意放弃到手的蛋糕。

当时英国派驻中国的商务事宜负责人叫查理·义律（Charles Elliot）。有一种说法是，就是他挑唆英国议会发动鸦片战争的，英国政府其实并不想动武——这有点美化英国政府了。

实际情况刚好相反，义律作为英国在华一切商贸的负责人，他的职责是维护正常的贸易合作，他也清楚英国对中国单方面的鸦片倾销，不利于两国的长久贸易关系，还多次写信给英国的外交大臣巴麦尊（Henry John Temple，Lord Palmerston），表示应该支持禁烟，让中英贸易正常化。这些信件现在都已经公开了。

但巴麦尊态度非常坚决，他对于义律汇报的林则徐采取的人性化的禁烟细节完全不理睬。在英国议会，巴麦尊一味指责清政府蛮横不讲理，说中国不尊重英国，侮辱英国君主，不愿意跟英国做生意，还要把英国商人抓起来砍头。

他这样做的目的只有一个——鼓动英国议会通过对华战争的提案。

林则徐也在密切关注英国的动向，也知道有人在英国议会中歪曲事实。他拟了那篇著名的《**谕英吉利国王檄**》，把清政府支持正当贸易、尊重英国合法商人、愿意保持中英友好关系的观点完整清晰地表达出来。他深知当下中英海军实力悬殊，清军难以承受全面战争。

结果我们也知道了，这份给英国国王的信没起到什么作用。只要中国坚持禁烟，英国对华宣战是必然的，即便没有林则徐禁烟，列强侵华也是必然趋势。这就好比嗜血的狼看着一大群弱小的绵羊，早晚会下手。自西方国家开启殖民之路以来，弱肉强食就是他们信奉的准则。

1839年农历九月，大清水师参将赖恩爵率领三艘船在近海巡逻，发现五艘英国船只靠近，赖恩爵勒令对方停船，对方说只是想靠岸买些生活用品。但这五艘船在靠近之后，突然向我方开火，炮弹击中一个正在甲板上维修的士兵，顿时血肉横飞。赖恩爵还是很有血性的，临危不惧，立刻下令全力反击，一炮击中一艘敌船的要害，船上的英国士兵纷纷落水，其他四艘船发现占不到便宜，掉头就跑。

这是一场小小的遭遇战，英军在实力占优势的情况下并没占到便宜，中国两死六伤，英军仅被清军捞起来的尸体就有十七具。这一战，大清军士气势如虹，觉得英国海军也不过如此。战果传到京城，道光皇帝龙颜大悦，大力嘉奖赖恩爵，优厚抚恤伤亡将士。道光皇帝甚至觉得完全可以打败英国，但要命的是，这个历史上抠门出了名的皇帝给林则徐下达的旨意里，除了表示要大胆一战、大败英国外，还特意强调“**断不至轻率偾事**”。说白了，就是想要打胜仗，但又不愿意投入足够的军费——打仗哪有不花钱的？！

当众人沉醉于小小的胜利之中时，林则徐的头脑是清醒的——这只是一场遭遇战，英军主力还没来，一心求战绝对是下下策。我们可能一直以为林则徐是坚定的主战派，这就大错特错了，真正的主战派是脑子不太清醒的道光皇帝。后来咸丰皇帝一心求战，跟他爹此时的情况一模一样——完全不了解实际情况，不拨军费，又想打胜仗，凭感觉瞎指挥。

林则徐只能在有限的条件下做好防守，协同两广巡抚邓廷桢发动民间募捐，筹集军费。同时，林则徐继续向各国商业代表示好，表示大清是支持正常贸易的，打击的只是鸦片走私。

上一次吃了亏的英国军队拦截了所有的英国商船，不让他们与中国进行正常贸易。英国军队是最不想看到中英贸易恢复正常的，那样英国政府就不会出兵了，中国的禁烟目的岂不就达成了？

林则徐明白英国军队的险恶用心。水师提督关天培亲自率船队阻击英军，海战一触即发，这就是穿鼻海战。这一战持续了十天，关天培临阵指挥，身先士卒，大清大获全胜。至此，中英关系彻底破裂。对于英国的主战派来说，终于可以直接开战了。

道光皇帝听说又打了个胜仗，也膨胀了，下旨中断对外贸易。大清朝廷本就不愿意同外国人做生意，只是迫于压力没办法，现在看来，小小夷军，有何可惧？

道光皇帝升任邓廷桢为两江总督，命林则徐出任两广总督，全力督战。事情朝着林则徐不可控制的方向发展了。1840年4月7日至9日，英国议会经过三天的讨论，决定对华开战。

战事已经不可避免，林则徐便全身心投入到备战之中。这就是林则徐一直以来的做事特点，他总是能随时调整自己的心态，遇到问题就解决问题，不埋怨，不消极。他在明知军力不敌的情况下，做了哪些战争部署，我们可以看一下。

其一，加强防御布局，在珠江口设置多道防线，以守为攻。英军舰船在绝对实力上占优势，在海面上硬碰硬就是鸡蛋碰石头，要尽全力阻止英军进入内河。

其二，广泛发动沿海群众、渔民，坚壁清野，共抗英军。准许所有人员向登岸英军发起攻击。

其三，制定明确的奖赏制度。无论是士兵还是百姓，只要能杀死英军、烧毁英国船只，官府一律给予重赏。

英国派出军舰48艘、大炮540门、士兵4000人。1840年6月，英军主力到达广州湾，关天培和林则徐亲率水师迎敌，英军连续进攻多次，都没取得像样的战果。英国发现广州不好打，马上调整战略，率军北上，攻打厦门、宁波等地。

首先被攻下的是定海。1840年（道光二十年）8月，英国海军开到天津。天津距离北京仅一步之遥，这时候主和派的穆彰阿、琦善趁机对道光皇帝进谗言，称这都是林则徐在广州禁烟不力造成的，只要惩治林则徐，所有问题就都可解决。其间，林则徐两次上奏，大胆陈述禁烟抗英的合理性和正义性，没想到道光皇帝翻脸不认账，指责林则徐一派胡言。

总要有人给“天朝上邦”的战败当替罪羊，道光皇帝不假思索便下旨将林则徐和邓廷桢革职查办，并命令“交部严加议处，来京听候部议”，并派琦善任钦差大臣，到广州全权处理此事——你说皇帝办的这叫什么事儿啊！

林则徐的作战思路是清晰而务实的，只要大清的各港口采取得力措施，坚决抗敌，英军毕竟是劳师远征，久战必输。可惜壮士未酬，皇帝竟然听信谗言，将他查办了。

占领定海的英军主将得知林则徐被查办后，坦言林公是中国的好总督，有血性、有才气——连英国人都看得清曲直，皇帝老儿却不辨忠奸！

英军主帅叫乔治·懿律（George Elliot），与英国驻华商务代表查理·义律是堂兄弟（为了区别二者，特将前者翻译为懿律，后者翻译为义律）。懿律是个中国通，他太了解大清官场的生态了，林则徐这个中国官场的异类，是英军唯一忌惮的人。现在大清自毁长城，用琦善代替林则徐。于英国人而言，事情就好办多了，他们的目的本就是想通过武力震慑大清，争取利益，并不是真想打仗。

丧权辱国

琦善首先到天津，同英方代表接触了一下，对方也看得出，这个人好对付。紧接着，琦善到达广州，接替了林则徐的工作，一上来就把林则徐和关天培费心布置的防线、炮台都给拆了，他觉得这是对英示好，有利于谈判。不管关天培如何极力反对，琦善都不为所动。

英国人看到琦善的所作所为，都笑出声来了，在谈判桌上强硬地提出割地、赔款、通商的要求，这个软骨头不敢不答应。

赔款还好说，割地、通商，琦善也不敢擅作主张。想找英国人再商量商量，可对方态度依旧强硬，琦善只得硬着头皮把条件呈报给道光皇帝。一直沉睡于“天朝上邦”美梦中的道光皇帝，觉得这帮蛮夷太过嚣张，当即下令对英作战，以惩罚他们冒犯天颜，琦善也被革职查办。

林则徐所受的委屈，这回他也尝到了。只不过“革职查办”于这个只知谄媚的软骨头而言，实在是罚得太轻了！

真正能打的林则徐被查办了，广州防线被拆了，沿海各地的清军犹如一盘散沙，一击即溃。唯一有点抵抗力的还是广州，当时关天培还没有被革职，他率领几百将士坚守虎门的靖远炮台。英国调集十艘军舰，配合登陆部队猛攻关天培，关天培寸步不让，战争从中午开打，傍晚时分，英军攻上炮台，年过六十的关天培提起大刀，奋勇杀敌，身上多处受伤。随从知道大势已去，建议他先撤退，关天培厉声拒绝，他早已将生死置之度外。战斗一直持续到深夜，身边士兵所剩不多，关天培依然坚持战斗。一发炮弹落在关天培身边，关天培最终以身殉国，但他**以刀拄地，双目紧闭，屹立不倒**。

这一战，跟随他的四百多名士兵全部阵亡。等英军攻上炮台，看到关天培挺立如生，竟肃然起敬。

参加这次战役的一个英军舰长后来写道："许多中国军人死得既英勇又高贵，其中最可敬可佩的，莫过于关提督之壮烈成仁。他的家人前来收尸时，白兰汉号（英国战舰）号角齐鸣，向他致敬。"

要是各个关口的清军都有这份报国的赤诚与杀敌的决心，英军大概率也讨不到什么便宜，可惜关天培只是个例，清军的普遍状况是军心涣散、鸦片成瘾、毫无战斗力。比如浙江防线总指挥张应云，在迎战时因烟瘾发作，站都站不稳，还怎么指挥作战？

英军也发现清军太弱了，决定扩大战果，于1842年（道光二十二年）6月攻下吴淞口，顺长江而上，攻下镇江，直抵南京。道光皇帝这才意识到打是打不过了，赶紧求和。这时候，条件就完全由对方开了。

清政府被迫在南京的静海寺与英国政府议约，双方共在寺内议约四次。1842年8月29日，清政府接受了英国提出的全部议和条款，在英军旗舰上正式签订了中国近代第一个不平等条约——中英《南京条约》。

鸦片战争的整个过程，确实令人愤懑！在林则徐领导的正面战场上，本来并没输，他提出的作战策略也被验证是有效的，如果能坚定执行，即便最后和谈，也不至于那么狼狈。当然，也有一派学者认为，当时大清国力太弱，是无论如何都会战败的，我觉得不尽然——两百年后在朝鲜战场上我军就验证了，装备的差距确实要重视，但军民一心，也不是没有胜算的。

惺惺相惜

林则徐是1840年年底被革职查办的，当时还没有被发配伊犁，皇帝让他在军中继续效力。林则徐反对求和，他依然坚定地认为，能战方能言和。他积极到各海口勘察形势，向朝廷上书建议，没想到后来广州失守，道光居然觉得是林则徐前期防务不严才导致失利，将林则徐发配伊犁，林则徐真是比窦娥还冤。

接到圣旨时，林则徐正在浙江的镇海军营协助镇海炮局研制大炮。他万万没想到皇帝昏聩至此，却也只能领旨谢恩，前往伊犁。

西去途中，他在镇江见了老友魏源，林则徐将他主持翻译的一批西方书籍，以及他自己撰写的《四洲志》赠予魏源，魏源基本就是以林公赠予的这批资料为蓝本，撰写了《海国图志》。

林则徐被革职流放的消息传到广东，百姓为之失声痛哭，林则徐也满怀悲愤地写下**“孤舟转峡惊前梦，绝磴飞泉鉴此心”**。个人荣辱得失倒在其次，朝廷的不坚定、地方官员的不作为，让林则徐看不到一丁点希望。

林则徐一路西行，各地百姓纷纷前来相送，这些地方基本都有林则徐为官的功绩。等他走到扬州时，得知河南境内黄河决堤，情况危急。河东河道总督王鼎知道林则徐是水利专家，而且他的内心也为林则徐鸣不平，便奏请朝廷让林则徐助力防汛赈灾，道光皇帝倒是准了。王鼎的想法是，等林则徐治河有功，再奏请朝廷对其从轻发落。林则徐的朋友们得知他能戴罪立功的消息，都为他感到高兴。

王鼎也是清末少有的贤臣。他一生仕途顺畅，做人端方正直，为官刚正不阿，理政克己奉公，治家清白传世。《清史稿》对他的评价是：“鼎清操绝俗，生平不受请托，亦不请托于人。卒之日，家无余赀。”道光帝更是给予其“国之大臣，先乎品行。命赞机枢，言谨事敬。职司度支，精勤报称。靖共乃心，以襄庶政”的高度评价。

接到命令后，“但忧四海饥，不顾一身瘰”的林则徐星夜兼程，赶赴河南祥符。赈灾期间，他全心全意奋战在一线，风餐露宿，焚膏继晷。此时，林则徐已是五十八岁的老人了。

富有治河才干的林公没有辜负王鼎的重托。次年3月，历时半年多的祥符堵口工程终于合拢，一段长十多里的黄河大堤（林公堤）坚实稳固，从此福泽开封。

王鼎上奏请恩："林则徐襄办河工，深资得力。"大家都满心以为，林则徐不用再发配伊犁了，但早已倒向主和派的道光皇帝却降旨："林则徐着仍遵前旨，即行起解，发往伊犁效力赎罪。"

王鼎看到道光皇帝的旨意后，悲愤不已，在场的地方官员也都感觉不可思议，愤愤不平。倒是林则徐谈笑风生，宽慰大家："臣子去哪里皆可为国尽忠，更何况，边塞风光无限，权当远游了。"

第二天，年长林则徐七岁的王鼎亲自送林则徐西行。这两个忠心为国的灵魂惺惺相惜，王鼎老泪纵横，嘱咐林则徐此去一定要保重身体，他回京后定会在圣上面前求情。林则徐吟诗道：**"元老忧时鬓已霜，吾衰亦感发苍苍。余生岂惜投豺虎？群策当思制犬羊！"**诗情苍凉悲愤，隐忍和激愤交融。

他还宽慰王鼎道：**"公身幸保千军中，宝剑还期赐尚方。"**个人荣辱，林则徐早已看淡，他期望王鼎能多多保重，为国为民尽心尽力。

望着林则徐远去的背影，王鼎老泪纵横，悲从心来。他不顾自己身负病痾，快马加鞭地赶回京城，向道光皇帝举荐林则徐，一再强调林则徐是不可多得的国之栋梁。他怒斥军机大臣穆彰阿乃秦桧、严嵩之流，误国害民。王鼎不是背地里说，是每次见到穆彰阿就指着鼻子骂，即使道光皇帝在场，他也毫不避讳。穆彰阿一看到王鼎，就远远地躲开。有一次，道光皇帝宴请群臣，王鼎指着穆彰阿又是一顿骂，皇帝也只得说王鼎喝多了，让他先退下。

一次朝堂上，王鼎又痛斥穆彰阿和琦善误国，苦谏道：**"皇上不杀琦善，无以对天下；老臣知而不言，无以对先皇！"**道光皇帝早就听腻了这些话，甩袍而去。王鼎见苦谏无果，决定效法春秋时卫国大臣史鱼，以死相谏。他回家之后，泣血写下《遗疏》：**"条约不可轻许，恶例不可轻开，穆不可用，林不可弃也。"**而后自缢而亡。

穆彰阿知道此事，吓坏了，赶紧派人到王鼎家中——这封遗书绝不能让皇帝看到，他对王鼎的儿子威逼利诱，骗得了遗书，向外宣称王鼎是"暴病而亡"，道光信以为真。

林则徐听到王鼎死谏的消息，悲痛欲绝。远在伊犁的他不能相送，叩首东望，写下"伤心知己千行泪，洒向平沙大漠风"。

三年后，林则徐被皇帝召回，特意请假绕道陕西蒲城王鼎家，拜访了王鼎的母亲和妻子，为王鼎守丧三个月，以表感念。

丹心不改

林则徐在贬赴伊犁途中，经过洛阳时，写下了千古名句**“苟利国家生死以，岂因祸福避趋之”**。这两句诗，后来成了左宗棠的座右铭。

林则徐愈往西行，天意愈凉，身体也就愈感不适。但两鬓斑白的他，面对西北的大漠孤烟、长河落日，并没有消沉下去。1842年秋，林则徐来到嘉峪关前，举目西望，嘉峪关外的景致虽然荒凉，但一望千里、气势磅礴，嘉峪关也显得格外雄伟壮阔。他挥笔写就四首七律，共计二十八句诗歌，写尽了他对壮丽山河、雄关要隘的赞美，同时也表达了对天下危亡的担忧。

《出嘉峪关感赋》（四首·其一）

严关百尺界天西，万里征人驻马蹄。
飞阁遥连秦树直，缭垣斜压陇云低。
天山巉削摩肩立，瀚海苍茫入望迷。
谁道崤函千古险，回看只见一丸泥。

《出嘉峪关感赋》（四首·其二）

东西尉候往来通，博望星槎笑凿空。
塞下传笳歌敕勒，楼头倚剑接崆峒。
长城饮马寒宵月，古戍盘雕大漠风。
除是卢龙山海险，东南谁比此关雄！

《出嘉峪关感赋》（四首·其三）

敦煌旧塞委荒烟，今日阳关古酒泉。
不比鸿沟分汉地，全收雁碛入尧天。
威宣贰负陈尸后，疆拓匈奴断臂前。
西域若非神武定，何时此地罢防边。

《出嘉峪关感赋》（四首·其四）

一骑才过即闭关，中原回头泪痕潸。

弃繻人去谁能识，投笔功成老亦还。

夺得胭脂颜色淡，唱残杨柳鬓毛斑。

我来别有征途感，不为衰龄盼赐还。

暮年的林则徐恰似经霜古柏，虽银丝覆额，却英气未减。透过斑驳诗笺，依稀可见“虎门销烟”的炬火映红珠江。那些看似萧疏的墨痕里，分明涌动着黄河九曲的磅礴气韵。“苟利国家生死以，岂因祸福避趋之”的铮铮铁誓在边塞的风沙中愈发清晰，他苍老却凛然的身影在贬谪之途中显得愈发挺拔。他将社稷安危熔铸于血脉，纵使身陷冰渊，仍以丹心作烛，九死无悔。

出了嘉峪关，林则徐策马扬鞭，直奔伊犁。秋尽冬来，塞外草木不生、黄沙漫天，天气好时能看到绵延千里的祁连雪峰。须发皆白的林则徐在风餐露宿、颠沛流离中，感受到的不是悲怆，而是大西北的苍茫、雄浑、壮美。他用轻松诙谐的笔调写下了《塞外杂咏》。

天山万笏耸琼瑶，

导我西行伴寂寥。

我与山灵相对笑，

满头晴雪共难消。

迟暮者最是无法抵抗岁月的痕迹。林则徐远望千年不化的雪山，也是“顶着一头白发”，不是和自己一样吗？会心一笑，前路迢迢。

满腹才情

林则徐长途跋涉两个月，到达伊犁时，已近腊月。好在他到这里并不寂寞，与他在广州并肩作战的总督邓廷桢已经先他一步被发配伊犁，早已为他安排好了住所；伊犁将军布彦泰又给林则徐送来各种食物和生活用品，各路官员也前来拜会，设宴邀请。按说林则徐跟他们没什么交情，但林则徐的声名早就远播至此，纵然名义上是贬谪之臣，但大家对他的敬佩之情丝毫不减。

林则徐流放塞外的第一个除夕过得很热闹，一众新朋旧友饮酒作诗，谈古论今。所以你看，一个人真正胸怀天下、清正无私，是很有魅力的，这种魅力在关键时刻真能当饭吃。

按说这里远离官场是非，志同道合的好友常伴左右，也算身处世外桃源，但林则徐的内心并无太多喜悦。那年除夕夜，他一口气写下《伊江除夕书怀》四首。

《伊江除夕书怀》（四首・其一）
腊雪频添鬓影皤，春醪暂借病颜酡。
三年漂泊居无定，百岁光阴去已多。
漫祭诗篇怀贾岛，畏挝更鼓似东坡。
边氓也唱迎年曲，到耳都成老者歌。

《伊江除夕书怀》（四首・其二）
新韶明日逐人来，迁客何时结伴回？
空有灯光照虚耗，竟无神诀卖痴呆。
荒陬幸少争春馆，远道翻为避债台。
骨肉天涯三对影，思家奚益且衔杯。

《伊江除夕书怀》（四首・其三）
流光代谢岁应除，天亦无心判菀枯。
裂碎肝肠怜爆竹，借栖门户笑桃符。
新幡彩胜如争奋，晚节冰柯也不孤。
正是中原薪胆日，谁能高枕醉屠苏！

《伊江除夕书怀》（四首・其四）
谪居本与世缘睽，青鸟东飞客在西。
宦味真随残腊尽，病株敢望及春荑。
朝元尚忆趋丹阙，赐福频叨湿紫泥。
新岁倘闻宽大诏，玉关走马报金鸡。

林则徐在诗中感慨自己人生光阴所剩无多，虽一心报国，但花甲之年却流落边关，大家口中吟唱出的新年曲调声声入耳，在他这里却都成了老者歌；再想到在这团圆时节，自己却与妻子、儿孙天各一方，哪能不伤感？同时他依然心系国家与战事——若是将士们能奋勇杀敌，自己即便谪居于这冰天雪地的塞外边陲，也不觉孤寒。

我们都知道林则徐是思想家、政治家、军事家，其实他还是一位高产的诗人，诗书画三绝。林则徐在他人生的各个阶段都留有诗文，将跌宕人生镌刻成七百余首作品。这些浸透丹心碧血的文字，既是晚清有血性的士大夫的精神史诗，更是中国近代史最鲜活的诗性注脚。

林则徐的书法造诣也极高。年幼时，父亲就督促他勤加练习，师法欧阳询、王羲之。他天赋异禀，年轻时临摹王羲之的书法，几可乱真；后来又博览古字碑帖，采苏、黄、米、蔡“宋四家”之精华，自成一体，所以他能在发迹之前靠卖书法作品补贴家用。

虽然林则徐的绘画作品传世不多，但从现有资料来看，他的绘画技艺同样高超。林则徐善于运用书法的笔法来作画，这使得他的画作既有书法的韵味，又有绘画的生动。他的绘画作品主要涉及山水、花鸟等传统题材，展现了他深厚的艺术功底和广博的学识。

一外一内

1843年（道光二十三年）8月，朝廷顶不住舆论压力，召回邓廷桢。邓廷桢比林则徐年长十岁，年近古稀。林则徐在送别老友时发出千古慨叹：**“白头到此同休戚，青史凭谁定是非。”**是啊，两位白发苍苍的民族英雄，是非功过只待后人评说了。

林则徐目送故友东归，想到自己只能终老边陲，不免感叹。但他没有消沉，眼下他正在操心“一外一内”两件大事。外事是沙俄扩张给我国西北带来的威胁，内事是兴修水利、开垦荒地。

林则徐在内地的时候，就曾经花心思研究过沙俄问题，在他编著的《四洲志》中，对于俄国问题有专篇介绍。如今亲历边关，通过实地考察，验证了他此前的设想。沙俄狼子野心，谋我西北领土久矣，为今之计，就是巩固边关实力，警惕沙俄的蚕食。

清廷此时居然毫无戒心，甚至提出要裁撤伊犁总兵一职，将精力用于加强天津防务，这就是典型的鼠目寸光。新疆偏远，朝廷看不到，但刚刚被英国打到了天津，便惊恐万状，仓促布防。林则徐协助伊犁将军布彦泰，极力向朝廷陈述利害关系，皇帝这才打消念头。此外，林则徐还协助布彦泰改屯兵制为操兵制，实现军民联防，大大加强了边防力量。但面对强大的沙俄，朝廷不够重视，林则徐做的这些努力效果有限。

林则徐没有直接干涉边防的权力，他只能将自己做的调研通过各种方式告知朝廷。风雨飘摇的大清忙于应付家门口的英军，一个戴罪之人的边陲呼喊，谁能听得见？

后来事情的发展，基本如林则徐预料的那样：1865年（同治四年），乌兹别克人阿古柏入侵新疆，建立政权，俄国乘机占领伊犁。朝廷中，以李鸿章为首的海防派并不重视新疆领土，他们认为海防重于边防。

但林则徐的工作并非毫无意义，如本文开头的那一幕：林则徐通过与左宗棠的深入交流，认定左宗棠是能谋定新疆的人，他将自己多年来对于新疆问题的思考悉数告知了左宗棠，左宗棠以一人之力，泣血上奏，说服了朝廷。左宗棠后来在古稀之年收复新疆，最感念的就是林文忠公。

在新疆，林则徐对内办的大事，就是兴修水利、开垦荒地，这本就是他的拿手活儿。他因地制宜，在伊犁教百姓造水车。经过仔细研究，他在新疆改进并推广“坎儿井”这种吐鲁番已有的民间水利设施，使得大片荒地得到浇灌。他将开垦出的大量荒地分给百姓，鼓励农业生产。此外，他还教百姓使用纺车织布，发展地方特色经济。

在林则徐的努力下，新疆百姓的生活条件得到极大改善。

1844年（道光二十四年）夏，布彦泰听取了林则徐的意见，奏请朝廷勘察、开垦南疆，当时南疆整体比较落后。朝廷同意后，布彦泰念及林则徐年岁已高，不必亲自跋涉，但林则徐不辞劳苦，带领一支小队伍，走遍了阿克苏、库车、和田等南疆各地，足迹超过三万里。每到一处，林则徐皆做好勘察，推广坎儿井和纺车，指导百姓开垦荒地。在新疆，坎儿井和纺车至今仍被百姓亲切地称为**林公井**和**林公车**。仅在南疆，记录在册的、由林则徐主持开垦出的荒地就有578000余亩。

老当益壮

林则徐在边疆作出的功绩太大了，各路官员都极力举荐他，道光皇帝不得不重新审视其价值。而且道光皇帝已经发现，以前朝中诋毁林则徐的那帮人，干啥啥不行，贪腐权谋第一名。

1845年（道光二十五年）9月，一道圣旨递到边疆，林则徐被释还回京。同年11月，林则徐还未抵达京城，就被授予三品顶戴署理陕甘总督，皇帝命他直接赴任。林则徐自从1839年离开京城后，这辈子就再也没进京面圣过，可能道光皇帝的内心也是很复杂的，觉得对不住林则徐，不愿再面对他。

单从官职上看，林则徐相当于官复原职。回想过去六年，从被授予钦差大臣负责禁烟，到戴罪戍边，再到官复总督，可叹人生大起大落、世事无常。

年过花甲的林则徐早已看淡宦海沉浮，他沉淀出一套自己的为官处世之道——无论处于何种境地，尽最大努力，以无私无畏之心，为一方百姓谋福，总是没错的。

陕甘地区当时有着非常棘手的民乱问题，尤其是在青海与甘肃边界处，民间叛乱已成气候，当地官兵束手无策。林则徐到任后，一方面安抚百姓，一方面主持制造先进的大炮，操练士兵，几个月后就平定了乱局，一些头目被捉拿斩首。

民乱的根本原因，还是民不聊生。但凡能活下去，谁会愿意冒着掉脑袋的风险揭竿而起？鸦片战争之后，通货膨胀严重，老百姓挣扎在生死线上。林则徐着手从根上解决问题，推行了一系列利民措施。

1846年（道光二十六年），陕甘大旱，林则徐出台三大政策。

一、放粮赈灾，收养极穷之民和孤弱老幼。

二、禁止灾民杀牛充饥，杜绝涸泽而渔的解决方式，保护耕牛，以保障来年的农业生产。

三、特殊时期特殊对待，结合实际情况，向朝廷奏请缓征税收，使老百姓休养生息。

虽然林则徐在陕甘总督的任上只干了九个月，但为官一任，造福一方，当地百姓依旧对他感恩戴德。

1847年（道光二十七年）3月，林则徐调任云贵总督。当时云贵地区的农民起义此起彼伏，大有燎原之势。林则徐当时已经病重难行，本来已经向朝廷请辞，准备回乡养病。道光皇帝把满朝文武篦了一遍，也就林则徐干活利索，说还得是你上，林则徐只得带病前往。

到任之后，林则徐迅速投入政务。通过调研，他发现乱局主要有两个原因：农民起义，回汉冲突。农民起义全国各地都一样，就是因为百姓吃不上饭。这种问题的解决方法，林则徐可谓轻车熟路，推出一系列惠民政策，安抚百姓，带头闹事的抓捕严惩，余者既往不咎。林则徐在老百姓心目中素有威望，农民起义很快就平复了。

回汉冲突，牵涉到民族矛盾，这个问题确实复杂，而且积怨已久。过去的地方官大多是汉人，在政策上多多少少偏袒汉人，导致回民对汉人官员失去信任。林则徐了解具体情况后，**实事求是，秉公处理**，在土地分配、惠民政策上**一视同仁**，在对冲突双方的惩戒上也是**不偏不倚**。另外，他发现回汉杂居是冲突不断的重要原因，他变回汉杂居为回汉分居，在土地划分上甚至适度照顾回民利益。而且林则徐立下规矩，回汉都是中国人，大家同为手足，严禁称回民为“回匪”。

在这一系列公平公正的举措实施后，大家心服口服，多年来的回汉隔阂逐渐消融。

君臣之间

1848年（道光二十八年），朝廷给了林则徐特别嘉奖，给他加官晋爵。林则徐自知体力难支，他不愿在其位而谋不了其政，遂向朝廷请求致仕还乡，但未获恩准。一直到第二年林则徐旧病复发、卧床不起，朝廷才准许他回籍养病。

霜鬓临风的林则徐立于历史河口之上，当是时也，功名浮沉已如过眼云烟，唯见凋敝的社稷在鸦片的氤氲中愈发羸弱。东南沿海，英吉利的危局尚在眉睫，西北边陲，沙俄又虎视眈眈。中原腹地此起彼伏的民变虽如野火燎原，但在林文忠公的治国经纬中，民瘼尚可徐徐图之，那西域版图上一寸山河的震颤，皆是触碰华夏文明疆界底线的惊雷。这或许是士大夫骨血里流淌的“守土”的执念，在帝国暮色中竖起了一座界碑。

在回乡途中，林则徐专程经过长沙，约见了当时闲居乡间的左宗棠，于是回到了文章开头的那一幕。在我看来，整个晚清，**躬行实践、笃行不怠、无私无畏**

的，仅此两人。华夏有幸，得他二人守护，要不然中国的版图大概率不是现在这个样子，新疆的哈密瓜、葡萄干都要算进口产品，西域风光也不是想看就能看了。更重要的是，中国的边防安全形势，会比现在严峻得多。

1850年（道光三十年）3月，六十六岁的林则徐拖着病躯，终于回到了老家福州。就在此时，林则徐得知道光皇帝驾崩的消息。

相信那一刻，林则徐的心情是相当复杂的。他的为官生涯，就是道光皇帝执政的这三十年，皇帝对他这个臣子有过知遇之恩。当年道光皇帝破格提拔他为钦差大臣，到广州禁烟，不可谓不倚重；后来道光皇帝听信谗言，视听不明，让林则徐颠沛流离了大半个中国，不可谓不糊涂。但从最终道光皇帝对林则徐的启用、升迁、恩准回乡来看，他是能明白林则徐一心为国的忠心的。

林则徐在家设灵祭拜，写诗哀悼。

除书频添姓名标，自入关来未入朝。
谬向蛮方开节镇，又闻洋舶逞天骄。
澜沧昨夜枭声革，珠海何年蜃气消。
病榻呻吟犹未了，残灯孤枕警中宵。

对于自1839年离京之后未能再见皇帝一面，林则徐是有遗憾的。

鞠躬尽瘁

林则徐回到家乡后，看到英国人在福建沿海一带虎视眈眈，还抢占了福州城内的积翠寺，便不顾病痛，组织百姓驱逐英国人。此时的福州虽已是通商口岸，但根据约定，英国人还不能在城内居住。可是英国人气焰嚣张，觉得福州城中的积翠寺环境优美，便强占使用。地方官都惧怕英国人，担心惹事，百姓也只能敢怒不敢言，唯有林则徐觉得英国人违反约定，理应迁走。林则徐组织人员前去交涉时，地方巡抚还担心英国人会以此为借口攻打福州，没想到英国人见了林则徐，马上就乖乖离开了，他们害怕这个大清的硬骨头。福州百姓欢欣鼓舞。

林则徐一有时间，就乘坐小船考察沿海防务形势。**忧国忧民**，已经刻进林则徐的骨子里了。

1850年6月，洪秀全在广西金田发动起义，新登基的咸丰皇帝急了，想想还是只能请林则徐出山方可安社稷，只是林则徐已垂垂老矣，因病推辞，咸丰皇帝不准。当年11月1日，林则徐只得拖着病体，以钦差大臣的身份南下广东。行至广东普宁县时，病体难支，于11月22日辰时病逝于洪阳镇的洪新书院。去世当天，林则徐还给咸丰皇帝写了一封《遗折》，称自己“吐泄交作，积欠虚劳，心脉已散，百药罔效”。

林则徐离世时，他的儿子林聪彝和幕僚刘存仁陪在床前。林则徐手指天空，大呼三声“星斗南”后去世。有人说，林则徐的离世，大概率是遭人毒害。在福州方言里，“星斗南”与“新豆栏”谐音，当时普宁商行所在的新豆栏街，是洋人走私、贩卖鸦片的聚集地。林则徐十几年前在广州禁烟，得罪了诸多利益相关者。如今鸦片死灰复燃，想要报复林则徐的贪官、烟贩实在太多了。当然，这也只是一种猜测。

可叹一代人杰就此陨落。

朝廷派不出像样的官员来平太平天国之乱，后来剿灭太平军的曾国藩此时还在北京城上书劝谏年轻的咸丰帝。当时谁也想不到，太平天国这场祸乱能延续十几年，造成全国四分之一人口的损失。

左宗棠此时依然隐居柳庄（今湖南省岳阳市湘阴县樟树镇巡山村柳家冲），得知林则徐病逝的消息后，如五雷轰顶，他泪如雨下，沉痛地写下挽联：“**附公者不皆君子，间公者必是小人，忧国如家，两百余年遗直在；庙堂倚之为长城，草野望之若时雨，出师未捷，八千里中大星沉。**”左宗棠用一对长联，道尽了林则徐的一生。

朝廷闻讯后，追赠林则徐为太子太傅，赐谥“文忠”，陕西、云南、江苏等地皆为林文忠公建祠立碑，以为纪念。

林则徐宦海沉浮三十载，在为臣为官上积极进取、清正廉明、亲民恤民，这主要源于林家家风。林家虽然清贫，却能安贫乐道，父母自幼教导林则徐“**不妄与一事，不妄取一钱**”。后来林家家境好转，母亲依然“**珍食必却，美衣弗御**”，有余钱也是尽可能地接济乡里。

曾国藩在给弟弟曾国荃的信中多次提到：“**林文忠公三子分家各得六千串，督抚二十年，家私如此，吾辈当以为法。**”

林则徐的玄孙林崇墉对其概括道：“**一生任事而不牟利，尽瘁而不热衷，临**

难而不退避，受屈而不怨尤。”虽说是后辈夸自己的祖辈，但还算公允。

也有一派学者认为林则徐被拔得太高了，觉得他在禁烟后被流放，反而让他躲开了签订《南京条约》，保全了他的名声。

我仔细查了一下资料，这一派声音的源头是蒋廷黻。蒋先生出生于1895年，1911年留学哥伦比亚大学，获得博士学位，回国后担任清华大学历史系主任。他在1938年出版了一本小册子《中国近代史》。

说实话，这本书整体来讲我是非常喜欢的，它提供了一个非常好的理解近代史的框架，但其中对林则徐的评论我觉得有失偏颇，有点上帝视角。在蒋先生看来，林则徐应该振臂一呼，唤醒大清，把自己看到的东西方差距呼喊出来，最好是推动维新改革。说实在的，就当时大清朝廷那个状态，在道光皇帝眼里，我泱泱华夏，依然是世界的中心，什么英国美国，不过是掌握了些奇技淫巧的夷族而已。你要谈维新改革，向西方学习，这不是开忤逆杀头的玩笑吗？！五十年后，大清朝廷都那样了，戊戌六君子照样被害于菜市口——蒋先生太低估专制统治的惯性，太高估他们的接纳能力和进化能力了。

林则徐大力翻译西方书籍，编写《四洲志》，目的就是启发更多人睁眼看世界，有用吗？有一点，但不多。魏源在林则徐的嘱托下写了《海国图志》，结果成了日本人睁眼看世界的第一本书，而在中国引发的反响极为有限。

我们要悲叹，只能悲叹那个腐朽落后的时代。一个人能在所处的时代中完成自己的历史使命，就已经是人杰了。事实上，历史的进程，就是被这样的一代代人杰推动的。

参考文献

[1] 张海鹏，马勇，杨奎松等. 中国近代通史[M]. 南京：江苏人民出版社，2024.

[2] 杨国桢. 林则徐大传[M]. 北京：中国人民大学出版社，2010.

[3] 杨国桢. 林则徐选集[M]. 北京：人民文学出版社，2004.

[4] 周轩. 林则徐在新疆——流放伊犁[M]. 乌鲁木齐：新疆大学出版社，2003.

[5] 林庆元. 林则徐评传[M]. 南京：南京大学出版社，2000.

[6] 范文澜. 中国通史[M]. 北京：人民出版社，2008.

[7] 来新夏. 林则徐年谱[M]. 上海：上海交通大学出版社，2011.

[8] 唐德刚. 从晚清到民国[M]. 北京：中国文史出版社，2019.

[9] 唐德刚. 从甲午到抗战[M]. 北京：台海出版社，2019.

[10] 费孝通. 乡土中国[M]. 长沙：湖南人民出版社，2025.

[11] 岳凤. 爱国情怀的双重书写——林则徐的英雄业绩与诗歌创作[J]. 炎黄春秋，2023，10（1）：103-106.

[12] 张志婧. 林则徐诗歌研究现状述论[J]. 品位经典，2020，5（1）：16-17.

[13] 程海峰. 林则徐诗歌研究[D]. 西安：陕西师范大学，2018.

曾国藩（1811—1872）

天下之至拙 能胜天下之至巧

历史这条长河，永远向前，偶有风浪，大多时候是平缓的，但总有那么几处，就像壶口之于黄河，浊浪滔天，天边来的黄河水，都得经历这怒涛翻卷、浑洪泻地。泱泱中华史，从晚清到民国这一个多世纪，就是中华的“壶口”，是千年未有之大变局。

鸦片战争以前，几乎是千年未变；鸦片战争之后，几乎每十年一变。接下来聊的“从晚清到民国”这段历史，就从曾国藩开始。

曾国藩（原名曾子城，字伯涵，号涤生），一个颇具争议的历史人物。喜欢他的人称之为**“亚圣”“千古第一完人”**；不喜欢他的人说他是汉奸、卖国贼。

有人说曾国藩性格执拗，不懂变通，情商极低，与之共事的人都被他得罪完了；也有人说，正是曾国藩那种湖南人独有的“霸蛮”的性格，一根筋、认死理，才有了他“结硬寨、打呆仗”的心法，成就了他辉煌的战绩。

有人说，曾国藩后期在官场上，行贿受贿玩得很溜，算不得一个清正廉洁、刚正不阿的好官；也有人说，曾国藩一辈子克己奉公，虽然身份显赫、位极人臣，生活却简朴至极，死后也没给家人留下什么财产。

有人说，曾国藩在洋人面前卑躬屈膝，卖国求荣；也有人说，曾国藩为国担罪，审时度势，以尽量小的代价平息事态，于国有利。

请诸君细想，哪怕是碌碌无为的普通人，也很少有非黑即白的，曾国藩这样一个在王朝之末立下不世之功的朝廷大员，他一生的功过是非，站在不同角度，用不同的历史维度去审视，注定是天差地别的。

天资与努力

曾国藩的故事，还得从他祖父说起。1809年（嘉庆十四年）的一个上午，在湖南湘潭城的一家酒楼前，一个老头牵着孙子站在窗前，老头指着屋中一个衣着光鲜的男子对孙子说："娃啊，你可千万不要学他，他是荷叶塘老曾家的儿子，家里没什么钱，还要来城里装大爷，老曾家迟早会败在他手里。"被指的这个男子，正是曾国藩的祖父曾玉屏。

老头教育孙子的这番话，小小的孩童能听进去多少不知道，但对曾玉屏来说，可谓醍醐灌顶。他幡然醒悟，当即走出酒楼，把自己买来、骑着招摇过市的白马牵到市场卖掉，然后步行几十里回家。回家路上，曾玉屏暗暗发誓，要振兴家业。此后的他就像变了一个人，每天起早贪黑，勤于农事。在他的努力下，曾家陆续添置了不少田产，小日子是越过越好。这时候曾玉屏觉得，要想真正光耀曾家门楣，还得"学而优则仕"。自己读书是来不及了，于是他督促儿子曾麟书发奋苦读。曾麟书就是曾国藩的父亲。

翻开曾家家谱，往上追溯五百年，也没出过一个读书人，更别提当官的了。但曾玉屏那股倔强劲儿上来了，他认定的事，谁也无法改变。曾麟书开始读书时，已经成家了，虽然刻苦用功，但读书跟种地不一样，多多少少需要点天赋。老曾家的基因，在这一块确实差一些。

曾国藩是1811年（嘉庆十六年）出生的，曾麟书1816年（嘉庆二十一年）第一次参加县试，一直到他四十三岁那年，连续考了十七次，才终于考上秀才。这一年，曾国藩二十二岁，已经跟随父亲参加了六次考试。多年来，老曾家父子俩年年参考，次次落榜，已经成了十里八乡的笑话。

显然，老曾家骨子里霸蛮、倔强的劲儿是代代相传了，曾麟书屡战屡败，屡败屡战。曾玉屏的信念，从来没有动摇过。他想的是，既然儿子不灵，就抓紧把孙子培养起来——曾国藩打小就被严格按照读书人的标准来培养。

老曾家给曾国藩创造的读书条件是相当不错的。自幼，父亲就给他启蒙，又送他到衡阳一带的知名书院求学，受教于当地名士，曾国藩自己也很努力，但曾国藩的天资确实一般。坊间一直流传一个故事：曾国藩少年时，有一天挑灯夜战背诵《岳阳楼记》，小偷光顾他家，躲在房梁上，想着等小曾背完书去睡觉后下手，没想到这篇文章小曾反反复复地背，背到后半夜，还是磕磕绊绊，小偷等得腿都麻了，实在受不了了，跳下房梁给小曾背了一遍，然后扬长而去。

小伙子，我一个小偷都背过了，就你这脑瓜，读书这条路是真不适合你！

就在父亲中秀才这一年，曾国藩不仅没能榜上有名，还被点名批评。当时每年县试结束，除了例行公布中秀才的名单外，还会挑选几篇反面文章典型张榜公布，让大家引以为戒。这一次，曾国藩的文章就被挑了出来，作为“文理欠通”的典型。虽然后来曾国藩经历了不知多少挫败，但在他的回忆中，此次经历一直被他视为“平生第一大挫折”。

福兮祸兮，事实证明，此番受辱并非坏事，它让曾国藩的人生迎来了第一次真正意义上的转折。

回家之后，他无暇参加父亲的欢庆宴席，一头扎进书房，仔细分析自己的用心之作为何会被斥责为“文理欠通”。他自问十几年来读书用功，不敢懈怠。他将自己的文章同那些优秀文章逐一对比，终于发现，自己依靠多年来的死记硬背写出的文章，看上去四平八稳，但通篇读下来，既缺乏气势，又无创建性的主张，这样的文章自己读起来都味同嚼蜡，更别提考官了。

发现问题后，曾国藩着重在有问题的这方面下功夫，读书时侧重分析通篇立意。经过一年的努力，曾国藩自信已经找到写出好文章的门道。这一次，他自信满满地走进考场，结果也如他所愿，秀才的发榜名单上，曾国藩的名字赫然在列。

第二年秋天的乡试，曾国藩连战连捷，中了举人。同年十一月，曾国藩顶着初冬的寒意赴京赶考，祖父曾玉屏看着曾国藩远去的背影，似乎看到了曾家的希望。但考进士可比考举人难太多了，大清朝全国上下的读书人又何止百万。京城的会试，每三年一次，每次不过取士三四百人。根据学者何炳棣的研究，在清朝，进士占总人口的0.000048%。

何炳棣在1962年出版的《明清社会史论》中还指出：在明朝，平民出身的进士约占进士总数的50%，发展到清朝，这一数字降至37.2%；在明朝，祖孙三代有生员以上功名者，约占有功名者总数的50%，发展到清朝，这一数字升至62.8%。可见在清朝，平民向上流动的机会较之明朝减少了。总之，在清朝中进士的概率实在是太低了，要想走通这条路，不光要拼才学，还得靠运气。

曾国藩头两次赴京参加春闱和恩科，都落榜了。1838年（道光十八年），曾国藩第三次进京赴考，这一次，二十七岁的他终于榜上有名，得了三甲第四十二名，赐同进士出身。

这里简单介绍一下清朝的科举制度。清朝的科举考试分为童试、乡试、会试、殿试四级。通过童试的人被称为秀才，秀才才有资格参加乡试；通过乡试的人被称为举人；举人才有资格参加会试；会试录取者被称为贡士，贡士才有资格参加皇帝亲自主持的殿试。

殿试仅考制策这一道题，策题以皇帝的口吻发问。除了触犯圣讳、被斥革或停科等特殊原因，殿试一般不淘汰参考者。殿试的考卷糊名弥封后，由皇帝亲简的读卷官（大学士、部院大臣）代评。读卷官将评定结果呈送皇帝，皇帝阅读卷宗后，钦定名次。殿试成绩分为三甲，头甲三名，即状元、榜眼、探花；二甲若干，赐进士出身；三甲人数最多，赐同进士出身。中国文字博大精深，一个“赐”字，进士前面加个“同”字，那潜台词就是“跟进士不同”。

幸运之神这一次眷顾了曾国藩，他虽然只得了个“同进士出身”，但在道光皇帝亲自主持的朝考（清代新科进士取得出身后，由礼部将名册送翰林院掌院学士，奏请皇帝，再试于保和殿，并特派大臣阅卷，称为朝考）中，他表现得异常出色，圣上御笔钦点其为第二名，破例让他以同进士出身的身份入翰林，这是清朝开国以来的第一例。在此之前，只有进士出身才有资格入翰林。曾国藩的仕途，有了一个绝佳的起点。

远在湖南乡下的老曾家得知喜讯后，举家欢腾。最开心的，莫过于祖父曾玉屏。遥想当年，自己执意让儿孙读书，在一次次的落败中沦为笑柄。如今曾国藩高中进士、深受皇恩，那些曾经笑话他的人都前来恭贺，佩服他的高瞻远瞩，尊称他为“曾老太爷”。

在京城安顿下来的曾国藩，回望过去这些年的读书、科考生涯，他深知，自己资质平平，但只要足够认真，能顶住失败的压力，也能成事。老曾家这股子倔强劲儿，是一脉相承的：祖父曾玉屏将其体现在种地和教育投入上；父亲曾麟书虽然屡试不中，但从未打退堂鼓；曾国藩更是总结出了一套心法——凡事只要肯下笨功夫，天分差一点也不打紧。在曾国藩看来，笨不见得是坏事，因为笨，所以不会想着投机取巧，**"天下之至拙，能胜天下之至巧"**这套心法，成了后来曾国藩处事的底层逻辑。

自卑与超越

曾国藩入职的翰林院，有必要介绍一下，在接下来的篇章里会经常出现。这是一个比较特殊的衙门，进入后虽说是当官，但没有实际公务，主要工作就是读书学习。朝廷的目的是进一步培养这些挑选出来的精英，以备大用，所以入了翰林院的人，虽然官阶不高，但地位不低，有朝一日，他们将是股肱之臣。

对于初入翰林的曾国藩来说，没有自豪，只有自卑。他在翻看翰林院藏书之后，发现自己同文盲差不多，绝大部分书，自己别说读过，听都没听说过。再看一下身边的同僚，聊起天来引经据典，侃侃而谈。反观自己，这么多年反复读的，就是那几本为了应试的教科书。这个其实很容易理解，老曾家世代农民，家里没什么藏书。在清朝，绝大部分读书人都是书香世家，家里藏书很多，能考中进士的，大部分经典早就读过了。像曾国藩这种出身，能考中进士的，绝对是凤毛麟角。这与清廷对民间，尤其是对汉人的教育抑制政策，乃至控制政策密切相关，其影响深远。

曾国藩看到这种差距后，内心相当焦虑，如饥似渴地投入到学习中。对于他而言，入翰林相当于重新接受教育。而立之年的曾国藩开始思考，自己到底应该成为一个什么样的人。应该说，曾国藩的后半辈子，都是从这个问题逐渐展开的。

曾国藩开始系统地读范仲淹、韩愈、司马迁、程朱理学、王阳明心学，经过近三年的学而思、思而学，他确定了自己这辈子的目标——要做"圣人"。

"圣人"代表了儒家的最高境界，需要做到"**立功、立德、立言**"，基本就是完人。这条路古往今来，走通的没几个，但曾国藩不管那么多，他甚至说出**"不为圣贤，便为禽兽"**的豪言，这辈子要么做个圣人，要么就是个禽兽，不存在得过且过的中间路线。

确定了"做圣人"的目标后，曾国藩根据自己对于圣人标准的理解，给自己立了一个规矩清单，一共十二条，要求自己每天早起、读书、练字、养气、作文，还要坚持写日记。日记主要是检讨自己是否按规矩行事。曾国藩这个写日记的习惯从此开始，坚持了一辈子。我们从他的日记里能看到，早期时，经常完不成目标，浪费了很多时间在休闲娱乐、跟朋友吹牛皮上，他在日记中经常批评自己“粗心、懒惰、真乃禽兽也”。他最狠的一招是，他知道自己有很多毛病，不仅在日记里经常做自我批评，还定期将日记给一些他敬重的前辈和朋友看，请求人家提意见，这样倒逼自己每日精进、不能懈怠。这个习惯，曾国藩一直保持到去世。

求言与直言

就在日复一日的学习、反思、自我批评中，曾国藩不仅学识飞速精进，“做圣人”的信念也愈加坚定。他这股劲头，自然也带到了政务中。曾国藩的努力得到了回报，1839年（道光十九年），他以从七品的官阶入翰林，等他1852年（咸丰二年）离开京城的时候，已是正二品侍郎（相当于副部长级别）了。因能力出众，他曾一度身兼五职；升迁速度之快，在整个大清朝也是少有的。可这只是表面的光鲜，曾国藩的内心是非常煎熬的。

曾国藩1839年当了京官，1840年（道光二十年）鸦片战争爆发。那时候的他还是一个官阶低微的小人物，国家和朝廷发生的一切，他只能看着。在他明确“做圣人”的人生目标后，他开始奋发图强，以为自己有朝一日也能为国效力。但当他升到侍郎的位置上时，他对大清朝廷、对官场的认识也越来越深刻，而了解得越深，他就越绝望。眼前山河破碎，国将不国，但满朝上下，贪官横行，大家都在打着自己的小算盘，至于国家危亡、百姓生计，无人关心。他作为一个侍郎，只能被困在这台腐烂的国家机器里，根本使不上劲。

连道光皇帝都在混日子，大臣净是阿谀奉承之辈，令曾国藩生出退隐之心，他在与朋友、家人的书信中，多次提到自己有归家奉养之志。

曾国藩之所以没有离开官场，有两个原因：一是经济条件不允许，他太穷了，当了十年京官，欠了一身外债，客观上他根本没有说走就走的实力，连回老家的路费都没有；二是1850年（道光三十年）道光皇帝去世，年轻的咸丰皇帝登基，新帝即位后的一系列操作，让曾国藩看到了一点有为明君的影子。

即位之初，咸丰皇帝摆出励精图治的架势，一上来就处理了道光朝以穆彰阿为首的一批不干实事的大臣，紧接着又下诏求言，希望文武百官踊跃谏言。

曾国藩一看，圣上广开言路、虚怀纳谏，社稷有望啊！咸丰皇帝也表达了对曾国藩的认可，令他兴奋得一回家就钻进书房，连夜写了一篇《应诏陈言疏》，详细分析了中央和地方的官场各自存在的弊病：中央官员处理政务抓小不抓大，没有担当；地方官员处理政务更是敷衍了事，实在敷衍不了就拖。国家现在面临着内忧外患，需要抓紧时间培养人才、整顿吏治。

咸丰皇帝览奏后龙颜大悦，称曾国藩所言切中情势。曾国藩一连又上了好几道折子，将他这些年的所见所思一股脑地写了出来，把官场积弊、社稷危机、民间疾苦事无巨细地分析了一遍，唯恐遗漏，强烈建议皇帝除旧革新。递完这些奏章，曾国藩在家摩拳擦掌，就等着跟随新帝大刀阔斧地干一场。可是左等右等，一点回音都没有，确切来说，不仅他的奏章没有回音，其他近百位大臣的折子也都石沉大海。

如果曾国藩像其他官员一样，见皇帝没动静也就算了，那就不会有后来的曾文正公了。

曾国藩反复斟酌，看看年轻的皇帝，再看看自己的圣人目标，决定破釜沉舟，他不再分析局势，而是洋洋洒洒地写了一封直接怼皇帝的折子——《敬陈圣德三端预防流弊疏》。这封奏章直接指出咸丰皇帝的三个缺点：其一，**谨于小而反忽于大**，批评咸丰作为一国之君抓不住重点，往往抓小放大；其二，**求言不回**，说咸丰皇帝向群臣问计，大家费心建言，却只得“毋庸议”三字回复，皇帝根本就没有虚怀纳谏的诚意；其三，**刚愎自用**，每次都说听大家的意见，最后基本是独断收场。朝廷本来敢说真话的人就不多，你再这样一搞，大家要么保持沉默，要么阿谀奉承。说完这三点，曾国藩还强调：您要是及早纠正，社稷江山还有救，要是拖延时日一长，那就难说了。

曾国藩试图用这样激烈的方式惊醒咸丰皇帝。

清朝对言论控制一向极其严苛，平日里大臣给皇帝写折子，那得是琢磨再琢磨、仔细再仔细，唯恐哪个字惹皇帝不痛快，给自己招致文字狱之祸。

咸丰皇帝刚刚即位，根基不稳，内心本就敏感。一个人在哪一点上脆弱，往往会在哪一点上极度敏感，被戳中痛点后，反应也会极为激烈，这就是矮子面前不谈身高、胖子面前不谈体重、穷人面前不谈钱的原因。咸丰皇帝览奏后，龙颜震怒，立刻下旨要把曾国藩抓起来，好在身边大臣软言相劝：您要是真把曾国藩抓了，那不正应了曾国藩奏折里的第二条，毕竟是您亲自下诏求言的。咸丰皇帝咬紧牙关忍了下来，但内心已将曾国藩拉入了黑名单。

困窘与坚守

对于曾国藩来说，他递完那道折子，就已经做好了最坏的打算，大不了就是一死。结果咸丰皇帝不但没治他的罪，还假模假样地称赞了几句。这熟悉的配方，让曾国藩彻底崩溃了，用尽全力打出一拳，结果打在了棉花上，他再次萌生辞官退隐的想法。但最后，挽留住他的还是那碎银几两——曾国藩实在是太穷了。

历史学者张宏杰先生有一本书叫《曾国藩的经济课》，专门捋了捋曾国藩的经济情况。比如衣服，清朝官员的官服是要自己花钱准备的，朝廷只是制定了标准，你到什么级别，就按照标准去置办相应的官服。影视剧里常有“授予顶戴花翎”的桥段，其实只是给个名分，实物需要自己添置。

中国古代的礼制，到清朝已经发展得非常成熟了。什么场合穿什么衣服，都极有讲究。曾国藩刚好还是礼部侍郎，就更要以身作则。买衣服要花费多少银子呢？张宏杰先生在《曾国藩的经济课》一书中统计了曾国藩三十岁那年的收支情况，置装费花了33两银子，他这一年的俸禄满打满算也就130两，买衣服居然要耗费年收入的约四分之一，放在哪个时代，这都是很夸张的。

除了穿，迎来送往也是京官躲不掉的日常活动。你自己在家可以吃简单点，但同僚们大事小情上请你，你得随份子，偶尔也得请个客吧？礼尚往来嘛！曾国藩已经是能躲尽量躲了，但那年花在聚会吃饭上的费用还是高达40两银子。

吃穿已经花费不少，但跟现在一样，真正的大头还是住房问题。买房就别想了，租房是常态化操作。那年，曾国藩仅房租一项就花了107两银子——年俸才130两，交完房租，就剩不下几个钱了。

再有就是出行。那会儿没有地铁、出租车，也没有干净平整的柏油马路。作为官员，你穿着官服，在土路上深一脚浅一脚地跋涉，走到衙门口上班，成何体统？正常来说，只要是官员，大小你都得备个轿子或者马车。对于曾国藩来说，自己置办一套出行装备，还得养轿夫、马夫啥的，根本不现实，只能租辆马车出门。即便是租，这一年也花了51两银子。

这几项算下来，再加上日常开支、买书等开销，曾国藩三十岁这年共支出605两银子。当了一年官，亏空475两，说是“干一年亏三年”都还不够。这可不是个例，如果不搞灰色收入，在清朝当官入不敷出是普遍现象。

我读过中山大学历史系教授邱捷先生的《晚清官场镜像：杜凤治日记研究》。这位杜凤治是清朝时广东的一个县令，也有写日记的习惯。他一年的俸禄是45两银子——按照晚清的物价，这点钱维持温饱都够呛，更别说他为了谋这个差事，花了不下万两银子。想尽办法谋取灰色收入，几乎是晚清官员的唯一出路。

大家可能会疑惑，这么明显不合理的薪酬制度，难道朝廷看不到，皇帝看不到吗？当然看得到，只是大清入关之初，根本没见过大场面，实行薄俸制，想能省一点是一点。不管是文官还是武将，薪俸都低得不够养家，更别提普通士兵了。朝廷看到的是表面上节省了国家财政开支，却没看到这样做的必然结果——几乎所有的官员都会贪腐，而最终买单的是老百姓。底层士兵没机会贪污，就只能搞副业抓收入，结果就是大清军队战斗力直线下降。

这个问题是清廷顶层制度设计的bug。雍正皇帝意识到问题的严重性，打了一个补丁，给官员们发放养廉银。从名字就能看出，发这个银子，就是希望你不要再贪了。但养廉银不是所有官员都有，主要是发给有实权的地方官，从知县到总督都能领到，但普通京官该穷还是穷。

当清朝的俸禄制度维持到咸丰朝时，举国上下官员贪腐成风，军队一盘散沙，百姓怨声载道，全国各地盗匪横行、流寇四起。从曾国藩呈报给咸丰皇帝的奏折里，我们能看到，曾国藩对上述问题的认识基本是客观的。

觉悟是高了，结果就是穷得非常稳定。穷到什么程度呢？1846年（道光二十六年），曾国藩的祖母去世，这时候他已经做了七年京官。按理说他作为曾家长孙，又是高官，于情于理都应回去奔丧，可他囊中羞涩，拿不出盘缠，没回去，原因不是没有时间，是没有路费。从1839年进京当官，一直到1852年离京，十三年间，曾国藩就没回过湖南老家。1850年前后，他在日记中写道：“余自去岁以来，日日想归家省亲，所以不能者，一则京城欠账将近一千，归家则途费接礼又须数百，甚是难以措办。”

他是真想回老家看看，但是真没钱！

即便穷成这样，曾国藩在给弟弟的家书中还是强调：**“予自三十岁以来，即**

以做官发财为可耻，以官囊积金遗子孙为可羞可恨，故私心立誓，总不靠做官发财以遗后人。神明鉴临，予不食言。”

事实上，曾国藩确实做到了，不仅当京官这十几年做到了，后来他剿灭太平军，官至两江、直隶总督，经他手的银子几千万两，他依然粗茶淡饭、两袖清风。在担任两江总督时，好友去看望他，发现这位总督大人的饭食中，竟一点荤腥都没有，盛饭用的碗不是瓷碗，而是穷苦百姓用的瓦盆碗。好友不禁感慨，五百年来就没有这样的总督。

曾国藩在为官期间，对家里的经济帮助极少，死后也没给子孙留下任何财产。曾国藩在当了十几年京官后离京时，还欠着不少债务，这些债务直到十几年后平定了太平天国之乱才回京还上。

激情与现实

1852年，即咸丰二年，从这一年开始，曾国藩进入为官生涯的第二阶段。这一年7月，曾国藩得了个美差，去江西做考官，一来可以得一笔不菲的差旅费，二来江西挨着湖南，办完公务可以回家省亲。曾国藩满心欢喜地南下，7月25日时已行至安徽。那天半夜，睡梦中的曾国藩被急促的敲门声惊醒，当他打开房门，得知门口的青年是从老家赶来的，心中一紧，他知道，一定是家里出大事了。来人告诉他母亲去世的消息时，他顿感头晕目眩，不能站立，身边的仆人连忙扶他坐在椅子上。思绪在曾国藩的脑子里百转千回，回想自己离家十三载，不曾在母亲膝下尽半分孝，原本想着母子马上就能相见，不料却是阴阳两隔。想到母亲临终前，也一定是抱着巨大遗憾离开的，曾国藩捶胸顿足、泪如雨下，他如何能原谅自己？！

曾国藩赶到江西做了交接后，便赶紧回家奔丧。行至快到长沙时，长沙正被太平军围住，这是曾国藩第一次与太平军近距离接触。洪秀全打长沙打了81天，长沙城岿然不动，太平天国却损失了西王萧朝贵这员大将。洪秀全当机立断，放弃攻打长沙，直接北上。这是太平军北上以来遇到的第一块硬骨头。

太平军最初围长沙时，长沙城内兵精粮足，十几位大员带领十万大军齐聚于此，但无奈，各方势力只是相互观望，清廷派来的将领更是腐败无能，在占据绝对优势的情况下，居然怯战不前。关键时刻，湖南巡抚张亮基启用了左宗棠。左宗棠虽然只是举人出身，但在军事上却是不世出的天才。如果当时能采纳左宗棠的作战计划，清军很有可能一举消灭太平军。但左宗棠只是湖南巡抚门下的一个参谋，严格意义上都不算体制内的，那些高高在上的官老爷们自然也不可能听取他的意见。

太平军离开长沙后，依然士气高涨，势如破竹，一路上基本再没遇到像样的抵抗。太平军1852年10月19日撤离长沙，随后一路攻打益阳、岳阳、汉口、武昌等地，1853年（咸丰三年）2月时就拿下了南京城，将其改名为天京，并定都于此。也就是说，离开长沙大约四个月，太平军就攻克了大清诸多重镇，可想而知，当时的官军有多么不堪一击。

有太多江南富庶地区落入太平天国之手，这下，朝廷彻底慌了。咸丰皇帝下旨，让曾国藩先别回京了，就在湖南帮办团练，抗击太平军。

曾国藩陷入了深深的思考与忧虑之中：一方面，他确实有心报国，但他有自知之明，自己只是一介中央文官，且体弱多病，出谋划策还行，带兵打仗就百分百门外汉了；另一方面，如今天下大乱的情况，他早在两年前就已针砭时弊，咸丰皇帝压根就没往心里去，如果大清的官僚制度不改革，皇帝不能深刻认识到问题所在，各地办团练也是瞎折腾。丁忧的这几个月，曾国藩在家里也没闲着，他发现朝廷要求办的团练，只是在乡里聚集百十来号人，打着“保卫家乡”的旗号，实则是乌合之众，毫无战斗力，别说抗击太平军了，就算是武力值高一点的土匪来了，早都跑得远远的，不趁火打劫就算百姓之福了。

曾国藩对大清朝廷和咸丰皇帝皆没什么信心，他以母亲尸骨未寒、父亲又体弱多病为由，婉拒了办团练的差事。

无奈当时军情危机，湖南巡抚张亮基派左宗棠几次登门，请曾国藩出来主持大局。曾国藩是当时湖南境内级别最高的官员，左宗棠去了几次没说动他。左宗棠比曾国藩小一岁，这是晚清的两位中兴名臣的第一次正式接触。此时两人都想不到，若干年后，他们将并肩作战。

左宗棠没能请来曾国藩，张亮基又安排与曾国藩交往较深的郭嵩焘来请。郭嵩焘非常自信，立下军令状，表示肯定能请来曾国藩，没想到游说了两天两夜，曾国藩还是原话：咱们老友相聚，喝茶聊天、讨论学问可以，办团练是真去不了。

郭嵩焘见劝不动曾国藩，就开始游说他父亲：曾老大人，您是“忠君爱国，教子有方”，不仅是湖湘的骄傲，更是当世楷模，可惜啊，您儿子一时糊涂，不能为国分忧，还得靠您去敲打他。老人家哪受得了这个，跟曾国藩说，你要是再推辞，那就是不忠不孝。没办法，曾国藩只能硬着头皮前往长沙城。

曾国藩对全国局势，特别是对大清军队的战斗力有深刻认识。这些所谓的官军，早就不是当年骁勇善战的八旗军，已经腐坏到骨子里。自己如果要练兵，就不能仅仅是办个小团练，而是要从零开始，打造一支敢打敢拼的全新队伍。

但要拉起一支军队，谈何容易！况且此时的曾国藩，为人处世尚不懂迂回。他初到长沙，从扫匪除寇的工作开始，搞了一个审案局。他认为要抵御外敌，首先地方的社会风气就要正。刚开始，各级官员也没在意，他曾国藩一个无实权的文官，能整出多大动静来？没想到所有人都低估了曾国藩。对于平日里欺压百姓、形迹恶劣的地痞流氓，曾国藩动不动就是"就地正法"，以长沙为中心，联动周边州县，社会风气焕然一新。曾国藩的想法是，治乱世必用重典，只有这样才能震慑住土匪、流氓。

严刑重法之下，不到四个月，曾国藩杀了一百大几十人，因此得了个"曾剃头"的名号。但他不以为意，还在给咸丰皇帝的奏章里，把他的所作所为以及这样做的理由一一汇报。他认为他杀的，都是前些年应杀而未杀之人，如今之所以流寇猖獗，就是因为过去地方官不作为、纵容不杀导致的。

咸丰皇帝已被太平军吓得战战兢兢，赶紧给曾国藩点赞，赞他能为国分忧，乃国之栋梁。得到皇帝的首肯后，曾国藩干得就更起劲了。但他这种干法，相当于把整个官场生态都搅乱了——同僚就怕反衬啊，你这么能干，那其他官员岂不都成草包了？而且曾国藩做的很多事情，介入了别人的职权范围内，手伸得太长，算是越权了。

曾国藩为官十余载，你要说他不成熟吧，也行，但我更愿意相信他根本就不屑于这种成熟。在他看来，如果随波逐流，断无成事的可能。但他的实干与激进在同僚眼中就是原罪，几乎整个湖南官场都在明里暗里地排挤他。

1853年8月4日这一天，矛盾终于正面爆发了。

绿营兵和曾国藩练的湘兵发生械斗，各有负伤。曾国藩觉得太不像话了，处罚了自己的兵，又要求绿营兵首领鲍起豹把闹事的兵也抓起来。鲍起豹一直在找机会，想教训一下曾国藩，他故意把闹事的几名绿营兵绑起来送到曾国藩处，同时让属下到处说，曾大人要严惩我们的人。绿营兵养尊处优惯了，你让他打太平军不行，闹起事来个顶个是好手，更何况现在还有老大撑腰，大家很快就聚集到曾国藩的公务处门口，聚集的人越来越多，再加上有人带头，这帮绿营兵直接动手，砍伤了曾国藩的几名随从，还冲进曾国藩的办公室，大有杀之而后快的冲动。

事态越发失控。曾国藩万万没想到，这帮兵痞有这么大胆子，自己好歹也是二品大员。他赶紧跑到隔壁的巡抚衙门求救。巡抚衙门跟他的办公处也就一墙之隔，新来的湖南巡抚骆秉章早就看曾国藩不爽，他在隔壁听得清清楚楚，但就是装聋作哑，就算曾国藩跑来求救，他也只是假装一脸惊讶地走出去对绿营兵说："你们怎么能如此没规矩，这不是以下犯上吗？"嘴上虽不轻不重地呵斥了一句，但身体却很诚实地走到那几个被绑的绿营兵面前，亲手给他们松绑："哎呀，你们辛苦了，这事就到此为止，不要闹了。"骆秉章把这帮闹事的兵痞打发走之后，瞄了一眼曾国藩，意味深长地说了一句："曾大人啊，以后打仗还得靠他们。"

此番风波，让曾国藩彻底认清了官场现实。要想干出点名堂，长沙肯定是不能待了。曾国藩果断决定，去他熟悉的衡阳自立门户。

惨败与大捷

初到衡阳的曾国藩，属于典型的"三无人员"——没钱，没人，没地盘。曾国藩在衡阳一个叫演武坪的地方扯起大旗，招募、训练军队。这时候，曾国藩那骨子里的霸蛮劲儿就发挥作用了，完美示范了什么叫"没有条件，创造条件也要上"。

这里有必要说一下："霸蛮"被认为是形容近代湖南人性格的一个非常贴切的词，但这个词在我们湖南老家，其实是偏贬义的，意思是一个人认死理、一根筋。从前文中我们可以看出，老曾家在湖南人里又算是最倔强的。曾国藩把这个特点变成了优点，可能在这种挑战不可能任务的时候，就需要"认死理"。他给各路亲朋好友写信，呼吁大家有钱出钱、有力出力，不到一年时间，真就给他拉起了一支小一万人的队伍，还组建了一支有百十条战船的水师。

曾国藩带兵有他的独到之处：军队将士，大多选择读书人；基层士兵，只要老实巴交的农民。曾国藩的理念是，**将士必须忠君爱国、有理想，士兵必须听话、不偷懒**。

曾国藩立志带出一支纪律严明的队伍。队伍的训练分为两部分，一为"训"，二为"练"。"训"即训话，侧重思想方面，属于文化课；"练"即操练，侧重军事方面。这同现代企业对员工强调使命、愿景、价值观有点像。当时的人形容曾国藩的军队是**"儒生带乡奴"**。这种带团队的方式好是好，就是需要很长时间成长。

当时全国军情告急，最缺乏的就是时间。坐在紫禁城里着急上火的咸丰皇帝得知曾国藩有一支队伍，三番五次催促他赶紧出兵北上。你要说咸丰皇帝真指望曾国藩打败太平军，那是假的，皇帝想的是有枣没枣打三杆子，能顶一会儿是一会儿。历史证明，作为一国之君，咸丰皇帝的战略眼光极为短视，还爱瞎指挥。

曾国藩这时候已经隐约感觉到，将来要想灭掉太平军，可能还真得靠他手里的这支湘军。他知道这支队伍还不成熟，为了给军队尽量争取训练的时间，他顶住各方压力，找各种理由暂缓出兵。由此我们就能看出曾国藩异于常人的战略定力。

此时太平军士气正足，定都南京后，一方面准备继续北上，另一方面逐渐蚕食安徽、湖北、江西等地区，一座座城池不断落入太平军手中。咸丰皇帝多次下诏，让曾国藩抓紧时间出兵，语气是一次比一次严厉。皇帝想起当年曾国藩批评他的奏章，直接在诏书中斥责道："平时漫自矜诩，以为无出己之右者，乃至临事，果能尽符其言甚好，若稍涉张皇，岂不贻笑于天下？"意思是：你曾国藩平时批评这个、看不起那个，自诩天下无敌，现在真有事了，给你机会，你倒不中用了，你就不怕天下人耻笑你吗？！这明显就是在刺激曾国藩出兵。没想到曾国藩是吃了秤砣铁了心，看完诏书后，洋洋洒洒地回了一封奏章，分析了一通局势，最终结论还是五个字——还没准备好。

除了皇帝给他压力外，湖南的官员也不断地刺激他，说曾国藩一年以来，到处劝捐筹钱，杀自己人英勇无比，让他出兵杀敌就跟缩头乌龟一样了。湖南当地一些支持他的好友也劝他抓紧出兵，不能再耽搁了。

其实，不断地接到安徽、江西的城池被太平军攻克的消息，曾国藩自己也是心急如焚的。尤其是当他得知自己极其欣赏的门生江忠源在庐州战死，恩师吴文镕在武昌兵败自杀后，巨大的悲痛充斥了他的内心。但即便如此，曾国藩依然顶住压力，按兵不动，抓紧操练。他知道，这时候一定要挺住！他后来专门写了一副对联：**"养活一团春意思，撑起两根穷骨头。"**他还说日后有时间了，要写一部《挺经》。

要炼成这样的定力，光是性格倔强、霸蛮，肯定是不够的。此时此刻，曾国藩已经有了初步的平叛方略，他看清太平军虽然气盛，但高层的领导水平极低，且目光短浅，之所以能连战连捷，主要还是清军太过无用了。现在太平军已经定都南京，以目前清军的实力，速战速决已无可能，但只要有一支精锐之师稳扎稳打，沿长江顺流而下，各个击破，假以时日，太平军必败。最终太平天国的覆灭路径，基本是按照曾国藩的战略构想发展的，可能连曾国藩自己也没想到，这个过程竟然用了十年。

到了1854年（咸丰四年）初，湖南的初春寒意未尽，太平军已然挺进湖南。有了上次失败的经验，这一次，太平军做了充分准备，对长沙城围而不攻，同时派一支队伍南下，轻松拿下了长沙南边的湘潭。在太平军看来，拿下长沙只是时间问题。此时太平军的注意力主要集中在长沙城里的守军身上，对于曾国藩的这支小队伍，并未太放在心上。但对于曾国藩来说，到了该出战的时候了，而且首战必须大捷！

曾国藩的想法是：先夺回湘潭城，然后解长沙之围。他派塔齐布率领五个营的兵力攻湘潭，自己随后增援，没想到出了差池。那天晚间，有民兵来报，说长沙北面的靖岗，太平军在那里的军力薄弱，只有几百人。曾国藩一想，要不就先解决掉这股太平军，夺回靖岗，也算鼓舞士气。说干就干，曾国藩亲率水陆两师攻打靖岗，但到了跟前才知道情报有误，靖岗守军如云、火力密集，再加上风向突然转向自己的船队，太平军放火攻船，湘军大败。

曾国藩率军出征，首战惨败，他生无可恋，唯有以死明志，一头扎进湘江。幸好随从将他救起。当他回师长沙城下，长沙满城官员对他尽是嘲讽，湖南提督鲍起豹更是下令关上城门，不让曾国藩入城，以免“引狼入室”。就在曾国藩绝望之际，湘潭传来捷报，塔齐布的队伍以少胜多，十战十捷，夺回湘潭，三万太平军几乎全军覆没，这是太平天国起事以来第一次大败。曾国藩接到战报，喜极而泣，这可比当年杜甫“剑外忽传收蓟北，初闻涕泪满衣裳”所表达的情感要欣喜得多。

捷报传至京城，咸丰皇帝嘉奖曾国藩“办理甚合机宜”，长沙城的官员们也立马换了嘴脸，恭请曾国藩进城。曾国藩初次用兵，就体会到了“天有不测风云，胜败乃兵家常事”，面子靠实力才能赢得。

曾国藩并没有被短暂的胜利冲昏头脑，漫漫征途，不过才踏出第一步。他紧锣密鼓地整军北上，一路收复岳阳、武昌，湘军气势如虹。初夏的清晨，曾国藩立于船头，一轮红日从江面升起，染红了滚滚东逝的长江。曾国藩知道，真正的战斗才刚刚开始。

昏君与直臣

咸丰皇帝是既开心又意外，他万万没想到，曾国藩一介书生，带兵打仗还真有两下子。他兴奋地对朝中大臣说："不意曾国藩一书生，乃能建此奇功。"这时候的咸丰皇帝，也顾不得当年曾国藩批评自己的事了，决定委曾国藩以湖北巡抚之职，诏书当即就要发出。

这时候，一个大臣阻拦道："曾国藩以侍郎在籍，犹匹夫耳。匹夫居闾里，一呼，蹶起从之者万余人，恐非国家福也。"这句话威力可是太大了，功高震主自古就是帝王最忌惮的事情，更何况咸丰皇帝本非明君，用人多疑，于是赶紧按下了委任诏书，还美其名曰"让他继续专心打战即可"。这个大臣是小人自不必说，我想咸丰皇帝肯定可以熟背孔明先生的《出师表》，那句泣血之言"亲贤臣，远小人，此先汉之所以兴隆也；亲小人，远贤臣，此后汉之所以倾颓也"，可惜圣贤之教，终未入心。

如果不是这个大臣的这句话，太平天国之乱可能会提前五年结束。因为当时曾国藩的境遇很不好，上万人的部队没有军饷、没有根据地，虽然打了几场胜仗，但士兵们已经疲惫不堪。如果朝廷这时候授予他湖北巡抚的职权，他就可以以湖北为根据地，筹饷练兵，完成他顺长江而下、步步为营的战略目标。但他没有被授予巡抚之职，也就不过是一个丁忧在家的侍郎，地方上没有义务配合他的工作，更不会给他筹饷。

再加上曾国藩这时候依然凡事都认死理，不懂变通，谁要跟他过不去就参谁。这种作风，导致他在地方上处处受制。咸丰皇帝又求胜心切，督促曾国藩抓紧时间发兵，不料在鄱阳湖口，湘军遭遇大败。湘军退守南昌城，曾国藩在江西坚持了将近三年，其间与太平军作战，有胜有负，完全没了起兵时那势如破竹的气势。这其中一个重要原因，就是曾国藩一直没有地方实权，处处受制于人，很多时候跟个小媳妇似的，同当地官员可怜巴巴地协商筹饷。曾国藩在同朋友的通信中，不止一次地说要挂冠而去，日子过得实在太憋屈了！

1857年（咸丰七年）2月11日，曾国藩接到父亲去世的噩耗。本就痛苦不堪的曾国藩连报告都没打，把军队留在江西，自己到湖南老家奔丧去了。作为战时领兵大臣，没有朝廷的批准，擅自离营是重罪，在胡林翼等人的说情下，皇帝才免了曾国藩的罪。紧接着，曾国藩上奏，要在家守孝三年。咸丰皇帝当然不同意，让他抓紧回去带兵。这时候曾国藩感觉时机成熟，给咸丰皇帝写了一封长长的奏折，其中着重陈述了自己这几年打仗的难处："臣细察今日局势，非位任巡抚，有察吏之权者，绝不能以治军。"这话说得很明白了，如果没有授予我一省的巡抚之职，我是没法打这个仗了。

曾国藩满以为这次皇帝会以大局为重，即便内心不高兴，还是会答应他的要求。事实证明，他又一次高估了咸丰皇帝的心胸。而且就在这个时候，太平天国内部出了问题，"天京事变"爆发，韦昌辉、杨秀清被杀，石达开出走。咸丰皇帝心里嘀咕，反贼内讧，自己就快把自己耗死了，没你曾国藩也不是不行，竟然还敢威胁朕！你不是想丁忧吗？准了！这就相当于将曾国藩罢官了，即便将来再回京任职，也很难有什么发展了。

这下轮到曾国藩蒙圈了。曾国藩这时候可没有当年王维"行至水穷处，坐看云起时"的从容。数十年来，他信奉的是经世致用之学，眼看山河破碎、社稷凋零，自己一腔热血，想成就一番事业，赢得生前身后名，可惜华发已生、报国无门。向皇帝要官，只是想有实权更好办事，这下好了，直接没活儿干了。当时曾国藩也判断，太平天国快不行了，自己复出基本无望。

外圆与内方

丁忧在家的曾国藩，脾气坏到了极点，逮谁骂谁，甚至严重到弟弟、弟媳看到他，远远地就躲开了。好在随着时间的流逝，他慢慢冷静下来了，开始读一些老庄的书，读到庄子的"人生天地之间，若白驹之过隙，忽然而已"，胸中的郁结便逐渐散开。他开始反思，自己到底哪儿错了，为何处处受到排挤？我一心想着忠君爱国、报效朝廷，为何圣上也不待见我？

那个冬天，湖南湿冷彻骨。曾国藩整日将自己关在书房，经过无数个孤灯长夜，他终于想通了：自己忠君报国是没错的，但不会做人，遇事不懂迂回。按现在的话来说，就是情商太低，把人都得罪光了。回想之前给别人写的信件，连自己都觉得言语之间净是倒刺。这样下去，撑死了也就做个海瑞，立得起牌坊，却难成大事。

进而一想，自己立下“做圣人”的目标，肯定是没错的，但不能以这个标准要求所有人，要想成事，需要做到“内方外圆”，方能“内圣外王”。

丁忧在家的这一年多的低谷期，让曾国藩完成了蜕变。没有这次蜕变，曾国藩不可能成为晚清中兴第一名臣，也不可能成为梁启超所说的“完人”。

一年多之后，没想到经历过内乱、几近覆亡的太平天国东山再起，出了陈玉成、李秀成两员大将，战斗力爆表，咸丰皇帝着力扶持的江南江北大营被打得一点还手之力都没有。这时候，湖北巡抚胡林翼瞅准时机，向咸丰皇帝强烈建议“启用曾国藩”，皇帝赶紧下旨，命曾国藩出山。

咸丰皇帝多少有点担心曾国藩会赌气不出仕，但没想到这次，曾国藩一点儿也不矫情，赶紧上表谢恩，简单收拾一下就出发了，为人处世像变了一个人似的，刚一到任就逐一拜访各级官员，遇见谁都客客气气的，张口闭口都是向人请教，谦卑得连左宗棠都有点看不下去了，说老兄你这未免有些过了。曾国藩这时候已经深刻明白，打仗不仅仅是打打杀杀，更是人情世故。

以前咸丰皇帝给他的专折奏事权，他也不要了。他认识到当年就是因为能直接给皇帝上奏章，弹劾了不少地方官才惹下了祸端。现在他主动放弃这个权力，要求同其他官员一样，向皇帝汇报公务走正常流程。这一转变，标志着曾国藩开始成为一名成熟的政治家，到哪儿都有人支持，至少不再刁难他了。

这次出山不到三年，在1860年（咸丰十年）曾国藩四十九岁时，咸丰皇帝授予他两江总督之职，并委任其为钦差大臣，督办江南军务。高官得做，大权在握，现在办事就方便多了。所以你看，有些东西你不着急要，反而该给你的都会给你。

至拙与至巧

曾国藩打仗厉害，其实并无特别诀窍，他不是我们通常认为的那种百年不遇的将才。他在给皇帝的奏折中写道：“**臣不善骑马，未能身临前敌，亲自督阵。又行军过于迟钝，十余年来，但知结硬寨、打呆仗，从未用一奇谋、施一方略制敌于意计之外。此臣之所短也。**”乍一听，你可能觉得这个臣子在皇帝面前谦虚呢，其实不然，曾国藩这话说得很实在。

他的打仗心法总结起来就是六个字——**结硬寨，打呆仗**。他知道自己天资平平，一般不跟敌人硬碰硬地短兵相接，即使胜算很大，也不会主动进攻。他每打一个地方，完全不着急攻城，先在城外扎营寨、挖深沟、筑高墙，把进攻变成防守，让自己立于不败之地。

站在城墙上观望的太平军都蒙了，本来守城军队依靠城墙防护，居高临下，以逸待劳，是有优势的，结果对方不按套路来，一天到晚就是挖沟筑墙，而且不是一天两天这样，一个月两个月都是这样，一年两年还是这样，把城池围得死死的。时间一长，城里断了粮草，战斗意志慢慢消磨，只要这个"结硬寨，打呆仗"的策略执行到位，攻下任何城池，都只是时间问题。

曾国藩与太平军打了十三年仗，就是这样一点一点地挖沟筑墙，一步一步地往前拱。他每攻下一座城池，耗费的时间都不是一天两天，而是一年甚至数年。九江、安庆，以及最后攻下的天京（南京），都是这么打下来的。

曾国藩打了无数场仗，真就没有一场是我们想象中那种用兵如神的战役，就是**日拱一卒**，跟农民种地一样，一分耕耘，一分收获。**"善战者无赫赫之功"**，曾国藩用实际行动将这句话演绎得淋漓尽致。

曾国藩这种打法，看上去很"笨"，而正是因为这种"笨"，所以谁都听得懂，执行起来也不需要什么过人的天分，所以就能形成具有普适性的方法论。哪怕你是一个普通人，只要执行到位，就能取得实效。反观我们，有太多人总想寻巧法、走捷径，幻想一夜成名、一夜暴富，结果只能是一事无成。

正是这个原因，曾国藩被左宗棠嗤为**"欠才略""才太短"**。但"结硬寨，打呆仗"这六字心法，暗合了《孙子兵法》中的**"先为不可胜，以待敌之可胜"**。简单来说就是，先占据不败之地，然后慢慢求胜。曾国藩那句名言**"天下之至拙，能胜天下之至巧"**，也呼应了《孙子兵法》中的这句话。

1859年（咸丰九年），李鸿章前来投奔曾国藩。刚开始以为曾国藩的湘军一定掌握了什么神奇的兵法，结果到前线一看，湘军每天不干别的，准时准点挖沟筑墙。李鸿章开始很不以为然，可等他跟着曾国藩行军一段时间之后，他才理解，老师的这套打法太牛了，大巧若拙，比那些花里胡哨的战法有效多了。

篇幅有限，我们挑**安庆之战**讲一下。公元1860年，曾国藩和胡林翼合兵进攻安庆，在曾国藩既定的战略里：拿下安庆，南京将成为一座孤城，迟早被攻破。太平军自然也知道安庆的重要性，所以一定会派重兵把守，安庆之战注定是一场旷日持久的生死战。

曾国藩心里有数，他制定的战略是“**围点打援**”，让弟弟曾国荃围困安庆城，严格执行“结硬寨，打呆仗”的策略。曾国荃经常不听曾国藩的话，但在挖沟筑墙这一战术上，他对曾国藩的要求能做到120%的执行。曾国荃带团队，沟挖得深，墙筑得厚，此战之后，人送外号“**曾铁桶**”。曾国藩料定，安庆是太平军拼死也要保住的城池，一定会派重兵来救，他安排多隆阿、李续宾和鲍超三位得力悍将，在外围负责打援。这样一来，湘军从被动的攻城方，转变为以逸待劳的防守方。太平天国的援军一波接一波地赶来，一茬接一茬地被灭掉。太平军的有生力量，大量消耗在了安庆周边。这一战整整打了两年，直到1861年（咸丰十一年）8月1日安庆城破，太平军大将陈玉成远远看到满城大火，知道已是无法挽救了，才无奈退兵。

回到当时的处境，曾国藩要执行这个战略，其实是相当不易的。1860年发生了更重大的历史事件——第二次鸦片战争爆发，英法联军攻入了北京城。就在曾国藩围困安庆8个月左右的时候，他收到朝廷廷寄（清代公文名称，或称寄信、寄信谕旨），得知英法联军逼近北京，咸丰皇帝命曾国藩派鲍超领兵三千北上助战。曾国藩为难了，鲍超一走，安庆外围力量减弱，如果太平军加大增援力度，很可能安庆之围功亏一篑；但如果不去，就是置皇帝安危于不顾。

曾国藩冷静下来分析局势：以目前的情况，英法联军攻入北京城已是难以扭转之事，他这三千人过去也改变不了局面；他也知道英法两国的真实目的是争取利益，不是要灭了大清。他估计朝廷很快就会跟英法和谈，于是他有意拖延时间，给朝廷回奏说只是派鲍超过去是不是不够，是否需要增派兵力。结果如他所料，这奏章一来一回间，朝廷很快就开始了和谈，也让他不要派兵北上了。

当时救援安庆的太平军里，战斗力最强的就是陈玉成的部队。陈玉成是太平军后期最能打的将领，颇有谋略。他发现安庆攻不进去，就沿长江而上，进攻武昌。武昌空虚，曾国藩不得不来救援，这样安庆之围自然就解除了。

陈玉成全力进攻武昌，防守武昌的是鼎力支持曾国藩的湖北巡抚胡林翼。曾国藩自然能明白陈玉成的意图，也知道胡林翼的危机，但最终他还是挺住了。他坚信自己的战略是正确的，只要攻下安庆，即便武昌失守，也能夺回来；但如果这次拿不下安庆，两军僵持起来，胜利就遥遥无期了。

可以想象，在这个艰难的过程中，曾国藩的内心深处一定时常闪现王阳明的那句话：**“心如止水，乱则不明。”**攻克安庆的那天，曾国藩缓缓走上安庆城头，一路看到**“尸骨成堆露于野，残阳如血照空城”**，抬头遥望东北方向的南京城，他多么希望战事能尽快结束。

他第一时间上奏朝廷报捷，他知道，朝廷和皇帝，都太需要这封捷报了。朝廷的回函来得出奇得快，曾国藩心想，即便八百里加急，朝廷也不应该这么快就有回复。没想到这封回函带来的不是嘉奖，而是咸丰皇帝龙驭归天的消息。

曾国藩看后，呆立当场，他面北悲泣。回想与咸丰皇帝君臣十一载，想当年为了唤醒皇帝，他曾痛陈其三大罪状；近些年虽然只是通过奏章往来，但君臣之间多了一份默契。他知道皇帝对他还是有些芥蒂，他多么希望用这份捷报来证明自己，消除君臣之间的隔阂，不想等到天命之年的自己终于奏凯时，不过而立之年的皇帝却再也没机会体验这份欣喜了。

福兮与祸兮

曾国藩还有更深一层忧虑：先帝去世，即位的同治帝载淳只有六岁，主少国疑，朝廷政局势必有大波动，他的平叛能否继续进行，完全是未知数。

朝堂的动荡很快就来了，慈禧太后联合恭亲王奕䜣发动宫廷政变，咸丰皇帝指定的顾命大臣肃顺等人被诛，而肃顺一直是曾国藩的坚定支持者，咸丰皇帝之所以最终授予曾国藩两江总督之职，主要就是肃顺的举荐。肃顺一党被清洗，使曾国藩的仕途一片茫然。

好在事情并没有朝坏的方向发展，朝廷在抄肃顺家的时候，找出一大箱文武百官给肃顺的私信，其中竟然没有找到一封曾国藩写的。曾国藩从不结交京城权贵，他所追求的“圣人”境界不允许他搞这一套。虽然他也知道肃顺一直在咸丰皇帝面前举荐他，但他认为无论是肃顺还是自己，初心都是为了江山社稷，不存在私人情谊，他只要把活儿干好，就是对肃顺最好的回应。曾国藩的不通人情，绝大部分情况下给他带来了麻烦，但这一次却让他保住了前程。

慈禧太后见曾国藩竟然如此刚正不阿，再加上本来就是用人之际，因此不但没有让朝堂上的清洗牵连曾国藩，反而给予他更大的权力，她降旨道：“钦差大臣、两江总督曾国藩，着统辖江苏、安徽、江西三省，并浙江全省军务，所有四省巡抚、提镇以下各官，悉归节制。”慈禧太后这是将半壁江山都交到了一个汉臣手里，大清建国以来从未有过这样的先例。

如此一来，曾国藩就有了足够的空间来实施他的战略。1862年（同治元年）初，曾国藩整备三军，向太平天国都城天京（南京）进发。湘军打仗，还是熟悉的配方——结硬寨，打呆仗。1864年（同治三年），天京城破，太平天国覆灭。这一战就不细说了，总之惨烈程度数倍于安庆之战。

太平天国，历时14年，伤亡7500万人（不同史料对此说法不同），导致中国丧失了将近1/4的人口，其规模之大、死伤人数之多，是中华历史之最。曾国藩之所以如此坚定地反对太平天国，主要因为他受儒家忠君爱国思想的影响。人活在世上，都有各自的观点、立场和局限，这是不可避免的。

完美与遗憾

湘军覆灭太平天国后，曾国藩的政治影响力获得了空前提升。一般人在这种情况下，会飘到天上去，而曾国藩却异常冷静，刚攻破天京就火速主动裁军，还说服立下赫赫战功的弟弟曾国荃主动请辞。他知道朝廷最担心的，就是他拥兵自重。

第二年，朝廷让他带兵到山东剿捻。捻军是当时兴起的另一支反朝廷的武装。这时候的曾国藩，已经拉不起一支队伍了，只得找李鸿章借兵出征。好不容易拼凑出一支由八旗兵、绿营兵、湘军、淮军混杂而成的军队，队伍中的各方势力各怀鬼胎，战斗力可想而知。

从1865年（同治四年）5月到1866年（同治五年）11月，曾国藩忙活了一年半，剿捻效果并不明显。后来李鸿章接替曾国藩，以淮军为主力，才把活儿给干利索了。

1868年（同治七年），曾国藩调任直隶总督，这属于明升暗降。慈禧太后将曾国藩调到眼皮子底下当差，这样能稍微安心些。如果不是1870年（同治九年）朝廷让曾国藩去处理“天津教案”，曾国藩一生可能就此画上完美句号，对他的争议也就不会那么大。当时的人就说，曾国藩“早死三年是完人”。

让曾国藩从“完人”转变为“颇具争议之人”的转折点，就是“天津教案”。1870年天津一带，民间流传洋人专挖中国儿童的眼珠子当药引子，刚好那年天津法国育婴堂暴发传染病，收养的婴儿死了不少，育婴堂的修女将死去的孩子埋在河东荒地上，但因为死亡人数多，埋葬得比较草率，尸体被野狗从地里扒出来了。老百姓一看，这就是洋人拐走中国儿童挖眼珠子的证据。

刚好这时候天津又发生了一起拐卖儿童事件。天津衙门很快破了案，也处决了犯人。虽然经过审讯，已经知道人贩子不是受教民指使，但为了安抚汹涌的民意，结案后还是发布告示，说两名罪犯受人指使，迷拐幼童，取脑、剜眼、剖心，以作配药之用。

告示一公布，基本等于说法国教堂就是在有组织地贩卖中国儿童，天津民众一时群情激愤，法国教堂外聚集了上万人。当时法国领事丰大业气势汹汹地去找衙门要说法，要求地方大员崇厚、张光藻调兵镇压。遭到拒绝后，他居然掏出手枪，开枪打伤了官府的人。

这下彻底激起了老百姓一直压抑着的情绪，大家一起动手，打死了丰大业，又冲进法国教堂，打死了多名神职人员，然后冲入法国领事馆，打砸一通，打死了二十多名外国人，最后一把火将望海楼教堂烧了。

“天津教案”震惊了世界。教案发生的第二天，消息便登上全球各大媒体的头版头条。北京的八国公使联名警告清政府，法国派出军舰前往大沽口鸣炮示威，局势非常紧张。

本来这事该由负责外交通商的崇厚来管，这哥们知道自己这点道行搞不定这么大的事情，赶紧向朝廷请示，让曾国藩来处理，朝廷也准了，但因为曾国藩这时候身体太差，双目几近失明，朝廷刚给了他一个月的病假，所以朝廷也没有要求他必须去，曾国藩接到慈禧太后的懿旨是：“曾国藩病尚未痊，本日已再行赏假一月。惟此案关系紧要，曾国藩精神如可支持，着前赴天津与崇厚悉心会商，妥筹办理。”

按说曾国藩完全有理由不介入此事：一者，他当时身患重病，身体难以支撑，顺着慈禧太后的话推脱一下，合情合理；二者，外交事务非其职责范围；三者，其幕僚几乎一致反对曾国藩介入此事，大家预见到他很可能会因此身败名裂。

曾国藩自己更是明白，这件事很难处理，稍有差池就会挑起战争。自从平定太平天国之后，他励精图治搞洋务，因为他知道中国需要一段和平时期来追赶世界，哪怕这个和平时期是用暂时的委曲求全换来的。他一贯以“圣人”的标准要求自己，怎么能在关键时刻逃避困难？稍作犹豫后，他就决定接下这个差事。

在曾国藩赶到天津之前，法国已经提出要求：要处死当地官员二十多人，处死市民四百多人，还要清政府派外交使团去法国道歉；另外，巨额赔款是少不了的。曾国藩心里也清楚这事谁处理谁倒霉，在赶赴天津之前，他已经写好了遗书。

曾国藩到达天津之后，实事求是地展开调查，确实没发现洋人抓小孩做药引子的任何证据。最终，经过他费心周旋，以失职罪将张光藻等三人予以撤职，这可比法国要求的处死轻多了；将查有实据的二十多名市民判处死刑，因为他们确实打死了二十多个外国人，相当于一命抵一命；同时也严厉指出了洋人在传教过程中存在诸多不合适的行为，才引起了误会，主张洋人改正不当之处。按说曾国藩的这个处理方案是公正合理的，但朝廷在公布曾国藩调查结果的时候，把他对洋人的批评完全删掉了。

公告一出，老百姓不干了——洋人挖眼珠子的事还没处理呢，怎么先处理自己人了？！举国上下，“反曾运动”猝然兴起，连之前一向是曾国藩铁杆粉丝团的湖南士人也冲入湖南会馆，把曾国藩亲笔题写的牌匾砸得稀烂，并烧毁了他手书的一副对联。曾国藩在迟暮之年，迎来了人生的至暗时刻。

朝廷为了收复民心，将锅都甩到曾国藩身上，将其调任为两江总督。这次打击对曾国藩来说是致命的，在两江总督任上干了一年多，他便于1872年（同治十一年）2月4日病逝于总督衙门。

我每次翻看曾国藩的资料，读到这里，都会想：曾国藩在他生命的最后时光回首往事，会后悔这辈子的坚持吗？

当他站在江畔，凭栏远眺家乡，回想自己一路走来的六十二载岁月：从儿时记事起就被父亲逼着每日背书，一直到考中进士、当了京官都不曾松懈；当官之后，自己逼着自己以“圣人”的标准每日精进；后来手握大权，更是为国尽忠、不敢懈怠。自己的一生，仿若眼前的滚滚江水，一日也不曾停歇。

我想他或多或少会对父亲、母亲、妻子心怀愧疚，但对他自己的选择，是不后悔的。

曾国藩在去世前两个月，拖着病体，顺长江而下，巡视了南京、扬州、常州，一直到上海。那时他已双腿浮肿、双眼几近失明，但他依稀能看见水陆两军意气风发，长江两岸灯火点点，江面船帆涌动。不到八年时间，江南就从太平天国的祸乱中恢复过来。曾国藩内心那一点期盼——大清复兴的微光，还没有熄灭。他在两江总督任上工作到生命的最后一刻，近侍们都说，他是活活累死的。

朝廷听闻曾国藩逝世的消息后，辍朝三日，追赠其为太傅，谥号“**文正**”，祀京师昭忠、贤良祠，各省建立专祠。“文正”作为古代文官的最高谥号，其获得者均为社会公认的文治典范。从三国到晚清的约两千年间，获得“文正”谥号的大臣也不过31人（也有说法是28人）。谁能想到，当年那个“**性鲁钝**”的老曾家的笨儿子，那个被学生李鸿章、幕僚周腾虎评价为“**儒缓**”的老曾，竟能成就一番功业，跻身其中。

进步与局限

要想了解曾国藩，还有一件事是绕不开的，那就是他**开洋务之先河**。曾国藩之所以被称为“晚清中兴第一名臣”，除了剿灭太平天国外，更重要的政绩就是开办洋务。

大家有没有注意一条时间线：曾国藩为官期间，完整地经历了两次鸦片战争，第一次鸦片战争时，他是京城里的一个文官；第二次鸦片战争时，他正深陷与太平军的胶着战事中。

太平军买了不少洋人的军火同湘军作战，早期湘军吃了好几次亏，都是因为被天平军的先进火炮压制。曾国藩眼睁睁看着西方列强靠几十艘从海上开来的军舰，就把偌大的中国打得又是割地又是赔款，他真切地感受到西方国家在军事武器上的先进。1860年，从太平军手里攻下安庆后，他于1861年秋末在安庆设置了军械所，这是中国近代第一座军火工厂，生产子弹、火药等武器。

同当年创建湘军的时候一样，安庆内军械所（也称安庆军械所）初建时，也是要啥没啥，全靠曾国藩自己摸索。即便如此，1862年8月，安庆内军械所成立不满一年，就设计制造出了中国第一台蒸汽机。这台蒸汽机无论从结构还是功能上看，都可与当时世界上最先进的蒸汽机相媲美。同年年底，安庆内军械所试制成一艘小火轮，成为日后“黄鹄”号的雏形。

1863年（同治二年），在湘军与太平军对峙的关键时期，曾国藩依然积极筹备在上海设立“江南制造总局”，从本不富裕的经费里匀出专款，让容闳远赴美国购买机器。江南制造总局建成后，李鸿章在《置办外国铁厂机器折》中写道：“**机器制造局之一事，为今日御侮之资，自强之本。**”

如果说早期在安庆办军工厂，主要是为了剿灭太平军，那么后期曾国藩继续想方设法办洋务，就是一心为了强国强军，使中国走上自强的道路。曾国藩办洋务，并不局限于军工这一方面，他招贤纳士，筹办翻译馆，翻译西方政治、经济、文化、法律等各类书籍，派遣留学生去西方深造。中国真正大规模向西方学习，就是从这时候开始的。后续我要讲的很多人物，都受益于曾国藩开启的洋务先河。

派中国留学生出去学习，是曾国藩极其重视的一件事，也是他在人生最后阶段最最牵挂的一件事。在去世前的一年，他上了五道折子向朝廷恳请恩准委派留学生一事，可谓呕心沥血。他多次跟人说，等这事定下来，他要亲自上船，为这些留学生送行。可惜，他残病的身体，没让他等到那一天。在曾国藩去世后几个月，第一批留学生由他的学生李鸿章送出国去。这第一批留学生中，有铁路工程师詹天佑、北洋大学校长蔡绍基、清华大学校长唐国安、清末交通总长梁敦彦、民国初年国务总理唐绍仪，还有14名学生成为海军将领。

曾国藩向西方学习的，主要是军事技术，他对产生这种先进科学技术的社会制度、政治制度几乎没有认知，也从未想过要从根本上改变中国当时落后腐朽的制度才能救中国。这是他的阶级局限性，也是他内心根深蒂固的传统思想的局限性。

现在有一派学者认为，曾国藩本质上就是清政府的家奴，打赢太平军，等于把自己的同胞往死里揍，算不得圣人。客观来讲，这有点上帝视角了，我们要回到当时的时代背景里去看问题。在中国延续了两千多年的帝制体系里，以一个传统士大夫的标准来看，曾国藩绝对是优秀楷模：十年寒窗，学而优则仕，文能提笔安天下，武能上马定乾坤；对内辅佐君王经世济民，对外与洋人巧妙周旋；同时极具战略眼光，积极发展洋务、创办教育，探索强国之路。曾国藩在当时的时代背景下，是无法站在制度之外的视角去思考更大的民族问题的。

也有人认为，当时如果不是有以曾国藩为代表的这一批人为大清续命几十年，让英法等列强觉得大清也不是那么脆弱，不能轻易殖民，没准那会儿就一拥而上，把中国给瓜分殖民了。那会儿除了湘军，官军的战斗力同后来八国联军进北京时相差不大。若真这样，中国就不存在什么“半殖民地半封建阶段”了。

我们现在回看一下那段世界史：西方国家殖民世界几百年，在二战后逐渐结束殖民统治之前的这段时期，最重要的操作，就是把受其殖民统治或半殖民影响的国家和地区尽量分成若干小国或小地区，而且是越小越好。在他们看来，任何一个统一的大国，对他们都是巨大的威胁。从数据来看，二战前世界上有63个主权国家，而目前世界有223个主权国家。分而治之、制造地区混乱，是西方列强的拿手好戏，但曾国藩当时肯定看不到这一层。

胡适在一篇文章中，比较曾国藩和孙中山时写道："在古典文学的成就上，在世故的磨炼上，在小心谨慎的行为上，中山先生当然比不上曾文正。然而在见解的大胆、气象的雄伟、行为的勇敢上，那位理学名臣，就远不如这位革命领袖了。"但我们也要知道，孙中山先生比曾国藩晚出生了半个多世纪，胡适更是在几代人的探索之后做的总结。

梁启超是从那个时代背景下成长起来的改革派，他跟洋务派是打过深入交道的。他评价道："**中国有两个半圣人，孔子和王阳明各一个，曾国藩算半个。**"这应该是符合那个时代的客观评价。

毛主席对曾国藩佩服至极，年轻时曾直言："**愚于近人，独服曾文正。**"意思是，近代这些人，我谁都不服，就服曾国藩。

曾国藩还有一个不得不提的优点，就是**会识人**。他发掘了彭玉麟、塔其布、罗泽南、曾国荃这样的将才，胡林翼也是在曾国藩的支持下一步步走向巅峰的。曾国藩还是左宗棠的带路人，后来虽然与左宗棠私下不和，但在朝堂上还是处处推崇左宗棠的才干。左宗棠后来收复新疆，功盖千秋。

左宗棠在曾国藩去世后送来挽联："**谋国之忠，知人之明，自愧不如元辅；同心若金，攻错若石，相期无负平生。**"落款更是写为"晚生左宗棠"。要知道，一身傲骨的左宗棠，即便还是一介布衣，前来投靠曾国藩时，也没有自称晚生。

回望曾国藩这一生，立功、立德、立言，他都做到了，无愧于自己、无愧于朝廷、无愧于天地间。南怀瑾先生曾言："**三千年读史，无非功名利禄。**"不知随着历史进一步展开，还能遇着几位像曾文正公这般获得泼天功名，却完全不为利禄的人。

参考文献

[1] 张宏杰. 曾国藩传[M]. 北京：民主与建设出版社，2022.

[2] 萧一山. 曾国藩传[M]. 北京：东方出版社，2009.

[3] 寒梅.曾国藩传[M]. 南京：江苏凤凰文艺出版社，2018.
[4] 王燕. 曾国藩传[M]. 北京：北京联合出版公司，2013.
[5] 曾国藩全集[M]. 长沙：岳麓书社，2018.
[6] 黎庶昌. 曾国藩年谱[M]. 长沙：岳麓书社，1986.
[7] 肖高华. 曾国藩文化思想与中国近代化[M]. 北京：中国社会科学出版社，2016.
[8] 唐德刚. 从晚清到民国[M]. 北京：中国文史出版社，2019.
[9] 唐德刚. 从甲午到抗战[M]. 北京：台海出版社，2019.
[10] 檀作文. 曾国藩家书[M]. 北京：中华书局，2017.
[11] 紫山川崎三郎著. 东邦伟人曾国藩[M]. 王纪卿译. 太原：山西人民出版社，2018.
[12] 兰特. 曾国藩的儒学思想、科技思想及其关系研究[D]. 山东：山东大学，2017.
[13] 扬志刚. 曾国藩洋务思想研究[D]. 齐齐哈尔：齐齐哈尔大学，2012.

左宗棠（1812—1885）

抬棺西定新疆 华夏幸有左文襄

这世上，多数人会随着时间的流逝，被逐渐淡忘。历史上，那些拥有丰功伟绩的名人绝大多数也逃不过这一宿命。但有极少数人，会在历史的星河中愈发光彩夺目、熠熠生辉，左宗棠就属于这个极少数的群体。

中学历史书中，左宗棠被一笔带过，所以我们对他的印象并不深。近年来，随着细致了解那段历史的人越来越多，左宗棠的光芒愈加耀眼，口碑和风评已居晚清人物之最。您若耐心地读完本章内容就会发现，左宗棠，当得起。

世事无常

1852年（咸丰二年）10月8日半夜，一个神情刚毅的中年男子，顺着简易的梯子爬上长沙城墙。他，就是左宗棠。

长沙告急，被太平军围困一月有余。湖南巡抚张亮基三顾茅庐，四十岁的左宗棠第一次出山，助战长沙。如果说左宗棠这一生可以分为两个阶段，长沙城头的这段梯子，一端连接着他人生过去的四十载，另一端将开启他波澜壮阔的后半生。

张亮基也是受命于危难之际，到任时长沙已经被困，城内将士已是一团乱麻。在他一筹莫展之际，远在贵州的好友胡林翼向他推荐左宗棠，担保此人定能助他一臂之力。

结果证明，举人出身的左宗棠才学过人，尤其是在军事上天赋异禀。在左宗棠的部署下，太平天国眼看破城无望，围困长沙81天，损兵折将，长沙城岿然不动，洪秀全无奈绕道北上。

此时，没人能预见到，14年后，掐灭太平天国最后火种的人，就是站在长沙城头、目送太平军北去的左宗棠。

长沙之战按下不表，左宗棠的故事还得从头说起。

1812年（嘉庆十八年）11月10日，洞庭湖南岸的湘阴左家，迎来了第三个儿子的出生。父亲左观澜给这个幺儿取名左宗棠（字季高）。左宗棠幼年体弱，家人都担心他夭折，但祖父不这样认为，他尤其宠爱这个小孙子，总是对人说：“**此子异日必能昌大吾门。**”

左家在宋朝时自江西迁居湘阴，乃多代书香门第，祖上虽然没出过高官，但坚持耕读传家，祖父和父亲都是秀才出身，家庭小康。左宗棠的父亲是私塾先生，很早便给他启蒙。左宗棠五岁那年，父亲要到长沙去教书，因此举家搬到了长沙，左宗棠一直跟着父亲读书。

与家距离长沙不远、比他大一岁的曾国藩一样，左宗棠读书甚是用功，不同的是，他比曾国藩天赋好太多，也**自信狂妄**太多，十四岁时到湘阴县第一次参加考试，就一举夺魁。

少年左宗棠以“今亮”自居，他认为自己的才能、智慧可比诸葛亮。当时湖南地界上，受王夫之一脉“经世济用”的学风影响，自恃有些才华的人，都愿自比孔明。后来跟随曾国藩的湘军勇将罗泽南，就自称“老亮”。

按说家境优渥、一身才气的左宗棠，前途一片光明，但人生如果有定律的话，第一条当是“**人生无常，祸福相依**”。

1827年（道光七年），十五岁的左宗棠正式参加秀才考试。秀才考试分为三轮，第一轮左宗棠是第一名，就在备考第二轮期间，母亲病故。按照当时的礼法，左宗棠需要守孝三年，三年守孝期将满，父亲又去世了，左宗棠需要继续为父守孝。以现在的眼光来看，会觉得这也太耽误事了，但在传统社会里，孝道乃第一道，父母去世，即便是宰相，也得立刻辞官丁忧。

一直到1832年（道光十二年），左宗棠守孝期满，再次参加考试，中了举人，这时候他年方二十，依然是青年才俊；而此时曾国藩还在参加第五次秀才考试，中举是二年之后的事了。

但左宗棠的考试运气，似乎到此就结束了。中举后，左宗棠照例赴京赶考，按说他的才学是没有问题的，但连续参加了三届科考，都落榜了。清朝的考试制度，要想进士及第，才学只是一方面，运气也占了相当一部分，因为这是一个赢的概率极小的游戏。

1835年（道光十五年），左宗棠第二次参加会试，本来被主考官拟以第十五名录取，但在发榜前核对名单时，发现湖南比湖北多了两人。那时候朝廷考试跟现在一样，非常注重地区之间的平衡，左宗棠作为湖南的最后一名，被从中榜名单上划掉了。这是左宗棠距离进士及第最近的一次经历。

1838年（道光十八年），左宗棠第三次，也是他最后一次参加京城的会试。巧的是，这一年的会试队伍里，曾国藩也在里面。自小天资聪颖、才学过人的左宗棠没能通过这座独木桥，而秀才都考了七次的曾国藩却中了进士，顺利地步入仕途。按说两位湖南才俊，应该是在京城有过交集的，但在我查阅到的资料里，没有找到一丝相关痕迹。

才子佳人

左宗棠虽然科举不顺，但婚姻上却抱得美人归。

他二十岁中举之后，就娶了湘潭的周氏为妻。湘潭周家是当地的名门望族，周家子女个个才学出众，尤善诗歌。按说左宗棠父母双亡，穷困无依，与周家门不当、户不对，但缘分就是这么奇妙，当时周家大小姐周诒端（字筠心），眼光极高，虽然年过二十，但上门提亲的一个也入不了她的法眼。在那个时代，女子过了十四岁就可以婚配了，二十岁还不嫁人，妥妥的大龄剩女。

周母决定比文招亲，比试的方式就是对对联。左宗棠性格孤傲，本不愿参与这种事情，但他的朋友故意激他，说他是心虚怯战，这招对左宗棠这种自视甚高的人尤其有效。

到了周府，左宗棠做完自我介绍，周母出上联：鸿是江边鸟；左宗棠对曰：蚕为天下虫。周母又出上联：凤凰遍体文章；左宗棠又对曰：螃蟹一身甲胄。周母再出上联：解解解元之渴；左宗棠再对曰：卜卜卜士之命。

周母心中大喜，觉得这个满是精神劲儿的小伙才华横溢、年貌相当，于是出了最后一个上联：胸藏万卷圣贤书，希圣也，希贤也；左宗棠沉思片刻对道：手执两杯文武酒，饮文乎，饮武乎。

左宗棠对完，周母自是非常满意，躲在屏风后的周大小姐也觉得天降才子于她。当晚，周家大摆筵席，庆祝觅得佳婿。左宗棠见周大小姐亭亭玉立、知书达理，配自己绰绰有余，庆幸自己得此佳人，一段姻缘就这样开始了。

左宗棠的少年时期，父母、长兄接连故去，家道中落，算是苦命人，但自从娶了周氏为妻后，左宗棠活成了幸福的男主角。周氏是万里无一的好妻子，不仅才情过人，能与左宗棠诗词唱和，对左宗棠还极为包容体谅。左宗棠意气风发地备考，周氏全力支持。

1833年（道光十三年），左宗棠第一次进京赴考，妻子将嫁妆一百多两银子全部拿出来给丈夫做盘缠，谁知左宗棠的一个大姐家里急用钱，左宗棠便将银子全部给了大姐。周氏知道后，一点儿也不生气，又到娘家筹了一笔银子给左宗棠。

丈夫初次北上，周氏作诗三首勉励，其中一首五言律诗，诸君感受一下。

夜半戒征鞍，朦胧晓梦残。
马蹄迎月度，霜气扑衣寒。
转忆平居乐，从知远别难。
澄清舒素志，揽辔不须叹。

左宗棠初试不第，写下《癸巳燕台杂感》八首，我们欣赏一下其中一首。

世事悠悠袖手看，谁将儒术策治安？
国无苛政贫犹赖，民有饥心抚亦难。
天下军储劳圣虑，升平弦管集诸官。
青衫不解谈时务，漫卷诗书一浩叹。

这是左宗棠初试不第的感怀之作。他一路进京，目睹了官场腐败、民生疾苦，又感叹自己身为儒生，报国无门。左宗棠的诗文功底是很深的，也一直有写诗的习惯，但他学的是经世济用的学问，晚清文坛，早没了唐宋时期诗词的繁荣景象，左宗棠的诗，主要是用来言志说事的，从文学的角度而言，周氏的诗读起来更有感觉。

远在湖南老家的妻子读了丈夫的诗文，给丈夫寄去了两首和诗，安慰丈夫。

左宗棠回到家乡，看到自己去年踌躇满志地写在门上的对联“身无半亩，心忧天下；读破万卷，神交古人”，再想到自己名落孙山、前路茫茫，顿感绝望。周氏看在眼里，作诗勉励：“书生报国心常在，未应渔樵了此生。”宽慰丈夫胸有大才，又有报国之志，渔樵生活只是一时，一旦机会来了，定能大展宏图。

后来左宗棠三试不第，决定从此不再参加科考。周氏没有半分埋怨，作诗宽慰：“清时贤俊无遗逸，此日溪山好退藏。树艺养蚕皆远略，由来王道重农桑。”功名仕途不是人生的唯一路径，退隐溪山，阡陌农桑，既是王道，也是远略。

周氏的本意是劝慰丈夫，没想到多年之后，左宗棠种地的本事，竟为他平定陕甘边乱、收复新疆发挥了大作用，“远略”“王道”竟一语成真。

左宗棠看着书桌上妻子的诗句，思忖良久，豁然开朗，提笔写下“不向科举讨前程”，他将这七个字贴在自己的书桌前。

可以说，左宗棠能熬过那艰难的十几年光阴，后来能成就一番功业，第一个要感谢的，应该是他的妻子。左宗棠的一生挚友胡林翼在给左宗棠的信中，就说周氏是左宗棠的“闺中圣人”。这算是对周氏的最高评价了，而周氏，当得起。

得遇贵人

左宗棠备考之余，在湖南醴陵兼职教书。在此期间，他遇到了人生中的第一位贵人——陶澍。陶澍是湖南安化人，博学多才、政绩突出，时任两江总督，是清朝湖南出的第一个两江总督。清朝全国总督一共有八个，在地方上权力最大的就是两江总督。

陶澍回乡探亲，路过醴陵县，这对于知县来说是天大的事情，宴席排场都按照最高规格来办，连给陶大人泡茶的水，都是知县安排人，专门从陶澍老家打来的山泉水。陶澍要经过的那条街道，张灯结彩，极尽铺排。一路上稍微显眼一点的门楼，都请县里的文人写了欢迎对联。而县衙里最最重要的那副对联，知县思量再三，得请左宗棠来写。

左宗棠本就将陶澍视为偶像，所以在这副对联上格外用心，上联是“**春殿语从容，廿载家山印心石在**”，下联是“**大江流日夜，八州子弟翘首公归**”。

对于陶澍来说，一路上看到县令忙前忙后，良苦用心自是看在眼里，但清朝官场就是这风气，陶大人早就见怪不怪了，也就没有更多期待。但当他看到左宗棠写的这副对联，心头一惊，停下脚步，读了两遍，情不自禁地连赞“好好好”。他万万没想到，在醴陵这样一个小地方，竟然有如此大才。他马上问县令，此联出自何人，县令说是本县渌江书院山长左宗棠。陶澍眼前一亮，让县令马上去请。

陶澍与左宗棠聊得非常投机。当时陶澍五十八岁，乃地方上第一大员；左宗棠不过二十五岁，一介布衣书生。两人虽然地位悬殊，但陶澍毫无架子，与这个晚辈后生彻夜长谈，纵古论今。为了跟左宗棠多聊一会儿，陶澍甚至推迟了一天的行程，携左宗棠同游醴陵，执意要与他结为忘年交。

诸君是否疑惑，难道陶澍仅凭借一副对联，就如此认定左宗棠吗？从这副对联里，也没看出李白、苏轼那样的惊天文采啊！

这里要说明“一小一大”两点。

先说“大点”。左宗棠这副对联确实是天才之作，只是我们这些外人读起来很难觉察，我稍作解释。先看上联“春殿语从容，廿载家山印心石在”，这里主要讲了陶澍此生最引以为荣的时刻——1835年，陶澍因在两江任上推行改革得力，道光皇帝在养心殿召见他，公开嘉奖。“春殿语从容”五个字表现了陶澍面圣时从容应答的场景。当时皇帝与陶澍聊家常，问他家乡可有什么趣事。陶澍说家乡有一奇观，家门口有一潭，潭中有一块巨大的方石，形如印，取名为“印心石”，他小时候就在岸边的书屋读书，书屋名为“印心石屋”。当天皇帝与陶澍聊了很久，龙颜大悦。第二天，朝廷给陶澍送来了一块匾，上书四个大字——印心石屋，落款是“御书赐之”。

皇帝亲自给自家书屋写匾额，陶澍激动得直哆嗦，决定将这四个字请回家乡，叫人刻在印心石上。后来皇帝又与他聊天，知道他要将自己的御笔刻在石头上，觉得那四个字太小，又给他写了一幅更大号的。为人臣子，没有比这更大的荣誉了，文武百官对此皆羡慕不已。

左宗棠写的上联“春殿语从容，廿载家山印心石在”，恰当地还原了陶澍的高光时刻，妙就妙在分寸感上。他知道对于陶澍这样德才兼备的高官，一定不能谄媚，所以这十三个字，几乎就是白描手法，毫无溜须拍马的痕迹。

再看下联“大江流日夜，八州子弟翘首公归”。“大江流日夜”，取意杜甫的名句“不废江河万古流”。湘江水畔，看着大江流去，这既是景物白描，又隐喻陶澍的功业千秋。“八州子弟”指代湖南子弟，因为陶澍是回家探亲、衣锦还乡，家乡人翘首期盼湖南第一高官，合情合理。

上下联共二十六个字，既有陶澍最想让天下人知道的高光时刻，又恰如其分地表达了家乡人的热情。就算是陶澍自己写，可能也写不了这么好，哪能不爱呢？

再说“小点”：陶澍其实早就听说过左宗棠，向他介绍左宗棠的，正是自己的女婿胡林翼。胡林翼与左宗棠同年，两人一起参加科举考试。终其一生，胡林翼都认定左宗棠乃当世第一大才。女婿虽然经常在老丈人面前称赞左宗棠，但毕竟陶澍这么大的官，向他推荐人才的太多了，也没太往心里去，如今见到这副对联，再加上深聊，发现女婿果然所言不虚。

陶澍料定，左宗棠日后必成大器，这就能理解为何高高在上的陶澍要与左宗棠结为忘年交了。

这里花一点篇幅介绍一下胡林翼。他也是晚清名臣，平太平天国之乱，他功不可没。胡林翼与左宗棠同岁，湖南益阳人。他出身官宦之家，父亲曾以一甲第三名的成绩进士及第，也就是俗称的“探花”。胡林翼自幼受到良好教育，且天资聪颖，并于1836年（道光十六年）考中进士。这一年，左宗棠与他一同进京，但左宗棠落榜了。尽管如此，他依然对左宗棠的才学由衷地钦佩，他这辈子一直孜孜不倦做的，就是寻找各种机会举荐左宗棠。

胡林翼怎么成了陶澍的女婿呢？胡林翼八岁那年，准备赴任山东的陶澍回老家探亲，见跟在祖父身边学习的胡林翼十分讨人喜欢，就跟胡家订了娃娃亲，将自己五岁的女儿许配给胡林翼。

1846年（道光二十六年），为父服丧期满的胡林翼赴任贵州知府。1852年，得知好友张亮基赴任湖南巡抚，胡林翼着力推荐了左宗棠。

1854年（咸丰四年），咸丰皇帝命胡林翼带兵前去湖北支援。当时胡林翼带了八百人来到曾国藩帐下，他们二人同在京城做过官，是认识的，但交情不深。在胡林翼的印象中，曾国藩这个人学识一般，不怎么好打交道。但从这一天开始，胡林翼改变了他的看法，他与曾国藩成了背靠背的搭档。曾国藩一见胡林翼，就看出此人有雄才大略，以胡林翼“才大心细”为由，向朝廷做了举荐，让他自领一军。1855年（咸丰五年），湖北武昌被太平军攻占，湖北巡抚被杀，胡林翼率军夺回武昌，朝廷授予他湖北巡抚之职。

此后多年，胡林翼坐镇湖北，一直是湘军的重要后盾。1861年（咸丰十一年）8月，曾国藩攻克安庆后，推胡林翼为首功。可惜天妒英才，一个月后，胡林翼就因积劳成疾，病逝于武昌。

左宗棠在科举备考期间，除了读应试文章外，还饱览群书，钻研经世济用的学问。在众多学问里，左宗棠尤其爱好地理，他把他能找到的地理书籍、地图都找来研究。

他在1836年第二次京试落榜回家后，将很大一部分精力放在地理研究上，还着手编撰了一本地理书，妻子周氏给他打下手。左宗棠后来打仗之所以能运筹帷幄，经常是手里拿着一张地图，就能用兵如神、决胜千里之外，同他对地理的敏感有直接关系。

其实以左宗棠的天赋，如果他专注八股文，中个进士问题不大，但他花在四书五经、八股文章上的精力不多，反而对农学、地理学专注至极。

1838年，左宗棠第三次会试落榜之后，决定放弃科举之路。他最初在京城谋了个教书先生的差事，但几个月之后决定回家，归途中还专程路过南京，拜访了陶澍。陶澍知道左宗棠落榜，不但没有嫌弃他，还邀请他当独子的家庭教师，并与他定了娃娃亲。

当时陶澍的独子陶桄五岁，陶澍知道自己身体一日不如一日，他嘱托左宗棠道：“我已重病在身，恐时日无多，望你以后待桄儿如己出，好生教导，若能成才，也算不辱陶家门楣。”他还特别强调：“我家藏书丰富，你就当自己家一样，以后都托付给你了。”

这哪是请家庭教师和结亲啊，分明就是托孤啊！这是对左宗棠多大的信任！事实证明，陶澍识人的眼光果然不错。一年之后，陶澍病故于总督任上。左宗棠带着陶家一家老小回到安化陶家。

湘上农人

从二十九岁开始，接下来的八年时间，左宗棠的主要工作就是教自己未来的女婿读书。陶家给这位亲家兼家庭教师开出的待遇相当丰厚，陶家的藏书，对左宗棠来说，更是一大宝藏。尤其珍贵的，是陶家珍藏了很多地图，像《康熙舆图》《乾隆内府舆图》等地图，都是市面上找不到的孤本。

左宗棠教书之余，潜心研读陶家藏书，专研地理学。他还看到了大量陶澍理政期间的一手资料，包括他呈给朝廷的汇报文书、安排下属的相关资料，以及陶澍多年来的为官心得，这些对左宗棠来说是非常务实的实践资料。左宗棠后来一出山就能对官场这套运行逻辑运用得炉火纯青，主要得益于这段经历。

手头稍微宽裕了一些的左宗棠，在湘阴老家买了一个七十亩的农庄，取名“柳庄”。左宗棠一直以“今亮”自居，他在柳庄院子里专门挖了一个池子，取名“武侯池”；开凿池子挖出来的土，用来堆成一座小山，小山上遍植松柏，取名“卧龙岗”；卧龙岗下盖了一间茅屋，取名“隐贤庐”；屋里摆一张古琴，墙壁上挂一张古画，取名“隆中对”。

经过这么一包装，“今亮”相比“古亮”，就差一把羽扇了。左宗棠对自己精心布置的这一方天地相当满意，他乐此不疲地往返于安化陶家与湘阴柳庄之间。

科举失意，闲居柳庄的左宗棠过起了“采菊东篱下，悠然见南山”的悠闲时光，明月清风，稻香柳翠，暮蝉白露，迁居柳庄后几年间，连续得了五个子女，左宗棠这段时期的小日子过得相当舒坦。但他比陶渊明还是要务实很多，对于“种豆南山下，草盛豆苗稀”肯定是接受不了的，他“既要田园牧歌，也要收成不错”，还自号**“湘上农人”**。左宗棠对种地兴趣浓厚，执行起来非常认真，一手抓理论，一手抓实践，写了几本关于农桑的小册子，他的农庄收成也一直不错。

1848年（道光二十八年）和1849年（道光二十九年）那两年，湖南先是干旱，紧接着又是洪灾，发生了严重饥荒，左宗棠拿出大量粮食救济乡邻。

在1850年（道光三十年）前后，左宗棠隐约感受到一场大风暴即将来临。当时湖南境内只是土匪流氓多了些，并没有大的动乱，但紧邻的广西已然风起云涌。那个科举失利、自称“上帝次子”的洪秀全，气候已成，准备揭竿而起。左宗棠与郭嵩焘两人在湘北寻了一个偏僻的山林之地，准备一旦战事爆发，就举家搬进山林中避祸。这块地方在后来的太平天国之乱中，确实庇护了两家人。

衣钵传承

就在1850年年初，对中国近代史影响深远的一幕，发生在湘江橘子洲头。寒江浓雾中，一叶扁舟停靠岸边，船舱正厅里，烛光如昼，对坐着的两人中，年长者是林则徐，壮年后生是左宗棠。两人时而执手而立，时而相视而坐。从日落谈到夜深，又从夜深谈到次日清晨。

此时，一个是名满天下的封疆大吏，一个是隐居柳庄的湘上农人，怎么会有此一幕呢？

起因是胡林翼的推荐。林则徐在贵州时，巡抚胡林翼一再向林则徐推荐左宗棠，赞其为**“近日楚才第一”**。胡林翼知道左宗棠想干实事，林则徐就是当时天下最能干实事的官员，胡林翼原意是想推荐左宗棠到林则徐的帐下做幕僚。

林则徐也得知陶澍与左宗棠结为亲家、且托孤于左之事。好友陶澍的眼光，林则徐是绝对相信的，再加上胡林翼的推荐，于是决定见一见左宗棠。

左宗棠当然听过林则徐的大名：虎门销烟，抵御外敌，英雄事迹，世人皆知。尤其是那句“苟利国家生死以，岂因祸福避趋之”，左宗棠一直以为激励。只是林则徐是封疆大吏，自己一介湘上农人，哪里高攀得起？

林则徐突然派人来请自己，过长沙一叙。左宗棠脑袋嗡嗡响，赶紧收拾一下，随来使前往。左宗棠在橘子洲头的船舱里，见到了偶像林则徐。林则徐让左宗棠坐下，简单问候之后，林则徐直接说：“左君，我们今天来谈天下大事，谈社稷江山的安危，如何？”

左宗棠还处于紧张和兴奋之中，表情僵硬，回道：“我一介寒儒，哪里懂天下大事呢？不敢谈。”

林则徐笑道：“哎呀，左君就不要谦虚了！你的才学，已经名动江湖，陶公（陶澍）、贶生（胡林翼字贶生）已向老夫介绍过你了。”

三杯两盏淡茶间，左宗棠慢慢放松下来。

林则徐一上来，就跟左宗棠聊新疆问题。林则徐虽然被朝廷召离新疆，但他对于新疆边患早有预见，他断定俄国和英国一定会趁乱谋我新疆，而朝廷上下却无人在意。

令林则徐意外的是，眼前这位从未到过新疆的左宗棠，竟然对新疆地界十分熟悉，从地理环境、历史沿革、民族问题、列强势力等角度逐一做了分析，从国际局势出发，说得头头是道。聊到军事问题，左宗棠直言：**“当前天下言兵事者，其要在将而不在兵。”**他举例1840年的中英战争，朝廷八十万大军，英军不过数千，结果琦善畏战，朝廷败于英军。

这段历史，林则徐是亲历过的，左宗棠把话说到他心里去了。虽然与左宗棠是第一次见面，但他认定，眼前这位才俊就是将来解决边患的希望与栋梁。

林则徐叫人打开地图，他将自己关于军事、防务、带兵、理政的思想，一一同左宗棠交流。林则徐此时身体已近油尽灯枯，但那一夜，他拉着左宗棠越聊越兴奋。对着边疆地图，说到激动处，林则徐握住左宗棠的手说：**“吾老矣，空有御俄之志，终无成就之日。数年来留心人才，欲将此重任托付！”**又说：**“东南洋夷，能御之者或有人，西定新疆，舍君莫属。”**

左宗棠后来每次聊起林则徐，都说林公乃“**天人**”。我们现在回过头来看：确实啊，左宗棠后来平乱陕甘、收复新疆，林则徐说的“西定新疆，舍君莫属”完全得到印证。要知道，这时候的左宗棠，只是一介布衣。

那天，林则徐写了一副对联赠予左宗棠：**“此地有崇山峻岭，茂林修竹；是能读三坟五典，八索九丘。”**《三坟》《五典》《八索》《九丘》是传说中的四部古书，早已失传，林则徐这是将左宗棠比作天人。

左宗棠也回赠了一副对联：**“是能养天地正气，实乃法古今完人。”**表达了自己对林则徐的崇拜与景仰之情。

左宗棠临走前，林则徐又铺开纸，写下“苟利国家生死以，岂因祸福避趋之”，他要用这句话来勉励左宗棠。林则徐的落款是：**愚弟则徐与季高仁兄大人共勉之**。此时林则徐六十五岁，左宗棠（字季高）三十八岁；林则徐是名动大清的封疆大吏，左宗棠只是一介布衣，“愚弟”二字可真是把左宗棠抬得太高了。

林则徐知道，他能为左宗棠做的，估计只有这些了，他就是要通过抬高左宗棠，让天下人知道大清还有这号人物，以此为左宗棠未来的仕途作背书。

就在这一年年底，林则徐病逝。后人皆认为，林则徐的衣钵，在这一次湘江之会中，传给了左宗棠。

左宗棠的名声确实越来越大，但他仍没有找到好的出山机会。此后两年，他继续在他的柳庄钻研他的“无用之学”。

协理湖南

1852年，洪秀全的太平军已经席卷湖南，左宗棠和郭嵩焘赶紧搬进了山里隐居。已是不惑之年的左宗棠想想自己这辈子，可能就这样隐居山林了，耕读传家也挺好，但这显然不符合“人生无常”的定律。

临危到任的湖南巡抚张亮基三顾左庐，左宗棠决意出山。

回到文章开头的那一幕。1852年10月8日半夜时分，左宗棠爬上长沙城头，走进张亮基的巡抚衙门。当夜，两人在摇曳的烛火下彻夜长谈。左宗棠从张亮基口中基本了解了长沙城目前的情况，张亮基也从左宗棠的谈吐间领略到了左宗棠的才能。战事紧急，张亮基请左宗棠担任长沙城的军事顾问，全权负责长沙城的防务。

张亮基在左宗棠的协助下，守卫长沙有功，很快就从湖南巡抚升任湖广总督。1853年（咸丰三年）年初，左宗棠跟随张亮基来到武昌。到了秋天，张亮基调任山东，左宗棠没有前往，他选择回到柳庄。这时候的左宗棠，还没有下定决心开启仕途。

翻过年，到了1854年（咸丰四年）年初，接任湖南巡抚的骆秉章得知左宗棠回到了老家，两次邀请他出山，做自己的首席军事顾问。左宗棠一开始并未同意。当时太平军卷土重来，已经开进湖南，而且专门安排人到湘阴搜捕左宗棠。天下大乱至此，左宗棠知道偏安归隐已无可能，遂来到长沙城避祸。骆秉章得知左宗棠的到来，赶紧迎进巡抚衙门，左宗棠也不再推辞。

这段湖南的战事，在曾国藩那篇已经细说过，在此不再赘述。

从1854年年初到1859年（咸丰九年）年底，左宗棠一直作为骆秉章的幕僚，在湖南巡抚衙门工作。梁启超曾评价过骆秉章这个人，说他能力有限，但我觉得此人在用人方面还是不错的，而且敢于放权。最开始，他只是请左宗棠来做军事顾问，后来逐渐发现其大才，不到一年，便将巡抚衙门里的大小事情都交给了左宗棠。左宗棠恃才傲物，得罪人是难免的，所以开始有流言称：湖南真正的巡抚是左宗棠，不是骆秉章。

太平天国自广西起兵后，广西就没消停过，湖北、江西、安徽、江浙一带，也一直处于战乱之中，唯独夹在中间的湖南，自1854年太平军第二次被赶出湖南之后，就没敢再来。在整个南方多灾多难的那些年里，湖南在左宗棠的治理下，百姓反而过了几年安稳日子。左宗棠“**身无半亩，心忧天下**”的抱负得以实现。

曾国藩的湘军，在相当长的时间里筹不到饷，一直是湖南在支持，而这背后主要是左宗棠在协调。曾国藩也向咸丰皇帝极力举荐左宗棠，把他如何协助筹饷、保障后勤的工作详细奏报给了皇帝。

1859年，有人一纸诉状，将左宗棠告到了咸丰皇帝那里，左宗棠祸事临头。

当时左宗棠正在整顿湖南官场，处理了一个名叫樊燮的永州总兵。此人长年以权谋私，贪污兵饷，左宗棠革了他的职。樊燮蛮横惯了，而且他背后还有湖广总督官文撑腰，觉得自己堂堂二品武将，被一个举人给办了，越想越窝火，他指着左宗棠说：“你一个小小举人，哪有资格办我？！”

事后他把这事扭曲渲染一番，上奏朝廷，说现在的湖南已经乱了套，巡抚骆秉章只是个傀儡，左宗棠一手遮天，再这么下去，湖南就是他左宗棠的湖南，不是朝廷的湖南了。反正是怎么严重怎么说。

咸丰皇帝看了奏章，让湖广总督官文查办。皇帝给官文的批示是这样的：“左某如果有不法情事，即行就地正法。”意思是只要找到点证据，官文可以直接砍了左宗棠，这就太吓人了——被左宗棠处理的樊燮，本来就是官文的马仔。

眼见凶多吉少，好在时任湖北巡抚的胡林翼同官文关系不错，再加上郭嵩焘等湖南官员帮忙周旋，这事最后不了了之。但左宗棠在长沙肯定是不能待了，他又回到了湘阴柳庄。

相期无负

左宗棠回想自己这几年，活儿没少干，心没少操，最终还是因为没有功名，被人陷害。

1860年（咸丰十年）开春，左宗棠决定再次赴京赶考，高低得中个进士。半路，他被胡林翼留了下来。当时胡林翼正和曾国藩商议攻打安庆，胡林翼让左宗棠也提提意见。左宗棠的能力，曾国藩和胡林翼都是知道的，他俩就劝他：“以左公的才能，再浪费时间科考，就没意义了。”在他俩的共同努力下，咸丰皇帝同意让左宗棠组建队伍，协助抗击太平军。

这块业务，左宗棠是轻车熟路。回到湖南，他迅速组建了一支五千人的队伍。左公的事业，终于在他四十九岁这年正式开启。

左宗棠的这支队伍，训练不到两个月，江西军情紧急，当时曾国藩的主要精力都放在围困安庆上，左宗棠当仁不让地出征江西。胡林翼对左宗棠的能力早有断言：**“横览七十二州，更无才出其右者。”**

左宗棠带着五千生兵蛋子开往江西。他凭借着对地理的了解，敢用奇兵，往往能收获出其不意、以少胜多的效果。大半年时间，左宗棠与太平军交战二十多次，几无败绩，太平军基本被赶出了江西。

其中最经典的一战是**乐平之战**。左宗棠以五千兵力，对抗李世贤的十万大军。李世贤是太平军中的优秀将领，率领大军前来，目的就是灭了左宗棠的楚军。两军在乐平狭路相逢，理论上在兵力相差如此悬殊的情况下，左宗棠就算有盖世奇才，也难有胜算。

左宗棠知道，此时只有一条路，就是拼死一搏，他率领将士主动发起进攻。楚军虽少，但气势逼人。两军一交战，老天爷也来助阵，一时间疾风骤雨、电闪雷鸣。左宗棠练兵，其中重要的一项就是练胆。在氛围的烘托下，楚军的胆气被激发出来，二十倍于楚军的太平军被楚军的气势震住，开始溃败。兵败如山倒，李世贤都差点被活捉。

经此一战，太平军再遇到左宗棠的楚军，心里都犯怵。

左宗棠不仅将太平军赶出了江西，还尽全力将太平军长时间地拒于江西之外，这才保了江西百姓的安宁。江西稳了，也才能继续给前线粮饷支持。

与曾国藩“结硬寨，打呆仗”不同，以“今亮”自居的左宗棠经常主动出击。曾国藩**尚“拙”尚“笨”**，而左宗棠**尚“巧”尚“智”**，两人性格和处事方式相差太大，天生就合不来。但这完全不耽误曾国藩对左宗棠的赞赏，他极力举荐左宗棠。1862年（同治元年）年初，左宗棠被授予浙江巡抚之职，1863年（同治二年）又升任闽浙总督，这背后都是曾国藩的全力保举。

当然，左宗棠自身的实力是曾国藩举荐的底气。左宗棠初任浙江巡抚时，浙江全境都在太平军手里，相当于朝廷给他开了一张空头支票，要想兑现这张支票，得靠自己把地盘打过来。浙江太平军主力，统帅是李世贤，他本就是被左宗棠从江西赶出来的手下败将，太平军对这位战神也早就心怀恐惧，在与左宗棠的交战中，偶尔能多守一阵子，就算能打的了。部分太平军又向南逃窜到福建，左宗棠顺势又打到福建。这时候，江西、浙江、福建三省基本被左宗棠稳住了。曾国藩能心无旁骛地攻打南京城，左宗棠当居首功。

1864年（同治三年），南京城破，太平天国覆灭，但洪秀全的儿子逃了出来，身边又聚集了超过二十万的兵力，这股残余势力逃到了福建，准备东山再起，左宗棠花了两年时间，给收拾利落了。

我们现在说起太平天国，都认为曾国藩是首功，其实单论战功，左宗棠不输曾国藩。只是那时候他出仕时间不长，还没有引起足够重视。曾国藩自己也直言：**“论兵战，吾不如左宗棠；为国尽忠，亦以季高为冠。国幸有左宗棠也。”**

1866年（同治五年）秋，朝廷一纸调令，左宗棠被调任为陕甘总督。对于这一调令，左宗棠是极不情愿的。当时他任闽浙总督，在陆续平定太平天国的这些年里，他一手抓平叛，一手抓民生，两手抓，两手都硬。浙江、福建两省正在从战争的阴影中恢复过来；另外，左宗棠意识到，大清一定要有自己的海军，他在福州创办了船政学堂。闽浙两省在自己的主政下，一切都变得欣欣向荣。左宗棠也希望做出成绩，让朝廷上下都看看，打仗只是自己的业余爱好，文治才是自己的强项。

朝廷之所以做这样的安排，是因为又遇到了棘手的问题。当时陕甘地区的捻军、回军声势越来越大。1865年（同治四年），亲王僧格林沁被捻军杀死，朝廷让曾国藩带兵前去剿捻，但到了1866年秋，效果仍不明显。朝廷急了，一方面让李鸿章代替曾国藩，在山西、河南、河北境内剿捻；另一方面，让左宗棠出任陕甘总督，一来防止捻军西逃，二来剿灭陕甘境内的叛军，阻止这几省的叛军联合起来。大清把全国最强战力都押上了。

有一说一，此时朝廷用人还是比较有眼光的。当时主政的是两宫太后和恭亲王奕䜣（咸丰帝之弟，道光帝第六子）。所谓的“同治中兴”之所以能发生，主要是用人得当，而在这其中起重要作用的，就是恭亲王。后来慈禧太后将他的权力削弱之后，大权独揽，各种昏招就出来了。

左宗棠接到朝廷调令后，快速交接了闽浙总督的工作，但他没有马上赶奔陕甘，而是带着一支小一万人的队伍到了汉口。汉口当时已经稳定地恢复了几年，不少洋人开的军工厂就在这里，左宗棠想办法筹钱，给自己的队伍更新装备。

左宗棠在汉口停留了好几个月，他在湖南老家的妻子和二哥赶过来与他相聚，而这竟成了他与两位至亲的最后一聚。1870年（同治九年），左宗棠正在陕甘平乱之际，得知妻子周氏亡故。他在给妻子写的墓志铭中，着重强调将来要与妻子合葬。

1868年（同治七年）8月，为祸十五年的捻军，在左宗棠和李鸿章的夹击下覆灭。朝廷最紧迫的事情总算是解决了，但陕甘、新疆的叛乱还远没有平息，尤其是1865年从乌兹别克过来的阿古柏，趁乱占了回疆，建立了一个政教合一的哲德沙尔汗国。阿古柏势力不断东扩，陕甘地区的叛军因为多年没人管，大有向阿古柏学习的冲动。

1868年9月，左宗棠进京面见太后。朝堂上，慈禧太后突然发问："陕甘之乱完全平复，还需多久？"左宗棠运筹帷幄的能力是极强的，胸中早有平叛方略，他坚定地答道："回太后的话，五年！"从最后的结果来看，实际用的时间刚好五年；如果严格地从他说出这句话的这天算起，相差不过两个星期。

而眼下，最让左宗棠闹心的，是军费。他经过精密计算，不管如何节省，一年的军费也要450万两银子。当时国库肯定是没有这笔钱的，户部协调几个省共同承担。左宗棠知道，这就是空头支票：按照大清官制，各省各管各的，他无权向其他省追讨这笔钱。他奏请朝廷，派驻一位钦差大臣，专门协调各省钱银。事实证明，这确实有一些效果，但各省都过得紧巴巴的，每年款项能及时送到的不多。

这里要特别提一下，曾国藩在做两江总督期间，支持左宗棠的军费，每年都能准时准点地送到。左宗棠后来回想起曾公，觉得自己对曾国藩还是有点苛责了，于是才有了写给曾国藩的那副挽联：**"谋国之忠，知人之明，自愧不如元辅；同心若金，攻错若石，相期无负平生。"**

收复新疆

1868年的整个朝堂上，估计只有左宗棠一人的脑子里在谋划如何收复新疆。十八年前，林则徐在湘江河畔对自己的嘱托，左宗棠没忘，也不敢忘。他说的五年时间，不仅仅是平乱陕甘，而是要让陕甘从满目疮痍中恢复生气，成为将来进一步西征的后方保障。

早在1833年，二十二岁的左宗棠首次进京参考的时候，就已经意识到边疆问题。初试不第之后，他写了一首《燕台杂感》。

西域环兵不计年，当时立国重开边。

橐驼万里输官稻，沙碛千秋比石田。
置省尚烦它日策，兴屯宁费度支钱。
将军莫更纾愁眼，生计中原亦可怜。

在这首七律中，左宗棠头两句表达了从古至今各王朝对边关的重视。中间四句指出问题，并给出解决方案：为了支持连绵不断的边关战事，长途用兵，万里运粮，历朝历代都为其所困，左宗棠强调边关不仅要关注战事，更要设置行省，注重开荒，发展生产，这样才能节省开支，形成良性循环。最后两句左宗棠呼吁：眼光一定要放长远，不要只关注中原生计。

年轻书生的感慨没人听得见。三十五年后，已是知天命之年的左宗棠，深知自己的主张，还得自己来践行。

1868年初冬，左宗棠走进长安城。这座千年古都，早已没了当年的荣光。左宗棠极目西望，荒土残阳。此去新疆边塞，何止千里！可眼下陕甘危急，左宗棠还顾不得边疆。他竭尽全力，抓紧开展工作，依然是一手抓战事，一手抓生产。在战场上打赢叛军，左宗棠是有绝对信心的，但征战多年的他深知，如今乱世，真正的攻坚战不在前线，而在广大乡间，在老百姓的心里。若老百姓不能安居乐业，叛乱只会此起彼伏，永无安宁。

左宗棠在陕甘地区，尤其注重安抚百姓，对军队要求严格，做到了对百姓秋毫无犯。每平乱一个区域，就把那片地方的生产搞起来。军队不打仗的时候，就负责开荒种地，鼓励逃亡的百姓回乡务农，只要你回来认领，左宗棠会将土地无条件地分给农民。对于百姓的收成，左宗棠也承诺保价收购。

左宗棠当了那么多年的农民，他太理解老百姓想要的是什么了。只要能不被饿死冻死，谁会去造反？随着左宗棠的政策落地，叛军没了群众基础，日渐式微。

1873年（同治十二年）11月12日，左宗棠攻克甘肃最后一个叛军据点肃州，陕甘两省叛乱结束。但凡左宗棠平叛安抚过的地区，再无战事。

在朝廷看来，左宗棠已经完成使命；而在他自己看来，使命才刚刚开始。左宗棠把指挥所迁到肃州，由此往西，就是新疆。

自汉武帝以来，这片地方一直在中原王朝的管制下，康熙、乾隆也曾为了维护这片地方的主权用兵。如今大清孱弱，阿古柏乘虚而入，建立政权。北方的俄国一直对这片土地虎视眈眈，驻兵伊犁，美其名曰助大清守护伊犁，等大清平定内乱时再还给大清。英国已经多次同阿古柏接触，对于英国来说，最理想的情况就是能在这里扶持一个由自己控制的傀儡。英国派考察团前往新疆，考察从新疆到印度洋的通道，结论是：这条路确实存在，但不好走。英国是无论如何也不能让俄国在印度洋搞出一个出海口，于是英国卖给阿古柏大量军火。

长河落日，大漠孤烟。嘉峪关上，一个老者眉头紧锁、眼神坚毅。摆在面前的这盘棋局，十八年前他就同林则徐预演过。要破此局，就要打败阿古柏，而且要在英俄面前漂漂亮亮地打，只有这样，才能从俄国手里夺回伊犁，英国才能断了扶持傀儡的念头。如若不然，新疆将陷入长期混战，中国失去的不仅仅是这166万平方公里的土地，还有边疆的安宁与发展。

左宗棠的雄才大略，在八十年后，被他的一位湖南老乡喊了出来：“打得一拳开，免得百拳来。”但当时，能认识到这一点的只有他自己，以李鸿章为首的海防派主张放弃西征。在他们看来，现在巩固海上防务最紧要，新疆虽然广阔，但土地贫瘠，继续打下去只会徒增军费开支。这些年，左宗棠的军队确实花了不少银子，那些需要每年支持军费的督抚大臣也主张放弃西征。

左宗棠听到朝廷的这些言论，气得直跺脚，他万万没想到这帮朝廷大员竟然如此鼠目寸光。左宗棠后来一直看不起李鸿章，这件事是重要原因。

当时李鸿章身居高位，号召力强。眼见朝廷中的海防派的势力越来越强，左宗棠心急如焚，他害怕万一朝廷真的被“李鸿章们”给带偏了，那结局他都不敢想象。他向来不搞拉帮结派、党同伐异这一套，在朝廷内也没什么亲信，他只能用最笨拙、最诚心的方式，把自己的想法告诉朝廷。

1875年（光绪元年）4月，左宗棠给朝廷递了一封长达三十八页的折子，把他的想法一一做了陈述，我总结为以下五条。

第一：表明心态。承蒙皇恩，才有了今天的成绩，自己已是迟暮之年，对于官位已经难承其重，但如今国防有难，只想尽自己最后一份力，无半点私心。

第二：新疆必须收回。今天放弃新疆，西北将无宁日，紧接着就是京城无宁日、天下无宁日。

第三：此战要做足准备，要打得精彩、赢得漂亮，让列强都看到我大清的军队敢打、能打。

第四：海防和陆防同样重要，一荣俱荣，一损俱损，不存在舍一取一。二者都要抓，二者都要硬。

第五：强调自己已做好西征准备，朝廷只要确保军饷到位，即可静候佳音，自己万死也要收复新疆。

这封折子从大局出发，有理有据，泣血衷言，唯有孔明的《出师表》可比。朝廷最终下定决心，支持左宗棠西征。

对于收复新疆，左宗棠清楚，最大的困难依然是解决粮饷的供给。荒漠行军，连喝水都是大问题。没有银子，左宗棠自己想办法，到上海找洋人银行借款；粮食不够，左宗棠就从俄国商人手里大量收购粮食。

左宗棠知道，自古边塞用兵，在精不在多。他不强迫大家跟随他西征，想回家的，马上发放路费，留下来的都是意志坚定的精兵强将。

左宗棠用了一年时间，完成了出征准备。

1876年（同治十五年）初春，西北肃州，寒意未去。六十四岁的左宗棠体力大不如前，他的脑海里时常回荡杜甫的那句**“出师未捷身先死，长使英雄泪满襟”**。西望明月天山、苍茫云海，左宗棠知道古来征战，生还者寥寥，他不禁吟唱起王翰的《凉州词》。

葡萄美酒夜光杯，欲饮琵琶马上催。
醉卧沙场君莫笑，古来征战几人回？

虽是暮年，壮心不已。左宗棠不怕殁于疆场，他怕的是使命完不成。他对身边的大将刘锦棠说：“我年岁已大，若不幸中途归天，你一定要完成西征大业，要不然我在九泉之下也不能瞑目。”

1876年4月的一天清晨，左宗棠在军前做最后的战斗动员。他告诉将士们，此去收复边疆，只许成功，也一定会成功！将士们跟随左宗棠征战数年，少有败绩，对左帅信任至极。如今沙场春点兵，将士们被左大帅的慷慨誓言激励，皆拔刀向天，誓死收复新疆。

整个西征的过程，基本是按照左宗棠的剧本来的，军队“缓进急战”，每一场战斗皆准备充分，进军不急，一旦瞅准战机便发动猛攻。

在左宗棠看来，他打的既是生死战，也是表演战。当时英、俄两国不断派人造访左宗棠的大营，左宗棠都表示欢迎，很“热情”地同他们分享围剿阿古柏的战况，以此震慑列强的狼子野心。

左宗棠在新疆，一边收复失地，一边安抚百姓，恢复生产。他利用自己掌握的农学知识，大力兴修水利，开垦荒地，沿路遍植柳树。等左宗棠最终收复新疆时，大西北已有千万棵柳树，延绵数千里，百姓称之为**“左公柳”**。世人皆晓苏公堤，又有几人知左公柳?

当年，左宗棠的老部下杨昌浚走过甘新大道，看到沿途绿柳成荫，遂赋诗道：**“大将筹边尚未还，湖湘子弟满天山。新栽杨柳三千里，引得春风度玉关。”**

在收复新疆的过程中，最难的，就是从俄国人手里夺回伊犁。

1871年（同治十年），俄国趁乱出兵，强占了伊犁，理由还说得冠冕堂皇：阿古柏在新疆作乱，他们帮助大清守住伊犁，待新疆安稳了，再把伊犁还给大清。俄国之所以敢得了便宜还卖乖，就是因为他们认定大清不可能有能力收复新疆，等时机成熟，自己直接灭了阿古柏，新疆这块肥肉就吃进嘴里了。

俄国人这算盘珠子打的，当时在陕甘平乱的左宗棠听得是明明白白。他密切关注俄国人在新疆的一举一动，下令凡是与俄国相关的事情，无论大事小情，一律报给他亲自决策。在同俄国人谈判前，他一定要将除伊犁之外的新疆地区全部收复。

1879年（光绪五年）年初，谈判条件基本形成，左宗棠让总理衙门抓紧同俄国交涉，按照约定交还伊犁。总理衙门安排崇厚前去谈判。崇厚这个人本就是一个不称职的外交官，当年“天津教案”，就是他把锅甩给曾国藩的。他把这次去俄国谈判当成了公费旅游。

谈判桌上，俄国人提出三个条件。

一、开设一条贯穿新疆、一直到汉口的通商线路。

二、在新疆所有主要城市，包括甘肃肃州建立领事馆，还要派驻卫队（其实就是驻军）。

三、赔偿1000万卢布的军费，俄国人说这是他们这些年管理伊犁的军费开支。

且不说第三条，单单前两条，就比把伊犁割让给俄国的后果还严重！但在崇厚的脑子里，根本就没有“国家主权”的概念，只觉得1000万卢布是不是有点多，划了个价，说500万卢布行不行。崇厚的反应，俄国人都震惊了。

俄国人一听，您要是对前两条没意见，钱不钱的都好说，很快就张罗签字画押，这就是荒唐的《里瓦几亚条约》。

条约内容传回京城，举国哗然。左宗棠愤怒得差点背过气去：鞠躬尽瘁，打好战争，换来的就是这么一个结果！原本俄国还只是占了伊犁，现在等于把整个新疆都给俄国了！

左宗棠奏请朝廷，这份条约绝对不能认，得重新谈！俄国听说后，开始摆出一副部署大规模军事活动的架子，迫使清政府同意签订条约。有前面两次鸦片战争做榜样，俄国人信心十足——只要军舰开到天津，大清立马听话。

但他们忘了，这次对手是左宗棠。

左宗棠看出俄国只是装装样子，不敢真打。为了震慑俄国，左宗棠整备军队，给自己做了一口棺材，由八个士兵抬着这口棺材，走在队伍最前面。左宗棠心里明白，他越是表现得敢打、能打，这仗越是打不起来；如果在俄国人面前表现出怯战之心，不但不利于谈判，搞不好俄国还真敢用武力夺走新疆。

左宗棠**抬棺出征**，一是激励了全军将士，二是向朝廷中的退让派表明了决心，三是让俄国知道大清的决心。

有了左宗棠的行动，朝廷的声音也统一了，先罢免了崇厚，安排曾国藩的儿子曾纪泽前往俄国重新谈判。曾纪泽此时是驻英公使，他能理解左宗棠的用心，在谈判桌上对俄国人的威胁丝毫不惧，寸步不让。

俄国刚同奥斯曼帝国打完仗，国库空虚，而且他们见识过左宗棠的战斗力，根本不敢同左宗棠在沙场上正面对抗。左宗棠抬棺出征的消息传到俄国，他们更是怕了这位倔强的湖南老头。

赶紧让步！

1881年（光绪七年）2月，新的条约签订，清政府如愿收回了伊犁。在整个19世纪，这是中国取得的最大胜利。

新疆全境收复，左宗棠终于完成了他的又一个使命。他仰天长叹，终不负林公所托！

郁郁而终

1881年年初，七十岁的左宗棠奉召回京复命。他回望过去的十五年自己一路向西走过的每一寸土地，感慨万千。一路上，他每经过一个城镇，百姓皆夹道迎送。对于垂垂老矣的左宗棠来说，百姓的这份爱戴与诚意，是对他最好的慰藉。

但当他的脚步刚刚踏入京城，他便感受到了寒意，感受到这个朝廷真的没救了。

据说当时京城有一个不成文的规定：所有应召回京的地方大员，进皇城都要交一笔过路费。在那些守门人看来，你们这些当大官的，平时油水丰厚，这时候拿出来分享一点，也是应该的。有时候，这笔费用甚至高达十万两银子。按照左宗棠的级别，起码也得五万两。

左宗棠为官不贪，根本就拿不出这么多钱。他给自己一家十一口人的生活费，不过每月二百两银子。以左宗棠的脾气，哪里能忍受这个？因为拒绝交这笔钱，他竟然被挡在城门外五天，最终是恭亲王出面解围，才进了宣武门。

左宗棠收复新疆有功，朝廷任命他为军机大臣，掌管兵部，一时间权倾朝野。但左宗棠此前几十年都在地方干实事，而且他非进士出身，又对京城官场的生态、陋习一无所知，再加上性格耿直，很快他就发现，京城官场水太深，自己与之格格不入。

在京城不到半年，左宗棠便被慈禧太后任命为两江总督，这个职位左宗棠是熟悉的，十年前他还在征战西北时，时任两江总督的曾国藩就一直默默地支持他。

此时左宗棠已是病痛缠身，他向朝廷请辞，打算回乡养老。回望自己近三十年的为官生涯，曾经自命“今亮”，心忧天下，如今也算对天下有了交代。若能回到柳庄，过几天儿孙绕膝、悠然自得的日子，就不负此生了。

慈禧太后虽然不同意他告老还乡的请求，但给了他很宽松的工作条件，让他先回家休养四个月，上任之后可以根据身体情况灵活安排工作时间，而且具体事情可以安排下面人做。慈禧太后知道左宗棠为官清廉，虽然出仕多年，但没攒下什么钱，就直接明示左宗棠可以借两江总督之职，为自己、为子孙攒些家业，说白了就是：“这是一份肥差，你去捞点，活儿干多干少不强求！”

但左宗棠不是这种性格的人，他要么不干，要么就好好干，而且保持一贯的清正廉洁。在实干与廉洁这两点上，左宗棠与林则徐、曾国藩是一个模子里刻出来的。

慈禧太后安排左宗棠出任两江总督，还有一个重要目的——借左宗棠的威望震慑列强。1882年（光绪八年）4月，左宗棠到任不久，巡视上海租界。根据当时的规定，中国人进入租界，需要到工部局领一个“照会证”。左宗棠听后大怒：“上海乃中国土地，外国人只是借用，中国军人进入中国地盘，还需要什么证件，一派胡言！”他当即命令亲兵子弹上膛，大刀开路，凡有阻拦者，格杀勿论！

外国人不仅不敢挑起事端，反而对左大人毕恭毕敬。左宗棠太了解这些人的嘴脸了，欺软怕硬。

左宗棠本以为自己大概会像曾国藩一样，两江总督就是自己的“最后一站”。但天不遂人愿，1883年（光绪九年）12月，中法战争爆发。1884年（光绪十年）8月底，法国舰队抵达福州，向清军开火；同时，法国军队在中越边境开火。慈禧太后在朝中上下扫视了一圈，满朝文武皆主和，要打仗，还得靠左宗棠上。但考虑到左宗棠确实年事已高，正在犹豫之际，左宗棠的折子递上来了。

左宗棠简明扼要地表达了自己的意见：**自古谈边防者，不外战、守、和三事，要必能守而后能战，能战而后能和。**

左宗棠的意思很清楚：如果不能在战场上取得优势，谈判桌上的和平也是假的。当时把持朝廷的是以李鸿章为首的主和派，既然左宗棠能战又主战，那就让他上。朝廷任命左宗棠为钦差大臣，赴前线督战。

时隔二十年，左宗棠再度回到了福建。法国舰队在左宗棠这里没占到便宜，中越边境的战斗，法军更是惨败。按照左宗棠的意思，这一战是国防立威之战，不仅要打服法国人，更要打给列强看看，大清不是好欺负的，一定要法国人求和求饶。

没想到在大清取得战场优势的情况下，清政府竟然奴颜婢膝地同法国签订了《中法会订越南条约》（又称《中法新约》），法国不胜而胜，中国不败而败。

《中法会订越南条约》承认了法国对越南的保护权，在此之前，越南一直是中国的藩属国。法国殖民越南期间，越南一直向大清求救，如果按照左宗棠的战略，再有三个月，收复越南全境不是梦。

《中法会订越南条约》是1885年6月9日签订的。同年9月5日，左宗棠病逝于福州。临终前，他留下遗言：**“臣督师南下，迄未大伸挞伐，张我国威，怀恨生平，不能瞑目！”**左公在悲愤中抑郁而终。

左宗棠离世，晚清朝廷最后一块硬骨头，折了。

参考文献

[1] 徐志频. 左宗棠：帝国最后的“鹰派”[M]. 北京：中国青年出版社，2014.

[2] 罗正钧. 左宗棠年谱[M]. 长沙：岳麓书社，2010.

[3] 左宗棠全集[M]. 长沙：岳麓书社，2014.

[4] 胡林翼集[M]. 长沙：岳麓书社，2008.

[5] 杜经国. 左宗棠与新疆[M]. 乌鲁木齐：新疆人民出版社，1983.

[6] 邹礼洪. 清代新疆研究[M]. 成都：巴蜀书社，2002.

[7] 唐德刚. 从晚清到民国[M]. 北京：中国文史出版社，2019.

[8] 唐德刚. 从甲午到抗战[M]. 北京：台海出版社，2019.

[9] 萧一山. 曾国藩传[M]. 北京：东方出版社，2009.

[10] 曾国藩全集[M]. 长沙：岳麓书社，2018.

[11] 肖高华. 曾国藩文化思想与中国近代化[M]. 北京：中国社会科学出版社，2016.

[12] 杨波. 左宗棠军事思想研究[D]. 湖南：湖南师范大学，2011.

[13] 张翔云. 左宗棠治疆方略及名臣风范研究[D]. 南京：南京大学，2017.

胡雪岩

（1823—1885）

看似风光无限 实则如履薄冰

左宗棠盛赞胡雪岩是“商贾中奇男子”。

鲁迅曾评价胡雪岩是“中国封建社会的最后一位商人”。

历史小说作家二月河认为胡雪岩“智信仁勇，堪称华商中民族英雄的典范，而不仅仅是个有钱的商人”。

学者曾仕强也说，胡雪岩是徽商的杰出代表人物，身上有着徽商讲求诚信、为人着想、精明强干的共性。

胡雪岩之所以被商界奉为“商圣”，一方面是因为胡雪岩经商信义为先，另一方面是因为他利用财富，帮助左宗棠为国家做了很多好事。在事业巅峰时期，胡雪岩因为热衷公益，被杭州城的百姓称为“胡大善人”。

在中国数千年根深蒂固的“重农抑商，重仕轻商”观念的影响下，又在晚清这个战火纷飞、动荡不安、中西碰撞、新旧交替的大环境中，胡雪岩是如何脱颖而出，从贫苦的放牛娃逆袭为富可敌国的红顶商人，最后又是如何落得人亡财尽的悲惨结局？

在中国古代，民分四等——士农工商。甭管你生意做得多大，商人永远是四民之列的末流。

这其中的原因也不复杂，所有文明的发端本质上都是在解决一件事——吃饭问题。中华文明起源于中原大地，这片土地肥沃且广大，利于农耕。只要你有一块地，愿意辛勤劳作，一般情况下就能活下去。如果大家都去当商人，无人从事农业生产，社会肯定是发展不下去的。“四民分业”思想的早期实践者管仲，最初也是一个商人，而系统化的“四民制度”形成于战国至汉代。也就是说，“四民制度”最早并不是用来划分社会等级，而是用来区分职业群体的。

从先秦时期到秦汉时期，为了满足统一战争与大一统统治的需要、更好地管理百姓，国家鼓励百姓回归田间，推行“重农抑商”政策，再加上古人的小农经济思想，商人的地位急速下降。到魏晋南北朝时期，商人出门不可以骑马，不可以坐车，连鞋子都不可以是同一个颜色，为的就是让人们一眼便知你是商人。虽然有的商人富可敌国，但社会地位低下，根本保护不了自己的财产，只能依附于士，靠士得以周全。

对于统治阶级来说，只要所有人都安守本分、辛勤劳作，社会结构就很稳固，而且便于收税。安土重迁的农民是国家稳定的基本盘，地位当然不能低。商人正相反，到处流动，也不劳作，永远在东奔西跑中赚差价。在统治阶级眼中，这就是社会不稳定因素，即便你能赚钱，但社会地位一定要被打压。而且在思想上，统治阶级会不断地给百姓洗脑：商人都是唯利是图、精明奸诈之徒，不可效仿！

即便是在经济繁荣、文化昌盛的大唐，国内外贸易都非常发达，朝廷依然明文规定，商人的子孙不可以参加科举，不可以入朝为官。据说诗仙李白就是因为他爹是做生意的，没资格参加科举，所以一直无法走科举入仕的道路。宋朝开国后，推行重文抑武政策，商人及其子弟才开始被允许入学读书并参加科举考试。

到了清朝，抑商政策不是放松，而是加强了。满人作为游牧民族入关，统治相对发达的汉地，内心是很不自信的，更加依赖中原文化固化下来的那套统治逻辑，更加希望老百姓能本本分分、安土重迁。

了解了中国古代商人的社会地位，我们才能真正理解胡雪岩的处境。

关于胡雪岩，想必不少人听过“**做官要学曾国藩，经商要学胡雪岩**”这句话。抛开特殊时代背景下的官商关系，“经商要学胡雪岩”这句话本身没毛病。很多人被“**红顶商人**”这顶大帽子给唬住了，认为胡雪岩不过是会搞政商关系的狡猾商人。但我在深入了解了胡雪岩经商的细节，以及他做生意的使命、愿景、价值观之后，觉得不少经营理念，放到现在依然值得学习。这应该也是胡雪岩这位晚清首富的传奇人生不断被后世分析解读、争相学习的原因。

襄助左公

1880年（光绪六年）4月初的某个黄昏，玉门关外，残阳如血，大漠烟尘，寒意犹在。

一支四万人的军队，如同不可阻挡的滚滚洪流，浩浩荡荡地向新疆伊犁进发，士兵们一个个目光刚毅、脚步坚定，军列齐整，仿佛要踏平一切阻碍。

队伍的最前方，是那位被誉为“晚清最后一块硬骨头”的左宗棠。此时的他，已年近七旬，须发皆白，却难以掩盖他那坚毅而深邃的面容。他极目西望，目光如炬，仿佛能穿透前方的重重迷雾，直视胜利的彼岸。

紧随左宗棠身后的，是八名士兵抬着的一口大红棺椁。这画面显得沉重而肃穆，仿佛在无声地向世人宣告他们誓死守卫领土的决心。这是左宗棠收复新疆征途中最震撼人心的一幕。

尽管胡雪岩并未亲临沙场，但他的贡献却与这四万大军同在，如同西征将士们坚定的步伐，深深地镌刻在这片辽阔的西域大地上，共同铸就了收复新疆的辉煌篇章。

事后左宗棠盛赞：**“雪岩之功，实一时无两。”**

那么胡雪岩具体做了什么呢？

回到1875年（光绪元年）的春天。左宗棠凭借其坚定决心和远见卓识，得到了军机大臣文祥的全力支持，终于说服了清廷，同意收复新疆。左宗棠被任命为钦差大臣，督办新疆军务，收复被中亚浩罕汗国军事头目阿古柏和俄国联合侵占多年的新疆。

兵马未动，粮草先行。左宗棠虽然说服了朝廷同意他带兵收复新疆，但当时国库空虚，左宗棠只得自己想办法筹措军饷。地方各省的财政状况也非常艰难，全盘分析后，左宗棠觉得要筹措如此之巨的军饷，只能找外国银行借贷。

干这个活儿，最得心应手的应该是李鸿章。当时李鸿章是直隶总督兼北洋大臣，外国人也愿意跟他打交道。但在收复新疆这件事情上，李鸿章另有想法，他主张把精力集中在海防上，所以左宗棠是指望不上李鸿章了。

左宗棠还想到一个最合适的人——沈葆桢。1866年（同治五年），左宗棠由闵浙总督调任陕甘总督，最放心不下的就是刚刚筹备起来的福州船政学堂。左宗棠力荐丁忧在家的沈葆桢出任船政大臣，主办福州船政学堂。沈葆桢人才难得，干得风生水起，到1875年，已经升任两江总督兼南洋通商大臣。而且沈葆桢是林则徐的女婿，林则徐力主保卫边疆，沈葆桢是知道的。

在左宗棠看来，请沈葆桢帮忙筹款，再合适不过了，没想到沈葆桢站在了海防派一边，不愿参与此事。

钱确实不好借，摄政的恭亲王是支持左宗棠的，他亲自出面沟通，也未能从外国银行争取到贷款。

面对这样的困境，左宗棠只好向胡雪岩发出求助信，期望这位商业巨擘能够伸出援手，助他一臂之力。左宗棠知道，这是下下策，收复新疆乃国之大计，依靠一个商人筹措军饷，成败暂且不论，落人口实是不可避免的。

各种利害，胡雪岩自然也知道，但他作为一位有着深厚爱国情怀的商人，对于左宗棠的请求，表示自己义不容辞。他凭借出色的商业智慧和庞大的人脉网络，运用高超的谈判技巧，与外商银行巧妙交涉。胡雪岩克服了重重困难，成功地以广东、江浙一带的海关收入为担保，把自己的家当也押上，先后六次向洋人借款，总计达到1870万两白银，解了左宗棠的燃眉之急。

《清史稿》对胡雪岩在协助左宗棠借外债筹饷的贡献，给予了高度评价，原文是：**“西征之役，借外债，尤非光墉（胡雪岩）弗克举。”**表明了胡雪岩在筹措军饷、协助左宗棠西征中的重要作用。

不仅如此，胡雪岩还给西征将士运送了“诸葛行军散”“胡氏避瘟丹”等大批药材。胡雪岩利用自己的商业网络，帮助左宗棠搜集情报，甚至一度亲自押运军饷前往新疆前线。左宗棠要在陕西开办军工厂，制造枪炮，一应设备也是胡雪岩帮忙筹备的。

1881年（光绪七年），朝廷为了表彰胡雪岩为收复新疆作出的贡献，特别授予他布政使头衔，正二品顶戴，总办四省公库，并特许他身穿象征尊贵与荣耀的黄马褂，还准予他在紫禁城骑马。《清史稿》对此记载道：“迭经保案，赏头品衔翎，三代封典，俨然显宦。特旨赏布政司衔，赏黄马褂，尤为异数矣。”

“迭经保案”指的是胡雪岩多次被推荐或保举给朝廷；“赏头品衔翎”象征朝廷赏赐给胡雪岩的高级别头衔和荣誉；“三代封典”意思是胡雪岩的家族三代都将受朝廷的封赏或荣誉，这是对胡氏家族的恩赏；“俨然显宦”意即胡雪岩俨然一副显赫高官的派头；“布政司衔”是清代官员的一个高级别头衔，通常与省级行政管理相关。

“赏黄马褂”在当时是一种极高的荣誉，哪怕是李鸿章这种股肱之臣，也因被赏黄马褂而深感殊荣。李鸿章在1896年（光绪二十二年）出访海外时，无论里面穿什么，最外面都穿皇帝赏赐的黄马褂。“尤为异数矣”表示胡雪岩受到的恩荣是非常罕见和特殊的，他在当时的社会和朝廷中享有极高的声誉。

在重农抑商思想严重的清代，一个商人能获得朝廷如此重赏，实在难得。有清一代，红顶商人还有盛宣怀、张謇、乔致庸等人，但既戴官帽又穿黄马褂的商人，仅胡雪岩一个。

当胡雪岩行走于金碧辉煌的紫禁城内，身着黄马褂，头戴正二品顶戴，手握重权，享受着其他商人羡慕不来的荣光时，谁又能想到这光芒万丈的背后，是即将到来的黑暗呢？短短三年之后，胡雪岩的世界轰然崩塌。朝廷变故，商业挫败，功名利禄一夜之间消散殆尽。家产被抄，树倒猢狲散，他最后落得郁郁而终的凄惨结局。

真可谓“**成败荣辱皆如梦，人生百态转瞬间**”。

在生命的最后一刻，胡雪岩或许躺在冰冷的床榻上，他的意识如同飘散的烟雾，穿越时光隧道，回到了遥远的童年。据说人在将死之时，意识会如走马灯一般回顾自己的一生：从贫苦的放牛娃，到富可敌国的商业巨擘，再到如今落魄潦倒的流浪汉……

仁义诚信

1823年（道光三年），胡雪岩诞生于安徽徽州绩溪的一个小山村里。胡雪岩，名光墉，字雪岩，乳名顺官。家中子女众多，他排行老三。

胡雪岩出生这年，林则徐三十八岁，官至江苏按察使，正在全力整顿江苏吏治，他的地方官生涯刚刚开启不久。

曾国藩这年十二岁，正在湖南湘潭的农村跟着父亲苦读，希望有朝一日能金榜得中、光耀门楣。

左宗棠这年十一岁，跟随以教书为生的父亲，在长沙专心读书。

安徽老乡李鸿章，与胡雪岩同年。

贫苦人家出生的胡老三，无论如何也想不到，自己的命运，将以不可思议的方式，与这些时代名人，以及国家命运交织在一起。

据说胡家先祖是甘肃人，祖上有人做过京官，但不知是何原因，得罪了权贵，险些被满门抄斩。迁居安徽后，胡家有一条祖训：读书、种地、经商，干什么都行，就是不能当官。

胡雪岩的父亲叫胡鹿泉，号芝田。胡鹿泉只能依靠家中几亩薄田勉强维持生计，时常做些小买卖补贴家用。虽然家境贫寒，但胡鹿泉小时候依然进过私塾，在村里也算小有学识的名士。

胡雪岩八岁时，就开始给地主家放牛补贴家用。有一天，他和几个同龄的小伙伴在山上嬉戏，一个孩子不慎跌入了山沟。其他孩子惊恐万分，纷纷逃回家，只有小胡雪岩异常镇定，不慌不忙地拴好牛，爬下山沟，扒开茂密的草丛，把小伙伴救了上来，还用牛将受伤的伙伴驮回了家。小孩的父母很感激胡雪岩，逢人便夸，村里都知道胡家老三是个机灵、善良的好孩子。

胡鹿泉也觉得这孩子是个可造之才，在胡雪岩十岁那年，将他送进了私塾。闲暇之余，他常教胡雪岩一些书本知识、为人处世的道理，自己多年做小买卖的心得也同儿子分享。年幼的胡雪岩听得津津有味，或许经商的种子这时候就在小胡雪岩的心中生根发芽了。

虽然家境清贫，但胡雪岩的童年过得还算幸福。只是人生无常，胡雪岩十二岁那年，父亲胡鹿泉病逝，贫苦的家庭雪上加霜，生活的重担一下子压在了胡雪岩的母亲金氏柔弱的肩上。胡雪岩被迫结束了短暂的私塾生活，回到田间，放牛砍柴，帮衬家用。

胡雪岩的母亲金氏是一位勤劳坚韧、善良淳朴的农村妇女。丈夫死后，她不仅靠自己养活了全家，还很重视对孩子品性的教育。

在胡雪岩十三岁那年，一个明媚的午后，他像往常一样赶着牛群在田间吃草。阳光洒落在他稚嫩的脸庞上，映照出他憨厚无邪的模样。突然，他的目光被草丛中一个看上去沉甸甸的包袱吸引，他小心翼翼地打开包袱，眼前顿时一亮——

里面竟然是一袋白花花的银子和一些贵重首饰。胡雪岩很是激动，十几岁的他对金银财宝已经有足够的概念，这可是他从未见过的巨额财富。

胡雪岩很快就平复了心情——绝不能将这些钱财据为己有！他心里始终铭记着母亲的言传身教——做人要厚道。他环顾四周，发现并无其他人影。他想到失主丢失这么多钱财，肯定焦急万分，他决定在原地等待失主的到来。时间一点点过去，他从烈日炎炎的中午，一直等到日暮西沉的傍晚。

终于，远处出现了一个商人的身影，他气喘吁吁地跑过来，面色焦急而沉重。来人看到胡雪岩，忙问："这位少年，你可见着一个包袱？"

胡雪岩说："我是见着一个包袱，你且说说里面都有什么。"

来人一一说明。胡雪岩仔细核对了包袱内的东西，与对方所说相符后，毫不犹豫地将包袱归还给了商人。商人感激涕零，要送两锭银子给胡雪岩以示感谢，胡雪岩坚持不要。他说这本是别人的东西，母亲教导过他，切不可贪人便宜。

这位商人是杭州粮行的蒋老板，他被胡雪岩的品性打动，又见他聪明伶俐，有心收他为徒。他对胡雪岩说："我姓蒋，在大阜有一家粮行，你这少年人实在、重信用，在山里放牛太可惜了，你要愿意，到我店里去干活，我收你为徒。"

胡雪岩自幼受父亲影响，对做买卖既有概念也有兴趣，他对蒋老板说："您的话，我记住了，但我得回去问问我母亲，母亲答应了，我才能去。"

蒋老板一听，更是打心底里喜欢眼前这孩子，不仅聪明诚实，还很孝顺。

徽州地处贫瘠的山区，耕地极少，素有"七山半水半分田，二分道路和庄园"的说法。农耕落后，为了生计，很多人不得不用当地出产的茶叶和木材去换取粮食，或者背井离乡，外出打拼当学徒，这也是徽商的起源。

明清时期，在徽州乡间流传着这么一句俗语："前世不修，生在徽州；十三四岁，往外一丢。"这句话，仿佛是对胡雪岩人生轨迹的预言。

胡雪岩回家同母亲一说，母亲自是支持，于是十三岁的胡雪岩带着母亲的期待，跟着粮行的蒋老板离开了熟悉的家乡，孤身踏上了前往繁华杭州的奋斗之路。一开始，胡雪岩什么都不会，就从最底层的打杂工作做起。他不挑不拣，勤勤恳恳，什么脏活累活都抢着干，蒋老板甚是喜欢。

粮行里有位客户，是金华火腿商行的刘老板，某次到粮行办事时突然染病，一病不起，上吐下泻又反复发烧。大家都说八成是染了瘟疫，难救了。刘老板背井离乡，住在客栈里，没人敢去照顾他。蒋老板想着多付些银子，看看有没有伙计愿意去照顾刘老板，伙计们皆避之不及，毕竟命比钱贵。

这时候，胡雪岩站出来了："我不多要钱，我去照顾刘老板！"

胡雪岩不辞辛劳，在刘老板床前端水煎药，悉心照料，没过多久，刘老板竟然渐渐康复了。经过这段时间的相处，刘老板对胡雪岩很是感激和欣赏，有心邀请胡雪岩去自己的商行工作。胡雪岩念及蒋老板的知遇之恩，没有答应，刘老板便亲自去求蒋老板。

蒋老板觉得胡雪岩是个人才，愿意成就他去更大的平台，于是胡雪岩进入了商行工作。在商行，胡雪岩眼界大开，又接触到了钱庄，这对胡雪岩来说是个新鲜事物，以前只知道买东西得用铜钱、银子，现在看到大家仅凭钱庄的一张纸，就能当钱使，还能拿着这张纸到钱庄换成现银。钱庄只要写上这么一张纸，就能抵得上千万两银子，真是太神奇了！

胡雪岩在刘老板的火腿行干活时，一有空就到隔壁的信和钱庄转悠。他看到不少来钱庄收账的人坐在角落里等候，也没啥事，就很热情地与之攀谈，请人喝茶聊天。他也没别的想法，就想问问人家，做钱庄学徒需要学哪些本领。一来二去，人家陆陆续续、星星点点地跟他说了，总结下来就是三样：算钱得快，算盘得熟，字写得好。

得知了这些，胡雪岩在工作之余，认真自学算数、打算盘，勤于练字。遇到不懂的，他就去请教人家，没过多久，他就基本掌握了上述技能。

有一次，信和钱庄的老板来店里对账，胡雪岩在旁边伺候茶水，他留心老板们正在对的账目，发现有一处错误，他告诉钱庄老板，说这个数字应该有误。老板一核，果然有误。

钱庄老板上下打量起眼前的小年轻，问道："你会算数？可会写字？"

胡雪岩回道："会写一些。"

钱庄老板便让他写几个字看看。胡雪岩恭恭敬敬地写了几行字，钱庄老板很是欢喜，直接跟刘老板要人："这孩子就让给我吧，到我的钱庄里干活。"

刘老板当然舍不得，但他也知道，在钱庄做事，肯定比在自己的火腿行有前途。他又将胡雪岩对他有救命之恩的故事讲给钱庄老板听，钱庄老板更加欣赏这个既仁义又机灵的学徒了。他给刘老板开了一笔不小的转让费，把胡雪岩带走了。

到了信和钱庄，胡雪岩从扫地、倒夜壶干起，任劳任怨，学徒期满，顺利地成为钱庄的一名伙计，那年他才十六岁。

三年后，也就是1842年（道光二十二年），十九岁的胡雪岩又被阜康钱庄的于掌柜慧眼识珠，收为学徒。刚进阜康钱庄当学徒时，胡雪岩十分刻苦，整整两个月没有出门，苦练数钱、捆钱等基本功。

阜康钱庄有位客户叫蔡厚仁，当初声称要买官，贷了一笔款，却迟迟未还。钱庄的伙计轮番上阵，上门讨债，蔡厚仁声称家族很有钱，只是手头一时缺钱，将来一定会还。他还暗示大家自己后台很硬，就这样连恐吓带哄骗地赖账。

胡雪岩得知此事后，暗中做了一番调查。他托人打听到蔡厚仁所谓的后台，其实是隔了好几代的远房亲戚，早就与他断了往来。蔡厚仁其实有偿还能力，只是把钱都用在了花天酒地上。他母亲去世前给他留了一笔钱存着，他的妻子也有一笔嫁妆。

胡雪岩当即叫了捕快，与自己一同上门讨要。蔡厚仁的妻子哪里见过这种阵仗，担心全家人被抓，于是劝蔡厚仁把这笔钱还了，蔡厚仁也答应妻子改邪归正，不再去胡混。

胡雪岩帮助钱庄解决了一个棘手的老赖，凭借聪明才智，很快从一众学徒中脱颖而出，成了于掌柜的得意门生。

为了考察学徒们的人品，于掌柜会故意在地上和柜台角落扔些钱。有的人偷偷将钱捡起来留作私用，胡雪岩每次都毫不犹豫地上交。次数多了，他还善意地提醒于掌柜要妥善保管好钱财，以防类似的事情发生。于掌柜很是欣慰，更加欣赏胡雪岩的才智与品性。

胡雪岩需要四处讨债，有一次他照例外出，天色突然阴沉下来，乌云密布，狂风大作，豆大的雨点倾泻而下。胡雪岩来不及避雨，眼看就要被淋成落汤鸡时，一把伞撑在了他的头顶——是一位陌生的路人。后来，只要胡雪岩下雨天出门，都会主动帮别人打伞。久而久之，街坊邻居都知道，这是一位愿意给别人撑伞的好青年。

于掌柜没有子嗣，弥留之际，他将阜康钱庄悉数托付给胡雪岩。胡雪岩多年来的善行为他换来了福报，他的命运就此发生转折。

贵人相助

从乡野放牛娃到辛苦学徒，再到拥有一家钱庄的小老板——剧情发展到这里，简直就像我们刷的那些短视频爽剧。胡雪岩的成功之路，如同精心编撰的传奇故事，尽管其中掺杂了些许口口相传的润色，但胡雪岩的良好品性与商业才智的确是有口皆碑的，这离不开幼年时父母对他的教育与影响，也得益于他个人的努力与天赋，还有诸多贵人的相助。

从帮助他获得第一桶金的于掌柜，到后来助力他事业腾飞的王有龄，再到最后助他达到人生巅峰的左宗棠，这些“贵人相助”在胡雪岩的人生道路上，仿佛是编剧精心安排的“彩蛋”，让他一次次起飞。

1848年（道光二十八年），二十六岁的胡雪岩还在钱庄当伙计。有一天在茶馆，他偶遇一位相貌堂堂、气宇轩昂，但衣衫褴褛的男子。胡雪岩注意到此人虽然憔悴落魄，但气质谈吐不凡，便主动与其攀谈，此人便是王有龄。

王有龄生于1810年，祖籍福州，虽然屡试不第，但颇有才华。1827年（道光七年），十七岁的王有龄跟随父亲王燮赴任云南，帮助父亲处理文书。父亲仕途发展顺利，王有龄也跟着四处奔波。后来父亲到浙江做候补道台，王有龄便随父来到杭州，不想父亲在官场上横遭变故，不幸病逝，家道就此衰败。此时王有龄已经三十八岁，只能守着父亲生前给他捐的一个“候补浙江盐大使”的空衔。

捐官，就是向朝廷花钱买官。朝廷因为财政困难，需要以此来筹款，因此滋生了很多腐败。捐官制度起源于春秋战国，到清朝时达到顶峰，已经成了一项官方公开的体系化制度。清朝的捐官名目很多，包括：捐实官，即先买个候补位，需要转实权时还得继续捐款；捐出身，就是给你一些虚衔、顶戴之类的荣誉，可以出去炫耀；还有捐考试资格等。康有为因为多次考秀才没考上，家里就凑钱给捐了个监生，就具备参加科考的资格了。

根据清朝的捐官制度，王有龄只是拿到了一张空头支票，想要真的当官，还得继续到吏部“投供”，也就是继续上京捐钱。王有龄没有钱，只能困守杭州，每天郁郁寡欢，在茶馆消磨度日。

在交谈中，胡雪岩得知了王有龄的困境和抱负，对他的遭遇深感同情，同时也被他的才华和决心所折服，就私自动用了钱庄的银子资助了他，帮助他上京捐官成功。

还有一种说法是，当时胡雪岩因为挪用钱庄的银子帮助王有龄，被钱庄开除了，这应该是没有的事。于老板既然有心将家业传给胡雪岩，应该不会因为这个原因开除他。况且胡雪岩又不是将钱花在吃喝嫖赌上，而是资助有志青年当官，虽说失败的可能性很大，但于老板这样的人当然知道，一旦成功，回报将是巨大的。

王有龄顺利捐了官，最开始在慈溪、舟山一带任知县，他在县衙门口留下了这样一副对联："旷甘旨而策拊循，矢慎矢勤，敢忘庭训；承凋敝而谋安辑，同忧同乐，莫负湖名。"

意思是：切勿沉湎于享乐，应鞭策自我，保持谨慎与勤勉之心，时刻铭记父母的教诲；当面临困境与凋敝之局面时，应积极寻求安定之策，与百姓同舟共济，共渡难关，以不负众人之期望与重托。

从这副对联可以看出，王有龄自我要求严格，有崇高的政治抱负。王有龄本身就有能力，加上为官勤勉，受到浙江巡抚何桂清的器重，仕途步步高升。1851年（咸丰元年），王有龄奉旨出任湖州知府，不久又被调任杭州。

此时，阜康钱庄在胡雪岩的打理下发展得越来越好。王有龄来到杭州之后，胡王二人的交集就更多了。当时各地官府的钱银都是存在地方钱庄的，很显然，谁要是能争取到官府这个大客户，在老百姓心目中的地位立马就不一样了，信用度会大大增加。对于官府来说，把钱存在一个靠谱的钱庄也非常重要，万一钱庄倒闭，导致损失，地方官是要承担责任的。

对于王有龄来说，把钱存在胡雪岩的钱庄，他很放心，同时也算帮衬了恩人。这种情况，也不能说是见不得人的官商勾结。胡雪岩最开始代理湖州公库，帮财政机关理财；接着他开始在湖州办丝行，借助公库的现金流帮扶湖州的农民养蚕，再收购所产的生丝，运往上海、杭州等大城市变现；他还发现在战乱时期开药店是一大商机，说服当时的浙江巡抚黄宗汉入股，开了药店，拓展钱庄，赚得盆满钵满。

1860年（咸丰十年），"庚申之变"爆发。英法联军攻入北京，咸丰皇帝逃往承德避暑山庄，圆明园被毁，时局动荡。在这样的乱世之中，胡雪岩沉着应对，与军方建立联系，大量的募兵经费流入他的钱庄。随后，太平军横扫浙江，王有龄更是将办理粮草军械、总理漕运等重要职责交付于他，使胡雪岩几乎掌控了浙江战时财经的半壁江山。

王有龄也有“长于理财”之名。在担任浙江巡抚期间，官府的财政状况得到了显著改善。他通过一系列措施，如清理积欠、整顿税收、加强财政监管等，有效地开源节流。关于王有龄的个人评价也有一些争议，《清史稿》评价他“素负才略，以掊克失人心，措施亦未尽当焉”，意思是他虽然一向有才干谋略，但因为搜刮民脂民膏而失去了民心，他的施政措施并不完全得当。但王有龄在浙江时还是作出了不少政绩的，如组织团练、治理西湖、打击盗匪、发展经济、赈济灾民等，时人赞他“为官清廉，禁止贿送，裁减税捐，享有清誉”。

1860年，太平军曾短暂地占领杭州，不过还未稳固阵地，王有龄便带兵救援杭州，太平军赶紧撤离，王有龄被晋升为浙江巡抚。这样一来，他要一面守卫浙江，一面负责为江南大营筹集粮饷。然而，不到一年，太平军主力李秀成部卷土重来，对杭州发起了猛攻。

1861年（咸丰十一年）10月，杭州城被太平军层层包围，城内粮草供应被彻底切断，而期盼中的援军却始终未能出现。杭州成了一座孤岛，形势岌岌可危。面对如此困境，王有龄带领城内的官员和将士坚守城池，顽强抵抗，直到弹尽粮绝，最终在12月29日，杭州城还是被太平军攻破。眼见大势已去，王有龄拒绝投降，他选择了以死明志、以身殉节。

时任两江总督的曾国藩上奏：“王有龄在浙江，官绅不和，不能驭兵，以致败事；但王有龄粮尽援绝，见危授命，大节无亏。”

曾国藩这话说得有失公道，但也能理解，杭州失陷这么大的事，按照清朝惯例，总得有人担责。

王有龄在浙江巡抚任上颇有政绩，而且清正爱民，如果不是遭遇战乱，绝对称得上百官楷模。他有点像三国时期的刘表，带兵打仗确实不是他的强项。王有龄在自知守城无望、决定以身殉国之时，他召集杭州大小官员，包括自己的家属亲眷，集体殉节。他唯一放心不下的是百姓，他知道太平军有屠城抢掠的传统。殉国前，他写了一封遗书：“饥不食腐鼠，渴不饮盗泉。”这句话出自《庄子·秋水》，意思是人无论在何种情况下，都应该守住底线和原则。

李秀成破城之后，看到王有龄的遗言，深受感动，不但没有屠城，还将王有龄厚葬。

至此，胡雪岩生命中的第一座大靠山——王有龄，倒了。

经商·辅政·慈善

在王有龄被困之际，胡雪岩在做什么呢?

他正在尽全力完成王有龄交给他的重要任务——筹措军粮，寻求援军。开战之初，王有龄就预感这将是一场持久的守城战。他在听取大家意见的时候，胡雪岩指出，要想长守，一定要解决粮食问题，于是自领了这个艰巨的任务。他利用自己的商业资源，筹集到了三十万石军粮，克服重重困难，终于将粮食运到杭州湾，却听到杭州陷落、王有龄自杀的噩耗，这个消息宛如晴天霹雳。

胡雪岩站在船头，面色凝重，眼含热泪。他凝望着被熊熊战火吞噬的杭州城，心头涌起无尽的悲怆。他缓缓地跪倒在甲板上，向西而拜，身体仿佛承受着千钧之重，悲痛欲绝地向王有龄做最后的告别。

斯人已逝如秋叶，岁月流转不停息。

此时已是深冬，胡雪岩没有太多时间悲伤，他找了一个僻静的港湾，将筹集到的粮食藏了起来。翻过年来，胡雪岩得知左宗棠的楚军开进浙江，屡战屡胜，他似乎又看到了希望。

1862年（咸丰十二年）2月13日，左宗棠的部队行至浙江开化县。这时候，他遇到一个大问题，军粮严重短缺，眼见就要断粮了，如果找不到解决办法，只能先退回江西。

就在这个关键时刻，随从禀报有个叫胡雪岩的人求见。王有龄担任浙江巡抚时，曾给胡雪岩捐了个“浙江候补道”的三品虚职，求见左大人也算合规矩。

胡雪岩进入大帐之后，赶忙拱手道：“浙江候补道胡雪岩，参见左大人。”

按说这个自我介绍没有问题，换成一般官员，也就客套几句、落座看茶。可是左宗棠性格耿直，最看不惯官场那套假把式，他略带不屑地回了句：“哦，原来还是一位大人，久仰大名！”

胡雪岩是明白人，听出了话外音，赶紧撩袍跪倒。

左宗棠也不命他起身，继续说道：“听说你是王大人身边的得力干将，王大人很器重你啊……”

胡雪岩明白，这话不是赞美，赶忙解释，自己只是帮王大人办事，不是什么功臣能将。他也听说左宗棠是个干实事的官员，又补了一句："小人**只会做事，不会做官；只会做事，不会做官。**"

这句话算是说到左宗棠心坎里了。左宗棠的偶像林则徐就曾给自己立下誓言："只求做大事，不求做大官。"左宗棠自己也尤其看重做实事。

左宗棠命胡雪岩起身答话。在接下来的几番你来我往的对话中，左宗棠盛气凌人，句句责问；胡雪岩始终态度谦卑，小心翼翼地解释自己的立场和意图，左宗棠的态度逐渐缓和下来。

左宗棠也发现眼前的胡雪岩，并不是他固有观念里那种唯利是图的奸商，像是能办实事的人，于是他试探性地问了胡雪岩，可否协办军粮，他现在要一路东去，收复杭州，军粮难办。没想到胡雪岩一口答应了下来。

左宗棠心下一惊，他再次问道："我给你十天时间，你能否筹集十万石军粮？"胡雪岩说没问题。这下，左宗棠暗自惊讶的同时，反而有所顾虑了，问胡雪岩是不是有所企图。

胡雪岩诚恳地答道："小人不过是想为国做些事罢了，并无所图。如果非要说有，不过是履行了王大人的生前所托，还有就是希望大人解救杭州百姓。"

这番应答下来，左宗棠非常高兴，拉长声音喊道："来人啊，给胡大人上茶！"

结果不到十天，胡雪岩给左宗棠上交了三十万石军粮——实际上就是帮王有龄筹集的那三十万石军粮。左宗棠又惊又喜，自此以后，左宗棠对胡雪岩刮目相看，开始重新评估这位商人。胡雪岩用机智、真诚和责任心打动了左宗棠，使他转变了态度，将自己视为值得信赖的知己。

随后，胡雪岩因受到左宗棠的器重，被委任为总管一职，肩负起杭州城解围后的善后重任，并主持浙江全省的钱粮与军饷事务。这一任命不仅使阜康钱庄在他的巧妙经营下获得了丰厚的利润，更标志着胡雪岩正式踏上了官商之路，成为政商两界的风云人物。

事实上，左宗棠在闽浙一带不断取得战绩，同胡雪岩的后勤配合也有不少关系。此后，他们两人携手并进，开启了长达十余年的深厚合作。无论是在商海的波涛汹涌中，还是在战场的硝烟弥漫里，抑或是在朝堂的明争暗斗间，他们始终通力合作、风雨同舟，书写了一段传奇的政商沉浮史，直到胡雪岩生命的尽头。

左宗棠是眼里揉不得沙子的人，曾国藩算是对他有知遇之恩，他依然照骂不误；人人奉承的李鸿章，更是为他所不齿。以“今亮”自居的左宗棠在整个晚清官场，真正佩服的只有林则徐一人。从这个侧面就能判断，胡雪岩再差也差不到哪儿去。

胡左建立合作关系之后，胡雪岩在商业、军政、慈善方面都成就斐然，对此可以概括为以下三句话。

经商：慧眼如炬识时机，商业帝国稳步起。

辅政：躬身入局展神通，船政军界显威名。

行善：初心不改持本真，行善积德润民心。

在商业领域，胡雪岩巧妙利用了战时环境。1864年（同治三年），清军占领浙江后，各级军官纷纷将掠夺来的财物存入胡雪岩的钱庄。他将这些资金作为自己贸易活动的起点，迅速设立了一系列商号。随着太平军被消灭，胡雪岩的银号又顺利进驻杭州，专门为左宗棠筹集军饷和军火。

后来胡雪岩又借助左宗棠的权势，在各省设立阜康银号，同时涉足药材、丝茶等多个领域。他的商业帝国逐渐崛起，他成为江浙地区商业的领军人物，财富高达两千万两白银以上，成为当时名副其实的“中国首富”。

军政方面，1862年，胡雪岩借助官商身份，来往于宁波、上海等洋人聚集的通商口岸之间。联络当时驻宁波的法国舰队司令勒伯勒乐、宁波海关税务司日意格等人，招募数千清兵，共同组成了一支名为“常捷军”的中法混合军队。这支军队由法国人担任统领，装备了先进的洋枪洋炮，成为中国早期近代化军事力量的代表之一。常捷军参与了多次战斗，尤其在太平天国战争中发挥了重要作用。

1866年，胡雪岩协助左宗棠开办福州船政局，这是中国近代第一家新式造船企业。作为当时中国最大的造船基地，福州船政局的成立，标志着中国造船业向近代化迈出了重要一步。在左宗棠的领导下，胡雪岩不仅为福州船政局提供了大量的资金和资源支持，还利用其广泛的商业网络，从国外引进了先进的造船技术、设备和管理人才，使福州船政局在短时间内就取得了重大成就。

1869年（同治八年）秋，福州船政局的第一艘轮船“万年清”号成功下水。这一壮举吸引了无数国人的目光，万众欢腾的场面前所未有。仅仅两年后，1871年（同治十年）初，又一艘兵轮“镇海”号顺利下水。

尽管左宗棠因战事紧急，被调任陕甘总督，身处遥远的边陲，但他对福州船政局的关注与牵挂从未减少。在得知这一连串的喜讯后，他特地写信给胡雪岩："闽局各事日见精进，轮船无须外国匠师，此是好消息。"字里行间流露出激动与自豪之情，对胡雪岩和福州船政局的贡献给予了高度评价。

慈善方面，在清军与太平军的激战中，杭州城惨遭战火摧残。1864年（同治三年），胡雪岩受左宗棠之托，毅然肩负起杭州城战后赈灾重任。他迅速行动，慷慨解囊，创立了粥厂、善堂和义塾，解民困、恤民苦、启民智，还花重金修复名寺古刹。对于在战争中不幸逝去的数十万亡灵，胡雪岩更是心怀悲悯，主持修建了义冢，让逝者得以安葬。

为了方便因战乱而北逃到萧山、绍兴的灾民返乡，胡雪岩在钱塘江南星桥附近设立了"义渡"。他购置船只、修建棚屋、支付人工，使南星桥码头成了钱塘江上下游之间最繁忙的码头，被称为"浙江第一码头"。无数受灾民众通过这一渡口，得以安全地返回家园。醒醉生于1915年（民国四年）创作的《庄谐选录》中记录：**"朝廷有大军旅，各省有大灾荒，皆捐巨万金不少吝。"**也就是说，只要国家哪里有战事、有灾荒，胡雪岩都会慷慨捐助。

此时，胡雪岩名声大震，不仅被誉为"胡大财神"，更被民众亲切地称为"胡大善人"。

这位异乡人，在杭州这座城市完成了从放牛娃到小掌柜的华丽转身。如今，他更是成了横跨官商两界、备受瞩目的"城市英雄"。

兴建豪宅

1872年（同治十一年），当聚光灯打在胡雪岩身上时，他精心设计的府邸也在杭州城东边的元宝街破土动工。这座府邸占地约10.8亩，建筑面积达到了5815平方米，据传其造价高达300万两白银以上。参考清代银两与现代货币的换算，约合60亿元人民币。胡雪岩遍请能工巧匠，满世界挑选名贵材料，历时三年之久，终于建成了这座晚清江南第一豪宅。这座宅子的总体格局和主要建筑保存至今。

我们切换成游览视角，来逛逛胡雪岩的豪宅。

沿着元宝街古朴的石板路前行，一座高逾10米、气势恢宏的墙楼便映入眼帘。穿过精心设计的门楼，步入宅内，首先来到的是庄重宽敞的轿厅，厅上高悬着一块金底黑字牌匾，上书“勉善成荣”四个大字——这是同治皇帝亲赐的御匾。“善”字有意地少写了两点，寓意“天下善事做不尽”，可见清廷对胡雪岩的认可与勉励。

轿厅还挂着两副对联：

一是“**传家有道惟存厚，处世无奇但率真**”。

二是“**存一片好心愿举世无灾无难，做百般善事要大家利民利人**”。

胡雪岩的处世哲学，可从中窥见一二。

轿厅里常年停放着胡雪岩外出乘坐的两顶红木轿，轿身线条流畅、雕刻精美，尽显工艺之精湛。

整座宅院的布局分为三条轴线：中轴区用于待客议事，东轴区是生活居住的区域，西轴区则用于观赏游玩。整座宅院，从建筑构造、园林景观到家具陈设，都十分讲究。江南园林的小桥流水、峭壁假山、亭台楼阁在这里得以汇聚展现，上等的紫檀木、红木、金丝楠木的家具在厅堂随处可见。门窗还采用了当时从德国进口的无尘玻璃，中西合璧，毫无违和感。

宅院中有一处园林，名叫“芝园”，是胡雪岩为了纪念他的父亲胡芝田而命名的。芝园被誉为“晚清第一园”，它的特色是“一石一木，无所不用其极”。园内的假山、楼阁、水池、小桥等景观错落有致，怪石嶙峋，设计精巧。园中还有一块高达四米的太湖石景观，被誉为胡家的镇宅之宝，外形酷似一个繁体的“寿”字，十分罕见和珍贵。据说这是胡雪岩为庆祝母亲八十大寿而特意从太湖运来的，寓意长寿与吉祥。园内还有一处楼阁，名为“御风楼”，取自苏轼的“我欲乘风归去”，是当时杭州城内的最高建筑，可以凭栏远眺，美景尽收眼底。

如果您前往杭州旅游，强烈建议您逛逛位于元宝街的胡雪岩故居。漫步于回廊、厅堂之间，仿佛能穿越时空，一窥胡雪岩鼎盛时期生活的精致与奢华。

胡庆余堂

豪宅开工两年后的1874年（同治十三年），胡雪岩又在美丽的西子湖畔、吴山脚下开始筹建胡庆余堂药号，历时四年，于1878年（光绪四年）建成营业。

一直以来，胡雪岩构想如何能为子孙后代留一份“不败”的产业。他仔细思量，药号最合适——人总会有病痛，无论社会怎么变，药号总是要有的。

在胡雪岩的精心经营之下，胡庆余堂迅速崛起，与北京同仁堂并驾齐驱，成为蜚声南北的药号，当时民间广为流传着这样一句话：“**北有同仁堂，南有庆余堂**”。

胡庆余堂作为一个商业案例，对现在做企业的人依然深有启发。

首先是愿景。胡雪岩发心纯善，旨在造福百姓。胡庆余堂的“庆余”二字出自《周易》，原句是“**积善之家，必有余庆；积不善之家，必有余殃**”。在胡雪岩看来，开设药号，要秉持行善积德、济世救人的宗旨，才能有长远的利益和福报。

胡雪岩已有“胡大善人”的美称，创办胡庆余堂也是想回馈社会。筹备之初，他广纳贤才。有人说松江余天成堂的余修初医术高明，胡雪岩亲自登门拜访，虚心求教。余修初对胡雪岩说：“办药业者，须以‘仁术’为先，不应为蝇头小利斤斤计较，如此上天才会给予回报，否则，不如多开几家当铺、钱庄更容易赚钱。”胡雪岩听罢大喜，因为这与自己的理念不谋而合，当即重金聘请余修初。

其次是产品规划。胡雪岩追求极致，尽力做到最好。他先是把宋代皇家药典作为基础，又选用历朝历代的验方，再在《申报》上登报，广招天下名医，重金求取家传秘方。上述做法，使胡庆余堂在短时间内正式生产和出售的中成药就有400多种，被誉为“**江南药王**”。这些珍贵的药方被精心整理并记录在《胡庆余堂丸散膏丹全集》中，成为胡庆余堂宝贵的医学资料。时至今日，胡庆余堂入口走廊的墙上还悬挂着36块金字黑底的丸药牌，牌上写着各种经典丸药的功能，比如诸葛行军散、胡氏避瘟丹等。

胡雪岩还别出心裁，在药号大堂中设置了一座紫铜大香炉。凡是百姓觉得不满意、没有效果的药剂，可以当众投入炉中焚毁，并立即更换优质药品，由此可见胡雪岩对药品品质把控的严苛。

再次是营销宣传。胡雪岩也是奇招频出，使得胡庆余堂名声大噪。走在河坊古街，远远就能看到一面高12米、长60米的白色风火墙，上面是七个特大楷体字“胡庆余堂药号”，十分引人注目，是整条街最大的招牌。为了宣传药材的货真价实，要生产“大补全鹿丸”时，胡雪岩会让一群伙计穿着标有“胡庆余号”的统一服装，抬着一头活梅花鹿，敲锣打鼓地游街一圈，再回到店门口当街宰杀，引得路人围观。这则广告一传十，十传百，很快传遍了杭州城的大街小巷。我们如今搞的病毒式营销、口碑营销，胡雪岩早在一百多年前就玩得炉火纯青了。现在我们对超市的购物接送车已经见怪不怪了，胡雪岩在一百多年前就开始在钱塘江用“接驳船”接送买药的外地人了，这在当时是一大创举，为胡庆余堂带来了大量客源。

在组织文化管理上，胡雪岩更是一个奇才。他知道商业理念仅在自己脑子里闪现是没用的，要所有的伙计都能领悟到且铭记于心才行，这就需要对内不断地强化企业文化。

胡庆余堂的核心企业文化，就在一块匾额上。一般来说，匾额都是向外悬挂的，是给外人看的。胡庆余堂有一块匾额是向内悬挂的，面向经理、账房等所有内部员工。这块匾额是胡雪岩在1878年亲自书写的，上面两个大字“**戒欺**”，旁边是一串小字解读：“**凡百贸易均着不得欺字，药业关系性命，尤为万不可欺。余存心济世，誓不以劣品弋取厚利，惟愿诸君心余之心，采办务真，修制务精，不至欺予以欺世人，是则造福冥冥，谓诸君之善为余谋也可，谓诸君之善自为谋也亦可。**”

有人认为，“戒欺”二字是胡雪岩走向成功的核心秘诀，无论是在做人还是做事上，他始终坚守着这一原则。

与“戒欺”相呼应的匾额，还有“**真不二价**”，代表着货真价实，无需讨价还价。

岁月流转，药香依旧。凭借着“戒欺”这一坚定理念，胡庆余堂历经风雨，始终坚守着悬壶济世的使命，至今仍旧在杭州这座现代化城市中屹立不倒。

倒胡计划

从上述故事中，我们可以看出胡雪岩的成功有其必然性。那他最终三天破产的悲惨结局，又是为何呢?

文章开头我们提到，因为协助左宗棠收复新疆有功，胡雪岩被赏赐黄马褂、正二品顶戴，一时风光无限，成为“红顶商人”，到达人生巅峰。

1882年（光绪八年），面对中国的生丝价格长期被洋人操控、丝农辛勤劳动的成果被无情压榨的局面，胡雪岩深感痛心。为了改变这一现状，他毅然决定斥巨资在上海创办一家蚕丝厂。与此同时，他积极联络各方，大量回收生丝，意图通过垄断生丝贸易来制衡洋人势力，夺回生丝议价权。由胡雪岩打响的晚清第一次中外贸易大战，正式拉开帷幕。

胡雪岩有商业天赋，他所做的生意都是经过仔细核算才开展的，也基本都能盈利，唯一例外就是这次的生丝生意。胡雪岩几乎投入了全部家当，高达2000万两白银。他先后多次囤积生丝，收购了百万余担，还号召有爱国之志的其他丝行老板一起抵制洋人。市面上的生丝越来越少，价格水涨船高。洋人购买生丝越来越难，没有原料，工厂停工，成品短缺，他们急得像热锅上的蚂蚁，纷纷找胡雪岩谈判，胡雪岩趁势抬高价格，想掌握定价权。双方剑拔弩张，洋人陷入了被动局面，胡雪岩占尽上风。

胡雪岩坚信，只要再坚持一下，洋人最终会屈服于他的压力，从而以更高的价格购买他的生丝。《异辞录》记载了这段故事：**"江浙丝茧，向为出口大宗，夷商把持，无能与竞。光墉以一人之力，垄断居奇，市值涨落，外国不能操纵，农民咸赖利之。"**胡雪岩凭一己之力，夺回了生丝贸易的话语权。

可万万没想到，没过多久，胡雪岩的处境直转急下！

这里有一位重量级人物出场了，他就是李鸿章。

我们知道晚清著名的**"左李之争"**。左宗棠与李鸿章，这两位曾国藩昔日帐下的佼佼者，后来各自创建了楚军与淮军，皆为国家立下了赫赫战功，二人共同跻身于"晚清四大名臣"之列。

然而，这两位国之重臣，一位性格孤傲刚直，一位处事圆滑世故，在日常交往与政务处理中早已积累了不满与矛盾。当"海防与塞防之争"的议题浮现时，他们之间的冲突达到了顶峰，成为晚清政治舞台上的一幕重要戏码。

1874年，大清国土遭遇列强的侵略瓜分，沿海和边疆的领土都岌岌可危。但因国力衰弱、钱粮有限，朝廷无力兼顾多线作战，于是要求各位朝臣就海防与塞防各抒己见。朝臣们主要分成两派——以李鸿章为首的海防派，以左宗棠为首的塞防派。

李鸿章在长达九千字的《筹议海防折》中提出"放弃新疆，专务海防"的主张，他把东南沿海比作心脏，"新疆不复，于肢体之元气无伤；海疆不复，则腹心智大患愈棘"。在李鸿章看来，海防直接关系生死，比塞防更重要。

左宗棠则提出"海塞并重"，新疆绝不能放弃，因为"保新疆之所以保蒙古，保蒙古之所以卫京师"，他还在奏折中主动请缨，率军西征。最终，这场争论以左宗棠的胜利而告终，左宗棠顺利地挥师西征。

左宗棠能够顺利收复新疆，离不开胡雪岩的鼎力相助。胡雪岩私下积极奔走联络，出钱出力，为收复新疆立下了汗马功劳。左宗棠凯旋后，二人一起受到了清廷的高度褒奖。左宗棠受封二等恪靖侯，胡雪岩被授予从二品布政使衔。一时间，这对政商CP称雄政商两界的光荣榜，这引起了李鸿章的极大不满。

李鸿章早就想扳倒左宗棠，他清楚**“倒左必先倒胡”**，于是将目标放在胡雪岩身上。他联合自己的商界搭档盛宣怀，暗中展开了“倒胡行动”。

盛宣怀生于1844年（道光二十四年），祖籍江苏常州，比胡雪岩小二十一岁，也是晚清著名的红顶商人。1870年（同治九年），盛宣怀加入了李鸿章的幕府，成为其得力助手，共同推动洋务运动的发展。可以说，李鸿章对盛宣怀的提携与支持，就如同左宗棠对胡雪岩的引领与庇护。

盛宣怀的发迹与李鸿章的扶持密不可分，而李鸿章的政绩也得益于盛宣怀的鼎力相助，两人相互成就。在这场“倒胡”战役中，李鸿章与盛宣怀紧密配合，官商联手，对胡雪岩发起了猛烈且致命的攻击。

在胡雪岩积极囤积生丝、向洋人发起商业宣战的同时，盛宣怀也运用自己的雄厚资本，秘密地大量购入生丝。更为致命的是，盛宣怀还将这些生丝出售给了胡雪岩的商业竞争对手，从而打乱了胡雪岩原本精心策划的垄断市场的策略。这一举动导致洋人纷纷转向盛宣怀，还联合起来抵制胡雪岩，导致胡雪岩的资金压力骤然增大。

屋漏偏逢连夜雨，意大利的蚕茧意外丰收，生丝市场瞬间不再紧俏，价格一路下跌。接着是中法战争爆发，市场动荡加剧。没想到一场世界范围内的金融危机也在此时爆发，丝织品的全球市场急剧萎缩，生丝的需求量大幅减少。万般无奈之下，胡雪岩贱卖了高价囤积的生丝，直接亏损超过1000万两白银。这场生丝之战，让他辛苦积累的家产瞬间缩水大半，胡雪岩遭受了经商以来最严重的打击。

“烛蛾谁救护，蚕茧自缠萦。”

胡雪岩以飞蛾扑火般的精神拉开了生丝之战，却落得作茧自缚的处境。不过，毕竟是实力雄厚的全国首富，生丝之战虽然损失惨重，但胡雪岩还远没到弹尽粮绝之境。可胡雪岩不知道的是，李鸿章与盛宣怀谋划的“倒胡”计划早已暗中布局，更大的危机正在步步逼近。

前面我们说到，为了支持左宗棠西征，胡雪岩曾代表清廷向外资银行借款。

按照原定的还款计划，每年由各省海关把关税汇集到上海道台邵友濂的手中，再由邵友濂转交给胡雪岩进行还款。之前每次还款都很顺利，然而这次当各省的款项到账时，盛宣怀以李鸿章之名，让邵友濂想尽办法拖延二十天，使债款无法如期清偿。

与此同时，盛宣怀亲自出马，走访汇丰等各大外资银行，散播关于胡雪岩因生丝之战而陷入破产境地的谣言。这些外资银行在谣言的影响下，纷纷对胡雪岩施加压力，要求他立即还款。面对这一突如其来的困境，胡雪岩无奈之下，只得调用阜康钱庄的现金进行垫付，没想到正中盛宣怀的圈套。

当时，盛宣怀主持着电报局，胡雪岩的一举一动都在他的掌握之中。盛宣怀继续落井下石，到处放出阜康钱庄银子被挪用、即将倒闭的风声。这个消息如同一颗重磅炸弹，瞬间在社会上引起了轩然大波。阜康钱庄的储户，上到达官显贵，下到平头百姓，都惶恐不安，他们纷纷拿着银票涌向钱庄，急于兑换现银。

胡雪岩有句名言：**“做生意就是八个坛子七个盖，盖来盖去不穿帮。”**由于电报被盛宣怀掌握，各个钱庄的信息传不出去，很多掌柜、账房无力应对，选择逃跑。等胡雪岩得到消息时，已经错过了最佳的应对时机，局势已然无法挽回。

先是杭州，接着是上海、京城，最后蔓延到全国各地的钱庄。这场由盛宣怀精心策划的舆论危机，如同一场夺命海啸，冲垮了胡雪岩的金融帝国。胡雪岩的资金链瞬间断裂，他自知已无力回天，不得不宣布破产。

李鸿章见时机已到，又添了一把火。在朝堂上，他揭露胡雪岩当初代表清政府贷款时多报利息的旧事，说胡雪岩吃了洋人的回扣。此事引起了慈禧太后的不满，下令对胡雪岩革职查办，并命令左宗棠负责追缴胡雪岩的欠款。

胡雪岩是否多报利息呢？确实多报了。另外，左宗棠西征时，托胡雪岩找洋人购买枪械，胡雪岩也吃了回扣。这些事情左宗棠是否知道，我们不得而知，但可以肯定的是，左宗棠没有从中牟利，这一点就跟李鸿章不一样。李鸿章支持盛宣怀所办的企业，李家基本都占有干股。

还有一种可能，左宗棠知道胡雪岩拿了回扣，但他觉得还算合理，就没追究。因为当时向洋人银行贷款时，胡雪岩把自己的家当当成抵押物，他承担了风险，事成了拿些好处，也不为过。

当时在天子脚下，给慈禧太后和光绪皇帝办差的那些王爷，在开销用度上有个不成文的规定——三七开，实际用度三成，大家贪分七成。与他们比起来，胡雪岩已经很清廉了。

但毕竟胡雪岩吃回扣是事实，他知道败局已定，并没有做过多辩解。左宗棠也尝试过救胡雪岩，但他已是七十三岁高龄，迟暮之年的英雄，在朝堂上早已失势，保不住昔日的盟友。

就这样，晚清首富胡雪岩用三十年缔造的庞大商业帝国，在短短三天内轰然倒塌，最后落得被抄家的下场。至此，**“身败名裂，莫为援手，宾客绝迹，姬妾云散，前后判若两人”**，胡雪岩落寞地离开了那座曾经辉煌一时的豪宅。

取长容短

当时胡雪岩最担心的是胡庆余堂受牵连倒闭，刚好清宗室文煜在他的钱庄存款很多，现在钱庄还不上款了，就把胡庆余堂抵给了他，这样至少确保胡庆余堂仍能继续经营。文煜时任兵部尚书，曾经做过闵浙总督，在满臣里还算干将。文煜把这个方案奏请慈禧太后，慈禧太后准了，胡庆余堂才得以保留至今。

1885年（光绪十一年）9月，左宗棠病逝于福州。同年，胡雪岩在杭州郊外的一所简陋小屋里郁郁而终。一代商业奇才就这样在贫病交加中逝去，令人唏嘘不已。

左宗棠和胡雪岩生前曾经有过这样一段对话。

左宗棠评价胡雪岩：**“生逢其时，财色双收。官居二品，商界知名。”**

胡雪岩回答自己是：**“天从人愿，赌博一生。看似风光无尽，实则如履薄冰。”**

那时候的他们配合默契，成了政商合作的典范，名利双收，风光无限。左宗棠对胡雪岩是赞赏有加，而那时候的胡雪岩虽然享受荣华富贵多年，头脑却一直保持着清醒，每一步走得还算小心谨慎。

可能胡雪岩对于自己的结局，从被慈禧太后宣召进京、接受封赏的那一刻，就已经预见到了。他知道这是一条不归路。他出发前，召集家人和亲信好友说：“我此去京城，吉凶难料，万一情况有变，我遭遇不测，你们一定要记住，保全自己的性命最重要，大家一定要**散财保家**！先把家保住，再去赚钱！”

胡雪岩临终前，给后人留了三条戒言：一是勿经商，二是勿入仕途，三是胡李不通婚。其后代也确实遵循家训，几乎无人经商、无人入仕，基本“从文、从教、从自然科学”。

回顾胡雪岩波澜壮阔、跌宕起伏的一生，确实为我们留下了无数值得深思与解读的篇章。他的一生充满了复杂的色彩，既有着令人佩服的处世之道与经商之才，又有着饱受争议的奢靡之风与投机冒险。有人从中汲取智慧，学习他如何与贵人结盟，如何在商海中游刃有余；有人则批评他过度依赖政商关系，贪婪自大，最终走向失败。这些截然不同的评价，共同构成了胡雪岩一生的写照。

然而，在谈论胡雪岩时，我们不能将功过是非全都归于他一个人身上。他的一生并非简单的个人传奇，而是深受所处时代的影响。

胡雪岩的崛起与陨落，看似是时代的偶然，实则是制度的必然。他所面临的机遇与挑战，都与他所处的历史背景紧密相连。

可能还是因为他的商人出身，历史上关于胡雪岩的史料记载并不丰富，但他的影响力却穿越时空，让后人不断回味与评说。

在对胡雪岩的众多评价里，有一种声音我个人还是比较认同的：如果把开创近代实业、探索近代工业作为标准的话，胡雪岩算不上真正的企业家，顶多是一个对市场嗅觉敏锐的生意人。傅国涌先生的《大商人》对此做了全面阐释，这本书的视角很有意思，作者试图探索中国近代第一代企业家的源头与传统。

从晚清到民国，虽然时局动荡、内忧外患，但还是涌现出了一批具有探索精神的企业家，有“实业大王”张謇、“船运大王”卢作孚、“化工大王”范旭东、“火柴大王”刘鸿生、“棉纱大王”荣氏兄弟和穆藕初等。胡雪岩比这些人要早一代，他还无法认知“工业强国”。

胡雪岩身上还有一个显著的优点值得说两句，就是他会用人。他用人的一条重要原则是——以长取人，不求完人。

康熙年间，诗人顾嗣协写了一首小诗《杂兴》。

骏马能历险，犁田不如牛。
坚车能载重，渡河不如舟。
舍长以就短，智高难为谋。
生才贵适用，慎勿多苛求。

这首诗巧妙地寓意了人、物各有所长各有所短，胡雪岩非常推崇。纵观青史，恰是择其善者而师之，鉴其失者而省之，方使文明如活水长流。这般“取长容短”的气度，不正彰显着中华文明传承的智慧与胸襟吗？

参考文献

[1] 高阳. 胡雪岩全传[M]. 上海：文汇出版社，2018.

[2] 刘体仁. 异辞录[M]. 太原：三晋出版社，2022.

[3] 赵尔巽.清史稿[M]. 北京：中华书局，2015.

[4] 京城说书匠. 胡雪岩传：红顶商人沉浮记[M]. 北京：中国法制出版社，2015.

[5] 张海鹏等. 中国近代通史[M]. 南京：江苏人民出版社，2024.

[6] 徐志频. 左宗棠：帝国最后的“鹰派”[M]. 北京：中国青年出版社，2014.

[7] 罗正钧. 左宗棠年谱[M]. 长沙：岳麓书社，2010.

[8] 唐德刚. 从晚清到民国[M]. 北京：中国文史出版社，2019.

[9] 唐德刚. 从甲午到抗战[M]. 北京：台海出版社，2019.

[10] 费孝通. 乡土中国[M]. 长沙：湖南人民出版社，2025.

[11] 范文澜. 中国通史[M]. 北京：人民出版社，2008.

[12] 任发. “红顶商人”胡雪岩的用人之策[J]. 才智，2004，4（1）：48.

[13] 金子. 传说中的现实——红顶商人胡雪岩[J]. 中国集体经济，2014，23（1）：7.

[14] 林晓清. 红顶商人的魅力[D]. 安徽：安徽大学，2007.

李鸿章
（1823—1901）

年少不懂李鸿章
如今方知真中堂

1901年（光绪二十七年）深冬，刚刚回到北京的慈禧太后正在紫禁城体验袁世凯进献的生日礼物——一辆奔驰小轿车。老太后哆哆嗦嗦地坐上汽车，就在她还在疑惑这玩意不吃草哪有力气跑的时候，伦敦地铁已经开通四十年了。

大太监李莲英走到老佛爷跟前说：“司机坐在您前面开车，不成体统。”老佛爷居然觉得有道理，让司机跪着开。

在那个“三千年未有之大变局”的时代，中国这个占当时全球人口四分之一的国家，话事人就是这么一个老太太。

李鸿章近半个世纪的为官生涯，真正决定他命运的，也是这么一个老太太。

在历史长河里，无论李鸿章做过什么，最终不过被几个关键词概括——洋务运动、汉奸、卖国贼。时间一长，人们对他的印象也就停留在这几个词的限制中。

后来相对较深地了解那段历史后才发现，李鸿章的一生，就是晚清最后几十年的缩影。很多我们想不明白、看不清楚的问题，从他的正面或者侧面，总能找到答案。

比如淮军在剿灭太平军、捻军时如此能打，为什么面对日军时一击即溃？

大清开办洋务比日本明治维新还早，看上去效果也不错，为何在甲午一战中没有发挥任何作用？

北洋舰队，明明号称当时海军力量的“全球第八、亚洲第一”，为何在甲午一战中全军覆没？

连小小的日本都打不过的大清，在1901年竟然完全失去理智地公开向十一国宣战，这是为何？

诸如此类的疑问，太多太多，我试着以李鸿章为主线，去一探那波谲云诡、风云变幻的晚清最后几十载。

师从曾国藩

1823年（道光三年），李鸿章（字渐甫，号少荃）出生于安徽合肥。其先祖本姓许，因八世祖将次子许慎过继给同庄李家，故改姓李。李家世代耕读。

1838年（道光十八年），李鸿章的父亲李文安中了进士。这一年，曾国藩也中了进士，左宗棠三试不中后决意不再参加科举。

李鸿章的出身是不错的，妥妥的官二代，他本人也是天资聪颖，十七岁考取秀才，二十一岁便中举，二十二岁和二十三岁这两年，在曾国藩门下学习。

李鸿章的父亲为官清廉，识人的眼力极好。那会儿曾国藩只是在翰林院当个编修史书的闲官，他就看出曾国藩日后定会有不凡的成就，于是安排自己的两个儿子李瀚章、李鸿章拜曾国藩为师，学习经世之学。

曾国藩很是喜欢李鸿章，觉得这年轻人有才气，脑子也灵光。曾国藩还对李瀚章说：“你弟弟才可大用。”估计当时李瀚章听得脑子嗡嗡响——老师你专门找我说话，就是为了夸我弟弟，难道我就不行啊？李瀚章的才情确实不如李鸿章，但胜在踏实，后来在曾国藩帐下效力，兢兢业业，一直做到了湖广总督。

李鸿章在1847年（道光二十七年）考取进士，入了翰林院，时年二十四岁。二十七岁时以优异的成绩，被授予翰林院编修一职。此时的李鸿章年轻气盛，从他写的豪迈诗句中就能看出来：**“丈夫只手把吴钩，意气高于百尺楼。一万年来谁著史，三千里外觅封侯。”**

好家伙，大有“天下公爵舍我其谁，晚清历史唯我是著”的意思。对于李鸿章的才华，曾国藩很是欣赏，但对他这过分张扬的性格又很担心。

太平天国起义的爆发，结束了李鸿章的京官生涯。当时太平军在南方势如破竹，1853年（咸丰三年）就打下了南京城并定都于此。这一年，李鸿章跟随父亲回乡办团练，时间上与曾国藩在湖南办团练是前后脚的事。

从1853年到1859年（咸丰九年），李鸿章基本就是在安徽一带同太平军周旋，时胜时败，没什么大的成绩。

1859年，李鸿章见老师曾国藩的湘军气势如虹，决定投奔老师，请大哥李瀚章帮忙递了帖子，曾国藩不置可否。李鸿章兴致勃勃地来到老师帐下，但一个多月下来，连老师的面都没见着。李鸿章着急了，觉得老师是不是不想用自己，又托人去找老师打听、说情。

曾国藩的真实想法是，李鸿章才可大用，但他一向自命不凡，用之前必先挫其锐气。但他的内心是非常喜欢李鸿章这个门生的，李鸿章很快就进入了他的核心智囊团。曾国藩**“军国要务，皆与筹商”**，李鸿章也总能给出好建议，成了老师的左右手。

1860年（咸丰十年），太平军攻破清军的江南大营，绿营军主力基本瓦解。太平军很快连克江苏、浙江数座城池，直奔杭州、上海。当时清军残余势力孤守镇江，情况危急。此时的湘军主力正在攻打安庆的关键阶段，稍有差池就会功亏一篑。更危急的是，英法联军马上就要攻入北京，朝廷让曾国藩赶紧派鲍超领兵三千北上救援。

曾国藩找李鸿章商量，李鸿章分析：朝廷应该很快会议和，建议曾国藩向朝廷请奏，是否需要自己或者胡林翼亲自北上勤王。这实际上是缓兵之计，这样既不影响攻打安庆，又向朝廷表了忠心。果然，他们很快就收到了朝廷的庭寄，说已经同英法议和了，不用来北京救援了。

1861年（咸丰十一年）9月5日，太平军坚守两年的安庆被湘军攻破。太平天国因为失去了长江上游的安庆，江浙一带就成为太平天国唯一能依靠的粮饷来源。李秀成亲率五十万大军东征，杭州、宁波这些城市纷纷被攻破，上海危在旦夕。

当时的上海，是清朝的东南经济命脉，美、英、法等列强的贸易纠葛也都在上海，如果太平军真打下了上海，列强保不齐就认太平天国不认大清了。无论从哪方面来看，上海都不容有失，当时的上海常驻官军几乎没什么战斗力，唯一有战斗力的是一支洋人领导的雇佣军，但人数太少，不过三千人。上海官绅吓得赶紧向曾国藩求援，当时唯一可以抗击太平军的只有湘军了。

李鸿章在湘军的这段时间，相当于曾国藩的首席秘书，几乎所有重要事宜，曾国藩都与之商办，主要文件也由他起草。李鸿章看到曾国荃、左宗棠不断地在战场上建功立业、加官晋爵，而自己已近不惑之年，却一直手握笔杆，心中难免不甘。

曾国藩是真心想要栽培李鸿章，他看出了李鸿章的不甘心，对他说："少荃，你不要着急，我留你在身边，是为了让你全方位地了解台前幕后的事情，以我看来，你的成就，将会远远超过我。"从后续的发展来看，曾国藩这话至少有七分真意。

1861年10月初，六名上海士绅代表来到安庆，向曾国藩求援。为首的叫钱鼎铭，他的父亲钱宝琛与曾国藩是同年进士，做过湖北巡抚。六个人一见到曾国藩，就跪地痛哭，拉都拉不起。钱鼎铭悲泣道："大人答应了我等乞求才敢起身，不然就辜负了上海士绅的重托！"

曾国藩也犯了难，一则上海太远，孤悬一方，无论怎样过去，都得突破太平军的重重防区，他心里没把握；二则不知该派谁去，刚刚结束安庆苦战，鲍超、曾国荃请假归乡，而且他二人的队伍在攻下安庆之后，屠城杀降，抢掠财物，惹得民怨沸腾。曾国藩也知道，自己这个弟弟本身也不想去上海，他的目标是要攻下太平天国的都城天京（南京），那才是天下第一功。

更重要的是，此去上海，脱离湘军大营，主帅除了要会打仗，粮饷后勤、组织管理这一套完整的事务都要玩得转才行，鲍超、曾国荃这样的将才去了都不一定顶用。曾国藩经过深思熟虑，终于向李鸿章开口："少荃，如果让你去援上海，你敢不敢？"

李鸿章心中大喜，他早有此意，只是自己开口不合适而已，老师这么一问，他很干脆地回答："有何不敢？只要老师让学生去，学生一定能肃清上海周边的贼寇，甚至将来能协同九叔肃清江苏全省！"曾国荃是曾国藩的九弟，李鸿章一直称其为九叔。

李鸿章担心曾国藩下不了决心，又补了一句："亲领一军，征战沙场，是学生多年来的夙愿，还请老师成全！"

事实证明，李鸿章把握住的这次机会，成了他的人生转折点。

虽说机会是争取到了，但真的是"奉命于危难之际"，各方面都要自己筹备。首先队伍得自己找。曾国藩告诉他，如果想有一支运用自如的队伍，一定要是自己亲自带出来的。曾国藩建议他赶紧回老家合肥募兵。安徽处于湖北和江浙之间，太平天国战争期间，安徽一直是主战场。李鸿章老家这些年也是一直打仗，没消停几天，百业凋零。但这难不倒李鸿章，牛人就牛在这儿！

他回到家乡合肥，不到三个月就像变魔术一样组建了一支6500人的队伍，500人为一营，一共13营。当他把这支队伍拉到安庆城下给曾国藩检阅时，曾国藩都震惊了——知道你行，不知道你这么行啊！这6500人就成了淮军的基础班底。

人有了，怎么去上海又是个麻烦事。走陆路明显不行，这一路上都是太平军，一是行军太慢，时间不允许；二是在路上随便打几场遭遇战，这支刚组建好的队伍就报销了。最佳方案是走水路，沿长江而下，直抵上海，但这中间一定要经过天京（南京），那可是太平天国的都城，城头的炮弹一响，有多少人都得喂鱼。

这时候就体现出李鸿章的胆大心细了，他与上海方面达成协议，租用洋人的轮船，运送淮军前往上海。他判断太平军不敢对洋人的船开火，当时太平天国希望得到洋人的支持，进而承认他们的合法地位。

李鸿章临行前，曾国藩为他饯行，把自己两个营的亲兵给了李鸿章。他知道此去凶险至极，没点儿老兵打底是不行的。同时他问李鸿章："少荃，如今的上海，英、法、美等国都有租界，你到了上海，少不得与洋人打交道。大清国势衰弱，洋人总是千方百计地算计我们，稍有失误便贻害大局，你与洋人交涉，有何主意呢？"

李鸿章从未同洋人打过交道，也没想过这个问题，便说自己同洋人打"痞子腔"。"痞子腔"就是油腔滑调、推诿拖沓的意思，当时举国上下的官员对洋人，基本都是这个态度。

曾国藩神情严肃地告诉李鸿章："以我看来，还是用一个'诚'字。**诚能动物，我想洋人亦同此人情**。圣人言，**忠信可行于蛮貊**，这断不会有错的。我大清现在无实力，你如何虚强造作，他们都看得明明白白，是不中用的。不如推诚相见，与他们平情说理，虽不能占到便宜，也不至过于吃亏。脚踏实地，蹉跌亦不至过远，想来比'痞子腔'总是靠得住的。"

这个"诚"字，李鸿章是熟悉的。两年前他刚到老师帐下，早上经常晚起，曾国藩的规矩是人到齐了才开饭，有一次李鸿章又没到，曾国藩叫人去请，李鸿章实在不想起，就说肚子痛，起不来。曾国藩知道他说假话，就说什么时候李鸿章来了，什么时候开饭。李鸿章没办法，只能硬着头皮过来吃饭。吃饭过程中，曾国藩一言不发，饭后，他对李鸿章说：“在我帐下，最重要的是一个‘诚’字，你要谨记！”从此以后，李鸿章再也不敢推诿晚起。

这两年李鸿章跟着曾国藩，对于老师说的“诚”基本领悟了。都说兵不厌诈，但在曾国藩这里，他主张“结硬寨，打呆仗”，本质上还是一个“诚”字。此次临行，老师再次以“诚”字相嘱，李鸿章心领神会。后来李鸿章之所以在洋人那里有信誉，主要也是因为他践行了这个“诚”字。

首战告捷

1861年4月初，李鸿章的淮军终于要赶赴上海了。当时大家对于坐轮船经过南京，心里还是犯嘀咕的。为了打消大家的顾虑，李鸿章身先士卒，他自己带着亲兵营第一批出发，后续队伍陆续跟上，如果太平军攻击他们，那后续队伍及时掉头。

结果证明，李鸿章的判断是没错的。在一个月内，他前后分了七次，将部队送到了上海。在敌人眼皮子底下运送一支军队，这也算是人类战争史中不大不小的奇迹了。

等李鸿章的队伍在上海登陆，上海民众大失所望——李鸿章的士兵一个个穿着土布衣服，脚踏草鞋，武器装备除了为数不多的几杆破枪，大多数人背着各式刀矛弓弩，一个个面色蜡黄、目光呆滞。在见过世面的上海人眼里，这哪是军队，分明是丐帮啊！

尤其气人的是，这时候洋人指挥的洋枪队队列整齐地朝他们走来，军服笔挺，皮鞋铮亮，人手一杆洋枪。

没有对比就没有伤害，你让上海民众如何相信这支乞丐队伍能抗击太平军？那些出钱的官绅一个个垂头丧气，估摸着银子是打水漂了。

一旦民众对你没信心，那一系列困难就接踵而至。首先是粮饷，地方巡抚担心李鸿章将来做大抢功，极不配合，淮军粮饷迟迟未发；其次是装备，李鸿章本来想找些门路更新装备，可买办同洋人们已经联络好了，不卖装备给淮军，能买到的几十杆枪还是高价购得的；最后就是根本没人看得起他们，李鸿章想接触一下洋枪队的队长，了解他们的训练情况，最好向他们借几名得力的教官过来，可人家根本就不搭理他。

一筹莫展，四顾茫然。李鸿章深感无奈，他把情况详细写信告知曾国藩，向老师请教。

曾国藩告诉他，你只需要记住一点：**练出精兵，打出胜战**。别的都是假的，有军才有权。

李鸿章明白老师的意思，他决意卧薪尝胆。

首先从军纪抓起，淮军有三条纪律：第一，**不准吸鸦片**；第二，**不准赌博**；第三，**不准扰民**。平日里训练安排得非常紧，基本没人上街闲逛。这三条纪律现在看起来没啥了不起，可在当时就太难得了，别说大清官军，就是洋枪队也做不到。

群众的眼睛是雪亮的，没过多久，这支乞丐队伍的形象就在百姓心目中逐渐提高了。但光做到这些，距离能打胜仗还差很远。李鸿章到上海之后，眼界也打开了，他认识到西方列强厉害之处就在于武器先进。恰逢英法联军和大清官军联合攻打嘉定县城，李鸿章被邀请观战。

洋人是想在李鸿章面前炫耀一下，一上来就拉出三十门大炮，对着嘉定城门轰了半个小时，城墙炸出好几个大口子，守城的太平军连对手都没见到就先倒了一大片，然后洋枪队队列整齐地开进，城里冲出来的太平军在洋枪面前，离老远就成片成片地倒下。这哪是打仗，简直是单方面屠杀！

李鸿章这时候终于明白，为什么英法联军一支小小队伍，就能轻松拿下北京城。他以前听说过洋人的枪炮厉害，但万没想到这么厉害。震惊之余，李鸿章暗下决心，一定要抓紧给自己的队伍更新装备。

回到军营，李鸿章将他的所见写信告知曾国藩。曾国藩因为没亲眼见到，所以不以为然，还提醒李鸿章，打仗首先是队伍士气，武器装备只是锦上添花，对李鸿章要不惜一切代价买装备，曾国藩并不认同。

李鸿章的头脑是清醒的，他知道世道变了，刀枪剑戟遇上洋枪洋炮，再有勇气也是白搭。李鸿章一方面在上海想尽办法买进洋枪，哪怕高价也认了；另一方面安排冯焌光到广州想办法购进更多先进装备。广州挨着香港，总有机会买到洋人的武器装备。冯焌光办事能力了得，很快就买来了两千杆枪，还买了两门先进大炮。

李鸿章紧锣密鼓地安排军队训练。他知道，上海已成孤岛，留给他的时间不多了。本来刚开始英法联军加上大清官军，依托武器优势，收复了上海周边的一些县镇。其间，上海巡抚也催促李鸿章的淮军赶紧出兵，但李鸿章知道自己的队伍不经训练就直接上阵，必败无疑。上海巡抚也看出李鸿章志向不小，想着让淮军打两场败仗就主动撤走，但不管对方怎么威逼利诱，李鸿章只管没日没夜地练兵，就是不出战。

就这样，李鸿章为自己的队伍争取了两个多月的时间，终于到了不得不出兵的时候。

当时李秀成亲率六万大军围攻上海，势在必得。而且李秀成的队伍也装备了不少洋枪洋炮，英法联军和大清官军节节败退，刚刚收复的失地又都还了回去。太平军已经打到虹桥，李鸿章手里的这支淮军成了上海民众唯一的希望。

李鸿章知道——生死之战到了。这一战，胜了，淮军的脚跟就站稳了；败了，不仅淮军不复存在，自己也很难活命。李鸿章想想自己当年“三千里外觅封侯”的壮志，决意拼死一战。

盛夏暑热，李鸿章在烈日下衣湿如雨，汗淋如泉。他走到阵前，大呼道：“将士们，到了该拼命的时候了！这是我淮军入沪以来的第一仗。这一仗，关系着我，也关系着诸位的前程！是荣是辱，是生是死，全在这一仗！是骡子是马，该拉出来遛遛了！”

李鸿章又说：“此战，我将率领亲兵营亲自上阵！”

这一下，将淮军的斗志彻底激发出来了。理论上，一军主帅没有亲自上阵的道理，战场上刀枪无眼，万一有个闪失，全军没了主心骨，仗就没法打了。李鸿章帐下的几个心腹将领坚决反对，但李鸿章心里清楚，此战非同寻常，即便全力以赴，能有几分胜算，自己也是一点把握都没有。但他知道，左宗棠以五千楚军，在江西战胜了十万太平军，就是胜在胆气。如今自己唯有身先士卒，才能激发将士们的斗志，才能多一分胜算。

这一战在虹桥、徐家汇一带打响。当时有外国记者将战况记录下来：李鸿章横刀立马，压阵三军；李秀成的太平军像洪流般冲向淮军，眼看淮军的八座营垒就要被淹没，没想到太平军连续三波冲击都被淮军顶住了。李秀成急了，亲率队伍猛攻两营，淮军两营实在抵挡不住，被攻破了，守营队伍开始溃败逃散。李鸿章知道坏了，如果不能阻止逃兵，士气会瞬间崩溃，兵败山倒之势就不可避免。李鸿章拍马当先，奔向太平军，大声喝令：“临阵撤退者，立斩！”淮军各营见大帅亲自上阵，哪有不拼命的，准备往回逃的队伍也马上掉转枪头，继续迎敌。

迎面赶来的太平军被淮军的气势给镇住了，转身就跑。战场上就是这样，胜败刹那间，势如山岳倒。六倍于淮军的太平军，大败。

我们在读历史书时，很难读到这一战，但在我看来，这一战的影响力不亚于左宗棠的乐平之战，都是生死存亡的定鼎之战。

对于李鸿章个人来说，这是他真正作为主帅打的第一场大仗。这两年在曾国藩帐下，他一直是拿笔杆子的，以文笔卓绝著称，突然上阵杀敌，请诸君细想，这不仅需要才学、担当，更需要将生死置之度外的勇气。就这一点，当时整个官场，只有左宗棠和李鸿章能做到，这就不难理解为什么曾国藩对李鸿章如此器重。

经此一战，李鸿章的军事才能突显出来，而且在接下来的战役中更是青出于蓝，屡战屡胜。有些人会有疑问：想当年李鸿章自己也搞团练、带队伍，怎么就不行？跟着曾国藩不过两年多时间，就这么能打了？难不成都是跟曾国藩学的？

还真是！

前文我们讲了，曾国藩看上去资质平平，实则大巧若拙。他总结出的“结硬寨，打呆仗”这套方法论，哪怕是不太聪明的人，只要执行到位，也能打胜仗。用现在的话来说，就是曾国藩对当时战争胜败的底层认知是很高的，这套认知被天赋异禀的李鸿章吸收后，运用起来收效就更加明显了。

可能有人会觉得这个说法有点玄乎，但如果您创过业、开过公司，哪怕是做过小买卖，都会有这个感受：有一个真正的明白人给带带路，就能少走很多弯路。当时李鸿章可是在曾国藩身边待了近三年，曾国藩是耳提面命、倾囊相授。

治军理政

李鸿章在上海站稳脚跟后，又连续打了几场胜仗，朝廷授予他江苏巡抚之职。这样一来，李鸿章以上海为根据地，施展军政就游刃有余了。朝廷这时候是有所犹豫的，曾国藩已是两江总督；左宗棠巡抚浙江，也出自湘军一脉；李鸿章更是曾国藩的得意门生，不能不防曾国藩一家独大。

但这里有一个细节：左宗棠做大之后，对曾国藩并不唯命是从，甚至不少时候是背道而驰的。恭亲王和慈禧太后反复权衡，像李鸿章这样的大才，未必会唯曾国藩是从。

曾国藩与左宗棠是否达成默契我不敢说，但曾国藩应该是看清了朝廷的顾忌，所以他觉得左宗棠与他适当地保持距离，甚至对立，不是坏事。左宗棠后来经常骂曾国藩，曾国藩从来都是一笑而过。

说回李鸿章。他依托上海殷实的财政，迅速壮大队伍，一年时间，扩军近七万，而且大都配了先进装备。论硬实力，此时的淮军已经与湘军不相上下了。

当时曾国荃围困天京，仗打得异常艰难，又遇到瘟疫，缺粮少饷，天京城墙坚如磐石，太平军拼死守护。曾国藩一度认为曾国荃要兵败天京城下，不得不向李鸿章求助。

对于曾国藩求粮求饷的请求，李鸿章是全力以赴相助，保质保量地完成；但对于派兵，李鸿章则非常谨慎。他知道曾国荃拼死打这一仗，是希望自己独揽天功，不希望淮军前来分功。其实曾国藩内心也是这么计较的，只是情况紧急，才无奈求救。当时朝廷看着湘军进兵不力，也不断催促李鸿章带兵前去助战。这时候，李鸿章的高情商就展现出来了，他倒也派兵前往天京，但行军缓慢，且时刻关注天京战况。他的想法是，除非曾国荃真的不行了，要不然他就只是观望，绝不贪此功劳。他向朝廷就汇报说哪里又有太平军了，哪里又进军受阻了。

1864年（同治三年）7月9日，天京城破，曾国荃终于靠自己拿下了太平天国的都城，曾氏兄弟获得弥天大功，但他们都明白李鸿章的良苦用心。曾国藩后来见到李鸿章，一上来就表示感激：**“愚兄弟薄面，赖子保全。”**

当时曾国藩的境遇非常微妙，虽然打了不少胜仗，但湘军自九江之战后，除了自己的亲兵营，其余各部烧杀抢掠成风，匪气愈胜。朝廷上下弹劾曾国藩的折子已经堆积如山，如果能攻下天京，还能勉强将功抵过；如果湘军打不下天京，朝廷肯定是新账旧账一起算。

这层意思曾国藩肯定不能直接说，但李鸿章完全能理解老师的处境。

这里，我花一点篇幅说一下当时各军的军纪。大清的官军就不必说了，从上到下已经腐烂入骨。其余就是曾国藩的湘军、左宗棠的楚军、李鸿章的淮军。曾国藩起兵时，他的湘军工资是大清官军的三倍。他知道大清官军的一大弊端是“薄俸制”，那点工资自己都养不活，更别提养家了。而且他早期挑选将领，都要求是读书人，这些人自我约束力相对高。因此，早期的湘军可以做到军纪严明，对百姓秋毫无犯。但随着第一批将领逐渐阵亡，因为没有根据地，他承诺的粮饷经常兑现不了，再加上队伍越来越大，尤其是像鲍超、曾国荃这样的武将带头抢掠，到了中后期，除了曾国藩身边的亲兵队伍，其他队伍已经抢掠成性了。曾国藩是非常痛恨这一点的，他一直想找机会换掉曾国荃，但没办法，形势危急。当时太平军步步紧逼，如果不抓紧时间剿灭，这场内乱还要持续多久，谁也不知道。而且太平军在安徽、江浙一带烧杀抢掠，无恶不作，比湘军是有过之而无不及。

曾国荃攻打天京时，最艰难的时候，一半将士感染瘟疫，连续十天，每天只能喝一碗稀粥。眼见队伍就要支撑不下去了，曾国荃一直鼓励大家，只要天京城破，就能升官发财。攻下天京后，曾国荃纵容士兵抢掠三天。

曾国藩赶到前线，看到的是**"残垣断壁血成河，千门万户哭声多"**。他爬上金陵城头，看到士兵们还在不断地将劫掠来的物资装船。此时虽是盛夏，曾国藩胸中升腾起的却是阵阵寒意。他找到曾国荃，第一件事就是裁军，而且让曾国荃主动辞职。他之所以如此决绝，一方面担心朝廷猜忌他拥兵自重，另一方面是只有尽快让这些当兵的回家种地，才能遏制这股抢掠之风。

李鸿章跟在曾国藩身边两年多，他是看到老师如何治军严格的，所以他的淮军刚到上海时也是作风优良，但打了几场胜仗、攻下几座城池后，随着队伍的扩大，很快就失控了。一开始，淮军还只是瓜分太平军官军的财产，到后来，对老百姓也照抢不误。

李鸿章有个心腹幕僚，叫周馥，字兰溪。这个人非常有理想、有抱负，为人刚正。他多次对李鸿章说："现在队伍越来越不像话，如此下去，跟匪寇有何异？而且曾大帅如果知道，也必追责。"

李鸿章安慰道："现在是非常时期，如果管理过严，军队攻城的积极性就会减弱，将士们之所以踊跃参战、奋勇杀敌，很大程度就是奔着城破之后捞些好处去的。而且我们的将领不像曾大帅那里，都是读书人，这些将领都是粗人，看重的是实际利益。何况即便是曾大帅的队伍，到现在也只有他眼皮底下那些兵不抢，九帅（曾国荃）的队伍，还不是靠破城抢掠激励将士？"

后来淮军上下贪腐成风，早在这时候就埋下了祸根。

那是不是真的像李鸿章所说的，不靠抢掠，军队就没有战斗力？我们可以看一下当时左宗棠治下的楚军。楚军其实也是湘军，只是左宗棠从起兵之日起，就将自己的队伍命名为楚军。左宗棠的队伍打了二十年的仗，辗转闵浙、陕甘、新疆，极少发生军队抢掠百姓的事情，而且左公的楚军绝对是当时全国的最强战力，这就说明李鸿章的说法不成立。

实事求是地讲，我们不能认为曾国藩、李鸿章不希望自己的军队严守纪律，他们是力不从心，做不到。为什么做不到？这个还真就得归结为“业务能力不强”了。左宗棠的治军思路并不复杂，首先言明军纪，赏罚分明；其次，他的队伍一般不会闲着，打仗之外，日常训练抓得很紧；再次，左宗棠无论打到哪里，都用心抓生产，士兵不打仗的时候就开荒种地，这是一举多得，既帮助百姓恢复生产，又让将士们有事干、少生是非。反观湘军和淮军，打完胜仗，就聚在一起抽烟、喝酒、赌博。

要做到左宗棠这样，主帅得满足三个要求：其一，**知兵**，自己能带兵打仗，而且要善于用兵，让下面的人服气；其二，**善政**，要善于管理一方百姓，打胜仗抢地盘容易，如何把抢来的地盘管理好，就需要大本事了；其三，**自己要有坚定的价值观**，不然很容易把持不住。

左宗棠在前两方面是天才级别的存在，他又以“今亮”自居，孔明绝对算得上道德楷模。曾国藩呢，他以“做圣人”为目标，虽不能亲自带兵打仗，但强于战略。再看李鸿章，知兵、善政他都没问题，但他没有找到像左公、曾公那样的人生目标。从这个角度来说，很多人对他们三位的成就排名是：左宗棠 > 曾国藩 > 李鸿章，我认为是没毛病的。

投身洋务

太平天国覆灭后，李鸿章被封为一等伯爵，继续督抚江苏。

当时曾国藩的湘军第一时间裁撤了。曾国藩建议李鸿章也裁军，李鸿章没同意，他认为目前朝廷危机远未解除，西北的捻军、回军乱了十几年，列强虎视眈眈，内忧外患，不可不防。

果不其然，第二年，也就是1865年（同治四年），朝廷调曾国藩到河北剿捻，曾国藩无兵可调，只能找李鸿章借兵。曾国藩忙活了一年半，效果不明显，但他的战略是正确的。捻军不像太平军，他们喜欢流动作战，不占城池，以骑兵为主，来去如风。曾国藩针对敌军的这一特点制定的战略是：通过大规模的挖沟筑墙划定防区，将防区面积逐渐细化，这样一来，捻军的优势就发挥不出来了。

但这种战略明显不能在短时间内消灭敌军，临时拼凑的这支队伍又不完全听曾国藩的话，地方官员配合度也不高，所以进展缓慢。到了1866年（同治五年）秋，朝廷着急了，命李鸿章上。李鸿章仔细研究了老师的战略，发现没毛病，于是加大了执行力度，用了将近一年时间，与左宗棠配合，终于彻底消灭了捻军。在朝廷看来，这李鸿章可以啊，比曾国藩还会带兵。

此时李鸿章虽然人在河北剿捻，但身份是湖广总督。1870年（同治九年）8月，正在带兵赶往西安的李鸿章接到上谕，让他赴任直隶总督，接替老师曾国藩的位置，原因是曾国藩处理“天津教案”，为朝廷背锅，民怨沸腾，曾国藩被调离。李鸿章这一次又捡了老师的便宜。

朝廷调李鸿章过来的时候，曾国藩已经把该解决的问题都解决了，而且刚好赶上普法战争，法国在与普鲁士的作战中节节败退，哪还有心思同大清纠结这点事情。李鸿章用二十多名死刑犯顶替要处死的市民，做了做样子，事情最后就这样解决了。

老百姓哪知国际上的那些事，只知道曾国藩处理不好的事情，李鸿章一上手就处理得明明白白。自此之后，大家都认为李鸿章擅长跟洋人打交道，你说这找谁说理去！运气来了，挡都挡不住。这世上很多事就是这样，你付出了很多，不一定有好结果；没付出太多，不一定办不成事。

李鸿章虽然在上海没少跟洋人打交道，但真正搞外交，这是第一次。李鸿章的官运整体来说不错，一个重要原因就是曾国藩甘于为这位学生铺路。

李鸿章做了直隶总督后，依托自己的名声和朝廷的器重，开始全力以赴搞洋务。他同曾国藩、胡林翼有一个共识——大清现在必须争取几十年的和平，用这几十年追赶西方的科技。这个认识成了后续李鸿章搞洋务、军事、外交的出发点，李鸿章后半辈子的成败毁誉都源于这个出发点。

李鸿章回想当年，刚刚攻克安庆时，他与老师曾国藩以及胡林翼站在长江岸边，看着江面上英国的铁甲洋轮疾驰而过，中国商人的木船被洋轮掀起的巨浪打得摇摇晃晃，胡林翼心中一急，一口鲜血喷出。当时胡林翼已经病入膏肓，看到中外差距如此之大，对国家前途实在担忧。而今自己有机会搞洋务图强，一定不能辜负老师和胡公的期望。

洋务运动是中国近代史的重要一章，时间是从第二次鸦片战争前后开始，到

1895年（光绪二十一年）甲午战争失败结束，历时三十余年。李鸿章完整地经历了这个过程，是没有争议的扛大旗之人。可以说，李鸿章对洋人的认知是当时国内第一人。

近百年来，西方列强不断地闯入中国腹地，清廷面临“数千年未有之强敌”。李鸿章自从在上海见识了西方船舰武器的厉害之处后，极力倡导并推动了以“**自强**”“**求富**”为口号的洋务运动。

后来历史学者普遍说李鸿章眼里只看到西方科技上的进步，却没看到欧美制度上的优势，这个评价是有失客观的。李鸿章承认西方列强的“**善政**”，承认西方体制上的优点，能正视大清政治体制上的弊端，曾大胆呼吁清朝统治者借鉴西方和日本的“善政”。

他欣赏日本的明治维新，提出要改善君主专制制度。日本明治维新始于1868年（同治七年），李鸿章是眼睁睁看着他们从一个落后的小国，一步步变成一个把我们打败的近代化国家的。但至于如何改善，他也只能委婉地指出：“**大抵有一官办一事，大官少，小官多，最为得法。**”

看得出，牵涉到政治制度时，李鸿章只能说得含含糊糊。但在军事、工业、教育、交通等领域，李鸿章可是一点也不含糊。

首先是军工。同他的老师一样，李鸿章最热衷于“**强兵经武**”，发展中国的军工企业。他知道军工生产离不开大把的银子，而筹措白银最便捷的办法就是“振兴商务”。西方列强之所以财源滚滚，“无非取资于煤铁五金之矿、铁路、电报信局、港口等洋税”。总结起来就是**办实业、搞贸易**。所以，中国也要效仿西方办实业、搞贸易。

1872年（同治十一年），清廷同意李鸿章通盘筹划轮船招商局。次年1月，轮船招商局在上海正式成立。这是洋务运动中由军工企业转向兼办民用企业、由官办转向官督商办的第一家企业。

1878年（光绪四年），正式成立官督商办的开平矿务局。同年，李鸿章筹办上海机器织布局，这是中国第一家纺织工厂。

1894年（光绪二十年），李鸿章让盛宣怀在旧址设立华盛纺织总厂，并扩大其规模，另在上海、宁波、镇江等地分设十厂。

李鸿章最先倡导在中国设电报。他将电报和中国传统的“六百里/八百里加紧”进行比较，认为二者“迟速悬殊”，**“电报实为防务必需之物”**。

1879年（光绪五年），李鸿章在大沽炮台和天津之间试设电报。次年，他又奏请朝廷设置天津至上海的电报，并设天津电报总局。1884年（光绪十年），天津电报总局由天津迁至上海。其间，他以招商集股的方式，架设了津京线、长江线、桂滇线、陕甘线等，国内第一代电报网络初步形成。

“要想富，先修路”，李鸿章对这个道理深信不疑，在铁路修建上花的心思也最多。1874年（同治十三年），李鸿章向朝廷**“极陈铁路利益，请先造清江至京，以便南北转输”**，清廷却以“天下无人敢主持”搁置不议。两年后，他旧话重提，并一再建言兴造铁路，却遭到不少大臣的反对。

他没有放弃，背着清廷兴修唐山至胥各庄的铁路。面对铁路的诸多便利，清廷睁一只眼闭一只眼。得到朝廷的默许，他以“运煤便商”的理由延长铁路里程，将铁路公司和开平矿务局分开经营。1891年（光绪十七年），他在山海关设立了北洋官铁路局。第二年，又动工修建关东铁路。

1874年，李鸿章开始倡导改革科举，兴学育才。他的提议刚出来，就遭到朝廷一批清议守旧派的极力驳斥。他知道让朝廷改革科举，阻力太大，他只能尽自己的努力，开办一些新式学堂。海防各省应该设立“洋学局”，课程“分为格致（自然科学）、测算、舆图、火轮、机器、兵法、炮法、化学、电气学数门”。

李鸿章对西方的教育制度非常赞赏，并于1880年（光绪六年）、1885年（光绪十一年）创办了天津水师学堂和武备学堂，又仿效西方，相继设立威海水师学堂、旅顺口鱼雷学堂、天津电报学堂和天津西医学堂。这些学校培养出来的学生与科举选拔出来的人才相比，具有明显的优势，**“文理通畅，博涉西学”**。要知道，清朝正式废除科举，是在三十年之后了。

在李鸿章投身洋务的过程中，守旧派参他的折子就没停过，说他是假洋鬼子、卖国贼。李鸿章闷头干活儿，没空搭理他们。

1868年8月，李鸿章同恩师曾国藩一起上书朝廷，要求选派“聪颖子弟”赴欧美留学。一直到曾国藩1870年去世，师徒二人向朝廷递了不下十封折子，但朝廷依然没有同意。

朝廷的守旧派，也就是清议派，他们的代表人物倭仁认为：我天朝上国，自开国以来，都是只有朝鲜、安南这些藩属国来我朝学习，从未闻我朝去他国学习，我朝的典章制度，天下四方无出其右，哪里还需要出去向洋人学习？派留学生出去，只会沾染洋人的恶习，绝对不能同意。

倭仁是同治皇帝的老师、首辅大臣，位高权重；还是文渊阁大学士，旧学功底极深。他反对外派留学生，绝不像有些人是为了反对李鸿章而反对，他是真的认为出去学不到什么好东西。他见恭亲王竟然同意李鸿章的意见，便郁结于心，一病不起。当时朝中像这样抱残守缺的大臣，一抓一大把。

慈禧太后见反对的人那么多，就一直搁置此事，后来曾国藩去世，去世前遗憾没能亲自送留学生出国学习。李鸿章感念恩师，顶住压力，再次上书，朝廷终于同意了。

慈禧太后的说法是：幼童出洋学习，是曾国藩的未了心愿，曾国藩为朝廷兢兢业业一辈子，这件事就遂了他的愿吧。太后老佛爷都发话了，清议派才强忍着没在朝堂上反对，但私下里又痛骂李鸿章是卖国贼。

朝廷虽然答应派遣留学生出国学习，但合适的人选还是个大难题。李鸿章计划就近在天津招生，但根本没人愿意将自己的小孩送出国，老百姓认为把小孩送出国，就是到蛮夷国家跟洋人学习，那不成假洋鬼子了吗？尽管当时所有出国留学的费用都由朝廷承担，家里不需要花一分钱，但依然招不到学生。负责招生的容闳在朋友的提醒下，到广东来招生。广东距离香港近，很多人家有亲戚在香港谋生，他们能理解西方国家绝非蛮夷之地。

1872年8月11日，曾国藩去世半年后，在陈兰彬、容闳的率领下，中国第一批留学生梁郭彦、詹天佑等三十人从上海启程，前往美国，开始了他们的留学生涯。从1872年至1875年，一百二十名学童分批横渡大洋，到达美国，这是我国第一次选派学童赴美留学，开创了中国选派留学生出国学习的先例。后来对中国的各个方面产生深远影响的很多人才，都是这一政策的直接受益者。

举步维艰

我这里稍微展开说了一下选派留学生的事情，是想让诸君感受一下，当时以李鸿章为首的洋务派，要办点事有多难。开厂、开矿、办新式学堂、办轮船招商局、修铁路，这其中任何一件事情，其难度都远远大于选派留学生。

从技术层面来看，洋务运动确实干了不少实事；但从结果来看，洋务运动并没有使中国真正走上富强之路。

深层原因，肯定不是李鸿章一个人的过错。纵观洋务运动的全过程，基本是以李鸿章为代表的一小部分人在夹缝中寻找机会。洋务图强，从来没成为过国策。哪怕带头人李鸿章，也只是清廷的一个职业经理人，别说决策权了，参加股东会的资格都没有。

当时李鸿章要面对朝廷里一群什么样的人呢?

1888年（光绪十四年），李鸿章奏请朝廷修津通铁路，就是天津到通州的这段铁路。这一段路途的货运、客运需求都很大，折子递到朝廷，清议派就炸锅了，有的说会动了龙脉，有的说修铁路难免要迁坟迁宅，冲撞了祖宗，反正就是些现在听上去荒唐至极的说法，但当时军机处那帮最有权势的大臣内心真是这么想的，这事就一直没有进展。

当时慈禧太后正在修颐和园，李鸿章就奏请慈禧太后，希望为太后在园子里装上一段火轮车，这样坐上火轮车逛园子，不累。慈禧太后倒是愿意尝试这些新鲜事物。李鸿章跟醇亲王商量好了，等慈禧太后坐上火轮车，高兴的时候再提修津通铁路的事儿，没准老佛爷一高兴就准了。

慈禧太后挑了个天气不错的日子，来颐和园体验火轮车，醇亲王早就安排妥当，一共六节车厢，慈禧太后坐第一节，随行人员也都坐上去。火车一开动，慈禧太后很是惊讶——这么大个车，没看到马拉人推，但速度又快，行驶又稳。慈禧太后一脸笑意，醇亲王见时机成熟，正准备开口，慈禧太后说，就是前面这个呜呜声太大，不舒服，冒着黑烟也不好。

法国工程师解释说，这是火车头的声音，黑烟是燃料燃烧产生的。慈禧太后说，那就不要火车头了。法国工程师蒙圈了，说没有火车头带动，车厢走不了。慈禧太后说，怎么动不了，用奴才们拉着走就行了，人少了拉不动，多派些人还拉不动吗?

见慈禧太后不高兴了，醇亲王赶紧示意法国工程师不要解释了。修铁路的事儿，醇亲王也不敢再提了。

李鸿章要搞洋务，面对的就是这么个局面，想推动一件事情，都得这么谨小慎微地谋划，还不一定能成。

都说敌人才是把你研究得最透的人。

据说在1886年（光绪十二年），伊藤博文在向日本天皇解释为什么“长崎事件”要对中国服软时，说过这样一段话：“我国不宜对中国强硬，此时对中国强硬，对其有利，而对日本有害，而且将直接影响陛下的自强大业。以我对中国的了解，中国君臣依然抱着‘天朝上国’的陈旧观念，真正能放眼看世界的并无几人。虽然早在四十多年前林则徐就提议向西洋国家学习，但至今大多数人与四十年前的思想并无多大变化。所以，在中国一直有一个有趣的现象，他们挨一次打，就振作一下，但稍微和平，便又不思进取。我曾经比喻，中国就像一只没睡够的狮子，用针扎一下，它会翻一下眼皮，但很快又会闭上眼睛。二十多年前，英法两国打进中国都城，火烧圆明园，中国受此刺激，开始设立总理衙门，推行洋务，办了一些兵工厂，仿造洋枪洋炮。八年前，俄国人占据伊犁不还，中国又一次割地赔款，这才办成了电报。三年前，中国因为越南问题与法国开战，结果福建水师全军覆没，他们这才下决心大办水师。陛下请想，如果我们此时强硬，让中国人再次感到危机，是不是催其速强？若果真如此，我们要想赶超中国，将需要更长时间。最明智的办法，应该是再给中国数年平静。我敢断定，中国便会有人站出来阻止试图振作的努力，像李鸿章这些谋国者将受到更多掣肘，中国又会舒舒服服地睡着。”

远在日本的伊藤博文，竟能把大清朝廷看得如此清楚。

甲午一战，北洋水师（也称北洋舰队、北洋海军）全军覆灭，象征中国三十余年来的洋务图强运动的破产。回过头来看，这场战争对清朝的影响极其深远，从此开始，列强见大清过于软弱，便找各种理由索求在华利益，割地、赔款就像一日三餐一样。

我一直有个疑问：甲午一战，为什么当时号称“全球第八、亚洲第一”的大清海军同小小的日本一战，就全军覆没呢？等我查阅了更多的史料，尤其是看了当时陆军的表现，多次愤然掩卷。看接下来的文字，诸君最好不要拿着茶杯，我已经摔了五个了。

先看一下当时朝廷上下和北洋水师的真实情况。慈禧太后虽然掌握着一个四万万人口大国的实权，但那几年心里惦记的就两件事——自己的六十大寿庆典和大修颐和园。

老佛爷要将自己的六十大寿庆典办得空前绝后，认为只有这样才对得起自己这些年的“辛苦付出”。有资料统计，为了给老太后庆寿，清廷前后花费近1000

万两银子。为大清“操劳”了一辈子，自己修个舒服的园子养老，不过分吧？这一修，前前后后差不多又是1000万两银子。而经历了镇压太平天国、对外战争、割地赔款，大清国库早已空虚。

李鸿章作为一个汉臣，手握实权，朝廷上下多少双眼睛盯着他挑错找碴儿，尤其是那些满臣，没几个不想扳倒他的，甚至都盼着李鸿章打败仗，好有理由收拾他。

对于这些，李鸿章心知肚明。北洋水师在最初订购的那批军舰到岗后，是名副其实的亚洲第一舰队。李鸿章为了延续这个优势，一方面加紧在国内筹集军费，另一方面同英国人谈好了，要购买他们最新的快速巡洋舰。

当时主管户部的是翁同龢，他是光绪帝的老师。光绪正准备大婚，也要花一大笔银子，翁同龢向朝廷建议，北洋水师的军费停拨两年，他还强调现在北洋海军已经足够称霸亚洲，投入更多的钱意义不大。李鸿章没得到朝廷的支持，这艘巡洋舰最后被日本买走了，取名“吉野号”。最后，也正是这艘战舰在战场上起了决定性作用。

不光军舰买不成，当时北洋水师申请经费购买炮弹，也是迟迟没有回音。那段时期，西方的武器装备更新很快，已经有威力巨大的开花弹了。而北洋舰队只装备了大量的实心弹——可以理解为“冷兵器时代的石头”，只能带来物理伤害，击中船体后顶多就是砸坏点东西，不会爆炸。

这里有个细节对比，我实在忍不住要讲一下。当时李鸿章不是没筹到钱，一艘顶配军舰大约要150万两银子，李鸿章筹到了，但被太后老佛爷拿去修园子了。而且朝廷也不是真的拿不出买军舰的钱，老太后一天的开支就要4万两银子，不到一个月的伙食费就够买一艘先进军舰了！

而日本自明治维新开始，全面向西方学习，从技术到制度，日本天皇带头，励精图治。日本有了向外扩张的意图，看看自己的弹丸之地，再看看对面大而孱弱的大清，哈喇子流了一地。改革伊始，日本就把侵略大清当作战略目标。

最开始，大清的洋务运动看上去效果不错，北洋海军发展迅速；日本国力有限，发展慢，不敢轻举妄动。日本高层着急了，觉得再不加快进度，时间越长，越赶不上中国。

1888年，日本政府邀请北洋海军到日本访问，大清朝廷觉得这是扬我国威的好机会，欣然应允。

日本是全国上下积极准备这次大清的来访：报纸上铺天盖地地宣传，大清海军多么厉害，日本官方对待中国使臣的接待礼节也是极尽热情，甚至夸张到日本有报纸说中国海军已经不是“亚洲第一”，而是“全球第一”了。大清使团代表丁汝昌回来向李鸿章报告说，日本人过于热情了。

事出反常必有妖。日本高层之所以这样做，目的是麻痹大清，让大清依旧沉醉于“天朝上国”的梦幻中，放松对日本的警惕。更重要的是，要通过夸大差距，激发日本民众的斗志。日本一送走大清舰队，日本官方就放出话来，说天皇看到我们同大清差距如此之大，为了省钱买军舰，天皇陛下决定从今天起不吃精粮了，只吃粗粮果腹，什么时候买上军舰，什么时候再吃精粮。明治皇后将自己的首饰都捐出来了，要为国家发展尽一份力。天皇在日本民众心中是至高无上的，这样一来，日本民众的凝聚力空前高涨，上下一心要为国效力，支持海军发展。一天所挣工钱只有20钱的日本劳工，居然将自己日收入的一半拿出来支持国家；连小孩子都将压岁钱用布包好，捐出来。

在此期间，欧洲几大造船厂都能看到日本官员的身影。这些矮个子们身穿燕尾服、头戴大礼帽，到处鞠躬，拼命打听哪里有适合日本的舰船出售。后来日本人写的回忆录称，欧洲人见他们的样子可笑，常常讥讽，他们只能“泪流满面，但马上露出笑容继续询问”。

北洋水师最强的两艘军舰是**定远号**和**镇远号**。日本主战派向天皇进言，建议在中小学推广一个游戏，游戏的名称就叫“打败定远”。天皇觉得这是个好主意，马上推行。

为了提前做好战争准备，日本派到大清的间谍有好几百人，上海设有日本间谍的培训班。这些间谍常年生活在中国，深入中国的方方面面，通过收买、贿赂，从大清官员那里得到了大量的一手资料。他们伪装成旅行者，对中国各地进行高精度的地理测绘。一个叫石川伍一的间谍头目，用十年时间编写了一本《中国通商综览》，里面详细记录了中国各省的地形地貌、水文条件、人口分布、军营位置、粮秣运输等情况，一共2000多页，所有信息都汇集到日本高层那里。

从1888年到1894年开战前夕，日本勒紧裤腰带发展军事，而北洋海军几乎停滞不前。到1894年，日本海军在军舰数量、速度、弹药装备上，已经全面超过大清。日本舰队都装备了最先进的速射炮，北洋舰队一分钟只能发射33发炮弹，而日本联合舰队每分钟可以发射193发炮弹。

1887年（光绪十三年），一个叫小川有次的日本将军向天皇提交了一份《征讨清国策》，我们来看其中一小段："若维护我帝国独立，伸张国威，进而巍屹于万国，保持安宁，则不可不分割清国，使之成为数个小邦国。清国优柔，显然不能一举成为强国，但只要努力不懈，理应达到此境界，以当前形势看，二十年后可能完备。趁清国还幼稚，我们应断其四肢，伤其身体，使之不能动弹，我国才能保住安宁，亚洲大势才能为我掌握，由我国维持。"这个小川有次多次深入中国，从事间谍活动，他提出用五年时间筹备对华战争，天皇当即同意。

到1894年开战前夕，天皇还有所顾虑，便召见首相伊藤博文问："清国毕竟是东方大国，人口有四万万之众，国土面积则有我国十几倍，而且他们的洋务运动成效可观。现在与中国开战，是否为时尚早？"

伊藤博文早就准备好应答了："国大不一定国强，就如同肥胖不等于强壮。清国与我国之战，犹如大力士与柔术手格斗。清国拥有四万万人口，力量胜于我国，但柔术高手可以四两拨千斤，轻松击倒大力士。"

他又着重分析了两点，以坚定天皇的宣战决心。

第一，只要天皇发布命令，日本可举国同心，共图国计。而大清永远做不到，皇帝和太后两条心，清流和洋务两条心，海军还分南洋、北洋，大清看似强大，实则一盘散沙。

第二，日本军队将士忠勇，武士道精神融入军魂，近年来又以西法练兵，个个敢死善战。而大清官军早已腐败堕落，平日里把抽烟、喝酒、赌博当主业。统帅一门心思捞钱，士兵毫无斗志。从可靠情报来看，北洋的淮军近年来也是任人唯亲，贿赂成风，士气低落。总之，大清军队就像一群羊，虽然数量多，但只要看到狼，哪怕只有一只狼，也会集体发抖，而日本官军个个都是凶猛的狼。

伊藤博文与李鸿章经常有书信往来，表面上对中国说要邦邻友好、合作发展、共同抵御西方，实际上是坚定的对华主战派。

说实话，我在看到他的这些分析时，后背发凉。

毫不夸张地说，到甲午战争前，日本高层对中国的认识，要远远高于大清朝廷对本国的认知。大战在即，对方是知己知彼，大清朝廷是既不知己，也不知彼。

中日两国的情况，日本人摸得清清楚楚，中国人就都蒙在鼓里吗？当然不是，李鸿章对当时两国形势的认识是相当清醒的。当时驻日公使就是他的儿子，他时刻关注着日本的动向，也知道日本近些年发展迅速，大力发展工业。他也将情况一一奏请朝廷，但没用啊，清议派一致认为，这是李鸿章在夸大日本，好为自己建北洋、搞洋务争取军费。李鸿章越是着急，朝廷上下对他的阻力就越大。

终于，日本找到了开战的机会。

甲午战争

1894年正月，朝鲜东学党发动叛乱，朝鲜官军不敌，向中国求援。因为朝鲜是中国的藩属国，每次有啥处理不了的事，都是向中国求援，中国也都很快帮他处理了。当时中国派了三千兵力过去，朝鲜叛乱者很快同政府和解，回家种地去了。日本觉得这是一个机会，便抓紧时间派兵入朝，他们的说法是：日本有很多商人在朝鲜做生意，得保护他们。朝鲜叛乱很快就结束了，中国同日本商量一起撤兵，但日本不但不撤兵，还继续增兵，一直增兵到近三万人。

日本从派兵那天起，就是为了开战来的。中国各种约谈、召会，他们根本没往心里去。李鸿章最开始没想到日本会派兵，后面没想到日本一心求战，所以迟迟未增兵朝鲜。当时驻朝的负责人是袁世凯，李鸿章还发电报给袁世凯，说让他放心，日本不会主动开战的。此时清廷的密电早就被日本破译了，李鸿章的心思，被日本人拿捏得死死的。

等李鸿章反应过来，开始运兵入朝时，日本的海陆军事调度已经完成。当大清的运兵船到达丰岛海域，日本舰队早就埋伏在那里，突然向清军开炮，北洋舰队仓促应战，敌我实力悬殊，上千士兵和大量物资沉入海底，这就是丰岛海战，日本不宣而战。

就在同一时间，日本陆军向大清在牙山的三千士兵发起进攻。大清在牙山领兵的叫叶志超，也是淮军的老班底成员了，但这会儿早没了当年的斗志，没做什么抵抗就跑了。他还顺手给朝廷发了一封捷报，说歼敌五千。

当时日本计划分两路进攻，一路从海上来，一路从朝鲜过鸭绿江走陆路。海上这条路要走通，就必须先打败北洋海军，掌握制海权。

1894年9月17日上午，日本舰队全部出动，直奔刚执行完运兵任务的北洋舰队而来。黄海海面上，两军主力全部到场，日本十二艘战舰，北洋十艘战舰。战斗是中午十二点五十分正式开打的，一直到下午五点半结束，历时五个多小时，北洋水师损失致远、经远、超勇、扬威、广甲五艘军舰；日本有松岛、吉野、比睿、赤城、西京丸五舰受重伤，一舰没沉。

最开始的一个小时，双方不分胜负，虽然北洋舰队的武器装备落后于日本舰队，但将士们全力以赴，日本也没占到太多便宜。

但随着时间的推移，北洋舰队的两个主要劣势凸显出来，一是速度慢，二是炮弹差。尤其是这个“炮弹差”，太致命了！北洋将士抱着必死决心，敢打敢拼，日本的军舰其实没少被击中，但无非就是被实心弹砸出个窟窿。吉野号的船舱就被一颗重三百公斤的炮弹击中，可惜实心弹无法爆炸，要不然吉野号肯定沉没。

炮弹打尽的致远号，本来可以离开战场，舰长邓世昌下令，开足马力撞向吉野号，与敌人同归于尽，结果致远号不幸被鱼雷击中，全舰将士悲壮殉国。

有一说一，这场海战，中国虽然输了，但在装备落后一整代的情况下还能打成这样，不丢人！如果陆战的将帅都能抱着海战将士这般必死的决心，日本要取胜是很难的。

关于甲午一战，我们印象比较深的是海战，其实陆战比海战重要。我们是防守方，如果能在陆地上打败日本，哪怕形成僵局，时间一长，日本也必败。当时日本国内经济已经到了崩溃的边缘，日本只有速胜这一条路，反之就是万劫不复。

陆战第一站在平壤打响。当时清军有近一万兵力、四个统领。日军将近两万人，分四路围攻平壤。平壤城墙厚，城内粮草尚能支撑。日军当时虽然人数占优势，但他们是长途跋涉过来，只带了五天的干粮。朝鲜老百姓都痛恨日军，一路上日军得不到任何补给，赶到平壤城下，日军已经疲惫不堪。

这时候从牙山逃过来的叶志超，因为虚报军功，竟然被升为统帅。他看到日军围攻平壤，第一反应是跑。四个将领中，只有左宝贵一人坚持要战，他认为我军依靠城池，以逸待劳，没有不战而逃的道理。

战争开打，左宝贵身先士卒，带领士兵全力阻击日军，不幸中弹殉国。清军同日军激战，从早上四点打到下午一点，日军没什么进展。日军当时已经濒临崩溃，他们没有吃的，劳师作战，如果清军再坚守哪怕一天，日军都会不战自溃。左宝贵殉国后，叶志超再次提出撤退，其他将领随声附和。当天夜里，他们开跑，结果撤退的意图被日军识破，日军在途中设伏，清军死伤大半。

很窝囊是吧？这已经是甲午战争中日本打得最艰难的陆战了，最起码还激战了大半天。自此之后，无论是淮军还是官军，同日军在陆地上交战，不管占有多大优势，面对日军，将帅第一时间就跑路，日军几乎没遇到像样的抵抗，连日本人自己都没想到事情能进展得如此顺利。开战之初，他们为了让天皇放心，本来是制定了三套方案的：大胜怎么办，僵持怎么处理，输了怎么收场。回头一看，完全是多虑了。

尤其是旅顺之战，当时清军修筑的堡垒工事是相当强的，而且占据地理优势。当时德国人也说，就这地方，只需三千人坚守，哪怕十万大军也拿不下来。日军也知道他们在这里必会苦战，没想到打到跟前，除了零星的几声炮响，清军主力早就跑路了，堡垒里的武器弹药还码得整整齐齐的！

驻守旅顺的主帅叫龚照玙，这厮听说日军打过来，提前两天就打包行李，跑回了天津。李鸿章得知后勃然大怒，让他赶紧回去督战，明确告诉他“离旅顺一步即汝死所”。龚照玙不情不愿地赶回旅顺，但等他赶到时，他手下的官吏、亲兵早就把公署财物瓜分一空。最可恶的是，旱雷营队长张启林为了窃走电箱，竟把控制水雷、旱雷的电线割断，使旅顺口布下的水雷、旱雷全部失去作用。

龚照玙到达旅顺的第二天，日军轻松拿下旅顺。一名英国记者把他的亲眼所见写了下来，西方报纸争相报道。此时，西方国家才开始接受“大清会战败”的判断。

这一路，很多要塞、城池的守军将领都是李鸿章的淮军旧部。战败的消息不断地送到李鸿章案前，他知道大势已去，如果不赶紧议和，天津难保，北京危急。

甲午战争，中国惨败，李鸿章几乎是预见到了的。开战前，他在给光绪皇帝的折子里详细分析了北洋海军与日本海军的差距，对双方具体每条船舰的性能都做了一一描述，一再强调如今的海战本质上就是拼装备，装备落后整整一代，这仗其实没法打。

但李鸿章没有决定权，日本逼着打，清廷也要打，李鸿章只能硬着头皮打。战争的最后结果，同李鸿章在折子里分析的情况大差不差。

甲午战败，北洋水师覆灭，宣告了李鸿章军事生涯的结束，也宣告了洋务运动的破产，更宣告了清朝的一次自强尝试的破灭。

背锅，背锅

当时有人称甲午一战，实际是李鸿章以一人之力对抗一国。这种说法听上去有点夸张，但从那几年清廷核心决策层的状态来说，从清廷高层对李鸿章的态度、对甲午战争的认识来说，也算有些道理。

甲午战败，李鸿章作为第一责任人，朝廷本来一上来就处理了他，摘了顶戴，撤了爵位，也没打算让他去参加谈判。朝廷派户部侍郎张荫桓、湖南巡抚邵友濂全权负责，赴日求和。

张荫桓是户部侍郎，还是总理衙门大臣，本身外交和财政都是他的事，他也在国外待过，和洋人经常打交道。邵友濂是外交家，多次参与外交谈判，有一定的外交经验。

清廷认为，这阵容已经很豪华了，没想到日本人说级别不够，日本谈判代表伊藤博文说，最好是李鸿章来，恭亲王来也行。这种割地赔款的条约，谁去签谁就会成为背锅侠，这口大锅朝廷当然不会让一个亲王去背，日本的进攻依然在继续，慈禧太后着急得很，招呼李鸿章赶紧上。

李鸿章在这一点上随他的老师曾国藩，毫不推诿，临危受命，赴日谈判。事实上，从谈判的过程和结果来看，李鸿章并没有因为自己是战败方而躺平，他竭尽全力地维护清廷的利益，秉承“**但能争回一分，即少一分之害**”的原则，凭借外交努力，为清廷挽回了一些损失。

客观来讲，这样做是明智的。虽然割地赔款无法改变，但少赔就是赢，该努力还得努力。

在最开始谈判会议上，日本代表提出的停战条件非常苛刻，比如“日本国军队须占领大沽、天津、山海关以及该处城堡，在上述各处的中国军队须将一切武器、军需品交给日本军队”。

日方之所以提出如此苛刻的条件，是因为当时日军正在进攻澎湖和台湾列岛，而且志在必得，并不愿意停战。

李鸿章问：“再无其他条件可以代替？”

伊藤博文说：“阁下如不能接受此条件，只有继续交战，此外别无他策。”

实际上就是赤裸裸的武力威胁。这要是换成其他大臣，很可能只能同意了，李鸿章则明确表示，不可能，绝对不可能！他对伊藤博文说："如果你们固执己见，中国百姓将永远不忘复仇，即使和平恢复之后，中国人对你们日本的痛恶之感，也将世世代代刻在脑子里，迟早我们得报复回来！"

伊藤博文见李鸿章如此硬气，再一想，要是四亿中国人天天惦记着复仇，小小的日本国哪里扛得住？只能缓和下来，再找折中方案。

最后促使日本作出让步的是一次意外的刺杀事件。在双方第三次谈判结束、李鸿章返回住处的途中，一个刺客开枪打中了李鸿章的脸颊，子弹就留在了左眼下方。伊藤博文也吓坏了，赶紧过来当面赔礼道歉，希望能赶快医治，但李鸿章只做了简单包扎，拒绝取出子弹。

李鸿章就这样同日本人继续谈判，同时他利用舆论，让西方国家给日本施压。最终，日本在原来的要求上作出了让步。

谈判虽然是李鸿章谈的，但真正拍板的可不是他，谈判的进展与细节，他都要及时上奏朝廷，最后朝廷觉得这个条件已经很不错了，才让李鸿章签字。这个字一签下去，李鸿章卖国贼的骂名就坐实了。

《马关条约》使大清割让了台湾岛，赔偿白银2亿两，放弃了对朝鲜藩属国的权力。《马关条约》带来了长久的遗祸，在它签订四十多年后，日本再次发动侵华战争，依旧是甲午一战的红利惯性。

相对于赔偿白银2亿两，北洋水师每年200万两白银的军费是真不该省啊！不该省的省了，不该花的就会成倍地花。

如果说甲午之战，李鸿章作为第一责任人，签订《马关条约》这口锅让他背，倒也没毛病，但签下《辛丑条约》这口更大的锅，无论如何都与他没关系了。自从1895年李鸿章被贬到两广之后，朝中基本上就没了李鸿章的影子，由着慈禧太后任命的四个王爷瞎折腾，这四位爷充分发挥了"干啥啥不行，贪腐享乐第一名"的优良传统。

此时的慈禧太后已是一个思想极为保守的老妇人，但与这几个王爷相比，慈禧太后已经算是高屋建瓴了。王爷们迷信义和团有神功，刀枪不入，能帮助大清赶走洋人。为了说服慈禧太后，他们伪造信件，说洋人这次无论如何都要把老太后赶下台。慈禧太后鬼迷心窍，竟然信了，义无反顾地向十一国同时宣战。

义和团全是装神弄鬼那一套，一会儿请来太上老君，一会儿请来玉皇大帝。

关键是，这套东西，那些王爷贵胄们竟然相信。辅国公载澜说服慈禧太后，把义和团请进了北京城。这些人进了京城一看，好家伙，这也太繁华了！这么些个好东西，我得得着啊！烧杀抢掠先来一遍！八国联军还没来，北京城就先乱套了。

当时不仅普通的富商、百姓遭殃，就连拥护义和团进北京的大学士徐桐家也被洗劫一空，他本人还被义和团拖出来公审。他都八十多岁了，还向那些十几岁的孩子跪地求饶，才被留下性命。

洋人在北京城使馆区被围得严严实实，清廷已经向十一国宣战，洋人可以名正言顺地进军北京了。所谓的八国联军，最开始在天津集结的也就两千人出头，洋人也觉得要打北京，还是得做足准备。

从1900年（光绪二十六年）5月一直凑到当年8月，他们也就凑了将将两万人，八国联军当时想的是这一战怎么也得打上两年，后续部队还在不断集结中。当年8月13日，这两万人在北京城下集合，8月17日就占领了北京。他们也是万万没想到，这可是大清国的首都啊，也太不禁打了！他们一度怀疑是不是大清还没做好准备就宣战了。

慈禧太后第一时间就往西边跑了，一把鼻涕一把泪地跟身边人讲，我就知道不能和洋人打，都是他们这些人误导我啊！这锅甩得是明明白白。

光会甩锅没用，洋人很快开了一份名单，要和谈，这份名单上的人该处死的处死，该发配的发配，该革职的革职。那些支持宣战的大臣，肯定在死刑那一栏。慈禧太后这会儿是真的慌了，割地赔款这些事儿她倒不在乎，唯一想的就是能不能保住自己的性命。

眼下谁还有这个能力去跟洋人谈呢？思来想去，除了被自己贬到广东的李鸿章，再无第二个人能当此任。慈禧太后给李鸿章下急诏，命他抓紧时间进京和谈。

这一年，李鸿章已是七十七岁高龄，他要借故不来，也完全说得过去。他的幕僚们极力劝说他不要去背这个锅，有的甚至劝他干脆揭竿而起、雄踞两广。李鸿章最终还是决定受命北上。

列强开出天价赔偿——白银10亿两！李鸿章依托他对各国心理的认识，各个击破，从中周旋，艰难力争，谈判持续了好几个月。到条约正式签订前，李鸿章病重到几乎失明、夜不能寐。最后赔款锁定在白银4.5亿两，相当于当时国人每人赔一两，这对于本就穷困交加的大清国来说，伤害性和侮辱性都拉满了。

1901年（光绪二十七年）9月7日，《辛丑条约》正式签订。在签订时，与李鸿章一起的庆亲王终于硬气了一把，对年迈的李鸿章说：“这个字，我先签吧。”李鸿章摔摔手说：“天下最难写的就是自己的名字，你以后的路还很长，没必要把自己搭进去。这个卖国条约，还是我来签吧。”

1901年11月，李鸿章病逝。去世前，他给慈禧太后的最后一封奏折只有八个字：**“外修和好，内图富强。”**这八个字，也是李鸿章励精图治搞洋务、力图富国强国、避战求稳、以夷制夷思想的总结。

裱糊匠

李鸿章去世两个月后，流亡海外的梁启超写就了《李鸿章传》。书中，他对李鸿章有这样三句评价：**“吾敬李鸿章之才，吾惜李鸿章之识，吾悲李鸿章之遇。”**

梁启超和李鸿章在政治上是死对头，他在书中直言，**“著者与彼，于政治上为公敌，其私交亦泛泛不深”**。当时梁启超因为戊戌变法失败，流亡日本。李鸿章去世时，梁启超在日本横滨办《清议报》，极力鼓吹“斥后保皇”，为改良活动摇旗呐喊。

但他在写《李鸿章传》时，还是力求客观。开篇第一句就是**“天下惟庸人无咎无誉”**，又说**“故誉满天下，未必不为乡愿；谤满天下，未必不为伟人”**。意思是：天底下只有平庸无为的人，既不会被骂，也不会得到赞誉。誉满天下的人未必就不是伪君子，谤满天下的人未必就不是伟人。

李鸿章如果在甲午战争之前去世，他就是中兴名臣的典范；甲午一战，让他背负了“丧权辱国的始作俑者”的骂名。近些年，大家对李鸿章的很多评价难免苛责了。我查阅了很多资料，也看了很多版本的《李鸿章传》，认为李鸿章真正难辞其咎的有三点。

其一：任人唯亲，对下约束不严。这是李鸿章后期用人上的最大问题。甲午战争之所以败得那么彻底，实力悬殊是一方面，淮军将领的不战而逃至少要占一半以上的责任。而这些人都是李鸿章调遣任命的，对他们多年来的贪腐恶习，李鸿章也是睁一只眼闭一只眼。

其二：私欲太重。李鸿章在清廉这方面远远比不上曾国藩和左宗棠，他在给朝廷办事的同时，自己也没少捞。当年老百姓就口口相传**“宰相合肥天下瘦”**。有李鸿章带头，淮军将领个个以权谋私、家财万贯。李鸿章后来总结甲午之败时，对他的儿子说，淮军将士如此怯战，一个重要原因就是都富有了、惜命了。

其三：李鸿章作为以兵事起家的重臣，竟然始终没明白左宗棠那句“自古谈边防者，不外战、守、和三事，要必能守而后能战，能战而后能和”。有人评价李鸿章**“内战内行，外战外行”**，他得认。甲午节节败退时，幕僚周馥就对李鸿章说：“夫战，勇气也。中堂一味避战，对前线将士士气影响太大，想想左文襄，绝口不谈议和事，跟着他打仗，绵羊也能成猎狗。中堂应该学学左文襄。”李鸿章直截了当地回答：“我学不来。”

至于说他卖国，甚至说他通日，见识就跟当年朝廷那些清议派没什么区别。李鸿章在签订《马关条约》后，发誓再也不踏上日本国土半步。1896年（光绪二十二年），他出使西方各国，轮船要在日本换乘，所有乘客都得先下船，李鸿章坚决不下。工作人员想办法在两条船中间搭了一块板子，七十多岁的李鸿章硬是从摇摇晃晃的板子上走了过去。

甲午战败后，他对儿子说，一定要记住今天的耻辱，日本欺我大清如此，日后一定要奋发图强，一雪前耻。

历史是有很多维度的，站在晚清当时，李鸿章相较于曾国藩、左宗棠，经历的事要更多，所以在当时，他的影响力最大。但随着时间的推移，曾国藩的处世方式越发被大家认可、学习，左宗棠收复新疆的不世之功被更多人认识到，苛责李鸿章的声音就越来越多。但我们换位思考一下，将自己置于他那个时代背景和位置上，我们能否做到李鸿章那样?

李鸿章晚年给自己有一个十六字的总结：**少年科举，壮年戎马，中年封疆，晚年洋务**。甲午战败后，他在与亲信幕僚交流时，吐露过心声。他回顾一生，认为自己就是一个**“裱糊匠”**，总想把处处都裱糊得好一些，结果处处漏风。

李鸿章对周馥说过这样一段话，我反复读了多遍：“兰溪，要成大事，结交人就不能以一己好恶取舍，事关大业存亡的人物，必须好好巴结。比如六王爷和七王爷，他们性情差别很大，我不能因为欣赏六王爷就不与七王爷交往，他们掌握着中枢大权，我不与他们交往，岂不是自寻死路？那些个风流名士，可以对看不惯的人连正眼也不瞧，还美其名曰‘名士风流’，还可自诩为‘一身傲骨’。李太白让杨国忠磨墨、高力士脱鞋，多少文人墨客津津乐道，当年我也是无比向往。可如今就是有机会让杨国忠磨墨、高力士脱鞋，我也绝对不会如此行事，而是趁机与他们交好。为什么？为了他们能支持我的北洋大业！李白是名士，是纯正的诗人，他可以蔑视权贵；我们这些俗人，要想办点实事，就得把你的傲骨收一收，把什么风流、风骨抛到一边。”

年少不懂李鸿章，如今方知真中堂。这个“裱糊匠”，哪里那么好当！

在读史料时，我时常在想，那些清议派是否就真的一无是处？可能也不尽然。他们坚守的是中华几千年来的传统，只是在那个节点上，不太管用。

细想一下，从工业革命开始主导世界的西方国家，他们从黑暗的中世纪走过来，从他们开始“懂事”起，这就是一个弱肉强食的世界，中华讲究的“仁义礼智信”，可能在他们看来就是个笑话。

我辈站在21世纪的今天，再看世界局势，从一战、二战到现在，这个世界一直是“乱哄哄一片，你方乱罢我登场”。我们当深思，中国的“仁义礼智信”，是有大智慧的，只是目前世界的主流思潮依然不是这个，中国还处于爬坡阶段。

其实这个世界不见得就一定要遵循丛林法则，各有各的角色扮演，不见得、也不应该就一定要有个“大家长”。再过百年，如果这个世界能迈入一个新秩序，中华文明的智慧将熠熠生辉，其影响力也将为世人所见。

当然，这一切都得建立在中国日益强大的基础上，**弱者的声音没人听得见**。我辈读史，不在于评论是非功过，而在于**悟其精华、去其糟粕、发扬践行**。

参考文献

[1] 梁启超. 李鸿章传[M]. 北京：商务印书馆，2015.

[2] 萧一山. 曾国藩传[M]. 北京：东方出版社，2009.

[3] 曾国藩全集[M]. 长沙：岳麓书社，2018.

[4] 唐德刚. 从晚清到民国[M]. 北京：中国文史出版社，2019.

[5] 唐德刚. 从甲午到抗战[M]. 北京：台海出版社，2019.

[6] 费孝通. 乡土中国[M]. 长沙：湖南人民出版社，2025.

[7] 王燕. 李鸿章传[M]. 北京：北京联合出版公司，2013.

[8] 熊志勇. 中国近现代外交史[M]. 北京：世界知识出版社，2005.

[9] 李华川. 晚清一个外交官的文化历程[M]. 北京：北京大学出版社，2004.

[10] 刘彬. 李鸿章外交思想评析[J]. 北方论丛，2000，3（1）：12-16.

[11] 史滇生. 甲午战争与中国海军近代化[J]. 军事历史研究，1994，2（1）：126-134.

[12] 孙克. 论李鸿章的外交思想与活动[D]. 武汉：华中师范大学，2007.

[13] 范宇亮. 中日甲午战争失败原因新探[D]. 延边：延边大学，2016.

张之洞

（1837—1909）

官场达人 挑战不可能

虽然张之洞与曾国藩、左宗棠、李鸿章合称为“晚清四大中兴名臣”，但对于张之洞的印象，大家明显要浅得多。随着近年来大家对晚清历史了解得更多更深入，尤其是当我们聚焦于晚清民族工业的发展，我们会发现，张之洞的历史功绩显然是被低估了。

当时《申报》评价张之洞：**“固卓乎近数十年汉大臣中不可多得之人才，抑亦光绪朝三十四年有数之人物也。”**

《新闻报》的评价更高：**“若与历代贤臣相比，张之洞不愧为诤臣、能臣、良臣。”**

孙中山先生评价：**“张之洞是不言革命之大革命家。”**

毛主席说：**“提起中国民族工业、重工业，不能忘记张之洞。”**

一度与张之洞交往甚密的梁启超认为，张之洞之才，不输王安石、张居正。他说：**“虽位不逮二人，而才力实过之。”**意思是，虽然湖广总督张之洞的官位不及宰辅之位的王安石、张居正，但其才华有过之而无不及。

每一番评价，都是沉甸甸的，而且是实实在在的，绝非溢美之言。

“当官要学曾国藩”这句话在网络上流传很广，但或许“当官要学张之洞”更合适。不仅是当官，为人、做事，尤其是如何在万难处境中把事情做成，张之洞都是教科书级别的。

镇南关大捷

1885年（光绪十一年）3月24日清晨，中越边境的镇南关前，枪炮声、喊杀声响彻山林。就在前一天，法军依托装备优势，已对清军临时构筑的土墙防线进行了一天的轰炸。根据法军以往的经验，只要他们再来一轮猛攻，清军防线必定崩溃，中国南大门就此打开，法军长驱直入中国南部，接下来割地赔款都是小事，顺势殖民几个省也不是没有可能。

在巨大的利益面前，法国高层驱使着军队奋力进攻中国边境。战斗前期，清军确实如法军所料，不堪一击，节节败退。而今眼前的镇南关，是中国的最后一道防线。

此时把守镇南关的清军将领是临危受命的老将冯子材。他站在墙头，见法军炮火密集，久经沙场的他知道，死守是守不住的。在法军蜂拥冲向墙头的紧要关头，冯子材当机立断，聚拢身边的将士说：“将士们，此战关系甚大，如果法军从此入关，我们无颜面对两广百姓，唯有拼死一战！法军虽强，强的是炮弹，如今敌军就在眼前，大家都跟我上，跟他们白刃相见！”说罢，冯子材提起长矛，率先冲入敌阵，他的两个儿子紧随其后。将士们看到长官身先士卒，士气大振，纷纷拿起大刀长矛，冲向敌阵。此时此刻，将士们早已将生死置之度外，面对敌军，杀一个够本，杀两个赚一个。

法军占优势，靠的是先进的枪炮，但论大刀长矛的白刃战，法军就无优势可言了。而且从心理层面来讲，他们也没想到一向懦弱畏战的清军竟然如此英勇。面对清军同归于尽式的进攻，法军很快就败下阵来，清军当场斩杀法军千余人。老将冯子材亲率队伍，乘胜追击，跑得慢的法军被击杀的不在少数。前期被法军占领的关隘悉数夺回，法军溃逃两百余里，法军司令尼格里重伤身亡。

中法镇南关之战，清军大捷，这是中国近代反侵略战争史上战果显赫的战役之一。消息传回法国，法国主战的茹费理内阁倒台。

镇南关大捷，我们首先要记住的当然是老将冯子材。而这背后，为这场战役出力、调度、抗住朝廷压力力挺冯子材的，是临危受命的两广总督张之洞。

前线将领唐景崧战后评价：**“凉山之役，南皮实为首功也。”**南皮指的就是张之洞。经此一战，张之洞从一个纯粹的文臣，变成了文武全才的张香帅。

要完整地了解张之洞的人生，还得从头说起。

家学渊源

1404年（大明永乐二年），张之洞远祖奉朝廷召令，自山西洪洞县迁居直隶府南皮县东南荫子乡，后世将这一支称为“东门张氏”。后来人常以“南皮”指代张之洞，便源自于此。

张家世代都是本本分分的农民，到了明正德年间，东门张氏出了一个爱读书的天才张淮。张淮“幼而嗜学，不烦训督”，后来高中进士，官至河南按察使。在古代，普通农民家庭能出进士，可谓凤毛麟角。

张淮为人刚正不阿，为官勤勉清廉，深受百姓爱戴。步入仕途后，张淮尤其注重家风家学，自他开始，东门张氏子孙便以读书考功名为正途。

1837年（道光十七年）9月2日，贵阳六洞桥的知府官舍，安顺知府张瑛迎来了第四个儿子的诞生。因为官舍位于六洞桥孔明洞一侧，张瑛便为儿子取名为张之洞。

那年，林则徐五十二岁，由江苏巡抚升任湖广总督。已过天命之年的林则徐不会想到，他的名字，将因两年后的虎门销烟而名闻海内。

那年，曾国藩二十六岁，两次会试落榜的他并没有灰心，在长沙继续为来年的会试做准备。

那年，左宗棠二十五岁，虽然两次会试不中，但他的才气早已名动湖南，湖南巡抚推荐他出任醴陵渌江书院山长，也就是校长。一年前，左宗棠在醴陵见到了他人生中的贵人——时任两江总督的陶澍。此时的他，正踌躇满志地准备来年的会试。左宗棠三试不第，便不再参加科举，这也使他走上了一条不寻常的为官之路。此时的他不会想到，他将因西定新疆、守土有功而被世人传颂，更不会想到，此时贵州安顺府出生的一个小男孩，将追随他的意志，不畏强敌，为国尽忠。而在他们身后，获得了同样的谥号——文襄。

那年，李鸿章十四岁，天分极高的他正在家馆苦读，为科举做准备。此时的他不会想到，他将成为权倾朝野的晚清重臣，更不会想到，他将因为签署一系列不平等条约而背负“卖国贼”的骂名。李鸿章在面对列强时一味退让求和的态度，为张之洞所不齿，而李鸿章也批评张之洞“书生之见”。两位名臣，直到离世，也互不理解。

张之洞的父亲张瑛生于1791年（乾隆五十八年）。张瑛以上，三代为官，但没做过大官，最高只做到知县。张家以清廉公正闻名乡里，受一方百姓敬仰。张瑛自幼苦读，二十二岁中举，往后连续六次会试落第，遭受了不小的打击。一直到1826年（道光六年），三十五岁的张瑛在朝廷举行的大挑考试中被录取。

“大挑”是清朝自乾隆皇帝起实行的一项考试制度，主要针对那些参加三届会试依然未能中第的考生。如果在大挑考试中被选中，可以直接委任官职。张瑛借此考试步入仕途，被朝廷委派到贵州安化做代理知县。

仕途不顺并没有影响到张瑛的锐意进取，到任后，他继承并发扬了张家的遗风，为官勤勉，廉洁奉公。贵州地界上，山高路险，河沟交错，水流湍急，且逢乱世，占山为王的匪盗便猖獗起来，隔三岔五地进城抢掠。越是贫困的地区，老百姓越容易被迫走上揭竿而起的道路。当时贵州的很多知县、知府因为惧怕匪患，往往是到任没几天就辞官不干了。

张瑛到任贵州后，一方面引导农民开荒种地，发展农业，一方面配合当地总兵打击起义军，在他主政的一亩三分地上，很快就见了成效。张瑛因执政有方，被一路擢升为实职知县、通判、知府。

在担任古州同知期间，张锳政绩卓著，道光皇帝因“伟其局度、嘉其治状”，特召张锳进京陛见。一个知州能够被皇帝召见，有清一代也是罕见。

张瑛为官三十载，一直没离开贵州地界。他为官期间，注重发展当地教育，兴学育人，多次捐出他本不丰厚的俸禄，兴修学堂，购买书籍。张之洞后来每到一处做官，都对教育极其重视，这一点深受父亲影响。

张瑛先后娶了三位正室、两位侧室，正妻刘氏和蒋氏均未留下子嗣，而后张瑛娶了第三任妻子朱氏。朱氏出身官宦家庭，尤擅弹琴，为张瑛生下了四个儿子，张之洞乃幺儿。

按说张之洞的家庭环境，在当时算是不错了，属于典型的官二代。不幸的是，张之洞四岁那年，母亲因病离世，这对小张之洞来说是个不小的打击。

父亲张瑛因为为官清廉，所以家中并不富裕。父亲从小就教育儿子们：**“贫，吾家风，汝等当力学。”**他勉励孩子们要努力学习。

张之洞在读书这方面，天资高又肯下功夫。他五岁入家塾读书，九岁已经读完四书五经，并且有自己的见解，十岁已能写出相当有水平的诗文。据《张文襄公年谱》记载：**“童时读书，非获解不辍，篝灯思索，每至夜分。”**也就是说，小时候的张之洞读书，就追求甚解，遇到不懂的地方，挑灯夜读、冥思苦想是常态。

对于儿子的表现，父亲张瑛是看在眼里、喜在心头，他清晰地预感到这个小儿子的前程将远胜于己。当时贵州偏远，文教落后，能读到的书籍有限，张瑛为了拓宽儿子的视野，托人专程从外地买来各种书籍。有人见张瑛买《朱子全书》《本朝说经》之类的书给儿子看，还嘲笑他：“若辈童年，岂能解此？”意思是小小孩童，哪能理解得了这些知识？张瑛慨然答道：“姑令纵观，不解何妨？浸淫既多，长大能自解。”说实在的，张瑛的教育理念是相当超前的，张之洞也因广泛阅读科考之外的书籍而文思进展颇大。

1848年（道光二十八年），张之洞十一岁。那年，父亲主政区域内的半山亭竣工。竣工仪式上少不了文人雅士的诗词唱和。小张之洞在文人雅集的现场，挥笔写就《半山亭记》，全文九百余字，文风舒展、练达流畅、状情绘景、蕴政系民，令人称奇。张之洞一炮而红，时人皆传张知府家出了个神童。

我们摘取《半山亭记》的文末，诸君感受一下小张之洞的文采。

> 夫美不自美，因人而彰，兰亭也。不遭右军，则清湍修竹，芜没于空山矣。
>
> 岳阳之楼，晴川之阁，不有崔、范之品题，则巍观杰构，沉沦于湖滨江渚矣。
>
> 是地也，不逢太守，则锦谷琼花，不现其佳境矣。
>
> 为此亭也，则胜迹不会就荒，名花俱能见赏，且夫出尘拔萃，必无沉滞而不彰矣，所以谓之与民同乐也。不志其佳，使花香山翠，湮于野塘，不传于奕世，是贻林泉之愧也。故挥毫而记之，犹恐未能尽其致也。

我个人认为，作为神童能与之一拼的，唯有梁启超了。

十二岁以前，少年张之洞已经写了数十首不俗的诗文，父亲张瑛尤为珍视，将其编成《天香阁十二龄课草》付梓。这部书在当时的贵州文人圈内争相传阅，无不称赞。张瑛把儿子的诗文集寄给兄长张锴，张锴见侄子天赋异禀，自然是欢喜，但也回信提醒张瑛“敛才勿露”。张瑛觉得兄长提醒得在理，少年天才，最易恃才傲物，“小时了了，大未必佳”的道理他更是懂得。父亲把伯父的回信拿给小张之洞看，小张之洞心领神会，深以为然。他把自己不少还未发表的诗文直接焚毁，以警醒自己。

张瑛除了言传身教外，还为张之洞广聘名师。张之洞的启蒙恩师是何养源，而后张之洞先后师从张蔚斋、黄升三等多位名师。这些人皆为身有功名的饱学之士，其中对张之洞影响最大的是胡林翼。

胡林翼，字贶生，号润芝，与左宗棠同岁，生于1812年（嘉庆十八年）。毛主席年轻时读完《胡文忠公全集》，敬佩不已，把自己的字也改成了润之。胡林翼是曾国藩和左宗棠的贵人，他们之间的故事前文已经聊过，在此不再赘述。可惜天妒英才，胡林翼在湖北巡抚任上劳心过度，逝于1861年（咸丰十一年）9月30日，年仅四十九岁。

胡林翼在去世前不久，还与曾国藩、李鸿章商量抓紧办洋务，追赶西方列强。他们三位站在长江岸边，眼见江面上英国的铁甲洋轮疾驰而过，中国商人的木船被洋轮掀起的巨浪打得摇摇晃晃，胡林翼忧心如焚，一口鲜血喷出。

张之洞十一岁起师从胡林翼，对于天资聪颖的张之洞，胡林翼十分器重。为人、为学、为官，张之洞都深受老师的影响。

坎坷科考路

从张之洞焚诗自醒就能看出，他有着不同于同龄人的早熟与早慧。1849年（道光二十九年），十二岁的张之洞决定回原籍参加科考。

清朝的科考规定，县试（考秀才）和乡试（考举人）必须在原籍参加考试。张之洞虽然生于贵州、长于贵州，但参加科考必须回到直隶南皮。按说张之洞才十二岁，参加科考稍微早了点，但他心意已决。

1849年秋，他跟着一个族中长辈跋涉千里，赶回直隶南皮。在第二年的县试中，张之洞便以第一名的成绩中了秀才。中秀才后就能入县学学习，三年后参加顺天府的乡试。张之洞一鼓作气，苦学三年，于1852年（咸丰二年）如期参加顺天府乡试，再次名列榜首，应试文章《**中庸即为德也，其至矣乎**》作为范文，被选入《顺天闱墨》一书，刊行全国。乡试第一名被称为“**解元**”，大才子唐伯虎就被称作“唐解元”。张之洞获得“解元”称号时，年仅十五岁，少年天才，名动京城。消息传回贵州，不仅父亲张瑛老怀为安，贵州百姓也都高兴得争相赞颂。

当时贵州的教育比较落后，而京城与直隶的教育水平、文化氛围自然是全国领先。张之洞是在贵州接受的教育，赴京赶考，结果一举夺得解元，关键是还如此年少，很难不被关注。

但张之洞本人并没有在喜悦中沉浸太久，他心中有一个更大的目标，这也是中国古代读书人梦寐以求的目标——连中三元。“三元”包括解元、会元、状元，分别对应的是乡试、会试、殿试的第一名，而且必须是一口气考下来，中间不能间断。“连中三元”是中国古代读书人在科举方面的最高荣誉了，在实行科举制度的一千多年历史中，能做到“连中三元”的，据统计只有十七人（说法存在争议），有清一代不过两人，属于名副其实的百年不遇之才。

张之洞为了备考三年后的会试，继续留在京城读书。他的族兄张之万是道光年间的状元，在朝中做官，对张之洞寄予厚望，悉心栽培。一切好像对这位天才少年都格外眷顾，不出意外的话，张之洞即便不能连中三元，进士及第也是十拿九稳了。

但我说过，如果人生有定律，第一条当是“人生无常，祸福相依”。就在张之洞苦学三年，准备参加1853年（咸丰三年）的会试时，太平军势如破竹，定都天京，太平军的北伐军直逼京津一带，京师震动，朝廷危在旦夕。是年7月，张之洞告别族兄，星夜兼程赶回贵州兴义。一路上，他看到硝烟弥漫、山河破碎、生灵涂炭，内心生出对太平军的憎恶，有感赋诗道：

绮绣周原变水乡，
误看秫稻作菰蒋。
泽鸿休怨无安所，
且限南来丑虏狂。

回到贵州兴义府，情况比京城更差，太平军围攻兴义，父亲带领军士亲临阵前，坚守城池。张之洞与几个哥哥加入战斗，接下来的两年时间，张之洞跟随父亲作战。太平军每打退一次，没多久又卷土重来。

这期间，张之洞娶都匀知府之女石氏为妻。石氏出身书香家庭，知书达理，更难得的是，与张之洞生母朱氏一样，尤擅弹琴。张之洞虽然与妻子琴瑟和鸣，但没有多少时间你侬我侬。在打仗间隙，张之洞手不释卷，父亲张瑛看在眼里，甚是欣慰。

两年之后，战事没有一点平息的迹象，张瑛断定张之洞将来必成大器，可不能跟自己在这没完没了的战事中消磨光阴。1855年（咸丰五年），又是秋天，张瑛让张之洞带上妻子和新生的女儿北上，以考取功名为第一要务。

张之洞听从父亲的安排，启程赴京。为了避开战乱区域，张之洞选择经川蜀、翻秦岭，取道陕西、山西到北京，这条路所经区域还算太平。越往北走，秋风凄雨、孤村落日、老树寒鸦，萧瑟的秋意加深了张之洞对时局维艰的担忧。走到秦岭深处的宁羌州（位于今陕西省汉中市宁强县），张之洞写了一首《夜宿宁羌州》，其中的**“忧来无寐披衣起，霜月横天枥马鸣”**表现了十八岁的张之洞对社稷与民生的忧虑。

张之洞在第二年礼部组织的觉罗官学考试中被录取，顺利的话，三年之后可外放做知县。没想到没过多久，家乡传来噩耗，父亲在平定太平军的征途中血战身亡。张之洞携妻女赶回贵州，协助兄长料理完父亲的丧事。第二年初春，张之洞扶灵回到南皮，让父亲魂归故里。三年守孝期间，张之洞在南皮用功读书备考。

1859年（咸丰九年）年初，张之洞守孝期满，他踌躇满志地赴京赶考，希望在这一年的会试中金榜题名。等他到了北京，得知族兄张之万是这一年的会试考官之一，按照规定，张之洞得回避。再郁闷也没办法，张之洞只能将希望寄托在下一届会试上。不巧的是，下一届会试，张之万依然是考官。一直到1862年（同治元年），张之洞终于可以参加会试了，可结果却是名落孙山。

我们可能会疑惑，张之洞如此大才，怎么会考不上呢？其实这很正常，要考中进士，不确定因素太多了，即便才学没问题，还得有运气加持。张之洞这一年运气不佳，他的文章发挥稳定，最先阅览的是副考官、内阁中书范鹤生，他非常欣赏张之洞的文风，欣喜地将其推荐给主考官，可主考官不喜欢，最终导致张之洞落榜，范鹤生惋惜不已。

此时张之洞已经二十五岁，虽说年纪不算大，但想起自己十五岁中解元，之后的十年光景，算是蹉跎了。

也是这一年，朝廷任命张之万为河南巡抚。张之万心觉对不住族弟，就安排他做自己的幕僚，悉心教导。张之洞本就文笔了得，渐渐地，张之万就把文书工作都交给了他，给朝廷的奏章也是张之洞主笔。当时朝廷主政的是慈禧太后，她称赞张之万的奏折写得太好了，条理清晰、文采飞扬、言之有物。张之万没有贪功，他上书解释，奏章出自解元族弟张之洞之手，慈禧太后就以这样的方式第一次听说了张之洞这个名字。此时，慈禧太后不会想到，这个叫张之洞的人将在未来的几十年里一直是她的心腹重臣；张之洞也不会想到，太后老佛爷会是他仕途最坚强的后盾。

仕途转机

随着对行政事务、官场生态了解得越来越多，张之洞的笔墨开始不受控制，奏章中时常对时局、朝政提出尖锐的看法，甚至批评。张之万发现后，吓出一身冷汗，他对张之洞说，你所言之事，不是不对，但要把握好分寸，稍有不慎，断送仕途都是小事，搞不好会惹来杀身之祸。张之万还提醒他，你的所思所量，都是封疆大吏要操心的事，有朝一日你做了封疆大吏，再去实现抱负也不迟，欲速则不达。张之万说得真切，张之洞听得也认真。

1863年（同治二年）3月，张之洞再次入京参加会试，虽然如愿中举，但排在了第一百四十一名，不过在随后的殿试中，他奋力作文，写出了一篇鸿文。经过十几年的社会历练，加上在河南巡抚衙门积累了一些官场经验，张之洞的文章除了文辞华丽、大气磅礴、旁征博引外，还能结合时事针砭时弊。这篇文章一出，引起了不小的争议，有人认为张之洞不知天高地厚，有博人眼球之嫌。但这次，命运之神眷顾了他，主考官认为此人定有雄才大略，力排众议，将他列为二甲第一名，相当于全场第四名。但殿试名次的最终定夺权不在考官，而在皇帝。当时同治皇帝只有七岁，垂帘的慈禧太后大爱张之洞的文章，赞其**有文采、有见地、有胆略**，于是大笔一挥，将张之洞提为一甲第三名，也就是探花。按照惯例，慈禧太后与张之洞就有了师生之名。

张之洞十五岁中解元，二十七岁成为探花郎，虽说没能完成“连中三元”的梦想，但科考这条路也算功德圆满。张之洞以新科探花的身份进入翰林院，被授予七品衔编修，正式步入仕途。翰林院是皇家人才储备库，只有进士及第才能跻身其中。当年曾国藩以同进士出身入翰林，是破天荒的事了。入了翰林院，主要工作依然是读书，朝廷还会定期举行考试，成绩突出者会被择机启用。

入了翰林院，虽说前途无量，但俸禄确实很低，基本上处于入不敷出的状态。清正廉洁、安贫乐道本就是张家家风，对于京城的清贫生活，张之洞倒不在意。对于在翰林院编写文书、整理史料这类枯燥的工作，张之洞干得十分认真，凡有空闲，都用来学习、提升自己，在翰林院的近四年时间里，张之洞的学识更加精进。

1867年（同治六年），张之洞的机会来了。

朝廷外派他到浙江省做副主考，虽说只是个副主考，但这是一份美差。翰林院的学子，翘首以盼的就是被外派做考官。按照当时的官场惯例，地方除了会给你准备一份丰厚的劳务收入外，再加上走后门、托关系的人往往出手阔绰，一般来说，出一趟这样的差，收入少说也相当于好几年的工资了，这已经是公开的秘密了。

但张之洞自小接受的教育，不允许他随波逐流。在他看来，为官之道，首要戒“贪”，一旦沾了“贪”字，官就做不长、做不稳，更做不好了。张之洞后来屡遭弹劾，却始终屹立不倒，除了有慈禧太后的支持外，更重要的是他确实清正廉洁，做到总督，依然是两袖清风，穷得叮当响。

张之洞到了浙江后，全身心扑到工作上。他意识到原来的考试选拔标准过于呆板，很多有志之士被埋没。他大力推进改革，注重考生个性才能的发挥，为国家不拘一格选人才。每一场考试他都亲自监考，每一份试卷他都亲自把关，对于走后门的事情他一律拒之门外。

当时有一名考生的试卷文章文采斐然、观点新颖，但有一个错别字。在严苛的科举中，原则上这张卷子就废了。张之洞仔细读了这篇文章，越看越喜欢，他决定突破规则，录取这名学生。这名学生叫袁昶，后来官居总理衙门大臣，是晚清了不起的外交家。袁昶在知悉详情后，对张之洞感激不尽。袁昶得到张之洞的格外提拔，中进士后一路高升，始终追随、维护张之洞。

可能有人会说，张之洞只是个副考官，难道主考官就完全由着他吗？这是我要特别说明的一点：当时主考官是张光禄，一个五十多岁的四品京官，没啥政治抱负，这次做主考官，就是想多捞点钱。张之洞对张光禄的作风非常了解，但他并没有像愤青一样，道不同不相为谋。他明白，如果不能得到主考官的支持，他也别想按照自己的思路来。

有一次，张之洞去找张光禄商量录取名单，正好看到一沓银票和一张请求照顾的字条。张光禄心想，完了，张之洞这个人清廉公正，要是拿这事儿向朝廷打我的小报告，我吃不了兜着走。没想到张之洞就当没看见，若无其事地向他请教拟定的名单是否合适。都是社会人，张光禄赶紧说："张大人办事老夫自然放心，就按您的意思定就行。"

写到这儿我不得不感慨，张之洞为官做事，太通透了！他知道自己的目标是什么，为了不伤大局，他不会一根筋、认死理。我们对比一下就更加明显了：曾国藩年轻时给自己定下"做圣人"的目标，自我要求极高，而且他把这种要求推己及人，谁要是不符合他的标准，他就参谁，这导致他前期在官场处处受制，走到哪儿都遭人排挤，直到在家反省了一年多才领悟到，以要求自己的标准要求别人是行不通，也成不了事的。曾国藩领悟到这一点，已经四十多岁了。

张之洞初入官场，就具备如此高的认知。他后来在官场上之所以能干成很多大事，仕途也没有遭遇大波折，在很大程度上要归功于他的政治情商。

治学湖北

张之洞外派浙江做考官这桩差事办得太圆满了，浙江的读书人无不称颂。他虽然没捞到钱，但名声赚足了，朝廷上下都知道张之洞是个干实事的。回京不久，朝廷让他赴任湖北学政，这同做考官不一样，考官是临时工，干完就撤，一省学政可是妥妥的实权官职，主管一省教育，正三品，相当于现在的省教育厅厅长。从一个七品的翰林院编修，直接升为正三品学政，这是多少翰林院士子梦寐以求的火箭式擢升。三年学政干下来，攒个三五万两银子都算是清官了，而学政本身的俸禄不过一百多两银子，加上养廉银，每年能有几千两银子的收入。

对于张之洞来说，他所看中的不是能捞多少钱，而是终于有机会实现自己的抱负了。虽说学政不像巡抚，但施展的空间也不小了。张之洞一上来，先对全省各州县的教育情况进行摸底，他不辞辛苦，走遍了湖北，对各州县的主管教育机构、学堂、学风等有了一个基本了解，处理了一批徇私舞弊、没有真才实学的地方官，同时发掘了一批德才兼备者，张之洞对这些人委以重任。每到一处，他都再三强调

“端品行，务实学”。他自己更是以身作则，勤勤恳恳，廉洁自守。通宵达旦地伏案工作是常态，对于送钱送礼的官员更是严加痛责。很快，湖北的学风就有了大的提升。

接下来，张之洞开始推行他的教育改革。他认为大家作文只能从四书五经上找出处，实在是太局限了，不利于考生创造力的发挥，真正的人才容易被埋没。他主张考生作文应该不拘一格，应重视观点的独特性和创造性。这样一来，湖北学子的学习热情被激发出来，各地求学的青年也多了起来，湖北的最高学府江汉书院很快就人满为患。

按一般逻辑，那就择优录取呗，反正公平、公正、公开，大家也没意见。但张之洞不这么认为，他觉得求学是好事，应该让更多的人有机会接受优质的教育，他决定在武昌再创办一所**经心书院**，但这件事情不是他自己能办成的。他向时任湖北巡抚的李鸿章说明情况，李鸿章听后大力支持，省财政拨款白银两万两，张之洞也把自己的养廉银全部捐了出来——这样一来，他只能靠一百多两的微薄俸禄养家糊口，日子过得相当紧巴。

经心书院建成后，张之洞亲自参与制定教学大纲。除了科考应试的八股文，其他各类史籍、赋论都列入教材，鼓励学生全方位发展。首批学生是张之洞从湖北各地挑选的精英才俊。

1870年（同治九年），张之洞三年学政任期将满。三年辛劳，成果斐然，但他家的经济情况实在不乐观，回京的路费都是好友给凑的。

任职到期时，张之洞与妹妹通信，附上了一首打油诗：**“人言为官乐，哪知为官苦。我年三十四，白发已可数。”**这基本就是张之洞为官三年的写实诗。

时任直隶总督的曾国藩赞道：**“往时祁文端、张海门视学吾乡，最得士心，近张香涛在湖北亦惬众望。”**张之洞字孝达，号香涛。曾国藩的意思是：张之洞在湖北的作为，可媲美前辈祁文端、张海门，得士心，得众望。

从清流到洋务

1870年秋，张之洞回到京城，继续入翰林院做学官，相比在地方做学政，就清闲太多了。但张之洞不是闲得住的人啊，他在湖北做地方官这三年，除了关注自己的分内事外，对风雨飘摇的局势也时刻保持着关注，对列强横行华夏大地、朝廷和部分官员一味妥协求和相当不满，这也成了张之洞为官生涯的底色。

张之洞发现，朝廷中有一大批人是这个思路：坚决抵制洋人，对以李鸿章为首的洋务求和派各种讽刺、弹劾。这些人自诩标榜风节、不畏强御、遇事敢言，他们评议时政、指斥当道，不与权贵同流合污，自认为是深孚众望的士大夫。他们被称为**“清流党”**，从名字就能看出，他们貌似是乱世中的一股清流，但这股所谓的“清流”基本等同于“迂腐”。他们出身翰林，长于奏疏，但在外交和军事上既无实际经验，也无真知灼见。更多时候，他们为了打击对手，是不分青红皂白的。慈禧太后为了牵制恭亲王和以李鸿章为首的地方实力派，有意纵容清流党。一时间，台谏生风，争相弹击，凌厉无前，煊赫一时。

按说反对洋人，应该是反对列强侵略，但清流党不肯睁眼看世界，将西方的先进技术视为异端邪说、奇技淫巧。比如后来李鸿章和张之洞一心想修铁路，一些朝中重臣就坚决反对，给朝廷上书，说修铁路会动了龙脉，而且沿途保不齐还得打扰百姓的坟地，伤祖气，铁路是万万不能修的。

张之洞在仕途生涯的早期属于清流党，以“不畏强御、敢说敢言”著称，曾因直言敢谏而在朝堂上形成一定影响力。他的这种性格特征与清流党的核心价值高度契合，因此常被视为清流党的重要成员。张之洞在翰林院待了三年就再次被外派，其间写过一些奏折，因为文笔实在太好了，所以人们称他为**“青牛角”**，后面还有“青牛背”“青牛肚”“青牛尾”等一堆人，说明张之洞在清流党内地位不低。

但随着仕途晋升，张之洞逐渐从清流党转向洋务派。他在担任两广总督、湖广总督期间，主导了洋务运动，推动了工业近代化和军事改革，表现出务实进取的态度，这与清流党的“空谈误国”形成了鲜明对比。

张之洞做官，是**开明的、通透的、务实的**，他是该批的批，不该批的不批。比如对列强一味妥协退让，他反对；但改革教育、兴办洋务这些事情，他认为利国利民，是好事，便支持。

治学四川

1873年（同治十二年），朝廷再次安排张之洞外放，赴四川做乡试副考官。考试结束后，朝廷让张之洞就地留任，做四川学政。当时四川的教育乱象丛生，不能说一塌糊涂吧，也是乌烟瘴气。考官贪腐，考生舞弊，甚至直接请枪手代考都是常态，部分州县遇到不配合的考官，考生竟然敢直接围攻。正因如此，朝廷才安排张之洞任四川学政——他在浙江和湖北都干得很出色，看看他能不能把四川这块硬骨头给啃下来吧。

对于张之洞来说，这份工作算是轻车熟路。经过湖北三年的历练，对于振兴教育他已有了一套自己的心得，可以总结为三板斧。

第一板斧：全省摸排，了解全局情况。

第二板斧：雷霆手段处理一批违法乱纪者，提拔一批德正有为者。

第三板斧：开学堂，正学风，改革教育。

张之洞从京城出发，经历了蜀道之难后到达成都。他顾不上舟车劳顿，马上开展工作，只带了一个随从，把整个蜀地的州县都走了一遍。四川除了成都平原，其他地区都是山高路险。经过一条悬崖边的山道时，张之洞的马滑落悬崖坠亡，幸好他人没事。这次的工作难度比湖北要大得多，但这吓不退张之洞的坚定意志。

这一趟摸排，张之洞将四川科场的各种黑幕和潜规则基本搞清楚了。接下来，他针对发现的问题，制定了八条办法，开始整顿四川的学风：**“惩鬻贩，禁讹诈，禁拉搕，拿包揽，责廪保，禁滋事，杜规避，防乡试顶替。”**

张之洞首先将这八条办法上书朝廷，请朝廷同意他将这些办法按照律法来执行。紧接着，他逐级排查，对一些严重违法乱纪的官员施以严惩，提拔了一批有真才实学但被埋没的学官。

张之洞秉公执法，清正廉洁，不少人最初还想像对待其他官员那样送钱送礼拉拢他，结果发现这位学政大人完全不吃这一套。张之洞这一套组合拳下来，四川的教育风气大为改观。

同时，张之洞着力推动教育改革，在传统八股文之外，注重培养学生的个性化和创造力，依旧是不拘一格选人才。来到四川的第二年，张之洞就找四川总督商量，新建一座书院，以满足青年学子的需求。在总督的支持下，张之洞很快就建成了**尊经书院**，并从四川各州县选拔人才。张之洞亲自出题考试，一共选拔了一百多名高材生，张之洞还亲自给他们上课。后来这批人中，不少成了晚清官场的名人，其中一个叫杨锐的，就是后来被慈禧太后砍头的“戊戌六君子”之一。

张之洞主张“**通经致用**”的治学理念，要求学生精修儒家经典，通晓史学、地理、经济、算数等实用科目。为了达到这个目的，他亲自设计课程，亲自教学。当时四川没有相关的书籍，他自己捐钱到外地购买了数千本书。他还亲自编写了两本书——**《輶轩语》和《书目答问》**。《輶轩语》主要讲治学的方法，分为上、中、下三篇，由浅入深地劝导巴蜀士子如何修德、读书、做学问。《书目答问》是为了解决学生们普遍不知“应读何书”及“书以何本为善”的问题。全书共5卷，按经、史、子、集、丛书五部分类编排，收录书籍2200余种，算是学生们学习经史辞章、考据诸学的导读目录。

这两本书影响深远，奠定了张之洞大教育家的江湖地位。梁启超在《三十自述》中回忆自己早年读书经历时提到：**“得张南皮之《輶轩语》《书目答问》，归而读之，始知天地间有所谓学问。”**

1876年（光绪二年），张之洞任职期满，应召回京。打点行李时，张之洞才发现他没有回京的路费。这些年的俸禄和养廉银都捐了，除了建学校、买书籍外，还资助了不少贫困学生。没办法，为了筹集路费，他把自己心爱的藏书卖了一部分。张之洞离开四川，蜀地学子夹道欢送。张之洞干了三年别人眼里的肥差，除了平添的几缕白发，他什么也没带走，而他留给四川的，是一片欣欣向荣的教育风气。

成事！成事！

张之洞这次回京任职，一待就是五年，官职从文渊阁教理一路升为内阁学士，其间干过很多职位。这些官职有一个共同点，就是不怎么涉及实际政务。除了一些文书校典的工作，张之洞很大一部分精力就是给朝廷写折子、提建议——没错，就是清流党最爱干的活儿。同其他翰林院京官不同的是，张之洞已经有了丰富的基层工作经验，加上他文采过人，写折子的分寸感就比那些为了找事而找事的清流党人士要言之有物得多。当然，更底层的原因是，张之洞确实是一个想干实事、能干实事的官员。

他在二十四岁那年还没考中进士时，就写下了**“仁厚守家法，忠良报国恩，通经为世用，明道守儒珍”**的人生理想和政治抱负。

而且张之洞不像很多清流党人士，一根筋，不懂得迂回，只知道站在“忠君爱国，直言进谏，不避权贵”的道德制高点上去批判与空谈，上书言事从来不顾及别人的感受。那些迂腐之臣只会令太后和皇帝气急败坏，这样就更难以成事了。张之洞是该坚持的就坚持，该柔软的就柔软，目的是把事办成，把问题解决。

我挑三件张之洞用奏章就解决了问题的事情来例证，绝对是教科书级别的为官之道。

左宗棠在收复新疆后，立马上书朝廷，现在归还伊犁的条件已经成熟，请求朝廷抓紧同俄国交涉。在守护疆土这一点上，张之洞与左宗棠高度一致，张之洞时刻关注着新疆的进展。左宗棠的奏折送到朝廷，朝廷经过商议，决定派崇厚出使俄国，商议归还伊犁事宜。张之洞一看朝廷选的人就知道，坏了。崇厚这个人没什么真才实学，也不擅长外交，虽然也参与办洋务、搞外交，你让他出使外国道个歉什么的还行，办实事是真不行的，这是个软骨头。

人是朝廷定的，张之洞再着急也没能力改变。但他有上书言事的权力，他加班加点写了一封奏章，除了分析新疆的重要性外，还特别建议崇厚出使俄国前，一定要先到新疆考察一番，顺便同左宗棠碰个头，做到心中有数，利于谈判。张之洞的真实想法，是希望崇厚能按照左公的意思去谈。

张之洞的奏章递上去之后便再无回音。后来的事情发展，大家在左宗棠那一章可以读到，在此不再赘述，总是就是签订了丧权辱国的《里瓦几亚条约》，举国哗然。

但凡有点爱国之心的人，都恨不能将崇厚杀之而后快。不少官员上书朝廷，绝不能承认这份条约。但也有以李鸿章为首的海防派认为，崇厚代表的是大清，既然签字了，就得认。在他们看来，边防不如海防重要和紧迫。他们一再对慈禧太后强调，咱们要是毁约，俄国必然出兵，我们肯定打不过，后果更严重。慈禧太后经历过第二次鸦片战争，英法联军进北京、火烧圆明园，都让她心有余悸。在慈禧太后举棋不定时，张之洞前后上书二十多次，是反对最强烈的人。

最终，在1879年（光绪五年）腊月，张之洞的一封强有力的奏折让慈禧太后下定决心，撕毁条约。这封奏章名为**《熟权俄约利害折》**，它分析了俄约十大“损清利俄”的不合理之处，说理透彻，气壮山河，史称**“十不可许”**。

张之洞还提出了推进条约修改的具体措施。

第一，**“立诛崇厚则计决”**，严惩崇厚，让俄国看到我们改约的决心。

第二，**“明示中外则气盛”**，将条约的不公正、不平等之处公布于众，以博舆论支持，激励民气。

第三，**“缓索伊犁则理长”**，暂缓收回伊犁，俄国占据伊犁的事实客观存在，俄国处于舆论上的不利地位，理屈而词穷。

第四，**“急修武备则谋定”**，加强边关备战，在新疆、吉林、天津三路设防，左宗棠备战新疆，李鸿章备战天津，必要时不惜一战。

张之洞还在奏章中切中要害地指出：**“惟深观世变日益艰难，西洋挠我权政，东洋思启封疆，今俄人又故挑衅端。若更忍之让之，从此各国相逼而来，至于忍无可忍，让无可让，又将奈何……无论我之御俄本有胜理，即或疆场之役，利钝无当，臣料俄人虽五战不能越嘉峪关，虽三胜不能薄宁古塔，终不至掣动全局。旷日持久，顿兵乏食，其势自穷，何畏之有。此时猛将谋臣，足可一战。若再阅数年，左宗棠虽在而已衰，李鸿章未衰而将老。精锐所尽，欲战不能。”**

张之洞知道最终的拍板人是慈禧太后，他这番言辞实在是太高明了，晓之以理，动之以情。大意是：你看现在列强环伺，个个虎视眈眈，但目前我们的国力有所恢复，武将谋臣都不缺，完全可以一战，即便前期吃点亏，但战事一久，我大清依托战略纵深，胜在己而不在彼。但要是再拖上几年，左宗棠、李鸿章都老了，那时候沙俄再举兵来犯，情况会更加危急。反观现在，若是硬气一点，不惧一战，让列强知道，咱大清也不是那么好欺负的！

张之洞这话说到慈禧太后心坎里了，慈禧太后携幼天子把持朝政，多少双眼睛盯着她。几年前左宗棠的一封奏折，已经让她打定主意不放弃新疆。如今左右为难之际，看到张之洞的这份奏章，内外局势分析透彻，战略思想高瞻远瞩，兼顾东南防线和西北防线，主张海防和边防并举，更重要的是，还有实操路径。慈禧太后破例召张之洞进宫商讨改约对策。

1880年（光绪六年），以曾国藩的儿子曾纪泽为首的谈判团赴俄，左宗棠抬棺陈兵边疆。经过一番交涉苦斗、据理力争，原来的《里瓦几亚条约》作废，重新签订了《中俄伊犁条约》。新条约虽然依旧有不平等条款，但挽回了不少损失，这在基本无外交可言的晚清外交史中，算是一次小小的胜利。

就在中俄谈判期间，朝廷还发生一桩棘手的事。

1880年中秋，慈禧太后派太监李三顺给自己的妹妹送去几盒点心。按说这是不值一提的小事，但这个李三顺仗着太后的宠爱，嚣张跋扈惯了，他在出宫时准备走午门。

午门是紫禁城的正门。在清代，午门的主要功用是：皇帝每年冬至在此颁发来年历书；遇有战争获胜，在此处举行献俘仪式。午门有五个门洞，表面上是三个，左右还各有两个掖门。当中的正门平时只有皇帝才能出入；皇帝大婚时，皇后可以进一次；殿试考中状元、榜眼、探花的三人可以从此门走出一次。

再受宠爱，太监终究只是太监，居然想走皇帝出行才能走的午门。守门的护军玉林拦住了李三顺，这个阉人觉得没面子，大声叫嚣“我是奉太后之命出宫办事，谁敢拦我”，说着就要硬闯。玉林赶紧上前阻拦，推搡之间，李三顺手里的点心盒掉在地上。

到这里，其实依然不算大事，但这个阉人哭哭啼啼地回到宫中，说守门的护军为难他，这哪是为难奴才啊，分明是对太后不尊！反正就是添油加醋地在慈禧太后面前告了一状。

慈禧太后震怒，火速降旨把护军玉林等人关进大牢，要求刑部彻查。刑部通过审讯，其实很快就把问题搞清楚了，这事真不能怪护军，但是刑部又接到慈禧太后的密令：首犯必须定为死罪。

这确实太离谱了，刑部官员壮着胆子给慈禧太后回了一份处理意见：要不定个充军或者监禁，死刑就免了吧。

没想到慈禧太后大怒，再次强调：重办此案，必定死罪！

刑部官员又耐着性子，搬出朝廷礼法，向太后解释，这样判确实不妥，况且护军守护皇宫，如果自乱章法，将来容易生乱。

好说歹说，慈禧太后最后给出处理意见：护军玉林、祥福革职，发配边疆，遇赦不赦，永不录用，另外还革职、监禁了一批人。

这个结果一出来，满朝文武无不愤慨。尤其是那些言官，本就以直言敢谏闻名，一个个抄起笔来就是一篇篇洋洋洒洒的奏章，一封封络绎不绝地送到太后面前。说得轻一点的，把朝廷礼法搬出来讲道理；说得重一点的，把太监连带太后、皇上都批评了一番。

此时慈禧太后也很无奈：她冷静下来后，也觉得自己处理过头了，但她又碍于面子，不肯低头认错。事情发展到这一步，感觉无解了，既不能让太后收回成命，又不能驳了她的面子。

张之洞冷静地观望着事态发展，他敏锐地捕捉到太后的心理：太后在气头上，谁要是在奏章里批评她，你说得再有理她也听不进去，搞不好自己还会惹火上身；也不能为护军辩驳，从太后的处理意见来看，她现在恨透了护军，最终改判护军、从轻发落这个台阶，得让太后自己来下。

张之洞找到一个小的切入点，强调严管太监的重要性，但他没有一上来就说李三顺这些太监如何嚣张跋扈，而是列举了明朝太监祸乱朝纲的案例，然后说咱们大清之所以没有这个问题，是因为早就在祖宗家法上做了防范。祖宗家法，太后老佛爷您比任何人都懂，而且在臣看来，您也并没有有意偏袒太监，只不过现在的处理结果，容易让朝臣们误以为您有心袒护。但这还是小事，要紧的是太监们也会误以为您会无底线地包容他们，那样他们就敢为非作歹、恫吓朝臣了。久而久之，皇宫护军也不敢按照法度管理太监，那太后、皇上的安全就没有保障了。

这份奏折写得太精妙了，从头到尾没有一句顶撞慈禧太后，也没有为护军辩护，还特别强调太后本意并非严惩护军、偏袒太监，只是被大家解读错了。慈禧太后览后大悦，既然满朝文武都理解错了，那我再用实际行动给大家解释一遍，让大家明白我的真实意图。

慈禧太后首先对护军从轻发落，又将太监李三顺也打了板子，罚了俸禄，事情得到圆满解决。虽说张之洞这封奏章拍慈禧太后马屁的痕迹非常明显，但目的达到了，恭亲王都不禁称赞道“这才是真奏章”。

张之洞感觉到了太后对他的信任，他下定决心要翻一桩四川旧案——**东乡惨案**。这个案子说起来不复杂，就是几年前四川东乡县知县孙定扬私加税赋，农民苦不堪言，组织了几百名乡亲到县衙请愿，结果孙定扬以农民起义谋反为名，联合四川提督，直接诛杀了四百余人，其中不少还是老弱妇孺。天下没有不透风的墙，朝廷言官知道了这件事，不断上书朝廷，要求严查此事。朝廷前后派了好几拨人去复查，但都被当地官员收买，始终没能翻案。朝廷后来也下旨，案子就这么定了，不容再议，冤案就成了铁案。

东乡惨案发生时，张之洞就在四川，但当时他只是个学官，想管也管不了。但在张之洞的为官哲学里，让百姓受如此冤屈他是接受不了的。他认真准备，一连写了三篇奏章，首先陈述事实，明确指出孙定扬等人滥杀无辜；而后列举康熙、乾隆等先帝爱民如子、惩治恶吏的案例，表明百姓乃国之根本；最后说明，他虽然知道案子已成铁案，但他是知情者，如果不如实上奏，是对朝廷、太后和皇上的不忠，更重要的是，这将令一方百姓对朝廷怀有怨恨，还以为是太后、皇上纵容所致。

这三道奏折有理有据、层层递进、环环相扣，慈禧太后看后为之动容，决定重审重判，很快就将涉事官员处理了，该杀头的杀头，该革职的革职，该监禁的监禁。

这件事委实让朝廷上下对张之洞刮目相看，朝廷专门派人去查都没能翻案，张之洞只用三道奏章就让冤情大白于天下，真乃神人也！

在张之洞的五年京官生涯里，用奏章平事的案例还有不少。这些事情在别人看来是棘手的、无解的，但他仅用手里的一支妙笔就解决了，还处理得那么完美，不愧为千古奇才。

治理山西

经过这一系列事情，慈禧太后终于下定决心，要对张之洞委以重任。张之洞的探花本就是慈禧太后钦点的，慈禧太后感叹自己慧眼识珠，自己的这个门生实在争气。

1881年（光绪七年）6月的一天，慈禧太后召见张之洞。召见后，张之洞被从四品的翰林院学官，直接擢升为从二品的内阁学士兼礼部侍郎。一夜之间，连升多级（从四品、正四品、从三品、正三品、从二品），在咸丰、同治、光绪三朝，只此一例。

同年十月，张之洞被任命为山西巡抚，这是真正意义上的封疆大吏。张之洞自然欣喜，因为这意味着他终于可以按照自己的理念主政一方了。回想二十年前，他在族兄张之万的巡抚衙门里做文书工作，张之万对他说，若有朝一日自己做了封疆大吏，再去实现抱负也不迟，欲速则不达。一晃二十年过去了，族兄的话依然在耳边回响。

张之洞赴山西前，张之万将自己多年来的为官之道倾囊相授，其中最重要一条，就是主政一方，要**干实事、干大事**。是啊，为百姓干实事，才能获得一方百姓的拥戴；干成几桩大事，才能让朝廷看到你的政绩。

慈禧太后之所以将张之洞派往山西，还有一个重要原因——山西百业待兴，亟须一个扭转乾坤的能臣。前两任山西巡抚是卫荣和曾国荃，虽然皆是身负战功的一时权臣，但治理山西却是一筹莫展。

当时的山西，民生凋敝、官场腐败、民困政怠、积弊如山，妥妥的烂摊子。张之洞虽然早有耳闻，但前往太原的这一路上，山西境内贫困败落的现象还是让他震惊。虽然张之洞有任职地方的经验，但毕竟管的仅仅是教育，如今要总揽一省事务，还是这样一个棘手的省，这份差事不好当。

虽然挑战很大，但张之洞已经暗下决心，一定要造福一方，成就一番事业。他到任后，与曾国荃做了工作交接，即刻展开对全省的考察。之前的经验告诉他，只有找出问题所在，才能对症下药，而要找出问题所在，就要深入实地调研，了解最真实的情况。

经过一番实地调查，张之洞发现“晋患不在灾而在烟”，乡村吸食鸦片者十之有六；城市更夸张，十之有九；官吏、兵役几乎人手一杆烟枪。张之洞对此感慨道：“人人枯瘠，家家晏起。堂堂晋阳，一派阴惨败落气象，有如鬼国。”鸦片蚕食了人们的身体和精神，人人形同枯槁，从官吏到士兵，懒散腐败成风，任其发展，山西境内“将有鱼烂瓦解之势”。1877年（光绪三年），山西大旱，饿死的百姓不计其数，这其中有一个重要原因，就是很多土地都用来种植罂粟了。

张之洞还发现“州县之累，莫若摊捐，廉者亦必亏空”，下级官员为讨好上级官员，把自己搜刮的民脂民膏中的很大一部分孝敬给上司，还美其名曰负担上司衙门的公费，即所谓的“摊捐”。摊捐过大，廉洁为民的官员不忍过于压榨百姓，最终只能是州县财政亏空。

摸清情况后，张之洞立即着手开展工作，归结起来就是——**惩贪除恶办教育，开荒禁烟搞洋务**。

这倒并非张之洞原创的执政理念，林则徐、左宗棠这些有为名臣主政一方时，基本也是这个思路，只是缓急侧重有别而已。张之洞自己后来也说，他治理山西，属“儒术经常之规”，意思是自己所采用的都是经过历史检验的常规办法。

张之洞首先要做的是整顿社会风气。代州的刘定邦是当地有名的恶霸，在归化城、萨拉齐等地开设粮店。刘定邦勾结当地衙门，把持行市，坑害商民，大肆敛财，为非作歹，残害百姓，行为极其恶劣，百姓是敢怒不敢言。张之洞令大同总兵将其秘密抓捕，直接送到太原审讯，查明罪行后发配充军。

同时，张之洞开始清明吏治。他以山西巡抚身份发布的第一道命令就是考察官员，要求省内官员半个月内递交政务报告，必须如实汇报自己的政绩，不能说官话套话。

孔子有云："其身正，不令而行；其身不正，虽令不从。"张之洞以身作则，他每天凌晨一点半起来办公，一直批阅文件到早上七点，七点之后约谈下属官员；官员若有急事，半夜找他也可以。生活作风上，他始终保持着清贫节俭的习惯。

山西的官吏懒散惯了，突然来了这样一个顶头上司，不少人实在是受不了，埋怨诋毁的声音逐渐冒头。但张之洞丝毫不受影响，上任不到四个月，就处理了一大批贪腐、不作为的官员，革职的革职，降级的降级；同时发掘了一批操守廉洁、勤政爱民的官员，张之洞向朝廷大力举荐，这些人被委以重任。

张之洞发现山西省府财政，竟然三十多年没有做过清查，原因倒也不复杂，每一届巡抚都留下了不小的窟窿，后来者也不愿平添事端，自己还可以浑水摸鱼捞一笔。但张之洞不畏权贵，不怕得罪同僚，他组织专班人马，加班加点清查过去三十年的财政。这一查，就查出几个大贪官，比如葆亨，他长期担任山西布政使（主管一省行政和财务）的职务，也一度代理过山西巡抚之职。他是个旗人，还是皇亲国戚，仗着自己有背景，便在山西肆意妄为起来。上一任山西巡抚曾国荃本也是个暴脾气，最后还是忍住没敢动他。

还有一个大贪官叫王安定，刚刚从冀宁道升为代理布政使。这个人的背景也不浅，他原是曾国藩的幕僚，曾国藩去世后又跟了曾国荃，曾国荃做山西巡抚，便把他带来了。王安定在曾国藩手下做事，肯定是赚不到什么钱的。在王安定看来，自己一身本事，却没有带来回报，来到山西后，与葆亨结识，两人一拍即合、沆瀣一气。这两人对山西财政的漏洞了如指掌，贪污公款、盘剥下级官员、搜刮民脂民膏、侵吞朝廷赈灾款那是做得轻车熟路。

张之洞不管他们背后有谁，调查清楚后，一封弹劾奏章递到朝廷，慈禧太后大为震惊，她知道这些地方官肯定是贪污的，但没想到会如此胆大包天。张之洞一连参了好几个高级官员，慈禧太后全力支持张之洞，这些人基本都被革职充军。

除恶惩贪的工作告一段落，山西从民间到官场，风气大为好转。但这不是目的，张之洞一到任就发现"晋患不在灾而在烟"，整肃民间与官场的不正之风是为了让全省的禁烟运动能够执行到位。

张之洞的禁烟思路非常清晰。首先，组织全省官员劝诫百姓，不要种植罂粟，多多种植粮食和棉花等农作物；其次，实行各州县官员责任制，官员带头开展禁烟活动，全省所有的烟馆一律关停，官员如果不作为或者进展缓慢，严格查办追责；再次，在各州县设立戒烟中心，寻找有针对性的药物用于辅助治疗。

当时山西出现一种奇观：戒烟中心成为人气最旺的场所，大家排队进入戒烟中心。不到一年时间，效果显著，农田基本退罂还耕，绝大多数官民戒除烟瘾，剩下的也在戒烟的路上。整个山西的风貌焕然一新。

在此期间，张之洞出台政策，鼓励百姓开荒，增加粮食生产的同时，加强粮食储备，避免再次发生大面积饥荒。

在前面这些事取得进展的同时，张之洞不忘自己的老本行——搞教育。教育质量决定发展后劲，山西那些年之所以久乱不治，教育整体落后是重要原因之一。张之洞把他多年的教育改革经验在山西迅速铺开，改制度、建学堂、招名师，山西的教育局面很快得到了改善。

张之洞心里明白，如果要彻底扭转山西局面，让老百姓的日子逐渐好起来，核心在于发展经济。在这一点上，他与那些清流党人不同，他很早就在关注曾国藩、李鸿章、左宗棠推动的洋务运动；恩师胡林翼在湖北任巡抚期间，也积极开办洋务。

张之洞接手的山西，全省几乎没有任何工业，早几年有一个名叫李提摩太的传教士给曾国荃提过开办洋务的建议，但没有进展。张之洞听说后，赶紧把这个李提摩太请来，虚心请教。张之洞发现这位传教士确实有些本事，他还撰写了一本《富晋新规》，把他对山西开办洋务的建议和方案都列了出来，张之洞如获至宝，聘任他为洋务总顾问。

张之洞让李提摩太在太原组织每月一次的演讲会，向士人、官绅介绍西方近代科学知识，涉及天文、地理、物理、化学、医药等方面。李提摩太偶尔给大家表演一下现在中学课堂上的科学小实验，当时的官员、百姓皆大呼神奇。

张之洞知道，要办洋务，人才是第一位的。他向全国各省公开招聘人才，欢迎天文、算学、兵械、船炮、矿学、电气、水法、地舆、制器、公法、条约、语言文字等各个方面的洋务人才来山西，待遇丰厚。这个人才引进计划，很快就为山西聚拢了一批新型人才。有了人，接下来开矿、办厂就进展得如火如荼。

1880年，张之洞给京城的清流党代表人物李鸿藻的信中写道：“鄙人之志，惟欲在此稍久，至少亦须三年，意中欲办之事一一办成，已办之事一一见效，庶几心安理得，不虚此行。”张之洞希望在山西多待几年，把想办的事、已经在办的事办成办好，就不虚此行了。

就在张之洞铆足劲治理山西的时候，慈禧太后突然召张之洞进京谒见。老佛爷召见，再忙也得去啊，只是张之洞没想到，这一去，就再也没有回山西。

将将和

1884年（光绪十年）3月，张之洞匆匆赶到京城，面见慈禧太后。他原以为慈禧太后是让他回来汇报工作的，没想到慈禧太后对他说，山西巡抚你就不要干了，现在让你任两广总督，如今边境告急，中法战事吃紧，你执掌帅印，抗法援越，赶紧赴任吧。

张之洞一听，脑袋嗡嗡响，要不是慈禧太后亲口对他说，他都不敢相信这是真的，太突然了！

按说从山西巡抚升为两广总督，这是晋升的大喜事，但张之洞是一点儿也开心不起来。他赶紧向慈禧太后请辞。他详细说明现在山西的形势，自己确实不能离开，再给他一点时间，他一定交出一份让朝廷满意的答卷；再者，自己这些年主抓教育、行政、经济，可从没搞过军事，更没带兵打过仗，这个跨度太大了。

张之洞请辞不是当时官场流行的谦虚，获得提拔后要推辞一番，他说的都是实情，表达的也是真情实意。

张之洞说的这些，慈禧太后当然也知道，但她有自己的苦衷。按说干这活儿最合适的是李鸿章，一方面他是靠军功起家，又搞了这么多年洋务，派他去最合适，但李鸿章一力主和，就在不久前，还跟恭亲王一起主导了《中法简明条约》的签订。条约的核心内容就是承认法国占领越南全境，中国将驻北圻的军队调回边界，这相当于放弃宗主国地位，满朝文武气愤不已。李鸿章想的是能通过这份条约，换取法国不再侵略中国，现在回过头来看，李鸿章和恭亲王实在是太天真了。

法国连签字的笔都还没放下，就已经筹划向中越边境进兵了。即便到了这个时候，慈禧太后仍想调李鸿章紧急南下，李鸿章找各种理由推脱，甚至劝说朝廷尽量避免开战。李鸿章这边，慈禧太后是指望不上了，只能依靠左宗棠。

左宗棠是坚定的主战派，早在一年前法军侵略越南的时候，左宗棠就主动申请到前线督战，当时慈禧太后让他远程督战，没让他去前线。毕竟左宗棠年事已高，1884年1月，七十二岁的左宗棠身体不支，双眼几近失明，慈禧太后恩准他回乡养病。后来李鸿章签订《中法简明条约》，左宗棠痛骂李鸿章卖国。

慈禧太后举目四望，如今中越边境狼烟四起，还有谁能倚重？思来想去，唯有张之洞一人了。张之洞虽然没带过兵，但他干的每一件事都成绩斐然，而且为人廉洁刚正，满朝皆知，慈禧太后相信张之洞的能力、人品。还有一个重要原因，当时朝野上下，最坚定的主战派就是左宗棠和张之洞，张之洞虽然人在山西，但时刻关注着整个局势，他多次上书朝廷，一定不能求和，要不惧一战。

我们站在慈禧太后的角度来看，就知道张之洞是不二人选了。至于说山西的未竟事业，在慈禧太后看来已经不是最紧要的事了。

张之洞这边还在解释为什么他去不合适，慈禧太后那边已经火烧眉毛了，老太后当即拍板，你张之洞的能力我是知道的，满朝文武，你是最合适的人选，我主意已定，如今国家有难，你也不容再推辞了。

话都说到这儿了，张之洞只能领旨谢恩了。

既然领了这份差事，按照张之洞的一贯作风，那就抓紧投入工作。1884年5月，张之洞马不停蹄地赶赴广州，迅速与前任两广总督张树声办理了交接手续，同时开展各项战备工作。张之洞一上来就面临一个棘手的问题，如今大战在即，我军将帅却闹不和。

两个将帅，一个是前任两广总督张树声本人，因为迎战不力，朝廷才让张之洞来接替他的职务，但没有把他调离，而是让他留在广州继续帮办军务。多说一句，张树声确实有军事才能，他是淮军的重要将领，民国的“张家四姐妹”就是他的曾孙女。

而跟张树声唱对手戏的人来头更大，彭玉麟——曾国藩帐下最能打的将领之一，湘军水师就是他创建的。彭玉麟为官清廉、治军严格，“晚清中兴四大名臣”有两种说法，其中一种里就有彭玉麟（说法一：曾国藩、李鸿章、左宗棠、张之洞；说法二：曾国藩、左宗棠、胡林翼、彭玉麟）。

张树声很早就听说朝廷要派彭玉麟来广州统兵，当时《中法简明条约》还未签订，张树声为了以防万一，竟然指示亲信弹劾彭玉麟，心想要是彭玉麟被参倒了，就无法来广州了。他们弹劾的力度虽然很大，但是彭玉麟这个人除了脾气大一点外，其他方面挑不出毛病来，他们自然也就参不倒彭玉麟。

没过多久，朝廷以张树声督军不力为由，派彭玉麟以钦差大臣的身份前来统兵助战。

明眼人一看就知道，两位将帅能唱好“将将和”吗？他们本就分属不同派系，又有分权敌对的意思。

如今资历更浅的张之洞又掺和进来。按说张之洞不属于任何一个派系，与这二人的交集也不多，但张之洞心里清楚，张树声是李鸿章的左膀右臂，而自己这些年在对外问题上一直跟李鸿章对着干。

本来事情已经够复杂了，没想到张之洞刚到任没几天，朝廷又来了新的旨意，原因是张树声以及他手下的一批干将遭人弹劾，而且有理有据。朝廷让张之洞和彭玉麟抓紧彻查张树声被弹劾之事是否属实。

面对这么个局面，谁不迷糊啊？

接下来，我们就不得不再次佩服张之洞的高超手腕了。

张之洞的头脑极其清醒，他知道抗敌才是第一要务，他自己没打过仗，张树声和彭玉麟这两股力量对他来说都极其重要。

张之洞首先给驻防海南的彭玉麟写了一封信，主要表达三层意思。

第一，表达对前辈的敬仰。如今国家危难，彭老将军不辞辛苦，为国出战，是晚辈的楷模。张之洞这么说不能算奉承，他的恩师胡林翼曾与彭玉麟并肩作战，关系深厚。

第二，表示只要有彭老将军坐镇，我南疆防线便可固若金汤。您的实力晚辈是知道的，您是水师创始人啊，有您在，我的心里就踏实得多。

第三，说出核心目的。希望彭公能与张公不计前嫌，精诚合作。朝廷让我二人彻查张公，大敌当前，你我反而要力保张公，才能不乱军心啊！

信末，张之洞还谦虚道，其实这些事情彭老将军您肯定比晚辈考虑得周全，您的宽容大度是出了名的，以后还需您多多提点晚辈。

彭玉麟本就不是因私废公之人，见张之洞这封信言辞恳切、有礼有节，心里相当舒坦，也甚是欣慰，当即回信给张之洞，说我绝对鼎力支持你的意见。

与此同时，张之洞派人调查张树声被弹劾的那十余条罪行是否属实，调查结果是“基本属实”。张之洞不动声色地找来张树声，直接把朝廷的文书拿给他看。

张树声本就不服张之洞，也没给张之洞什么好脸色看，如今手里捧着朝廷的文书，心里直哆嗦，以为这下完了，我这官算是当到头了。

张之洞见气氛差不多了，就说："您如果真有问题，就请照实跟我们说，我已经跟彭老将军商量好了，不管多大的事，我们都上书力保您。只要我们同心协力打败法军，那这些事儿就都不是事儿了。"

张树声那是感激涕零啊！就这样，张之洞再一次把"不可能"变成了"可能"。

"团结就是力量"这话是有道理的，在张树声和彭玉麟的全力配合下，两广沿岸防线得到充分巩固，法国军舰在海上溜达来溜达去，决定改变进攻两广的计划，转而进攻福建和台湾海峡。

1884年8月23日，法军突袭福州马尾港，福建海军仓促应战。装备本来就落后，还没有准备，福建海军几乎全军覆没。张之洞接到消息，抓紧调兵前去支援，但已经来不及了。

法军偷袭福州打得太轻松了，决定一鼓作气攻打台湾，以为台湾孤悬海外，必定一击即溃，没想到这次的对手是淮军勇将——台湾巡抚刘铭传。他面对法军的猛烈炮轰，丝毫不慌。刘铭传知道，海战我不如你，但只要你上岸，我就叫你有来无回。

果然，刘铭传避其锋芒，诱敌深入，法军损失惨重。但法军心有不甘，重整旗鼓，再次猛攻台湾。刘铭传虽然战略性地放弃了基隆，但法军在台湾整体上没占到便宜。

不论是福州危急，还是台湾苦战，都向李鸿章的北洋水师求援过，李鸿章愣是无动于衷。反观张之洞，虽然刚刚上任两广总督，自己的兵力、军械也都捉襟见肘，但他仍不遗余力地支援福建和台湾，这就是大局观。

张之洞虽然初入战场，但他对战局的认识是非常深刻的。他认为现在法军在东南沿海闹出动静，无非是想分散大清的注意力，最好能震慑住清廷，讹点好处，法军的最终目的是要从越南进兵广西。而要解台湾之围，就得在越南打败法军。张之洞对幕僚们说："中法之战，陆路是主战场，而越南才是陆战关键，援台湾、振全局、牵制敌人皆以越战为上策，围困河内，则台湾解围。"

"围越救台"的战略定下来了，但还有一个更棘手的问题要解决，就是无将可派。中越边界在广西，朝廷在广西安排了足够兵力，但广西巡抚潘鼎新、广西提督苏元春都是淮军嫡系，唯李鸿章马首是瞻。张之洞心里清楚，他们是想求和避战，如果派他们出战，这仗不用打就知道结果了。

张之洞相中了两个人，一个是当时就在越南的黑旗军将领刘永福，一个是被排挤回乡归养的老将冯子材。只是要用这两个人，各方阻力都很大。

刘永福早年参加天地会起义，是反清首领，大清朝廷的通缉令上一直有他的名字。刘永福不是亡命之徒，骨子里是爱国的。中法战争爆发后，他一直在主动抗击法军，早在一年多前，清军将领唐景崧入越作战，刘永福就与他配合默契，打了不少胜仗，双方已经有了很高的信任度。在张之洞看来，如今正是用人之际，刘永福不惜散尽家财与法军周旋，这样的将领应该优待、招降。但其中有两重阻碍，一是得让朝廷同意，二是得让刘永福放心，因为刘永福之前吃过大清官员的亏，说是给他送军火，结果枪炮全是不能用的“烧火棍”。

有困难就解决，张之洞给朝廷写了一封奏章，陈述利弊，朝廷看后几乎没有反驳的余地，很快答应招降刘永福。张之洞马上派唐景崧入越与刘永福协商——不是空手去啊，张之洞让他带上粮饷、军械，都挑最好的，并带上圣旨，授予刘永福“记名提督”，赏顶戴花翎。张之洞还写了一封言辞恳切的亲笔信。这套组合拳打下来，刘永福感恩戴德，当即表示效忠朝廷，一定不辜负张总督的厚爱。

招抚刘永福的同时，张之洞还礼请冯子材出山。冯子材虽已六十六岁高龄，但老当益壮、领兵有方，依然是一员猛将。冯子材常年在广西带兵，剿匪平乱，屡立战功。1881年中法战争开打的时候，冯子材是广西提督，他带兵抗法，临危不惧，虽然装备落后太多，但也与法军搏了个“有胜有负”的战局。可惜他遭到广西巡抚徐延旭的排挤打击，不得不称病还乡。1884年年初，前线节节败退，有人建议启用冯子材，但李鸿章阻止了，他说冯子材年事已高，哪里是法军的对手，也就不了了之了。冯老将军其实一直关注着前线战事，这些事情他也有所耳闻，对李鸿章愤怒不已。

如今张之洞请他出山，必须让老将军心里舒坦。这种事情，张之洞最擅长了。他派人带上五万两饷银和他的一封亲笔信去拜见冯子材，冯子材读了张之洞的信后，感动坏了，之前从没有总督大人对他如此器重；再加上饷银都给他送来了，之前冯子材带兵，经常因为军饷受人掣肘，张总督实在是太贴心了！

冯子材当即表示，总督大人如此看重我，如今国家有难、战事告急，我当全力以赴，誓死报效！

就这样，在张之洞的斡旋下，刘永福和冯子材联手。

无力回天

战事果然如张之洞所料，冯子材还在广西整兵，法军就发起了进攻，全力攻打广西边界，驻守凉山和谷松的潘鼎新手握两万重兵，见法军来势汹汹，不战而逃，把两处前线阵地直接送给了法军。法军直扑镇南关——这是大清最后一道防线，冯子材临危受命，率军迎战，于是到了我开篇讲的那一幕：冯子材身先士卒，力挽狂澜，取得了镇南关大捷。看到这里，我们再看唐景崧战后所言：“凉山之役，南皮实为首功也。”确实不虚！

镇南关大捷后，冯子材率军乘胜追击，一举收复月前丢失的松谷、凉山这两个阵地，法军节节败退。张之洞授意冯子材，前线战事瞬息万变，你可自行定夺，不用凡事汇报，粮饷我保证，出事我担着！冯子材这辈子没这么痛快过，他率军奋力拼杀，法军偃旗息鼓，全无最初的嚣张气焰。如果再给冯子材两个月时间，收复越南也不无可能。

可就在这关键时刻，出事了——法军向清廷求和，清廷竟然同意了。消息传来，举国上下都很悲愤。张之洞和前线将士更是愤慨不已，却又无可奈何，真是有心杀贼、无力回天。张之洞很快冷静下来，他传令给冯子材，继续猛攻猛打，不要受到干扰，后面有我顶着。张之洞倒不是要与朝廷作对，他想的是，和谈在进行中，前线战果越大，对和谈越有利。

朝廷连降三旨，语气一次比一次严厉，张之洞实在是顶不住了，才让冯子材和刘永福撤兵。当时有传言说是李鸿章在背后谋和，张之洞也管不了那么多了，他直接写信质问李鸿章。李鸿章推脱说与他无关，这都是朝廷的意见，他只是负责谈判而已。张之洞见无力挽回，只得再次给李鸿章写了一封语气委婉的信，话里话外就一个意思：李中堂既然担此和谈大任，国家利益，一定要寸利必争啊，大不了我们跟他们接着打！

没想到最终签订的《中法会订越南条约》，与之前签订的《中法简明条约》的内容并无多大区别。中国不败而败，法国不胜而胜。持续约三年的中法战争，仗是白打了，将士们的血白流了，张之洞和众多有识之士的努力白费了。

从此以后，张之洞对李鸿章的意见就摆在明面上了。

补亏能臣

中法一战，让张之洞的名望大了起来，人们称他为“张香帅”。对于这样的结果，张之洞是既恨又忧。事情已定，张之洞无能为力了，眼前还有一大堆麻烦等着他去解决，首先面临的大问题就是穷！

中法战争，虽然清军凭着将帅高超的运筹能力，以及前线将士不怕死的精神打赢了法军，但清军赢得极为艰难，因为装备太落后了。这场战役也让张之洞深刻地认识到，大清要想强大起来，必须有自己的军工企业，必须办洋务。

张之洞接手两广时，财政赤字已经很高了。打仗的钱，张之洞都是找香港汇丰银行贷款的，前前后后已经欠了汇丰银行九百万两银子。当时广东一年财政收入只有四百五十万两银子，还要上缴朝廷一百五十万两银子，还一百万两银子的利息，剩下的只有二百万两银子，连维持日常运转都很困难，更别提要办洋务、振军工、建学堂、练水师了。

从1884年年初张之洞临危受命赴任两广，到1889年调离，张之洞在两广总督任上干了五年多时间，凭借其智慧和能力，在条件极其有限的情况下，办成了如下大事、实事。

恢复和扩建了几近荒废的黄埔船厂。船厂第一年就生产了四艘浅式轮船，此后陆续扩建，一直持续生产轮船、战舰。直到今天，黄埔造船厂依然是我国重要的军舰生产基地。

创办广东新式水陆师学堂，后来的黄埔军校正是在此基础上创办的。这所学校的毕业生对中国近代革命产生了深远影响。这所学校建立之初，张之洞就对标欧美军事学校，聘请外国教官，设水师和陆师两个班，水师分管轮和驾驶两个专业，学员必须学习英语，管轮专业学习机轮理法、制造运用等；驾驶专业学习天文、海道、驾驶、攻战之法等。陆师则设马步、枪炮、营造三个专业，开设天文、海道、驾驶、攻战等课程，学员必须学习德文。

创建了广州制造局。该制造局分为东局和西局，后来发展成为专门的武器生产机构，在生产各种枪械、弹药方面取得了显著成就。

本来张之洞还在紧锣密鼓地筹划钢铁厂、枪炮厂，没想到朝廷一纸调令下来，让他赴任湖广总督。

这里着重说一下，当时接任两广总督的不是别人，正是李鸿章的亲哥哥李翰章。朝廷派李翰章来接任两广总督，李翰章是十万个不愿意。这些年，张之洞在两广的动静很大，取得的政绩天下皆知，李翰章在官场混迹多年，当年在曾国藩帐下就是负责后勤的，他知道就张之洞干的这些事，背后花的银子那得是天文数字。赴任之前他粗略算了一下，打仗欠了九百万两银子，加上这些年的花销，两广财政亏空至少有两千五百万两银子。

当李翰章哆哆嗦嗦从张之洞手里接过账本时，他都不敢相信自己的眼睛，财政不但没有亏空，还有二百多万两银子的盈余。此时此刻，他对眼前这位晚辈不由得心生敬佩。虽然张之洞与自己的弟弟政见不合，但从此以后，李翰章明里暗里都维护、支持张之洞。

修建铁路

为什么朝廷着急把张之洞调走呢？因为湖广有一件更重要的大事要办，慈禧太后觉得让张之洞来干，她放心。

什么事呢？修建卢汉铁路。朝廷之所以让张之洞来，除了看中他的能力，还有就是这条铁路的修建方案最早就是张之洞提出来的。

张之洞早在山西时就深刻地认识到，要想富，先修路。当时李鸿章主张大修铁路，清流党上书阻止，张之洞是支持的。张之洞执政两广期间，多次上书朝廷，请求抓紧时间修建铁路，让各省的资源流转起来。

这里有必要介绍一下李鸿章和张之洞的铁路修建方案的差异。

李鸿章担任直隶总督兼北洋大臣多年，他的心思一直在东部沿海一带，所提的铁路方案主要有两部分，一部分是把天津、济南、南京、上海这一线连接起来，一部分是从沈阳、天津等地把铁路修到北京。客观来看，这些铁路确实需要修，李鸿章列举的一系列好处也都成立，但清流党坚决反对，反对的理由除了什么伤龙脉、动祖气外，还有就是如果铁路直接修通到北京，将来列强再次侵略大清，坐着火车就来了，以前还有个缓冲，这样一来连缓冲的时间都没了。也正是这个原因，慈禧太后迟迟下不了决心。慈禧太后是有逃跑经验的，敌人打过来，收拾细软确实需要时间。

张之洞的方案同李鸿章的不一样，其特色是“形成互补”。张之洞建议先在中部省份修铁路，这样利于资源流通。中国各地虽然物产丰富，无奈缺乏大规模运输条件，物资只能小范围流通。而且中原地区没有直接对外的港口，打起仗来也没那么容易成为列强的运兵工具。不仅如此，各省还可以快速支援京城，也可以相互支援。张之洞还特别强调，只有经济好起来，才能国富民安。

两相比较，张之洞的这套方案显然容易得到更多人的肯定。

在这种背景下，朝廷让张之洞主持修建卢汉铁路，从北京卢沟桥一直修到湖北汉口。对于这个结果，李鸿章深感郁闷，毕竟修建铁路是他先提出来的，呼声也是他最大，却被张之洞后来居上。

张之洞上任湖广总督之后，湖广所辖的湖南湖北依旧是一穷二白，但此时的张之洞已经是一位成熟的封疆大吏，只要在大方向上朝廷支持他，他就什么困难都不怕。

要想修铁路，首先要有钢铁，如此大量的钢铁肯定不能依赖进口。张之洞一方面引进人才，在所辖范围和周边省份抓紧勘探铁矿、煤矿，一方面与李翰章协商，把他在广州购置的准备开铁厂的机器运来湖北。李翰章年事已高，只想安安稳稳地当个地方官，便很爽快地答应了。

1889年（光绪十五年）9月的一天，秋高气爽，五十二岁的张之洞走到长江岸边的高地，旁边就是五年前被大火焚毁的黄鹤楼。张之洞极目远眺，思绪万千。遥想当年，黄鹤楼见证了唐宋繁华，少年才子崔颢的一句“昔人已乘黄鹤去，此地空余黄鹤楼”，让它名满天下，如今只剩一片焦土。回看当今天下，又何尝不是风雨飘摇、前路茫茫。但张之洞不是一个消极的人，江上烟波带来的愁容转瞬即逝，还有很多事情等着他去干。

这几年，他一直在畅想能修通一条铁路，贯穿南北，从北京一直到广州。是的，张之洞不仅想修通卢汉铁路，他的目标是修通京汉铁路。

此时的他还不知道，接下来他将有十八年时间去完成自己的心愿，他的很多构想都将在这片土地上实现。十八年后，他的学生们为了纪念他的功绩，在长江岸边为他建了一座楼。

张之洞虽然年过半百，但依然精力充沛。来到湖北后，迅速投入到夜以继日的工作中。很快，他请来的工程师探明湖北黄石的大冶铁矿矿藏巨大，且开采难度低。大冶铁矿自三国时期就被开采，当年东吴孙权在此炼铁铸剑，因为受限于技术条件，对大冶的矿藏一直搞不清楚，这一次探明情况后，张之洞心里有底了，接下来只要把炼铁的煤炭问题解决，就水到渠成了。

张之洞一边继续找矿，一边选址建厂。本来一切都在顺利推进，张之洞突然收到朝廷廷寄，告知他原本已经通过的卢汉铁路方案要暂停实施，原因是现在日、俄犯我东北的意图愈加明显，还是先让李鸿章把关东铁路修起来，以防东北生变，南边能够及时运粮增兵。

张之洞知道这是李鸿章给朝廷的建议，但这理由确实也成立，张之洞虽然沮丧，但很快调整好了心态，还给李鸿章写了封信，其中写道："湖北即专意筹办煤铁，炼铁造轨，以供东路之需用。"意思是，我现在暂停修铁路，全力以赴炼铁，支持你修关东铁路。

张之洞这格局，确实没的说。

反观李鸿章那边，他跟身边人说，张之洞把办钢铁厂的事想得太简单了，最终不过是一场劳民伤财的闹剧罢了。

李鸿章这话不能说没有道理，以当时中国的条件，要建近代化的钢铁厂确实太难了，先不说挖煤去炼钢铁，当时各个省很多煤矿挖着挖着连煤都找不到了。鲁迅入读的南京矿务铁路学堂，就是南京矿务局开设的，准备培养矿务人才，结果只招了鲁迅这一届学生，因为很快挖出来的煤都不够矿上自己用了，而那还是十几年之后的事情，张之洞当下面临的情况可想而知。

屡创辉煌

那这些困难张之洞知道吗？当然知道。只是他更知道，钢铁对于国家的战略意义。张之洞早在担任山西巡抚的时候，洋务顾问李提摩太就告诉他，钢铁是一个国家的脊梁。如今经过这么多年的摸爬滚打，张之洞深刻领悟了李提摩太这句话的含义。所以，对于张之洞来说，首先这是必须要干的事，其次再考虑如何解决遇到的困难。

1890年（光绪十六年）中，汉阳铁厂顺利动工，厂区面积超十万平方米，张之洞在汉阳铁厂隔壁规划了汉阳兵工厂，这样造出来的钢铁就能直接加工成武器。

在张之洞的亲自督促下，钢铁厂的工程进度确实很快，但要想炼出钢铁，真正的困难不在建厂，而在于找到合格的铁矿、煤矿。铁矿虽然找到了，但煤矿把所有人都难住了。当时湖北及周边的煤矿勘察下来，要么产量太少，要么质量不合格。

张之洞一边派人继续解决煤的问题，一边抓紧建厂。1893年（光绪十九年），一个面积达十万平方米的特大型钢铁厂拔地而起。这年九月，汉阳铁厂正式投产。全厂包括生铁厂、贝色麻钢厂、西门士钢厂、钢轨厂、铁货厂、熟铁厂六个大厂，还有机器厂、铸铁厂、打铁厂、造鱼片钩钉厂四个小厂。汉阳铁厂是中国近代工业史上的一座丰碑，一建成就被西方视为“中国觉醒”的标志，是“东半球首屈一指的钢铁基地”。

受限于煤炭短缺问题，刚开始汉阳铁厂的产能极不稳定，甚至间歇性地被迫停产。1896年（光绪二十二年），汉阳铁厂从纯官办改成官督商办，盛宣怀正式接手承办汉阳铁厂和大冶铁矿。盛宣怀确实有经营天赋，在他的运营下，汉阳铁厂终于进入正常经营状态。两年后，盛宣怀开采了江西萍乡煤矿，解决了煤炭紧缺问题。盛宣怀还用马丁炉改造了全厂的冶炼设备，铁厂的生产和经营步入正轨。

1908年（光绪三十四年），盛宣怀将汉阳铁厂、大冶铁矿与萍乡煤矿合并扩充，正式定名为“汉冶萍煤铁厂矿股份有限公司”，将官督商办改为完全商办。

辛亥革命前，汉阳铁厂年产生铁约8万吨、钢7万吨、钢轨2万余吨，全年钢铁产量占全国的90%，基本控制了全国的钢铁产业。1919年（民国八年），汉阳铁厂生产了166096吨生铁，创造了汉阳铁厂历史上产铁的最高纪录。汉阳铁厂在第一次世界大战期间达到了其产量的高峰期，被誉为“亚洲雄厂”。

汉阳铁厂旁的汉阳枪炮厂建成后，成为当时国内唯一能从原材料生产到成品制成一条龙的大型军工厂。其产品质量国内领先，部分能与国际水平媲美。我们在影视剧里经常能看到的“汉阳造”步枪，就是这个厂生产的，这款枪一直生产到1944年，总产量超过100万支。抗日战争中，“汉阳造”被大量用于军队装备。

1897年（光绪二十三年），张之洞一直惦记的卢汉铁路终于动工了，经过近十年的艰苦建设，卢汉铁路于1906年（光绪三十二年）4月1日全线通车，全长1214公里，使武汉成为“九省通衢”之城。因连接北京与汉口，后改称京汉铁路。直到今天，京汉铁路仍是全国铁路网的主干线。

张之洞计划的粤汉铁路，也就是从广州到武昌的铁路，也于1900年（光绪二十六年）动工，但是后来全国局势动荡，清政府被推翻后，中国又进入军阀混战时期，一直到1936年（民国二十五年），粤汉铁路才建成通车，全程1059公里。京广线全线贯通，更是新中国成立之后的事了。1957年，武汉长江大桥建成，京汉和粤汉铁路接轨，自此改名为京广线。毛主席后来站在长江边，看着马上通车的大桥，有感而发："一桥飞架南北，天堑变通途。"

篇幅有限，我这里只简单说了说卢汉铁路和汉阳铁厂。实际上张之洞主政湖北近十八年，使得湖北的农业、工业、教育等各个方面都处于全国前列。大冶铁矿是当时中国乃至亚洲产量最大的铁矿；汉阳铁厂是当时全亚洲最大的钢铁厂；汉阳兵工厂是当时全国产量最大、产品品质最好的军工厂；当时湖北的教育，更是遥遥领先于全国；银行、纺织等行业，武汉也处于领先地位。后来有人评价，张之洞是"武汉之父"，这话是一点也不虚。

张之洞主政两广期间，梁启超正在广州读书。梁启超非常崇拜张之洞，且一直关注着张之洞在湖北的动作。1893年年初，梁启超在给汪康年的信中，将张之洞与王安石、张居正等古代改革家作比：**"香帅权位虽不逮二人，而才力实过之。"**

张之洞在湖北的这十八年，有两年时间署理两江，原因是中日甲午战争。当时张之洞是湖广总督，刘坤一是两江总督，朝廷眼见李鸿章的淮军一溃千里，赶紧调湘军统帅刘坤一率军北援，让张之洞署理两江。

张之洞是坚定的主战派，他把湖北能抽调的一万精兵也派往前线支援。接下来抗日前线的粮饷、军械，都得靠他。同时，两江所辖区域是中国经济最重要的地区，要防备日军偷袭。这个活儿张之洞在十年前的中法战争中干过，虽说难度很大，但张之洞毫不推辞。他对刘坤一表示，您在前线只管打仗，后勤工作我一定不给您掉链子！

张之洞是1894年10月11日到任南京的，发现两江可用之兵、可用军械都被带到前线去了。人、钱、粮，要啥没啥。但抱怨从来不是张之洞的性格，他开始筹钱，在他待过的两广、两湖募捐，向富户和银行借款，凑上来的钱分成三部分，一部分买军火，一部分买粮食，一部分作军饷。除了刘坤一，山东巡抚李秉衡、湖南巡抚吴大澂带兵在前线作战，也都向张之洞求援。张之洞不敢说有求必应，也算是倾囊相助了。就连李鸿章也给张之洞发来电报，说你顾全大局，我佩服你啊！

清朝版《老人与海》

张之洞听说日军进犯台湾，他非常着急。此时驻守台湾的正是十年前抗击法军的老搭档唐景崧和刘永福。张之洞给他们发电报，嘱托他们一定要力抗日军，军械、粮饷的问题，他会全力以赴帮忙解决。张之洞很快就筹集了军饷和一批武器运往台湾。他知道唐景崧挂念自己的母亲，就把老人家接来南京赡养，他对唐景崧说："您为国尽忠，我替您尽孝，高堂您不必忧心。"唐、刘二人回电表示，誓死守护台湾。

北方正面战场战败的消息不断传来，先是李鸿章经营多年的北洋水师全军覆没，后是陆战节节败退，刘坤一和吴大澂的湘军也没支撑多久就败了。这时候，朝堂内求和的声音又大了起来，慈禧太后担心日军真的打进京城，也越来越倾向求和。李鸿章更是希望抓紧时间和谈，他自己的淮军已经腐化成什么样子，他心里最清楚。

听到朝廷求和的声音，张之洞满腔愤懑，他上书道：如今日本狼子野心，昭然若揭，如果我们主动求和，不但带不来和平，反而会助长对方的嚣张气焰，于国损害愈深。为今之计，唯有力战。

这次还是与中法战争一样，决定权不在张之洞手里。很快，中日开始和谈，日本要求大清割让台湾，张之洞一方面向朝廷和李鸿章疾声呼吁，万万不可答应，大不了继续打；一方面他密电唐景崧和刘永福，让他们死守台湾，不要受朝廷的干扰。

1895年（光绪二十一年）3月23日，令国人不齿的《马关条约》还是签订了，条约规定：清政府赔偿日本白银二亿两；割让台湾、澎湖列岛及辽东半岛给日本；开放苏州、杭州、沙市、重庆为日本通商口岸；承认朝鲜是日本殖民地；同意日军继续占领威海、刘公岛要塞。

消息传回国内，举国悲愤。张之洞呼吁朝廷不要承认这份条约，他建议迁都太原，与日再战。但慈禧太后和光绪皇帝都被日军吓破了胆，哪里还会不同意？张之洞没有放弃，他继续联系俄、法、德等国，让他们出面给日本施压，毕竟日本这份条约对他们的在华利益损害也不小。当时列强都在谋求在华利益，不希望谁一家独大。在俄、法、德等国的压力下，日本同意不要辽东半岛了，但台湾日本是坚持要的。张之洞想好了，只要唐景崧和刘永福能抵抗住日军，台湾就还是我们的。

他是这么想，也确实是这么做的。张之洞给唐景崧致电说：你只要坚守三个月，我们正在争取国际势力来调停。唐景崧和刘永福在张之洞的支持下全力抗日，日本多次登岛都损失惨重，不得不转头向清廷施压。朝廷也知道是张之洞在背后操作，对他一连下了三道圣旨，张之洞才不得不强忍悲痛，跟唐、刘两人说，我现在不能再支持你们了，朝廷给我下了旨意，至于台湾能不能守，你们自行定夺吧。

其实到这一步，张之洞依然留有一丝希望，他希望唐景崧和刘永福可以抗命不从。唐景崧接到密电后，心灰意冷地回到了大陆，而刘永福果然如张之洞所愿，他带领台湾军民继续抗日。只不过大势所在，没有后援、没有补给，刘永福在1895年9月初失去最后一个据点后，被迫撤回厦门。

张之洞望洋兴叹，历史总是惊人的相似啊！十年前的中法战争，同今天被朝廷逼迫撤军的局面何其相似。以张之洞对局势的认识，他不会不知道独木难支，他不会不知道他的努力最终改变不了结局，但他还是一次又一次地拼尽全力去争取。

诸君，这是清朝版的《老人与海》：老人坚持出海，费尽千辛万苦钓到了大马林鱼，与大鱼搏斗了两天两夜才制服它，老人拖着大鱼回港，被鲨鱼盯上，明知即便把大鱼拖回渔港，鱼肉也会被鲨鱼啃光，不如直接把鱼舍弃，自己也能脱离险境，但他还是把那副大鱼骨架拖了回来。当人们看到沙滩上的大鱼骨架时，对老人的敬意油然而生。

勇敢坚韧、不屈不挠，甚至“明知不可为而为之”，张之洞与老人何其相似。这样的精神，越是在民族危亡的时候，越发可贵。

张之洞虽然没能力挽狂澜，但他的精神感染了世人，时人称他：**“直言敢谏，不避权贵，一时无两。”**

甲午一战，李鸿章名声扫地、举国唾弃；任劳任怨的张之洞声望进一步提高，虽然战后回到湖广总督任上，但在大清八大总督里，他的声望排第一，这是整个大清朝从没有过的。一直以来，排在前两位的一定是直隶总督和两江总督，因为一个主管政治中心，一个主管经济中心。

劝学篇

关于张之洞，还有一件事不得不提，就是戊戌变法。

光绪主持变法期间，组建了一个自己的核心智囊团，一共四个人：谭嗣同、杨锐、刘光第、林旭，光绪任命他们为军机章京。百日维新失败后，在菜市口问斩的“戊戌六君子”就包括他们四人。在这四人中，除了谭嗣同与张之洞关系不深外，其他三位都是张之洞的门生或亲信，尤其是杨锐，全天下都知道他是张之洞从四川发掘出来的得意门生。

另外，康有为、梁启超这两个慈禧太后眼中的“主犯”，与张之洞交往甚密。康有为在上海办强学会和《强学报》，张之洞出钱出力，后来因为两人观点不同，张之洞与康有为分道扬镳，把《强学报》改名为《时务报》后，又请梁启超来主笔，并且不遗余力地推广。

慈禧太后因为听说这些维新人士撺掇光绪“围园杀后”，愤怒得失去理智，但凡与维新派沾点关系的，都被抓捕严惩。神奇的是，张之洞却丝毫没有受到影响，甚至愈加被重用。

而这，得益于张之洞始终如一的执政理念——忠于朝廷，力主改革，为国图强。当然，还有他手里的那一支妙笔。忠于朝廷是他刻到骨子里的行为模式，力主改革是他在实践过程中摸索出来的发展方向，为国图强是他的终极目标。

我们可以说，张之洞的思想有局限性，但站在他的角度，忠于朝廷与为国为民几乎是画等号的。另外，张之洞为学、为政、为人的底色，还是儒学那一套，他同康有为的主要分歧就在这里。康有为写了两本书，一本是《新学伪经考》，一本是《孔子改制考》，对儒家先师孔子做了一番天马行空的解读，把孔子说成是一个力主改革政治、倡导民主思想的斗士。这对于饱学之士张之洞来说，一看就是胡说八道。

张之洞试图劝说康有为：你看咱们的目标是变革图强，只要这个大方向不变，我们没必要一定跟朝廷对着干。康有为不是一个好说话的人，他根本不理睬张之洞的建议。他在《强学报》上直接采用孔子纪年，而不用光绪的年号。这还得了，说严重一点，你这是要谋反啊！张之洞很快关停了报纸，与康有为渐行渐远。其实客观上，张之洞是保护了康有为，如果再持续一段时间，康有为被慈禧太后拿下是板上钉钉的事。虽然康有为到处说张之洞迂腐，但张之洞明里暗里依然在给维新人士活动经费。

张之洞后来想请梁启超做自己的幕僚，梁启超婉言谢绝了。

按说这些事情，在戊戌政变后都得被清算，毕竟这都是事实，你说你忠君爱国，那个东西很虚啊。张之洞当然也知道这一点，他其实很早就预料到，慈禧太后迟早会拿下康有为等人，那时自己也难辞其咎。

怎么办呢？诸君想想，这事可还有解？搁一般人肯定是无解，但张之洞有解，而且解得非常巧妙。就在光绪皇帝带着康有为等人搞维新变法时，张之洞捧出了包含他所有思想主张和改革方向的鸿篇巨作——《劝学篇》。

《劝学篇》一共有24篇文章，围绕着“中学为体，西学为用”的主旨，从各个方面提出了自己的主张和具体措施。甲午一战后，朝廷也在谋求改革，张之洞是知道的，而且他更知道，这份纲领要想付诸实施，首先要得到太后和皇帝的认可，所以他在言词上分寸感拿捏得非常到位。

就在朝廷准备搞变法时，他赶紧将《劝学篇》递了上去，慈禧太后和光绪皇帝看后都非常满意。光绪皇帝让朝廷印发全国，让全国官员抓紧学习，张之洞的名声得到进一步提升。而这些事情，刚好发生在百日维新的前半段。为什么慈禧太后没有追究张之洞，因为他的想法都写在书里了，她看了，确实很多具体改革措施同康有为的想法差不多，所以他在很多时候支持康有为是可以理解的，但张之洞忠于朝廷、忠于自己。

戊戌政变之后，光绪皇帝被囚禁，慈禧太后接着搞变法，核心依据就是张之洞的《劝学篇》。当时大学士徐桐还提醒慈禧太后，说张之洞的《劝学篇》跟康有为说的东西差不多，学他何用？慈禧太后答道，张之洞对朝廷是忠诚的，他是一个温和的改革者。

我们现在当然可以说张之洞“中体西用”的思想确实落后了，但在当时的历史背景下，我们不得不佩服张之洞的分寸感和敏锐度。他手里的那支妙笔，总能在几乎无解的困局中找到答案。

后来朝廷在张之洞的建议下，终于于1905年（光绪三十一年）正式废除科举制度，在全国推行新式学堂。在中华大地上实行了一千多年的科举制度，完成了它的历史使命。

克己奉公

1907年（光绪三十三年），张之洞应召入京，被任命为军机大臣，七十岁的张之洞终于位极人臣。张之洞离开京城的这近三十年时间里，回京的次数屈指可数，这是慈禧太后对他的充分信任。因为按照清朝惯例，封疆大吏每年要回京述职一次，但慈禧太后体谅张之洞路途辛劳，给他免了。张之洞也对得起朝廷的信任，自始至终廉洁奉公、严于律己。

就在四年前，朝廷召张之洞回京城商定与英美等国的商船条约，慈禧太后召见了他，对风烛残年的张之洞说："你一辈子克己奉公，日子过得太苦了，我赏你五千两银子，可不能再去当铺当你的皮箱了。堂堂朝廷大员，传出去让人笑话。"

张之洞可能是晚清名臣里最清贫的。他在湖广总督任上，家里经常没有生活费，他就让属下拿着他那支皮箱去当铺当了，等有了钱再赎回来。后来当铺掌柜都习惯了，跟柜台上的伙计说，以后只要是张大人的皮箱，不用打开，直接给二百两银子。

按说两广总督一年的收入也有大几千两银子，绝不至于如此。但张之洞在湖北要做的事情太多了，哪里都缺钱，他自己的养廉银一到手就当公家的钱花出去了。顺便说一下，张之洞领了慈禧太后五千两赏银，转头就在回乡探亲的时候全部用于捐建一座学校了，这所学校被命名为慈恩学堂。

张之洞还是个孩子的时候，父亲张瑛时常教导他："贫，吾家风，汝等当力学。"张之洞做到了，而且做得不能再好了。这样的一个人，朝廷哪能不放心？

1908年（光绪三十四年）10月，光绪皇帝和慈禧太后先后去世。

1909年（宣统元年）8月23日，张之洞于北京病逝，享年七十二岁，清廷赐谥"文襄"，上一个被赐"文襄"谥号的，正是张之洞敬佩的前辈左宗棠。

中兴四臣

最后，我把曾国藩、左宗棠、李鸿章、张之洞这四位中兴名臣放在一起说一下。经常有人将这四位名臣拿出来排名，站在不同的视角会得出不同的结论。当我们把这四位名臣的一生功过都了解完后，我们可以适当地拉开距离，回望面临千年未有之变局的晚清，我个人觉得在那样的历史处境中，评价一个名臣、权臣，可以有这么几个角度：**恤民、知兵、善政、德行**。

恤民，顾名思义，就是体恤民生民情，越是乱世，底层百姓的生活愈加艰难，说生如蝼蚁一点儿也不夸张。翻开史书，描写乱世中的黎民苍生，不过寥寥数字——十户九空，人相食。古代中国，为政一方的官员，为什么被百姓称为“父母官”呢？因为在行政机制相对粗糙的年代，一个地方官真的能改变一方百姓的生存状况。而保一方百姓安宁，就是保国家安宁，受“忠君爱国”儒家思想教育的官员们当然明白这个道理，而真正能做到、做好，并不容易。这四位名臣中，左宗棠和张之洞在这一点上明显做得更好。他们每主政一方，即便急于应对战事，也从来不会忽视民生。他们知道，民生才是根本，才是底气。

当然，曾国藩也没有差太多。曾国藩做了多年京官后，直接投身战争，后来做了地方大员，也算是殚精竭虑，如果给他更多的和平时间，他或许也能做得不错。李鸿章相较而言，就少有体恤民情的作为。当然，我们也可以说，李鸿章将精力投在了办洋务、图富强上。

知兵。清末乱世，内忧外患，知兵是一方大员的基本功，或者平内乱，或者御外敌。当时的中国，几乎没有完全安宁的地方。曾国藩、李鸿章、左宗棠都是因战功而起，曾国藩在战争中总结出的“结硬寨、打呆仗”的六字心法，时至今日，依然让人常悟常新，它的力量早已超出带兵打仗的范畴。

在知兵上，李鸿章算是曾国藩的学生，带出的淮军，风头一度盖过湘军，可惜后来因为治军不严、指挥不当，甲午一战，全军覆没。如果说李鸿章是内战内行、外战外行，他也没法反驳。左宗棠在带兵这一块是有天赋的，勇谋俱佳，不光内战打得漂亮，抵御外敌也毫不含糊。更难得的是，左宗棠的队伍是为数不多的军纪严明的队伍。张之洞除了青年时期在父亲身边参加过短暂的平乱，一直到两广总督之前，都是妥妥的文官，李鸿章一直说张之洞“书生之见”，但就是这样一个完全没带过兵的人，一上来指挥的就是李鸿章避之不及的中法战争，而且取得了晚清对列强战争中的最大胜利。从甲午战争期间张之洞署理两江、调度后方的能力来看，如果给他机会，保不齐他就是下一个左宗棠。

善政，也就是管理一方的行政能力。这个貌似不好评判，但如果我们把他们的生平功绩展开，很容易发现，左宗棠和张之洞要远胜李鸿章。曾国藩因为没有在一个地方待足够长的时间，不好下断论。左宗棠、张之洞、李鸿章分别主政陕甘、湖广、直隶超过十五年。左宗棠和张之洞每到一处，当地风貌焕然一新。反观李鸿章当了十八年直隶总督兼北洋大臣，他所掌握的权力和资源比同时期主政湖广的张之洞要多得多，但结果是直隶在其治下乏善可陈，张之洞所治理的湖广欣欣向荣，不少成果直到新中国成立之后还在发挥作用。

最后一个，也是最最重要的——德行，也可以说为人、为官、为学的价值观。为什么说这是最重要的？因为我们上面所说的每一项，其支撑点都在这里。曾国藩在年轻时就立下“做圣人”的目标，“立功、立德、立言”，曾国藩为之努力了一辈子。正因如此，他能自始至终做到清正自廉。左宗棠自青年时就以“今亮”自居，戎马一生，为百姓苍生计，很少为自己、为家人计。张之洞在这一点上以曾国藩和左宗棠为榜样，最终，他做得比两位前辈有过之而无不及。张之洞官居一品，却穷困潦倒，说穷困潦倒并不是夸张，张之洞早年做京官，四十岁生日时连摆几桌酒席的钱都没有，还是他的妻子当了几件衣服，才换点钱请前来恭贺的同僚吃了顿饭。张之洞后来做了近三十年的封疆大吏，去世时连办葬礼的钱都没有，在同僚好友的帮助下才得以安葬。张之洞这辈子也没在家乡为自己盖过一间房、买过一亩田。他去世后，家人的生计都成了问题。反观李鸿章，在这一方面就与前面三位相差太远了，他去世前就有“宰相合肥天下瘦”一言在民间流传。他之所以能身居高位，确实是因为他能力强，但没有坚定价值观的人身居高位，很难不被腐蚀，淮军后来贪腐成风，可以说很大一部分原因就在李鸿章自己身上。

价值观是一个很神奇的东西，凑近了看好像什么都没有，虚的不能再虚了，但拉远一看，尤其是随着时间的沉淀，会发现它才是一个人、一个组织、一个国家的根本。

参考文献

[1] 谢世诚，高盛蔷. 张之洞[M]. 南京：南京大学出版社，2017.

[2] 王振羽. 国家重器：张之洞[M]. 南京：江苏人民出版社，2022.

[3] 吴剑杰. 张之洞年谱长编[M]. 上海：上海交通大学出版社，2009.

[4] 张之洞全集[M]. 武汉：武汉出版社，2008.

[5] 张之洞诗文集[M]. 上海：上海古籍出版社，2015.

[6] 梁启超. 清代学术概论[M]. 长沙：岳麓书社，2010.

[7] 钱穆. 国史新论[M]. 北京：生活・读书・新知三联书店，2001.

[8] 余英时. 现代危机与思想人物[M]. 上海：生活・读书・新知三店，2012.

[9] 郭大钧. 中国现代史探索[M]. 北京：北京师范大学出版社，2015.

[10] 范文澜. 中国通史[M]. 北京：人民出版社，2008.

[11] 唐德刚. 从晚清到民国[M]. 北京：中国文史出版社，2019.

[12] 刘超. 张之洞的实业教育思想研究[D]. 长沙：湖南农业大学，2007.

[13] 陈文文. 张之洞铁路教育思想[D]. 苏州：苏州大学，2018.

严复

（1854—1921）

笔醒山河
近代思想启蒙人

在一个国家和民族整体迷失的时代，我们需要身体力行、勇往直前的探索者和变革实践者。他们的探索和变革可能会背负骂名，甚至会付出生命的代价。我们同样需要像严复先生这样在思想、哲学、社会学方面努力耕耘的教育家、思想家。

一个社会摸索进步的过程，就好比酿一坛美酒，用的粮食、水这些主材，大家会极其注意，但没有酒曲，再好的粮食和水，也酿不成一坛好酒。尽管酒曲在一坛酒中占比极低，但起的作用却是巨大的。

思想，就好比社会变革中的酒曲。

曾国藩、左宗棠、李鸿章、张之洞这四位中兴名臣的故事，为我们勾勒出了晚清时局的大轮廓。而这个拥有四万万人口的大国，还得借着微光探索、前行。严复，就是那位最先点起微光的点灯人。

1895年（光绪二十一年）3月14日，初春的天津，寒意未去，七十三岁的李鸿章登上轮船，东去日本和谈。此时，在天津城内的北洋水师学堂校园里，一个四十二岁的男子愤声疾呼：“和则终亡，战可渐振。”他呼吁，一定不能同日本议和，日本狼子野心，投降议和就要亡国；力战到底，哪怕战场暂时失利，中国依托战略纵深，久战必胜。

这个人就是严复。

他深刻分析了当时的中日形势，日本是举全国之力开战，上下一心，前期自然气焰嚣张，能打胜仗。但这样的战争消耗巨大，日本是个小国，本就是砸锅卖铁发动了这场战争，没多少家底。

反观中国，虽然北洋水师覆灭，但国力尚存，只要坚持跟日本死磕，日本劳军远征，我们以逸待劳，时间一长，彼消己长，胜在己而不在彼。

他呼吁朝廷上下："为今之计，下决心打他个十年二十年，终究可以打败侵略者！"

这套理论听着是不是有点耳熟?

没错，此时严复思想的底层逻辑，与四十多年后伟人提出的"论持久战"如出一辙。

严复这个名字我们不陌生，但我们绝大多数人所知的，只是他翻译了《天演论》。在我看来，要了解晚清到民国那一代人的思想转变过程，绕不开严复。

早年经历

1854年（咸丰四年）1月8日，福州南台苍霞洲严家迎来了长子的降生，他就是严复。

那年，曾国藩四十四岁，当时他组织湘军抗击太平天国已到第三年，困在江西，屡战屡败，两次投江自杀未遂。

那年，左宗棠四十三岁，被骆秉章请做巡抚幕僚，开启了他长达六年的巡抚衙门生活。

那年，李鸿章三十二岁，跟老爹一起在安徽老家办团练，抗击太平军，没成什么气候。

严家多代行医，算是小康人家。父亲医术精湛，仁厚仗义，给穷人看病分文不取，十里八乡的人都称他为"严半仙"。

严复自幼聪颖，父母对他的教育也极为重视。严复五岁时就入了私塾，父亲看孩子确实有些读书的天赋，就有意培养他走科举这条路。九岁那年，父亲花重金聘请当地知名学者做家庭教师。按照正常逻辑，严复是要走科举仕途这条路的。

之前我说过，人生如果有定律的话，第一条当是“人生无常，祸福相依”。

严复十三岁那年，也就是1866年（同治五年），福州一带霍乱肆虐，父亲一直奔波于乡间救治百姓，不幸染病去世。因为父亲常年仗义疏财，家中没什么积蓄，连丧事都是乡里乡亲凑钱办的。父亲去世后，严复母亲靠做些手工活勉强维持家计。对于年少的严复来说，初次体味了世事浮沉、路多荆棘，科举梦也只能终了。

就在这一年，严复娶了王氏为妻，现在看来是童婚，但在当时是再正常不过的事情。

也是在这一年，左宗棠坐镇福州，最终平定了太平天国，在福州创办了福州船厂。这个船厂有一个配套的船政学堂。那年冬天，船政学堂开始招生。这类学堂，当时士绅地主家的孩子是不会去的，在他们看来，科举入仕才是正道。

上福州船政学堂，包吃、包穿、包住，每个月还发四两银子贴补家用——四两银子已经够严复一家人维持日常开支了。每个季度一次考试，考试成绩好还发奖学金。学期五年，毕业后包分配。对于贫困的严家来说，这些条件太有吸引力了，但严复母亲不同意。严复明白，作为家中长子，他要面对现实，挑起大梁。在他的坚持下，母亲只得让他去了船政学堂。

船政学堂的入学考试分为面试、笔试和体能测试，最难的是笔试，但也无非就是考考文章，毕竟来参加的都是穷苦人家的孩子，考试太难，大家就考不上了。当时笔试，文章题目是《大孝终身慕父母论》，出自《孟子·万章》，其实就是以“孝”为题写篇小作文。严复刚刚遭受父亲去世的打击，心中感慨万千，一笔写就。严复底子本来就好，结果也没什么悬念，以第一名的成绩入学。

在接下来的五年时间里，严复的成绩基本保持了第一。学堂教授的功课，与他之前备考科举时学习的内容大不一样，他学习了英文、算术、几何、解析几何、代数、微积分、力学、电学、热学、光学、化学、地质学、航海、天文学。最终，严复以最优等成绩毕业，不到二十岁就已是一个复合型人才了。

毕业后，严复到军舰上实习，把学堂里学的知识运用到实践中去，一干就是六年。在这六年时间里，严复跟着船舰走遍了整个东南海域，下南洋，游日本。

1874年（同治十三年），日本和美国勾结，企图侵略台湾，严复随沈葆桢到台湾测量台东各海口，调查当时的军事形势。

1876年（光绪二年），严复随福州船厂自制的五艘舰船巡游黄海和日本各地。当时日本才刚刚开始筹建海军，严复所在的船队到了长崎、横滨这些地方，岸上挤满了围观群众，眼里满是羡慕。

看到这儿，我们就能理解为什么二十年后甲午战败，严复会如此痛心疾首、难以接受、不甘投降求和了。

思想转折

在曾国藩和李鸿章的争取下，清廷于1872年（同治十一年）派出第一批留学生赴美学习。后来李鸿章发现日本派出的留学生，数量远在中国之上，而且不局限于在美国留学，英、法、德都是留学地。

本来福州船政学堂是不准备选送留学生的，但李鸿章和沈葆桢都觉得聘请的洋人教员合同期满，就要回国了，为长远计，还得自己培养出来一批能接班的学员才行，就专门从船政学堂选派了一批学生，送往英法留学。

1877年（光绪三年）春，二十四岁的严复和其他十一名同学坐上了赴英法留学的轮船，这批学员后来成了北洋海军的中坚力量。十七年后，甲午海战中几艘主舰的舰长，几乎都是这一批派出去的留学生，如刘步蟾、林泰曾、林永升、方伯谦。

严复在英国学习了两年半，这段留学时间虽然不长，但对严复一生的思想发展影响巨大。与严复一同过来的同学，大部分时间都在军舰上学习实操，这些对于严复来说没什么吸引力，倒是当时英国的经济、文化、社会制度让他着迷不已。他还专门参观了英国法庭的审判过程，审案需要被告、原告、各方律师、证人、各种证据，相较于中国的县太爷断案，完全不在同一个时代。

严复如饥似渴地投入到对西方文化、哲学和社会学的学习中。当时英国正处于全盛时期，社会经济、文化、思想高度活跃。此时的严复开始认识到，西方列强的强大，军事技术这些只是表象，他们的政治制度、文化、思想的先进才是根本所在。

为什么严复后来潜心教育和翻译事业，试图通过向中国输入西方文化、思想，以唤醒国人，根源在这时候就种下了。

严复刚到英国时，清廷的驻英大使是郭嵩焘。郭嵩焘非常欣赏严复，与之成为忘年交。这里简单介绍几句郭嵩焘。他是湘军创始人之一，生于1818年（嘉庆二十三年），他比曾国藩小六岁，比左宗棠小五岁，他们三个都参加了1838年（道光十八年）那场科举。那年曾国藩高中，左宗棠和郭嵩焘落榜了，左宗棠自此放弃科举之路，郭嵩焘继续参考，一直到1847年（道光二十七年）考中进士。

1852年（咸丰二年），曾国藩丁忧在家，不愿出山帮办团练，就是郭嵩焘最终说服曾国藩，郭嵩焘也成了湘军的核心幕僚。郭嵩焘对左宗棠的才干极其欣赏，1860年（咸丰十年），左宗棠差点被咸丰皇帝杀头，第一时间将消息告知胡林翼、在京城奔走相救的也是郭嵩焘。

左宗棠对郭嵩焘有四个字的评价——思想超强。郭嵩焘确实以理论和思想见长，他于1876年（光绪二年）率团队赴英，在伦敦设立驻英使馆，任驻英大使，1878年（光绪四年）他又兼任驻法大使。在此期间，他遍访欧洲各国，对当时欧洲各国，尤其是英国的政治制度、教育现状和技术发展进行了详细的考察，他将所见所闻形成纪要，结合他自己给清廷的建议，不断地寄回国内。

郭嵩焘对西方世界的认识，应该是他们那一代人里最深刻的，可惜当时清廷对这些声音不以为然。后来郭嵩焘还被保守派弹劾，说他是汉奸。

现在回头看，郭嵩焘是清廷与西方接轨承前启后的重要人物，可惜顽固派以“天朝上国”自居，郭嵩焘超前的眼界和认识不被认可，反遭诬陷，说他“有二心与英国”，他只能黯然回国，从此蛰居乡野，1883年（光绪九年）病逝于湖南老家。

郭嵩焘在老家蛰居期间，依然关心国家大事，尤其是外交大事，一有机会就上书朝廷，与李鸿章也有书信往来。去世前，他写了一首诗：“眼前万事随云变，镜里衰颜借酒温。身世苍茫成感喟，盛衰反复与谁论？”对自己的仕途坎坷，终是不甘。

如果郭嵩焘不倒，严复回国后的仕途可能会顺利很多，可惜历史没有如果。

严复在伦敦学习的这段时间，马克思也在英国，《资本论》已经出版了十余年。当严复刚刚接触资本主义时，马克思已经在《资本论》中对资本主义进行全面反思了。

仕途受限

1879年（光绪五年）盛夏，严复奉船政大臣吴赞诚之命回国。回来后，严复入职母校福州船政学堂，担任教习。

1880年（光绪六年），李鸿章一直张罗的北洋水师学堂终于得到朝廷同意。陈宝琛向李鸿章推荐严复，陈宝琛对严复的评价是："器识闳通，天资高朗，可胜大任。"此后二十年，严复一直任职于北洋水师学堂，最开始是洋文总教习，1893年（光绪十九年）升任校总办（相当于校长）。

从他的这段经历来看，我们可以推知以下三个方面的信息。

第一，严复虽然没有直接参加政治活动，但作为海军学校的实际管理者，他对当时北洋军队的腐败、制度的落后是很清楚的。

第二，从严复的学习和工作经历来看，他不是纯学术派，他学的东西、教的东西都是当时比较急缺的技能。

第三，严复虽然当上了一校之长，但和他一同留学的同学已经个个手握实权，严复内心应该是不甘的。

到北洋水师学堂的前几年，严复意气风发，多次受到嘉奖。他一心想在官场上有更大作为，并不甘心困于水师学堂，他在给堂弟的信中写道："当今做官，须得内有门马，外有交游，又须钱钞应酬，广通声气，兄则三者无一焉，何怪仕宦之不达乎。"

李鸿章的阵营，当时非常大的弊端就是任人唯亲，严复毫无人脉，又不是钻营奉承之徒，很难受到重用。严复在1895年还动过去南方投入张之洞阵营的心思，但很快发现张之洞目光有限，他还公开撰文反驳张之洞的"中体西用"论，张之洞闻之大怒。

严复无法入仕，还有一个原因是他没有科举功名。若论眼界、学识，严复绝对算是一等一的人才，可惜没用，要进入仕途，最重要的还是科举，如果无功名加身，纵然你有天大的本事，也低人一等。莫说是严复这样毫无背景的人，就算是曾国藩的儿子曾纪泽，他可是朝廷下旨承袭曾国藩爵位的官二代，而且出使英法，配合左宗棠从俄国手里收回伊犁有大功，在官场上也依然受人白眼，处处受制。

严复是认识到这一点的，他在北洋水师学堂任职期间，前面十几年一直没放弃科举，在1885年到1893年期间，他前后四次参加科举，但均名落孙山。不是因为他才学不够，而是他接受过完整的西式教育，思想底色已经形成，做起文章来，稍不留神就出格了。

但严复这十几年在古文学上下的功夫没有白费，后来他的文章一问世就广为流传，即便是保守派对他的思想大加批判，也对他的文笔称赞有加。

大声疾呼

1895年甲午战败，这是严复思想的又一个重要转折点。如果说甲午战争之前，严复还对洋务强国思路抱有幻想，或者说他对自己的救国方案还不够坚定，那么甲午惨败就彻底惊醒了他。

在前线节节败退的时候，他提出打持久战，但朝廷既听不到他的声音，更无法执行。中国的形势已经万分危急，当年在英国留学时内心种下的种子在严复心中疯狂生长，他认为要抓紧变革，不然真要亡国了。

1895年，他在天津《直报》上发表了四篇非常重要的政治论文：《论世变之亟》《原强》《辟韩》《救亡绝论》。虽然总的思想是呼吁维新变法，跟当时康有为、梁启超他们呼吁的方向是一致的，但在思想的深刻性和主张的全面性上，比康、梁等维新派要高出一筹。这也不难理解，当时康有为、梁启超等人接受的还是传统教育，也没有出国留学的经历，没亲眼见过西方国家的社会现状。

严复在他的文章里，对中国的皇权专制制度、君贵民轻等传统思想进行了尖锐严厉的抨击，旗帜鲜明地提出了他坚信的自由思想。

他在文章里攻击顽固派在政治制度上的因循守旧。他告诉顽固派，历史发展是有其规律的，这种规律是不会以顽固派的主观意志为转移的。

对比当时大清传统社会与西方资本主义社会发展的方方面面，再结合他所认可的达尔文主义，他得出结论：资本主义国家对落后的中国的侵略是必然的，这是数千年以来未有之大变局，中国只能在认清形势的基础上努力改革图强，才能改变落后挨打的局面。

朝廷当权者即便听到这番话，也不会有醍醐灌顶之感，即便是李鸿章、张之洞这些洋务派也听不进去，二者根本就不在同一个思考维度。

批评完顽固派，严复提出了自己的救国理论：中国之所以落后挨打，技术落后只是表象，洋务派倡导“中学为体、西学为用”，以及“师夷长技以制夷”，对中国落后的制度、传统思想却毫无反思，幻想学点西方技术就能救中国，这根本行不通。

严复也不认为仅仅学习西方政治、经济和社会制度就能救中国。在他看来，中国最重要的问题是思想，从皇帝到臣子再到百姓，思想都出了问题；西方之所以强大，是因为西方人的思想底色是“弱肉强食，适者生存”，他们尊重个体的自由和发展，鼓励竞争。在这个过程中，个体越来越强，社会组织也就随之越来越强。

严复思想的着力点，是如何让亿万百姓变得更强，总结起来就是三个词——**民力、民智、民德**。

严复认为一个国家的存亡、强弱，决定于这个国家国民的**“血气体力之强”“聪明智虑之强”“德行仁义之强”**。

他以这三条标准反思当时中国的状况。民力上看，全国上下被鸦片荼毒至深，国民一个个都残弱不堪的样子。这个他是有话语权的，他自己就是个瘾君子。

民智主要讲的是国民教育，大清的愚民政策导致全民识字率极低。严复还痛斥八股取士的危害，提倡全面推行西学，推广义务教育。

民德主要针对的是三千年来中国传统的“君贵民轻”的皇权专制制度。

严复的思想受达尔文进化论、斯宾塞的社会进化论影响很大，但他是结合当时大清的社会现状做了创造性的解读和发挥，他将社会问题的根源追索到思想意识层面，这在当时是独树一帜的，也是足够深刻的。

一个民族，思想为骨，政治、经济等社会制度为肉，技术为皮毛。一个民族思想不进步，脊梁骨就永远直不起来。

相对于同时代主张维新变革的文章，严复足够直接。《辟韩》一文，被后来学者认为是严复平生最出色、最足以说明他的思想先进性的文章。在文章中，严复引用孟子的“民为重，社稷次之，君为轻”，认为此乃古今通义；然后笔锋一转，指出中国传统社会“君为贵，民弱且愚”的状况。

《辟韩》最后一段值得读一下原文。

中国之尊王者曰：“天子富有四海，臣妾亿兆。”臣妾者，其文之故训犹奴虏也。夫如是则西洋之民，其尊且贵也，过于王侯将相；而我中国之民，其卑且贱，皆奴产子也。设有战斗之事，彼其民为公产公利自为斗也，而中国则奴为其主斗耳。夫驱奴虏以斗贵人，固何所往而不败？

这话说得很明白：西洋国家的老百姓，身份尊贵过于王侯；大清百姓都是卑贱的奴仆。中西交战，是卑贱的奴仆与高贵的公民战斗，哪里打得过？

严复强烈呼吁："国者，斯民之公产也；王侯将相者，通国之公仆隶也。"

在"普天之下，莫非王土"的大清，敢写出这样的文章发表，需要莫大的勇气。如果不是甲午战败，全国上下都在思索如何救亡革新，《辟韩》一文够严复被凌迟了。

到了1897年（光绪二十三年），严复觉得要影响到更多有识之士，还得自己办报刊，于是于1897年11月在天津创办了《国闻报》，其创刊号刊载了严复撰写的《〈国闻报〉缘起》，表明创刊的目的在于求通，**"通上下之情，通中外之故"**。

在严复看来，"通"是开民智、兴民德的一种途径，也是实现群体团结的一个方法。这份报纸是当时北方最重要的报纸，虽然在1898年（光绪二十四年）9月百日维新失败后就停刊了，但严复的很多思想得到了充分体现。

在这份报纸上发表文章的所有作者都不署名，一共发表了四十二篇社论，实际上大部分文章是严复自己写的。他笔调尖锐辛辣，毫不留情地抨击腐朽的政治制度和落后的思想文化。

交集与分歧

以曾国藩、李鸿章为代表的洋务派着力强调中西方差异在于军事技术的差异，而严复强调中国的问题首先在于思想文化上。以孙中山先生为代表的革命派，无不受严复的影响。

百日维新期间，光绪皇帝也被严复的思想吸引，召见了他，聊得还挺好，可惜严复见了光绪皇帝后不到一周，百日维新就被以慈禧太后为首的顽固派扼杀了，光绪皇帝也被软禁起来。康有为后半辈子一直说他跟光绪皇帝聊了很多，还伪造了一个衣带诏到处忽悠，可能光绪皇帝见康有为也就十来分钟，客套了几句而已，但光绪皇帝同严复可能还真有过深入交流。

戊戌变法失败后，六君子被杀，康有为、梁启超逃亡日本。严复也一度处于危险中，好在派去调查他的官员有意袒护了他，给朝廷回复说：严复只是偶尔发表文章，没有参加什么实际活动，最终不了了之。严复依然在北洋水师学堂当校长，一直到1900年（光绪二十六年）闹义和团，严复才离开天津，去上海避难。

严复虽然是以一个翻译学者的身份闻名的，但其实他有非常清晰的政治主张，他从社会学的角度提出了一套完整的社会改革方案。严复与康有为、梁启超是有很多交集的，梁启超的新民思想就受严复的影响。

严复与孙中山先生也有交集。1905年，严复到英国时，孙先生也在英国。孙先生听闻严复来英国了，便去当面拜访，但当时两人思路不一致，谈得并不融洽。

按说严复、康有为、梁启超、孙中山都认识到中国面临三千年未有之大变局，不抓紧寻求改变就要亡国，那为什么他们相互之间聊不到一起，甚至到了剑拔弩张的地步呢？我大致梳理了他们各自的主张。

康有为、梁启超主张改革帝制，改君主专政为君主立宪，但他们太缺乏政治经验，觉得其他的都不重要，社会要变革就得先从政治制度开始。

严复在改革政治制度上同康有为、梁启超没有出入，但严复觉得首先要改革的不是政治，而是思想、教育。思想不改变，教育不改革，四万万国人的脑子还是混沌的，光是把最顶层的政治制度改了，改革最终也落实不下去。从梁启超后来的行动和言论来看，他是越来越接受严复的理念了。

孙中山先生就更直接了。靠大清朝廷自己觉醒、主动改良是没有希望了，唯一的办法是革命，推翻清政府。从这个角度上看，严复、康有为、梁启超都是改良派。事实上，严复受斯宾塞“社会达尔文主义”的影响很深，他始终认为社会的进步就像生物进化一样，得一步一步来，不能跳跃式发展，这是他与孙先生冲突最大的地方。

严复对孙中山说：“以中国民品之劣、民智之卑，即有改革，害之除于甲者将见于乙，泯于丙者将发于丁。为今之计，惟急从教育上着手，庶几逐渐更新乎。”在严复看来，发展教育才是当务之急，通过教育改变中国的落后状况，比政治改革更为有效。

显然，当时孙先生听后，想的是六个字：“大哥，来不及了！”

我们拿严复提出的“民力、民智、民德”“三民思想”，同孙先生提出的“民族、民权、民生”“三民主义”相比，确实显得保守了许多，但严复坚持“教育乃一国之本”，这个底层逻辑是完全正确的。后来五四运动这一标志性事件的主力军就是学生，就是那批接受了新思想教育的学生。

严复的视野是全球性的，他看到欧美早已实行全民基础教育。日本之所以突飞猛进，一个重要原因就是1872年（同治十一年）日本政府发布命令，推广全民义务教育。到甲午战争前后，日本国民的识字率约达90%；反观当时的中国百姓，识字率还不到5%。

立足当下，我们看新中国近四十年的发展，之所以取得辉煌的成就，很大程度上得益于几十年前开始的、全国各族人民共同践行的“再穷不能穷教育，再苦不能苦孩子”。由此可见，严复对当时中国病根的认识，不可谓不深刻。

天演论

严复真正声名鹊起是在他译著的《天演论》问世之后。为什么说是“译著”而不是“翻译”？因为严复除了翻译原文外，还加了大量的注释。严复的初心是借助翻译来表达自己的思想，这符合儒家主张的“述而不作”的传统。大思想家朱熹，就是通过注释四书来传达自我主张的。

严复译著的《天演论》，并没有完整表达原作者赫胥黎的意思，他甚至对赫胥黎原作的核心思想进行了批判。赫胥黎原作的书名直译过来应该是《进化论与伦理学》，赫胥黎想表达的是，斯宾塞把达尔文进化论优胜劣汰的原则直接套用到社会学当中，是不合适的。人类社会之所以不同于其他生物，最重要的就是人类社会有伦理道德的约束，纯粹的优胜劣汰是野蛮的、反文明的。但当时严复更接受斯宾塞的观点，他认为人类社会就是优胜劣汰的，老子在《道德经》里也提出“天地不仁，以万物为刍狗”，人和其他动物没有本质区别。

结合严复翻译这本书时的社会背景，即便严复并不是完全反伦理的，他仍要大声呼吁**“物竞天择，适者生存”**，因为当时的中国已经处于亡国的边缘，随时面临被列强瓜分的危险，必须用足够激烈鲜明的主张唤醒国人。

严复在文笔上也非常讲究。他采用当时文人们推崇的桐城派文风，清新雅致、简洁明快。严复希望以此能让更多人接受这本书，以传播自己的观点。

严复对翻译是非常较真的，他提出了**“信、达、雅”**的翻译三原则，直至今日，这依然是翻译工作遵循的原则。严复自信地说，自己翻译的文章，每个字都像在天平上称过。实事求是地讲，“信”是要求忠于原文，严复自己显然没有做到。

但严复的古文功底确实好，《天演论》中最广为流传的八个字“物竞天择，适者生存”，这八个字对应的原文是It is not the strongest of the species that survive, but the one most responsive to change.比起严复这铿锵有力、朗朗上口的八个字，赫胥黎的原作反而显得逊色不少，由此我们就能体会到严复翻译之讲究、精妙。

事实上，当时《天演论》一书能流行开来，与严复翻译的笔力是有直接关系的。当时的人就说，读严复的译文，体验感如读先秦诸子百家散文。

当时中国倒是不缺能写出漂亮文章的人，《天演论》之所以影响巨大，主要还是因为它所传递的思想。

在译稿刚刚完成还没来得及出版的时候，就有不少文人抢先阅读，梁启超看后更是对其大加赞赏，没等书出版，梁启超就抢先发表读后感了。按现在的话来讲，也算是帮严复预热营销了。

向来目空一切的康有为看了《天演论》译稿以后，也不得不承认这本书与众不同、前所未有，评论此书“为中国西学第一者也”。

当时桐城派学者吴汝纶看到了《天演论》译稿后，赞不绝口，反复看过还不够，这位五十多岁的老先生铺纸研墨，一笔一笔地把《天演论》全文一字不漏地抄录下来，生怕这样的好文章丢了，干脆藏在枕头里。他大发感慨：“自吾国之译西书，未有能及严子者。”他还免费为严复校对，提出的不少建议都被严复采纳。

当时很多学校直接将《天演论》作为教材，教师以“物竞”“天择”为作文题目是常态，有些青少年干脆以“竞存”“适之”等作为自己的字或号。大学者胡适就是看了《天演论》之后改的名字。胡适原名胡嗣穈，字希疆，十四岁时看到“物竞天择，适者生存”这八个字后，毅然改名为胡适，字适之。

鲁迅当年对《天演论》也是着了迷，省吃俭用买了这本书，整天抱着，爱不释手，书中好些篇章都能背诵。后来鲁迅去日本留学，留学生们将背诵《天演论》作为日常消遣活动。

《天演论》自1898年面世后，在后来的十余年中发行过超过三十个不同版本，这在当时是一种文化现象，不是其他西学书籍可以比拟的。可以说，在同一时代，严复的《天演论》在中国的影响力，比马克思的《资本论》在西方的影响力还要大。

它所影响的人中，既包括了与严复同时代的梁启超、鲁迅、孙中山先生，也包括了后来的许多革命志士。《天演论》传递的思想，像野火一样在中华大地蔓延，“物竞天择，适者生存”成了一众爱国志士的口头禅，激励影响了无数年轻人，影响着整个中国。

仅仅因为这八个字，就让当时的国人看到了希望，明白了大清落后挨打是客观规律造成的，更明白了只要奋起直追，民富国强不是梦。

个人生活

其实就在严复翻译的《天演论》火起来之前的很长一段时间，严复的生活状态是很糟糕的，仕途不顺，科举屡试不第，自己还染上了鸦片。有妻子王氏的照顾和操持，家里还可勉强维持，但1892年（光绪十八年）严复三十八岁那年，王氏因病去世。

王氏不识字，结婚之后很长时间里与严复聚少离多。严复读书、留学的那些年里，王氏任劳任怨、勤俭持家。直到1884年（光绪十年），严复才把家人都接到天津。严复与王氏少年夫妻，感情很深，王氏去世后，严复在给堂弟的信中说：“不料四十之年，一家旧人都尽，此后纵极荣华，而同苦者不能与我同乐，此所以略一思量，不禁放声长号，哽咽无已也。”

王氏信佛，严复也跟着信佛，严复在翻译中采用了很多佛教语言，与王氏有很大关系。

严复将对王氏的思念埋藏于心底。1912年（民国元年）王氏去世二十周年的时候，严复作诗感怀：“玉台旧事何堪忆，梦断香销二十年。”严复晚年回到福建，每到清明时节，都会到王氏墓前燃几炷香，说说话。

王氏去世后，严复纳了一个妾，名叫江莺娘。江莺娘比严复小二十五岁，穷人家的孩子，没读过书。据严复描述：“江姨向极寡言，既不出门，又不能看书，意孤心傲。”严复自己也是孤傲的，脾气也不好。郭嵩焘就说过，严复虽才气纵横，但“气性太涉狂易”。

严复常年被王氏照顾得太好，他本人对此习惯了，但江姨太就不惯着他。严复说：“哪一天我不受她一二回冲撞？此人真是无理可讲，对我漠然无情，饥寒痛痒不甚关怀。”

1892年，王氏去世。在这之后，严复的鸦片瘾越来越重。后来他多次戒烟，直到去世的前一年，才在协和医院一名医生的帮助下戒了鸦片。

严袁之交

自王氏去世到严复因为《天演论》而声名大噪的这几年，严复一直在寻找人生的方向。

《天演论》风靡全国后，严复看到了另一种救亡图存的方式，他感觉找到了生活的重心，接下来，他将主要精力花在了翻译工作上。

1900年，义和团运动爆发，天津完全乱套了，严复辞去北洋水师学堂校长的职务，到上海避祸。此时严复声名大振，身边聚集了一批人，到上海后不久，严复就创立了名学会，开始系统地讲授逻辑学，并开始翻译亚当·斯密的《国富论》。

因为他的名气，一些官办机构邀请他加入。一直到1911年辛亥革命，严复都是有公职在身的，做过开平矿务局总办、京师大学堂译书局总办，协助马相伯创办复旦大学。复旦大学那时候叫复旦公学，创办后的第二年，严复还当了一段时间的校长，后来又被安徽、福建的地方官请去做校长、政府顾问什么的。总之，从1900年到1911年这十一年间，严复每份工作基本没有超过一年的，工作地点主要在天津、北京、上海。

在此期间，严复的主要精力还是在翻译上。

1902年，严复翻译的亚当·斯密的《国富论》出版。

1903年，严复翻译的约翰·穆勒的《论自由》出版。

同年，严复翻译的斯宾塞的《社会学研究》出版。

1904年，严复翻译的甄克斯的《政治史》出版。

1900年至1909年，严复历时近十年，翻译了孟德斯鸠的《论法的精神》。

我在此只是挑了几本著名的翻译作品来说，实际上严复翻译的书籍还有很多。他竭尽全力翻译西方著作，涉及政治、经济、社会、法律等各个领域。严复的目的不是做一个译书的学者，而是给当时的国民看到一个尽量完整的西方世界。严复此时的心态，跟多年后鲁迅拼命写杂文的心态很像，总恨自己不能多做些工作。

严复原以为，他这辈子能做的无非就是再多译几本书，多唤醒一些国人。严复始终认为，社会的变革是循序渐进的，得慢慢来。

1911年，辛亥革命爆发。严复对辛亥革命是抱有悲观态度的，因为在他看来，当时的中国，连搞君主立宪的条件都不够，一上来就搞民主共和，结果必定是军阀割据、酿成大祸。

没想到1912年袁世凯成了大总统，已近花甲之年、对政治生涯早已不抱希望的严复，竟然有机会走上政治舞台。

袁世凯同严复很早就认识，而且关系非常好。袁世凯在天津小站练兵期间，严复是北洋海军学校校长，此时的袁世凯一心效仿德国，练新军。严复比袁世凯大五岁，又留过洋，有见识。在这段时间里，严复同袁世凯交往密切。甲午战败，他俩对个中原因都是很清楚的，因此有很多共同语言。严复见袁世凯练兵有素且有见地，就很欣赏他，两人常常聚在一起“斗室纵横，放言狂论”。严复当年就看出袁世凯有才干，也有野心，还开玩笑说：“时君谓项城，他日必做皇帝。”袁世凯笑道：“我做皇帝，必首杀你。”说完两人哈哈一笑，不想十几年后一语成谶。

1911年，辛亥革命爆发，袁世凯派往南边议和的代表就是严复。此时，严复依然反对民主共和。事实上，直到去世，严复也没完全改变他的想法。

1912年，袁世凯做了临时大总统，京师大学堂更名为北京大学，袁世凯安排严复做第一任北京大学校长。严复虽然不久就辞职了，但为北京大学作出了巨大贡献。当时北京大学没有办学经费，开不了学，有人提议停办算了，严复坚决反对。他凭借自己的影响力，想办法向外国银行贷款，前后贷了两笔款，才算把学开了，让学校进入正轨。

1913年，他担任袁世凯总统府的外交法律顾问。

1914年，又担任参政院参政，参与了宪法的起草。

在袁世凯掌权的这几年，严复一直是袁世凯的重要帮手。我们现在看到北洋政府在教育、文化、法律等方面还有些成绩，尤其是在政治和文化上的宽松政策，给包括鲁迅、胡适在内的这批文化大师提供了土壤，这其中严复发挥了重要作用。

严复支持袁世凯，可不是因为私人关系。在他看来，当时中国最合适的改革方案就是君主立宪，搞君主立宪符合渐进式发展的思路，要比直接跳到民主共和靠谱得多。

但严复一生最大的污点也在这时候埋下了伏笔。

被抹上的污点

1915年，北洋政府越来越不像话，袁世凯开始张罗复辟，想当皇帝，专门搞了一个负责复辟工作的筹安会。筹安会一共六个人，发起人就是严复，因为他当时影响力最大。

很多人骂他开历史倒车，是历史的罪人。按说严复脑子不至于这么不清醒，我读到这里时也是很不解。找了各种资料来看，发现这件事还挺复杂的。

其实，严复自己也很纠结。他一方面认可袁世凯，觉得当时的中国需要这样一个主持大局的人，那样中国就不会乱，就能逐步走向君主立宪，这是他一直以来的政治主张。他甚至已经看到，如果没有袁世凯这样的人顶住，中国很快会陷入军阀割据混战的状况，那就完全失控了。事实证明，严复的这个判断是对的。

但严复坚决反对复辟，他不赞成孙先生步子迈得太大，是担心翻车，但开倒车他更不赞成，而袁世凯身边已经围满了支持他称帝的人，情势已经不是严复可以控制的，严复相当于在这种复杂情况下被架上去的。

当时筹安会中表现最积极的人是杨度，他张罗着袁世凯称帝的事情，但他知道自己的声望还不够，最适合的牵头人是严复。他也知道严复不会同意，但袁世凯将说服严复的这个任务交给他了，杨度耍了个心机，假模假样地拜访了严复，也没征求严复的意见，走了个过场就告辞了，紧接着就登报发表了筹安会宣言，支持袁世凯称帝，严复的大名被排在了第一位。

严复非常生气，专门给杨度写了一封信，直接开骂，说杨度于乱世中钻营利禄，明确表示对杨度的深恶痛绝。严复也对外解释说，这是杨度的小人行径，硬拉他入伙。

后面筹安会开会、请愿，包括袁世凯受帝位那天的庆贺朝宴，严复都没有参加。从这些细节来看，实际情况与严复说的应该差不多。但无论如何，这件事情对严复的影响是巨大的，他自此退出政治舞台，归隐著书养病。

这气节，非常人所能及。当时多少人恨自己没有巴结袁世凯的机会。一边是泼天的功名富贵，一边是卷铺盖归隐，严复选择了后者。

1921年（民国十年），严复在福州老家去世。在生命的最后几年，严复每每想起筹安会的事情，就懊悔不已，他责备自己不够坚决，没有第一时间登报澄清。

近代史研究学者黄克武先生认为，严复虽以翻译闻名于世，但他不只是一位介绍西方思想的翻译家，还是一位高瞻远瞩的思想家。他以典雅的文字，通过翻译、评点与著作建构了一套体系完整的启蒙方案，希望启发民智。他基于自己对时代的认知，试图身体力行地加入改革的洪流中去，但在顽固派当权的时局下，即便皇帝都能被囚困，何况严复这样一个小小的校长？

严复最终退而求其次，希望借助翻译将西方先进思想介绍到中国，唤醒更多的国人，他的工作是有极大价值的，也确实惊醒了很多人，启发了很多后来者，为中华之崛起作出了卓越贡献。

在一个国家和民族整体迷失的时代，严复这样的思想家尤其重要。

参考文献

[1] 马勇. 严复学术思想评传[M]. 北京：北京图书馆出版社，2001.

[2] 黄克武. 笔醒山河[M]. 桂林：广西师范大学出版社，2022.

[3] 刘琅. 精读严复[M]. 厦门：鹭江出版社，2007.

[4] 唐德刚. 从晚清到民国[M]. 北京：中国文史出版社，2019.

[5] 唐德刚. 从甲午到抗战[M]. 北京：台海出版社，2019.

[6] 熊志勇. 中国近现代外交史[M]. 北京：世界知识出版社，2005.

[7] 李华川. 晚清一个外交官的文化历程[M]. 北京：北京大学出版社，2004.

[8] 范宇亮. 中日甲午战争失败原因新探[D]. 延边：延边大学，2016.

[9] 惠萍. 严复与中国近代文学变革[D]. 郑州：河南大学，2011.

[10] 郑乔. 试论严复的经验论[D]. 哈尔滨：黑龙江大学，2012.

[11] 史滇生. 甲午战争与中国海军近代化[J]. 军事历史研究，1994，2（1）：126-134.

齐白石（1864—1957）

一颗真心 一代巨匠

在浩渺无垠的历史长河里，能被我们看到的人，往往只是站在聚光灯下的少数，他们的故事也确实反映出了那个时代的轮廓，但也仅仅是轮廓。

历史更真切、具体的一面，是普通百姓的生活。本文我们要讲的齐白石，虽然与之前讲的曾国藩、李鸿章这些大人物生活在同一个时代，却好似不相交的平行线。大人物们关心的国家动荡、民族危亡，着实不是他这样的底层百姓能操心的。在很长一段时间里，齐白石同绝大多数百姓一样，操心的是怎样不饿肚子。

幸运的是，齐白石凭借自己的坚韧和坚守，完成了跨时代的飞跃，从一个养家糊口的手艺人，跃升为20世纪世界绘画艺术史上的明珠；从一个地地道道的晚清农民，跃升为新中国的国宝级艺术家。

若论为中国文化艺术作出巨大贡献的画家，齐白石当之无愧，绝对是其中一员。2017年，齐白石的《山水十二条屏》拍出了9.3亿人民币的天价。据统计，目前拍出的最贵国画前十名中，齐白石几乎占一半。自2012年以来，齐白石的作品每年在各大拍卖行的成交量稳定在400~700件。

作为一个中国人，如果能真正理解齐白石画作的艺术价值，也就算真正进入中国书画艺术的大门了。

齐白石的名字大家不陌生，但对于齐白石富有戏剧性的一生，以及他的艺术成就，大家可能了解不深，而且心里多多少少有点嘀咕。

齐白石的画到底好在哪儿？

他画的那些小鱼小虾、瓜果蔬菜为什么就那么值钱呢？

齐白石五十多岁被迫北漂，生活没有着落，摆摊卖画比别人便宜一半也无人问津，为何那些归国的大师，如陈师曾、林风眠、徐悲鸿一发现齐白石的作品就如获至宝、推崇备至呢？

还有，齐白石这一辈子有几个关键转折点，都是因为遇到了大贵人，而且基本上都是贵人主动伸出援手，怎么就那么多人愿意帮助他呢？

这诸多的疑问，我相信大家看完本文之后，内心会有答案。

贫寒而幸福的童年

齐白石的故事，还要从1864年说起。从本文开始，我们只表述公元纪年，不再另附年号。

1864年1月1日，湖南湘潭县杏子坞星斗塘的齐十爷家添了个长孙，取名纯芝，小名阿芝。

山河破碎，风雨苍黄，世道巨变，但似乎跟齐白石生活的小山村关系不大。

老齐家世代务农，而且是贫农。齐白石出生的时候，家里有祖父、祖母、父亲、母亲和他，一共五口人，但只有一亩薄田维持生计。齐白石晚年所写的回忆录，开头一句就是“我们家，穷得很呐”。

那个年代，水稻产量还很低，就算是好年景，也就能打四五石粮食，远不够五口人填饱肚子。遇上不好的年景，稀粥都难喝上半碗。齐白石回忆，家里烧菜做饭的土灶，经常很长时间都没开火，在雨水多的季节，灶里都能长出青苔来。

我的老家距离齐白石的老家不远，小时候家里老屋也有这种土灶。我们那边的老屋厨房一般是一侧没有顶的，这样烟容易排出去，但下雨天没顶的那一侧，雨水肯定就直接下来了，如果雨季稍微长点，雨水顺着简易的烟囱就灌进灶里。我看到齐白石的这段描述，脑子里画面感很强。

齐白石幼年体弱，四岁以前常常生病。为了给他看病买药，祖母和母亲到处求人借钱，赊账是常有的事。吃药一直不见好，祖母和母亲又三天两头往庙里跑。到了四岁以后，他的身体慢慢好了，一家人这才松了口气。

齐白石家里虽然穷困，但祖父祖母、父亲母亲都很疼爱他。

齐白石的那本口述自传，是他八十岁左右才开始口述的，他以讲故事的方式讲给他的学生听，他的学生记录下来。齐白石对许多我们认为很重要的事情一笔带过，比如被请去大学教书、办个人画展等，但对于长辈们在他小时候对他的疼爱却是不吝笔墨，很多细节都描述得很详细。比如他爷爷有一件破棉袄，每到天气冷时就把他抱在怀里，用这件破棉袄包着他，给他暖身子；奶奶专门给他做了个铃铛，他放牛回来时，奶奶听到铃铛响，老远就在门口等着；祖母和母亲常去庙里磕头，祈求他平安健康，虔诚至极，两个人的额头经常肿得像柿子那么大。

在齐白石的文字里，能清晰地感受到他的那种幸福感。在他的眼里，家里虽然穷得叮当响，但日子过得很和美。前几年我从事教育行业，了解了不少关于家庭教育的知识，发现齐白石那种从容、不卑不亢的性格底色，同他小时候感受到的家庭之爱有直接关系，这一点特别值得我们现在的家长深思：给予孩子满满的爱，可能比关心他们的才艺、成绩要重要得多。

这种爱是纯粹的，与物质、功利没关系。

哪怕长辈们那么爱齐白石，他在私塾里也只读了不到一年，就不得不回家放牛、打柴、挖野菜，分担些力所能及的农活。

齐白石自幼聪慧，从三四岁开始，祖父常把他抱在怀里，用树枝在地上写写画画，教他识字。小齐白石学得很快，而且过目不忘，祖父常夸“阿芝有出息”。

祖父认识的字非常有限，当自己会的那两三百字都教给齐白石时，齐白石也长到七岁了。祖父看着孙子在地上投入地写写画画，总是唉声叹气。齐白石的母亲看出来了，爷爷是想让孙子有机会读书，只是家里实在太穷了，一家人拼尽全力都填不饱肚子，哪还能奢望读书呢？

“贫家读书难，心忧儿未长。望孙有成志，无奈家境寒。”这是那个时代绝大多数普通百姓家的现状，吃饱肚子就是生活的全部，读书仕途那条道，从来都是士绅们的特权。

齐白石的母亲安慰公公说：“儿媳今年从草堆上锥下来了四斗谷，把它卖了可以换些钱，买些纸笔，预备给阿芝来年上学。阿芝多识几个字，能记记账、写写字条，也算好了。”

祖父听了很开心，开始着手筹备小齐白石来年上学。

齐白石从八岁那年开始，到三里地外的蒙学馆上学，每日接送他上下学是爷爷最开心的时候。晴天牵着手，雨天爷爷就背着小齐白石。小齐白石给爷爷讲他新学到的字、会背的诗。

齐白石晚年画了不少《送学图》，画面都是一老一小两个人，就是怀念这段时光。

因为有爷爷打下的那三百来字的基础，小齐白石在蒙学馆进步很快。蒙学馆的教书先生就是他外公，不收他学费，对他也抱有厚望。

那年光景太差了，地里歉收。秋尽冬来，寒风凄凄，母亲终于还是跟爷孙俩开口了：“年头这么紧，糊住了嘴再说吧！”

当时家里添了弟妹，齐白石作为长子，家里家外的活儿他理应分担起来。齐白石的私塾生活，也就到此终结了。

接下来，齐白石每日里帮忙打野菜、捡牛粪、刨芋头，尽量帮衬家里。齐白石晚年常以芋头入画，童年时的穷滋味，早就深深刻在了他的骨子里。齐白石晚年题过一首诗。

一坵香芋暮秋凉，当得贫家谷一仓。
到老莫嫌风味薄，自煨牛粪火炉香。

穷人家的苦滋味，只有穷人自己才能明白。

从九岁到十五岁，齐白石每天过着放牛、打柴、挑水、种菜的日子。那个年代的农家孩子，大都如此。不同的是，齐白石有两样爱好，一是读书，二是画画。

虽然无法去学堂上学，但他从外公那里借来了《论语》，小齐白石平日里上山放牛、打柴，总要装在书袋里，挂在牛角上，得空了就拿出来读读，遇到不懂的，就趁放牛之际绕道去外公的蒙学馆请教。几年下来，竟把整部《论语》读完了。

有一次，小齐白石上山打柴，看书入了迷，回家晚了，一担柴也没打满，祖母语重心长地跟他说：“阿芝，文章是不能放到锅里煮的，你捧着一本书、拿着一支笔，就能填饱肚子吗？”祖母看小齐白石委屈的表情，摇摇头道：“唉，可惜你生错了人家！”

从此以后，齐白石每次都先把家里交代的活儿干好了，才拿出书来读。

齐白石在很小的时候，就展现出对画画的热爱。七八岁时，看着门上贴的雷公像，他就能描得惟妙惟肖，对见到的牛、马、猪、羊、鸡、鸭、鱼、虾、螃蟹、青蛙，都能画得像模像样。在蒙学馆那大半年，他还因为拿写字本画画而被外公批评。因为纸张难得，他大多时候都是在地上画。

此时的齐白石不会想到，自己的这个爱好，将来不仅解决了养家糊口的问题，还让自己走向了世界艺术的舞台。

芝木匠

齐白石最开始学的是粗木作，就是盖房时立柱架梁的木工活。细木作是指雕花、制作精细家具的木工活。那年秋天，齐白石跟着师父出去干活儿，在一条小路上，遇到对面走过来的三个木匠，师父立马拉他站在道旁让路。师父满脸堆笑地同人打招呼，对方只是点了点头，傲气得很。齐白石很不解：“我们都是木匠，您为什么对他们那么客气？”

师父答道：“小孩子不懂规矩！人家是细木匠，我们是粗木匠。细木作可不是一般人能学的，这种手艺，不是聪明人，一辈子也学不会。”

齐白石很不服气，第二年就改学了细木作。细木作要做的雕花、木刻，恰好与齐白石喜欢的画画有相通之处。齐白石跟着的师父名叫周之美，是十里八乡知名的木匠师傅。齐白石一上手，就展现出了极高的天赋，周师父非常喜欢他，将他视如己出，倾囊相授。

到学徒三年期满，齐白石不但学会了师父的绝技平刀法，还自己琢磨改进了圆刀法，很快就成了远近闻名的“芝木匠”。

十九岁那年，齐白石在给一大户人家干活时，在主人家发现了一部残缺的《芥子园画谱》，齐白石欣喜异常，找东家借了过来，对照画谱，他发现自己画得很多东西都不得其法。画人物，不是把头画大了，就是把脚画长了；画花卉，不是花肥了，就是叶瘦了。

齐白石如获至宝，那段时间，他白天干木工活，晚上就在油灯下临摹画谱，花了半年时间，描完了《芥子园画谱》。之后齐白石创作了很多创新木雕作品，就是受这本画谱的启发。

闲暇时间里，齐白石也依着《芥子园画谱》给乡亲们画些花鸟、人物样式，乡亲们也都传开了——芝木匠的画画得好。这段时间算是齐白石绘画的自我启蒙阶段。

一直到二十六岁，齐白石都在家乡做木工活，算是有了一份稳定的收入。他把赚到的钱如数交给母亲，当时家里又添了几口人，日子依旧紧巴巴的。

对于那个年代绝大部分贫农出身的人来说，能够做一个齐白石这样的手艺人，已经算是事业的天花板了。

得遇恩师

1889年，二十七岁的齐白石迎来了人生的第一个转折点。这一年，齐白石真正开始往一个文人、画家的方向发展，在此之前，即便木工活做得再好，也顶多是个不错的乡间手艺人，跟艺术没多大关系。很多找齐白石画画的人也不愿意让他署名，在那些人看来，画画是文化人的事，一个木匠是不适合在画上留名的。

那会儿还是光绪年间，传统社会等级划分森严，一个农民木匠，又没读过书，是不可能混入文人雅士或官绅仕人群中的。

那年冬天，齐白石去四十里外的一个大户人家做木工。闲暇时间，东家邀请他画些花鸟，他也像平时一样画了，但这一次，他的画被湘潭名士胡沁园看到了。胡沁园跟东家说，让齐白石做完活儿去家里找他。

胡沁园这样的名士，有钱有文化，性格慷慨，好交朋友，尤其擅长传统工笔文人画。当地有名的文人仕绅隔三岔五就在他家喝酒、吟诗、作画，他家“座上客常满，樽中酒不空”。

齐白石当然知道胡沁园，只是觉得自己高攀不起，这会儿人家主动邀请，也就心怀忐忑地去了，他万万没想到胡沁园一点儿架子也没有，一上来就热情地跟齐白石说：“你的画我看到了，非常可以造就！”接着又问家里几口人，愿不愿意读书学画。

齐白石很实诚，说读书学画当然愿意，只是家里太穷了，不敢想；再说也是奔三十的人了，也就八岁那年上过半年学堂，哪敢再想读书学画这些事。

胡沁园惜才，一听就不乐意了："你小子不是读过《三字经》吗？里边讲'苏老泉，二十七，始发愤，读书籍'，如今你二十七岁，正合适！依我看，凭你现在的手艺，靠卖画养活家人不成问题，你跟着我学画，我再推荐一位师父陈少番教你诗文。我做主了，都不要你俸钱（学费）！"

齐白石本身就爱读书学画，又得胡沁园这般厚爱，自然喜不自胜，当场就行了拜师礼。两位老师给他取名齐璜，字濒生，别号白石山人。也就是说，到了二十七岁这一年，才有了"齐白石"这个称呼。

胡沁园在家里给齐白石腾了间客房，让他可以随时住在家里。在技艺上，胡沁园对齐白石倾囊相授，家里珍藏的名人字画都拿给他仔细观摩。

陈少番教诗文，从《唐诗三百首》开始。齐白石日夜用功，不出三个月，一本《唐诗三百首》竟然都背熟了。陈少番很是欣慰，接着又教他读《孟子》，以及唐宋八大家的一些文章。

齐白石自知起点太低，白天干完活，无论多晚回家，都得读诗读到半夜。为了省点灯油，他经常借着松柴的微光读书。齐白石七十岁时还写过一首诗《往事示儿辈》。

诗书无角宿缘迟，廿七年华始有师。
灯盏无油何害事，自燃松火读唐诗。

两位师父知道齐白石还要养家糊口，到处给他做广告。有了名师推崇，再加上齐白石本身就手艺精湛，很快就找到了提高收入的门路。

齐白石给乡亲们画人像，俗称"描容"。当时摄影还未普及，稍有余资的家庭都会请人画几幅像留念；人去世后，也要画一幅遗像。齐白石给人画一幅肖像画是二两银子，他有个绝技，就是在画像的纱衣里面透出团龙花纹来。要加这个特效，需要再加二两银子。后来齐白石画的那些昆虫翅膀，用的就是这个方法。

1914年，胡沁园去世，那年齐白石五十二岁，他悲痛欲绝地说："老人家不但是我的恩师，也是我平生第一知己。我今日略有成就，饮水思源，都是出自他老人家的栽培！"

齐白石回想恩师生前赏识过的他的画作，一口气画了二十几幅，亲自装裱妥当，又写了十四首七言绝句，作了一篇祭文、一副挽联，这副挽联是：

衣钵信真传，三绝不愁知己少。

功名应无分，一生长笑折腰卑。

齐白石把这些东西装进一个箱子里，在恩师灵前焚化。胡老先生要是收着了，九泉之下也会深感欣慰吧。

诗、印、书、画

二十七到三十七岁这十年，齐白石严格遵从两位老师的教诲，主要靠给乡亲们画肖像画养家糊口。除此之外，他将时间和心思都花在学画、学诗文、学刻印上，结交了一众诗画好友，也算是半个文化人了。

对于画画，齐白石本就爱好至极，水平大家一致认可，自不必说，没想到刻印也是一鸣惊人，一出手就有大家之风，这应该同他十几年的木雕功底有关。

齐白石刻印讲究一刀到位，绝不回刀，他自己说："我刻印，纵横各一刀，只有两个方向，不同一般人所刻的，要四个方向来回磨，把神韵都磨没了。**世间事，贵在痛快**，拖泥带水怎么能做好？"直到齐白石晚年，很多人仍觉得齐白石的印比画更好。

齐白石二十七岁才开始学诗文，他下定决心，一辈子做个画匠，不求功名，作品反而可以不拘一格。齐白石学诗不久后，在胡沁园组织的一次诗词聚会上，在老师的鼓励下，也做了一首七言绝句，其中两句是："莫羡牡丹称富贵，却输甘梨有余香。"胡沁园当众赞道："濒生是有聪明笔路的，别看他根基差，确有灵性。诗有别才，一点儿不错。"

齐白石的诗确实别有一番味道。他爱写诗，也写了不少诗，光是三十八岁那年就做了几百首诗。齐白石的诗，就像他自己说的，要自然而然、有生气，最忌拘泥死板。这是放下了很多世俗追求后的超然与洒脱。在我看来，这样的诗人还有三位：唐伯虎、仓央嘉措、启功。

唐伯虎那首著名的《桃花庵歌》，我们读两段。

桃花坞里桃花庵，桃花庵里桃花仙。桃花仙人种桃树，又摘桃花卖酒钱。
酒醒只在花前坐，酒醉还来花下眠。半醒半醉日复日，花落花开年复年。

仓央嘉措的诗也是直抒胸臆。

你见，或者不见我，我就在那里，不悲不喜。
你念，或者不念我，情就在那里，不来不去。
你爱，或者不爱我，爱就在那里，不增不减。

启功晚年，孑然一身，看淡世间，给自己写的墓志铭开头几句是这样的。

中学生，副教授。博不精，专不透。名虽扬，实不够。高不成，低不就。

我印象中，苏轼在被贬黄州之后写过一首《临江仙·夜归临皋》，也是这个笔路，词句上采用白描手法，意味深长。

夜饮东坡醒复醉，归来仿佛三更。家童鼻息已雷鸣。敲门都不应，倚杖听江声。
长恨此身非我有，何时忘却营营。夜阑风静縠纹平。小舟从此逝，江海寄余生。

尤其是“敲门都不应”这五个字，绝了。让你觉得怎么能这么简单，又这么余味无穷。

这些诗词如果按照科举考试的标准来看，显然太直白简单了：没有高明地引经据典，没有试贴诗该有的工整妥帖。但正因为把这些都放下了，才有了从容淡定之后的自然灵动。

对于齐白石，大家都知道他的画，很少谈及他的诗，齐白石自己有个说法：我的**诗第一，印第二，书第三，画第四**。

知足常乐

经过十年的发展，齐白石的技艺越来越好，名气也越来越大，一家人终于能勉强不为肚子发愁了。

1899年，这一年齐白石三十七岁，在文化人的道路上又上了一个台阶。齐白石拜湖南大名士王闿运为师。王闿运出生于1833年，跟曾国藩和左宗棠都相熟，当过咸丰皇帝的顾命大臣肃顺的家庭教师。他才气纵横，年轻时狂傲之气不在左宗棠之下，自认为已将古今学问研究透彻。

曾国藩组建湘军时，王闿运为其出谋划策。据说当时撺掇胡林翼、曾国藩和左宗棠拥兵自重的人，就是王闿运。后来因为胡林翼这个重要的协调人病逝，王闿运同曾国藩和左宗棠都聊不来，也就分道扬镳了。

左宗棠对王闿运有这样一句评价："有读书人的风骨，不媚雅，不媚俗，不媚权。"曾国藩请他写《湘军志》，他毫不避讳，好事坏事都写进去，尤其是对曾国荃攻破南京之后的烧杀抢掠，全部真实记录。曾国荃看后暴跳如雷，要找人暗杀他，碍于曾国藩的管束才没有莽撞行事。

1899年，王闿运六十六岁，隐居湘潭县城，是当时闻名全国的文学家。

跟齐白石一起组建诗社的一位好友，名叫张仲飏，是王闿运的门生，多次劝说齐白石去递个门生贴。那时候的文人都好这个，拜在名师门下，出去做自我介绍也有面子。

齐白石则相反，最怕别人说他巴结名人，一直不愿接近。后来一个好友捎话给他，王闿运在人前说："本县有个木匠非常好学，说他高傲又不像高傲、趋附又不趋附，就是不肯来做我的门生。"听了这话，再不去就不合适了，齐白石托张仲飏递了门生帖。

王闿运也极其喜欢齐白石，尤其欣赏他的画和印，远游时经常带上齐白石。齐白石得了老师的指点，又见了不少好东西。

得遇两位名师指点，再加上自己的热爱和认真钻研，齐白石度过了绘画事业的第一阶段。

有了名师加持，效果立竿见影。就在齐白石拜王闿运为师的第二年，齐白石给湘潭县的一名盐商画了十二幅中堂画，得了三百二十两银子的润笔费，这在当时可是一笔了不得的数目。祖母对齐白石说："阿芝的纸和笔，终于可以放到锅里煮了。"

齐白石家里那两间小屋太过拥挤，齐白石用这笔钱典租下五里之外的梅公祠，带着妻子、儿女搬了过去。梅公祠周围遍植梅花，门口一潭莲花，齐白石在房前屋后种了几株芭蕉，在院子空地上添盖了一间书房，取名借山吟馆。朋友问他为何取名借山吟馆，他答道：“意思很明白，山不是我所有，我不过借来娱目而已。”

后来齐白石等门生随恩师王闿运游南昌，王闿运吟了一句“地灵胜江汇，星聚及秋期”，让众门生联后两句，包括齐白石在内的三个人都没联上，齐白石回家后就把借山吟馆的“吟”字去掉，书房改名为“借山馆”。往后余生，齐白石都没把“吟”字加回去。

齐白石在四十岁以前，就已是湘潭一带很有影响力的画师了。到了这个阶段，齐白石靠卖画、刻印达到了中产水平，齐白石很知足，觉得就这么岁月静好下去，此生也算和乐。于齐白石的出身来说，眼下的条件已经算是阶级跃升了。

每日里，齐白石最大的寄托就是干完活儿，回到自家这一方小院。**夏有藕花冬有梅，秋雨芭蕉春雨柳**。人生惬意潇洒，也不过如此了。

行万里路

1902年，齐白石四十岁。秋意正浓时，好友夏午诒调任西安做官，极力邀请他去西安一游，同时请他做家里如夫人（小妾）的绘画师父。齐白石这么多年没出过远门，这次也想婉拒。夏午诒知道齐白石会推脱，便将学费、路费寄了过来。加上另外一位诗社好友郭葆生也在西安，写信劝他：“无论作诗作文，或作画刻印，均须于游历中求进境。作画尤应多游历，实地观察，方能得其中之真谛。古人云‘得江山之助’，即此意也。”

齐白石见再难推脱，便答应下来。这是他第一次出远门，因为交通不便，加上齐白石也带着游山观水的心态，花了两个半月才到西安。一路上，大山大水、峰峦叠嶂、浩渺烟波，见了各种奇妙景色，齐白石这下算是开了眼了，之前只在书上看到古人作诗作画，需“得江山之助”，如今自己也亲身感受到了。齐白石对画谱中的各种笔法、造意布局，有了更深的理解。

齐白石在西安住了三个月，除了教画，就是游遍了西安的古迹名胜。在离开西安前，齐白石再游了大雁塔，题了一首诗。

长安城外柳丝丝，雁塔曾经春社时。
无意姓名题上塔，至今人不识阿芝。

离开西安，齐白石随夏午诒进了京城。在北京，齐白石除了教画，应朋友介绍，开始卖画刻印。这样过了小半年时间，齐白石想着离家将近一年，准备回家。夏午诒本来准备给齐白石在江西捐个县丞，因为他马上要调任江西，到时候就可照应齐白石。齐白石一听，赶紧推辞，他平生最怕同衙门打交道，让他去做官，那就是要他的命了。夏午诒见齐白石这么坚决，也不再勉强，就把捐官的银子送与齐白石做路费。齐白石出来这一年，见了世面，也没耽误挣钱，自己卖画刻印的钱有两千多两。

齐白石想着往后也不会北上了，就借道天津，坐轮船到上海，再顺长江去汉口，回到家乡。

恩师胡沁园看了齐白石外出归来的写生作品，很是高兴，对齐白石说："读万卷书，行万里路，都是人生快意之事，第二句你做到了，慢慢地再做到第一句，那就更好了。"

旅行这个事情是很有魔力的，齐白石体会到旅行的妙处之后，在1902年到1909年这八年时间里**五出五归**，游历了陕西、河北、湖北、江西、广东、广西和江浙一带，遍览河山，又见了不少名家，在这些名家那里见了不少前人真迹，这其中八大山人和徐渭的作品对齐白石影响巨大。

齐白石一路走，一路看，一路画。明代画家石涛说"搜尽奇峰打草稿"，很好地诠释了齐白石五出五归的状态。

齐白石自己也说"五出五归"是绘画风格逐步成熟的重要阶段，可算是齐白石绘画事业的第二阶段。

在此期间，齐白石见了不少名流贵胄，对自己的定位愈发清晰。他就是一个卖画刻印的手艺人，如果到一个地方要稍住一段时日，他就把自己的润格（收费标准）挂出来，明码标价。

有达官贵人在的应酬场合，齐白石是能躲则躲。1904年春，齐白石随王闿运游南昌，很多大官名流前来拜访王闿运，王闿运的其他门生都尽量在人前表现，唯独齐白石找各种理由不露面。

1905年，齐白石游居桂林，当时一个从日本留学归国的人在桂林创办了巡警学堂，想请齐白石周末去给学生们上国画课，免得学生们出门闹事，一个月上四次课就行，给三十两银子。齐白石觉得这钱挣得太容易了，只怕不妥，硬是不去。请他的人就是后来大名鼎鼎的蔡锷将军。

1909年初秋，齐白石结束了五出五归，回到湘潭老家。齐白石回想第一次远游归来，恩师胡沁园嘱咐“行路万里，读书万卷”，如今足迹半天下，便决定不再出游，要把书底子好好补补。从1909年到1917年的这段时间，齐白石的活动范围就在湘潭附近，最远只去过长沙。

齐白石典租的梅公祠到期后，他在二十里外的余霞峰山脚下买了一所旧房屋和二十亩水田。在家乡这些年，齐白石用心归置，盖了新房屋，取名**寄萍堂**。堂内造一书房，书房里摆了这些年收集的八方砚台，给书房取名**八砚楼**。

齐白石还细心布置了房子周边的景观，梨树芭蕉依次种上，又学着老农凿竹成笕、引泉泡茶，一众诗画老友常来切磋闲谈。齐白石自觉这样归养晚年，挺好。

齐白石五十一岁那年，把三个儿子叫到跟前，将家产一分为三，长子和次子都成了家，自立门户，三儿子只有十二岁，先跟着自己。

二儿子没别的手艺，靠打猎为生，日子过得捉襟见肘。那年冬天，二儿子来老两口跟前说了窘况，当时齐白石还当儿子撒娇，不想几天之后却突然病故。白发人送黑发人，这给齐白石老两口带来了巨大打击。齐白石多年之后还埋怨自己，不该急着分家。

就在齐白石认为他将终老于寄萍堂时，中国的时局发生了巨变。如果真如齐白石所愿，那只是湖南多了一位知名的民间画家，就没有后来享誉世界的艺术大师了。

人生的第一大定律又开始发挥作用了——人生无常，祸福相依。

1917年，齐白石五十五岁。国家动荡不安，张勋在北京拉着小皇帝准备复辟，各地军阀混战，兵乱四起，匪盗横行。齐白石那时有点家底，坊间说齐木匠现在有钱了，够格被绑票了。齐白石为避祸乱，无奈做了北漂。

1917年夏，齐白石第二次来到北京。一直到1957年齐白石离世，他大部分时间都住在北京。他万万想不到，他精彩的下半生就要开始了。

他乡遇知音

齐白石没别的手艺，初到北京时，只能靠卖画刻印为生。齐白石那会儿的绘画风格已然自成一派，与当时京城人欣赏的传统文人画完全不是一回事。再加上书画这种东西，本来就很依赖圈子，齐白石在湖南湘潭小有名气，但到了京城，一切都得从头开始。即便齐白石的画价格比别人便宜一半，依然没几个买家。

我们设身处地想想：一个奔六十的人开始北漂，卖画卖不出去，刻印不受欢迎，养活自己都够呛。齐白石最开始借宿在朋友家，后来又寄居法源寺。就在齐白石一筹莫展之际，他生命中的第三个大贵人出现了——陈师曾。

陈师曾是晚晴维新派代表人物陈宝箴的长孙，陈宝箴做过湖南巡抚。陈师曾的父亲陈散原是晚清诗坛领袖，著名学者陈寅恪是陈师曾的弟弟。遇到齐白石这一年，陈师曾四十二岁，已是国内极具影响力的绘画大师。陈师曾可以说是齐白石艺术生涯后半段最重要的人。

1917年深秋的一个下午，天朗气清，阳光正好。陈师曾到琉璃厂的古玩书画店闲逛，在一个铺子里胡乱扫了几眼，瞬间就被桌上的一方小印吸引了。陈师曾一眼就看出这方印品格很高，连忙跟店家打听，才知道是一个湖南来的老先生放在店里寄卖的，陈师曾连忙寻到法源寺找齐白石。

两人一见如故，陈师曾看了齐白石屋里滞销的画、印，欣喜不已。他对齐白石说："您的画格是很高的。"陈师曾在同齐白石交往的七年里，为齐白石做了两件关键的事情：一是鼓励齐白石自创风格，不必求媚世俗，被传统束缚，这才有了齐白石独创的**红花墨叶派**；二是将齐白石的作品带到日本参展，让国际艺术圈看到了齐白石。

陈师曾第一次见齐白石，就在齐白石的《借山图》上题了一首长诗，其中一句"**画吾自画自合古，何必低首求同群**"，道出了齐白石的心声，也是对初到北京的齐白石的莫大鼓励。

1922年，齐白石六十岁那年，陈师曾说服齐白石，画了几幅花卉山水到日本展览出售，没想到大受欢迎，价格高得齐白石自己都不敢相信，把他高兴坏了。从那之后，越来越多的人慕名来求画，齐白石在北京的画作销路才算真正打开。

齐白石晚年时回忆，初到北京时，能懂他画的人，唯师曾而已。只可惜天妒英才，1923年，四十八岁的陈师曾病逝于南京。齐白石悲叹："**君无我不进，我无君则退！**"

天然之趣

此后的三十多年，齐白石在自己开辟的道路上研磨精进。他不拘于传统文人画的内容与形式，白菜萝卜、蛐蛐蝈蝈、鱼虾螃蟹、老鼠箩筐，这些文人雅士看不上的世俗之物，正是齐白石爱画的，再配上齐白石独具一格的诗句，满纸都是活灵活现的日常生活。

齐白石名作《趣儿》（见本书第223页），代表了齐白石绘画思想的重要转折点，据说卖了4.2亿人民币。我在公开资料里没有找到拍卖记录，但这幅画的价值是毋庸置疑的。

要真正读懂齐白石的画，就要读懂这幅画。乍一看，你可能会觉得这幅画也太普通了，甚至有点像儿童简笔画。

这幅画是1919年齐白石五十八岁时创作的。当时齐白石还寄居在法源寺，他的弟子任伯仁来找他聊天。他们坐在法源寺的院子里，不经意间，齐白石发现一块地砖上的印子隐约像一只鸟，便赶紧取出纸笔描绘下来，取名为《趣儿》，并题写了“真有天然之趣”几个字。此后的几十年，齐白石一直将这幅画带在身边。如今，北京齐白石纪念馆的吉祥物就是这只“傻鸟”。

我们结合齐白石后来的画风，再来看这里的“天然之趣”，就能理解齐白石在他的绘画里想去追求的东西了，应该就是这份“天然之趣”。它符合了艺术的底层逻辑，有着超乎寻常的穿透力，让中西方一众大家都极为赞赏。

当时海外归来的大画家，如从日本留学归来的陈师曾，从法国留学归来的林风眠、徐悲鸿等人，都对齐白石的画推崇备至。

1928年年底，徐悲鸿担任北平艺专的院长，多次拜访齐白石，想请他任教，齐白石一再推辞。齐白石想的是自己没念过书，现在直接去大学教书，那不是让人取笑吗？怎么说也不愿意去。后来徐悲鸿说：“您在上课的时候，只需要现场作画给学生们看就行，您不用担心学生们起哄，您上课时，我就陪同在您身旁。”

齐白石见再推辞就不合适了，于是答应徐悲鸿去试一下，如果不行就算了。没想到齐白石的课非常受欢迎，他的作画过程学生们爱看得不得了。画完画后，齐白石和学生们聊他的成长故事、他对画画的理解，学生们也特别爱听。以后每次上课，徐悲鸿都安排好接送；齐白石上课的时候，徐悲鸿帮忙铺纸磨墨，站在旁边看。

还有一个故事。1956年，也就是齐白石去世的前一年，张大千到巴黎拜访毕加索。毕加索捧出五本大画册，临摹的全都是齐白石的画作。毕加索直言："我最不懂的是，为什么你们中国人要跑到巴黎来学艺术？世界上最好的艺术就在你们中国！我不敢去中国，你们中国有个齐白石，齐先生画鱼、虾，没有一滴水，却让人看到了江河，嗅到了水的清香。"

1924年，梅兰芳正式拜齐白石为师。我们都知道梅先生是京剧大师，而他的绘画造诣也是很高的。他酷爱绘画，青年时期师从吴昌硕。抗日战争期间，梅先生拒绝为日本人表演，一度以卖画为生。跟齐白石学画的时候，梅先生已是享誉中外的戏曲大师，齐白石也说："您不用拜师，有兴趣的话常交流。"但梅先生依然按照传统规矩，恭恭敬敬地行了拜师礼。

那时候齐白石的名气没现在那么大。有一次，他参加一个大官家的宴会，主办方请了众多北京的名流。齐白石衣着朴素，坐在角落里无人理睬，齐白石自己也觉得既尴尬又不自在。这时梅兰芳到了，大家都围过去打招呼，梅兰芳看见了角落里的齐白石，赶紧走上前去毕恭毕敬地俯身行礼，向大家郑重介绍道："这位是名画家齐白石先生，是我的老师。"

齐白石对此很是感激，后来特意画了一幅《雪中送炭图》赠予梅兰芳，画中题诗别有心意：**"曾见先朝享太平，布衣蔬食动公卿。而今沦落长安市，幸有梅郎识姓名。"**

梅兰芳喜欢牵牛花，也爱画牵牛花，家里种了不下百种牵牛花。齐白石第一次应邀去梅兰芳家，看到这么多牵牛花，大朵的有碗口那么大，齐白石都惊呆了。此后，齐白石也画上了牵牛花。我们现在看到齐白石画的牵牛花画作，基本都是在结识梅兰芳之后的作品。

艺术家本质上是相通的，大家都在寻找一种方式来表达自己对世界与事物的理解。在齐白石看来，绘画最宝贵的东西，莫若在作品中呈现天然之趣。

齐白石晚年时说："我所画的东西，以日常见到的为多。不常见的，我觉得虚无缥缈，画得再好，总是不切实际。"从这个角度来看，齐白石追求的这份"天然之趣"，同中国传统文人画比起来，是有划时代意义的，这也在一定程度上回答了“为什么齐白石的画这么受欢迎”的问题。

如果从形式上感受齐白石的作品，可以总结为两个字——节奏。

这种节奏带来的作品张力和生命力，在所有的艺术作品中是相通的。我在齐白石的作品里窥探到了其画作至少有以下三个层面的节奏感和张力。

大虚大实的节奏。齐白石将中国传统文人画的虚实对比做到了极致，我们都知道齐白石画虾是一绝，齐白石笔下的每一只虾都呈现出一种在水里游动的姿态，活灵活现，但齐白石画水里鲜活的虾和鱼蟹，都是没有水的，水被齐白石全部虚化，但你又分明能感受到水的流动，甚至感受到水中小石子挡住了虾的去路，这是多么不可思议的体验。

大写意、细工笔的节奏。两三笔一个大写意的菜筐，筐上趴着的蚂蚱，连腿上的绒毛都刻画出来了；寥寥几笔勾出一筐柿子，柿子上趴着的螳螂却被刻画得栩栩如生；红墨大写意芍药上趴着的秋蝉，翅膀上的纹理拿放大镜都能看出来。如果说齐白石大写意的风格特点来自于他特别推崇的八大山人和徐渭，那这种大写意与细工笔相互映衬的绘画风格就是齐白石独创的了。

红花墨叶的节奏。后来人们称齐白石开创的风格为“红花墨叶派”。中国传统文人画讲究墨分五色——浓、淡、焦、湿、枯，即便出现一些颜色，也就是淡绿、淡蓝这类大家觉得雅致的颜色点缀一下。像北宋王希孟《千里江山图》那样的用色，是极其少见的。而齐白石不管这些规矩，大红色的牡丹配上淡墨写意的叶子，就是他眼里看到的趣景，他用笔将他最真切的感受画出来了。

在我看来，齐白石的绘画精髓就在一个字——**真**。真实的真，真性情、率真、天真的真。这份“真”，超越了传统绘画对于“俗”和“雅”的评判。

齐白石在《趣儿》那幅画上写的“天然之趣”，就是这个意思。这是最真实、最自然的，与中国古典园林追求的“虽由人作，宛自天开”之境界有异曲同工之妙。

齐白石穷其一生，都在努力表达他眼里、心里，以及他经历过的那些活生生的、真实的东西，他觉得这个东西是好的，无论是眼前好看好玩的藤蔓花果，还是勾起他童年回忆的小鱼小虾、蛐蛐蝈蝈，他都用笔描画下来。

齐白石牛画得好，是因为他放了十几年的牛，牛的每一个姿态早已深深刻入他的脑海里。

齐白石爱吃白菜，所以他画了很多白菜的画。一张白纸上，两颗歪斜的大白菜，再加上只小昆虫，就是一幅妙不可言的画。在传统文人画里，这是不可想象的。

我想齐白石在画画时，心里肯定没有传统文人画梅兰竹菊那套形式和寓意逻辑的。如果理解了这层意思，我们看齐白石的山水画便也能看懂了。齐白石的山水画不拘泥于中国传统山水画强调高远、深远、平远的章法，他的构图和用色常常出其不意，但看着又特别舒服自然，画面在很大程度上与西方现代主义绘画有相似之处，这就是齐白石的天赋所在了。齐白石并没有接触过西方现代艺术，脑子里也没有相关的概念，但他的作品刚好契合了当时世界主流艺术都在寻找的东西。

也只有理解了这一层意思，我们才能理解齐白石说的作画“妙在似与不似之间”，他认为**“太似为媚俗，不似为欺世，妙在似与不似之间”**。齐白石的主张是：绘画方式就是用画笔表达你感受到的真实，这份“真”既不是像照相机那般还原，也不是脱离描画对象的凭空捏造，而是带着作者直接感受的真实表达。就好像齐白石画的虾，他笔下的虾不是写实的，真实的虾有十条腿，齐白石晚期画的虾只有五条腿；虾有六节身子，齐白石只画五节，他认为五节身子、五条腿的形态最符合他感受到的虾的姿态美。

也只有理解了这一层意思，我们才能理解齐白石说的**“学我者生，似我者死”**。齐白石说的“似我”，指的是模仿他的绘画形式。齐白石表达的是他所感受到的那份“真”，后来者可以模仿，但那就不是真而是假了，哪怕模仿得一模一样也是假，是没有意义也没有出路的。如果能像齐白石一样，去尽情表达自己眼里、心里感知到的那份“真”，即便画出来的东西同齐白石是完全两个风格，内在逻辑却是一致的，是生命力旺盛的。

对于艺术家来说，艺术技法和表现形式同作品本身一样，都是结果。艺术家是在尽力表达他所看到的世界的真切美好、花开花谢的生命律动。

如果我们以这样的眼光去观察整个艺术世界，无论是诗歌、音乐、舞蹈，还是绘画、书法、雕塑，抑或是戏剧、建筑，都将豁然开朗，“真不真”就是一把极好的尺子。

新古典主义代表人物布瓦诺说过：“只有真才美，只有真才可爱。”

庄子讲得更透彻：“真者，精诚之至也，不精不诚，不能动人。故强哭者虽悲不哀，强怒者虽严不威，强亲者虽笑不和。真悲无声而哀，真怒未发而威，真亲未笑而和。真在内者，神动于外，是所以贵真也。”

情真心诚，是所有艺术生命力的来源。

日军侵华期间，不少日本人前来求画，齐白石干脆在门口贴出“心病复作，停止见客”“停止卖画”的字来。

1945年，齐白石已经八十五岁高龄，他得知日军投降的消息后，兴奋不已，彻夜未眠。

新中国成立前夕，齐白石送给毛主席两方寿山石印章，这里还有一段佳话。

后来毛主席邀请齐白石到中南海做客，说齐白石曾送给自己一幅画。齐白石只记得送过两方印，对于画是怎么也想不起来。当毛主席拿出那幅画，齐白石这才反应过来。原来齐白石送印时，胡乱拿了一张习作包印章，不想毛主席竟然把它裱起来了，齐白石感动万分。

1956年，齐白石去世的前一年，世界和平理事会将这一年的国际和平奖授予了他。

原来你是这样的可爱老头儿

现在提到齐白石，绝大多数人就两个印象——虾画得好；喜欢年轻漂亮的小姑娘。

齐白石五十七岁那年，在北京租房，娶了一个十八岁的小妾，八十三岁时还生了个儿子。九十三岁时，朋友给他介绍了一个四十岁的对象，他的第一反应是——岁数也太大了。他自己张罗着，非要娶一个二十二岁的小护士。

大家都爱看八卦，但如果我说齐白石老爷子对感情是至真至诚的，大家会不会觉得我在为长者讳？我还真就认认真真做了考究。

齐白石这辈子正儿八经就娶了两位妻子，第一位是陈氏，这是齐白石十三岁那年遵循“穷人家孩子娶亲早”的惯例，父母给操办的。陈氏比齐白石大一岁，十九岁那年才正式成了亲。这在当时是再正常不过的事了，主要发生在穷人家：女方家少一张嘴吃饭，减轻点负担；男方家虽说多一张嘴吃饭，但保证了儿子能娶上媳妇，再者一个十几岁的女孩子也能帮衬家务了。

齐白石早年学艺，中年远游，一心扑在绘画、诗文上，妻子陈氏照顾一家老小，任劳任怨。早年还没正式成亲时，隔壁邻居见陈氏勤快贤惠，对她说："小姑娘，你这么好的人物，嫁到老齐家，可惜了，他们家连饭都吃不饱，要不我再给你寻个好人家？"陈氏总是委婉笑答："我就是这个命了，挺好的。"

五十五岁时，齐白石做了北漂，安顿下来后希望接陈氏一同北上。陈氏体谅家里上有高堂、下有儿孙，决定在老家继续操持这一家子的事务。

齐白石五十七岁那年，陈氏觉得齐白石独自北漂实在不易，也放心不下，就张罗着给齐白石纳了个妾。小妾名叫胡宝珠，陈氏专程从湖南把胡宝珠送到北京，还亲自操办了婚事，这就是齐白石五十七岁娶十八岁小妾的真实情况。陈氏后来在北京待过一段时间，是因为胡宝珠生第一个儿子，陈氏担心胡宝珠照顾不好，就亲自照顾了好几个月才离京回乡。

1939年，北平沦陷。已是七十八岁高龄的齐白石困居北京，与湖南家里只能靠书信知晓一些情况。那年二月初，他收到家里来信，得知妻子陈氏已于正月离世，悲痛至极。

在齐白石那本惜字如金的《口述自传》里，齐白石用了很大篇幅来追忆与妻子陈氏的过往，点点滴滴，字字真情，其中说到"相处六十多年，我虽有恒河沙数的话，也难说尽贫贱夫妻之事，一朝死别，悲痛刻骨，泪哭欲干，心摧欲碎"。他为亡妻做了一副挽联："怪赤绳老人，系人夫妻，何必使人离别；问黑面阎王，主我生死，胡不管我团圆。"齐白石想起陈氏数十年来对家庭和自己的付出，既觉惭愧，又感福薄，他打心底觉得对不住妻子。

陈氏离世后三年，齐白石八十一岁。按照旧例，齐白石扶胡宝珠为继室。胡宝珠正值中年，齐白石想着她总能照料自己到老，不想两年后胡宝珠病故，齐白石痛心不已。想起胡宝珠这些年对自己的悉心照料，寒暖饥饱，时刻关怀。自己作画，胡宝珠就在一旁理纸磨墨，见得多了，甚至能指出自己的笔墨巧拙，对市面上模仿自己的画作也是一望便知。

齐白石大呼："竟先衰翁而去，怎不叫我洒尽老泪，犹难抑住悲怀哩！"他还失声嚎哭道："本想与宝珠共度残年，谁知她弃我而去，老夫真乃苦命也！"

从胡宝珠离世的悲伤中稍缓过来，齐白石觉着自己精气神还行，朋友介绍了协和医院的护士长夏文珠。夏文珠相貌出众、身材高挑，又有文化，齐白石很满意，张罗着续弦，无奈儿女们都反对，夏文珠就以护工身份在齐白石身边照料。这一照料就是七年，后来夏文珠负气离开，再也没有回来。

朋友继续给齐白石介绍对象，齐白石总不满意。大概在齐白石九十三岁那年，他去医院体检，觉得负责给他体检的女护士非常合他心意。女护士二十二岁，虽然齐家人极力反对，但齐白石还是执意要续弦。人家女护士也很难同意这门婚事，他又找各种人去同那女子说情，又是写情书又是送花篮，女护士终于还是答应了，不想在准备婚礼时，齐白石突发疾病去世，婚事也就作罢。

我们不能以今天的眼光来看待齐白石，说他是渣男。他上半辈子生活在清朝，骨子里是旧社会的人，他的这些行为对于那个年代的人来说，是合乎礼法的。他没在妻子在世的时候有什么想法，而且的确用情至深至真。

当然，说他喜欢年轻漂亮的姑娘，估计也不假。九十多岁的时候，每每有年轻漂亮的女演员过来拜访他，齐老爷子都很兴奋，握着人家的手，那是真舍不得放开，大家也只把齐白石当作一个可爱的老头儿。

我们既不用刻意突出齐白石喜欢漂亮小姑娘这件事，也用不着刻意回避。可能在齐白石看来，这都是自然而然的，符合“天然之趣”。

说来说去还是“真”

齐白石生于1864年，卒于1957年。周总理等多位领导人参加了他的葬礼。齐白石活得够长，在世的这九十多年里，经历了清朝从衰败到覆灭、西方入侵、民国成立、军阀混战、抗日战争、解放战争和新中国成立。

齐白石以一个手艺人的身份，完成了各历史时期的穿越，最终从一个传统社会最底层的穷苦人，跃升为20世纪世界艺术舞台中的璀璨明星。

他没有曾国藩、梁启超、鲁迅等人那样的宏大理想，也没有“天下兴亡，匹夫有责”的念头，好几次他的朋友意图举荐他在衙门里谋个差事，他都避之不及。

在他的专业领域，他也没想过要作出多么大的成绩、有多么大的影响力，甚至连大家所说的这个派那个派、这个主义那个主义，他都不知道，也不感兴趣。

他就是一门心思就着自己所有的条件钻研他的爱好，心想着怎么把画画好、卖出去养家糊口。

如果让我用一个字来总结齐白石，还是“真”，真实的真。

他的画要画真的东西；画画卖钱养家糊口，解决最真实的生存需求；因为表达最直接真实的情感而受到欢迎。过去和现在的艺术评论家会用各种抽象的概念、价值、主义去描述他，但他就是他。

他不关心甚至不知道那些抽象的东西，他的关注点都在自己的手艺上。除此之外，他关注的就是一日三餐过日子。到他快九十岁的时候，他依然每天起床后就画画，每天画三五张。他也不觉得自己是大师，卖画赚钱养家就是他的日常。朋友提醒他可以卖得更贵一些，他的画现在很值钱，他不以为然。但是你也不能占他便宜，他画画是明码标价：一棵白菜多少钱，一只蛐蛐多少钱，一只虾多少钱。他家客厅里长年挂着一幅字：**“卖画不论交情，君子有耻，请照润格出钱。”**

当时有人请他画虾，画完后那位主顾还想让齐白石多画一只送给他，齐白石倒也画了，但这只新添的虾一点生气都没有，就是只死虾。齐白石说，你要添的这只虾，是不在价钱之内的，算是送的，免费送的虾怎么可能跟买的虾一样呢？

齐白石不光对作品的价格较真，过日子也是精打细算。黄永玉在《比我老的老头》这本书里就写了一个小故事。

当时黄永玉随李可染去拜访齐白石，李可染路上就对黄永玉说：“齐白石一会儿会端出来两碟点心，一碟是月饼，一碟是花生，都是坏的，吃不得。”果然，他们到了，见齐白石亲自打开柜门的锁，取出两碟点心，一看就是好久没人动过的，黄永玉都能看到月饼上的小虫子。所以在很多人的印象里，齐白石是个吝啬、爱计较的人。

清华大学前校长罗家伦就说，他第一次随陈师曾去拜访齐白石，印象就很不好。一个文化人家里，从门口到大堂，在三处最醒目的地方都贴了“润格”，当时对他心生反感，后来读了齐白石的口述自传，知道了齐白石这一辈子是如何走来的，这才释然。

齐白石早年做木匠，后来卖画为生。他一直认为自己就是个手艺人，他要靠手艺养家糊口。至于什么“符合世界艺术潮流”之类的事儿，在他内心里是不存在的，他活得足够真，他的身心都在他的手艺上。

这份“真”，让齐白石从内到外都是简单、纯粹、质朴的。无论做什么事，读书学习也好，工作创业也好，居家过日子也好，其实都贵在一个“真”字。这种真实纯粹，是有足够的穿透力和生命力的。前几年我自己创业，接触到那些行业真正的顶级大佬，你会发现他们都或多或少地有这个特质，特别纯粹，特别简单，身心就被一件事情充满了，义无反顾、心无旁骛地沉浸在自己想做的事情上，坚信自己做的事情能为这个世界创造价值。

从这个角度来看，一个顶级艺术家和一个顶级生意人，内核是高度一致的。“真不真”是衡量艺术作品的一把好尺子，又何尝不是衡量世间其他事的一把好尺子呢？

我经常在想，这份“真”，很难得到吗？不是，这份“真”，其实我们都有。你看两三岁的孩子，他们都很真，喜怒哀乐，想要什么、不想要什么，都很真实，只是长大后想得太多做得太少，与生俱来的那份“真”被太多无聊的东西包裹起来。若能想透这一层，那么“真”就是我们大部分人可以拥有的生活状态。哪有那么多大事、琐事需要我们去操心，我们只要对自己感兴趣的事、自己爱的人满心投入就可以了，至于什么职场焦虑、年龄焦虑之类的各种焦虑，都会随之化解。

弥足珍贵

文末，我们回到文章开头的那个问题：齐白石的画到底好在哪儿？

要说清楚这个问题，要先从大历史观的角度回顾人类社会的发展。人类的演化是有很大随机性和偶然性的，人类有文字记录的文明到现在还不到七千年。我们简化来看，文明的发展有两条线，一条实线，一条虚线。实线是我们看到的实实在在的东西，大到文明兴亡、政权更替，中到技术变革、经济发展、战争迁徙，小到吃饱穿暖，小日子过得怎么样。这条线大家比较容易理解，我们讨论的社会价值，很大程度是在讨论这个层面。

虚线是关于哲学、思想层面的，这个层面看不见也摸不着，但它特别重要，我们所在乎的那条实线，其实是被这条虚线牵引着的。

我们很多实线上的探索，都是在虚线上推敲了很久，已经有太多人前赴后继地做了无数次思想实验，毕竟在思想理论层面去做实验和探讨，要比用实际行动实践付出的成本少很多，这种成本有时候是经济、时间上的成本，但在实践中保不齐就是亡国灭种的成本了。

在虚线上探索的主要领域是哲学、思想，远的我们知道老庄孔孟、柏拉图、亚里士多德，近的我们知道黑格尔、胡塞尔、萨特。

艺术也是虚线探索道路上的重要形式，而且地位不低。举个例子，“后现代主义”最早是在思想界被提出来的，它主张去中心化、解构、混沌，最先实践的却是艺术家，尤其是画家，因为这个最容易上手，试错成本也不高。一旦取得了一些成绩，科技也立马跟上。这些年，信息技术、人工智能的发展的底层思考，都来源于后现代思潮。

说完这些，再说回齐白石，就比较容易解释了。齐白石作为一个画家，他刚好处于世界现代主义思潮风起云涌的大时代。那时西方有一大堆思想家、艺术家在探索，而中国被大清耽误了，很多领域青黄不接。外界这些东西，虽然齐白石自己都不知道，但他的画作刚好符合现代主义的探索。往小了说，齐白石为中国现代艺术的转型和发展补了缺；往大了说，这是中国追赶世界、进而引领世界的很多步中的一步。

参考文献

[1] 齐白石. 齐白石自传[M]. 南京：江苏文艺出版社，2021.
[2] 郎绍君. 大匠之门：齐白石的世界[M]. 杭州：浙江人民美术出版社，2019.
[3] 逢成华. 书法与生活[M]. 上海：上海人民出版社，2018.
[4] 唐德刚. 从晚清到民国[M]. 北京：中国文史出版社，2019.
[5] 王伯敏. 中国绘画通史[M]. 上海：生活·读书·新知三联书店，2018.
[6] 陈师曾. 中国绘画史[M]. 北京：中国人民大学出版社，2004.
[7] 齐良迟. 齐白石艺术研究[M]. 上海：商务印书馆，1999.
[8] 张彦远. 历代名画记[M]. 上海：上海人民美术出版社，1999.
[9] 俞剑华. 中国画论类编[M]. 北京：人民美术出版社，1996.
[10] 侯君波. 妙在似与不似之间[D]. 南昌：江西师范大学，2007.
[11] 岳姝宏. 齐白石与八大山人的花鸟画比较研究[D]. 太原：山西师范大学，2018.

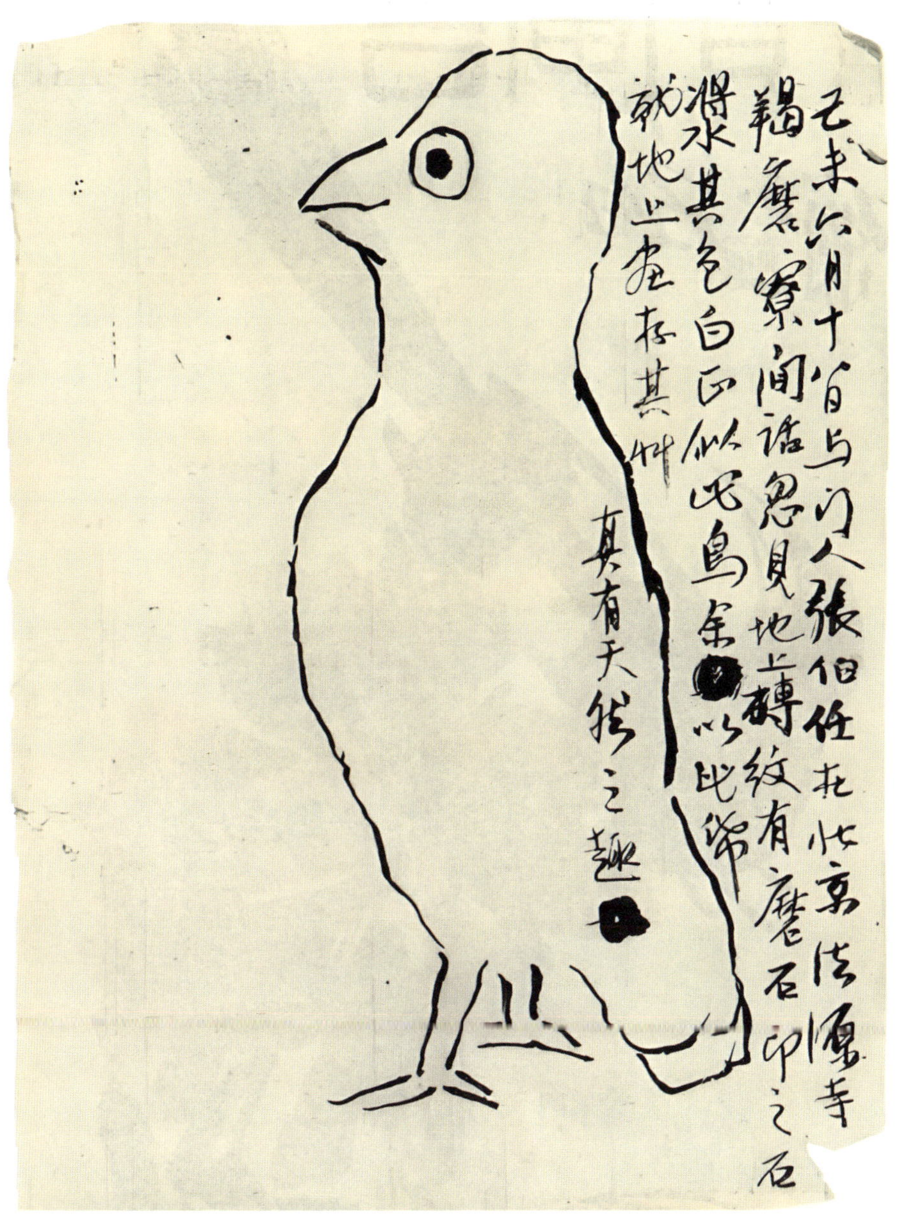

齐白石名作《趣儿》

齐白石作品《喜富贵》

齐白石作品《小鸡》

齐白石作品《鱼虾蟹》

齐白石作品《麻雀》

齐白石作品《荷花蜻蜓图》

齐白石作品《双寿》

齐白石作品《秋林纵鸽图》

齐白石作品《老屋听鹂图》

齐白石作品《春坞纸鸢图》

齐白石作品《静园客话图》

齐白石作品《百事清白》

梁启超（1873—1929）

十年饮冰 难凉热血

1898年9月23日，紧张的气氛笼罩着京城。

历时一百零三天的戊戌变法在两天前被慈禧太后叫停，光绪皇帝被囚禁。震怒的慈禧太后下令，全力搜捕维新人士。

这日晚间，三十出头的谭嗣同夹着包袱，趁月色疾步走进东交民巷的一幢红砖房子，他急于到这里见一个人——比他小八岁的梁启超。谭嗣同把自己未来得及发表的著作、诗文，还有家书交给梁启超，请求他帮忙保管。

梁启超与谭嗣同商量，可以一起逃亡。谭嗣同已经决定以死殉变法事业，他握住梁启超的手说："各国变法无不从流血而成，今日中国未闻有因变法而流血者，此国之所以不昌也。有之，请自嗣同始。"

梁启超本就去留未决，听谭嗣同如此说，备受感动，也不想走了。谭嗣同对梁启超说："想当年程婴与杵臼以一生一死保全了赵氏孤儿，你我二人应当效仿。如今之势：不有生者，无以图将来；不有死者，无以酬圣主。"

谭嗣同还劝说梁启超，自己只是一个语言不通的湖南人，逃出去也发挥不了作用，不如以自己的牺牲与顽固势力做最后一次抗争。但卓如（梁启超字卓如）不一样，海外广东华侨多，你能发挥的作用大。

谭嗣同说完，便趁着夜色匆匆离去。谭嗣同消失在夜雾中的背影，深深刻在了二十五岁的梁启超心中。

第二天，谭嗣同被捕，他在狱中写下“我自横刀向天笑，去留肝胆两昆仑”的诗句。四天后，戊戌六君子被处决于菜市口。临刑前，面对围观的官员和百姓，谭嗣同表现得非常坦然，高呼：“有心杀贼，无力回天。死得其所，快哉快哉！”

逝者已矣，活下来的梁启超，余生谨记那一晚与谭嗣同的诀别，以振兴中华为己任，不敢有一丝懈怠。

梁启超的名字我们都听说过，总觉得他至关重要，但细想又面目模糊了，能说上来的就是他参与了戊戌变法，是梁思成的父亲、林徽因的公公。

梁启超是晚清维新派的代表人物，是公车上书和戊戌变法的发动者之一，是当时“最有号召力的政论家”之一。

他在1902年首次提出“中华民族”的概念。从此，中华民族代表了全体中国人。

他在看到老师康有为开历史倒车、支持张勋复辟时，践行了“吾爱吾师，吾更爱真理”，毫不留情地写文章批评老师。

郭沫若说，当时有产阶级的子弟，“没有一个不受过他的思想或文字洗礼的”。

袁世凯的长子袁克定公开宣称，“梁启超的一句话，就抵得上十万支毛瑟枪”。

梁启超是推翻袁世凯政权的倡议者和主要策划人，还是民国时期清华大学“四大国学导师”之一。

清华大学在三周年校庆时，邀请梁启超做了一次题为《君子》的演讲，他在演讲中借乾坤二卦提出了“自强不息”“厚德载物”，后来清华大学便将“**自强不息、厚德载物**”作为校训，沿用至今。

从晚清到民国，梁启超一直是活跃在政治舞台最中心的人物之一。在我看来，在那个动乱时局里做到终生学习、快速迭代、没有包袱、跟得上时代的，同辈人中，几乎只有他一个人做到了。

神童出道

1873年2月23日，茶坑村的老梁家迎来了长孙，取名为梁启超。

梁启超的家庭条件不错，祖父梁维清在农事之余刻苦读书，考取了秀才。虽说是科举功名中最低一等，但也足够成为乡里士绅阶层的一员。

梁启超的父亲梁宝瑛是梁维清最小的儿子，梁维清尤其宠爱，希望他能走读书科举这条路，可惜梁宝瑛参加多次考试，连个秀才也没能考上，跟那个时代大多数失意文人一样，梁宝瑛成了半耕半读的教书先生。

经过两代人的经营，梁家过着“田可耕兮书可读，半为农者半为儒”的生活。梁启超出生后，长辈们对他寄予厚望。祖父给他启蒙，从开始学语起，就教他《三字经》《百家姓》《千字文》；四五岁时，祖父就给他讲《诗经》和四书了。

除了基本的识字、背诵诗文，祖父还给他讲历史故事，讲得最多的是南宋、晚明的国难故事和人物，可能冥冥中预示着梁启超的命运将与中华危亡联系起来。

梁启超没有辜负家里人的期待，很小就展现出过人的天赋。他记忆力惊人，对语言极度敏感，尤其善于作对子。

梁启超六七岁时，学堂的先生出上联“东篱客采陶潜菊”，他脱口而出“南国人怀邵伯棠”。祖父的朋友来家里做客，有意考他，出上联“饮茶龙上水”，他调皮地对“写字狗扒田”，引得大家哄堂大笑。

梁启超八九岁就能下笔千言，相当于二三年级的小朋友就能写出高考高分作文。梁启超第一次参加科举考试时只有九岁。从他家去广州考试需要坐船，同行的考生大多是二三十岁的青壮年，甚至有四五十岁的老童生，一个八九岁的孩子同去参考，大家都感到惊奇。

吃饭的时候有人逗他，让他以一盘咸鱼为题作诗，梁启超稍加思索便道：“太公垂钓后，胶鬲举盐初。”两句短诗，用了两个著名典故：一是姜太公钓鱼，助文王建立周氏天下；二是商纣王的大臣胶鬲因不满纣王无道，宁愿弃官从商卖盐巴。小小孩童随口吟出的诗文竟然如此用典纯熟，颇有宏图大志。这一次，梁启超虽然没考上秀才，但大家都传开了，茶坑村梁家长孙乃神童也。

1884年，十二岁的梁启超以优异的成绩考中秀才，当时教他的老师周惺吾说：“吾不能教之。”梁启超十三岁时入读广州城的学海堂，十六岁便高中举人——李鸿章十七岁中秀才，已经算很厉害了。梁启超中举人的时候，已经年过三十的康有为连秀才都没考上。

梁启超在乡亲们心目中，确实是神一样的存在。他中举的那次考试，主考官李端棻觉得梁启超一定会大有出息，要将自己的堂妹李惠仙许配给梁启超。李家乃京城高官，梁启超的父亲最开始担心两家地位过于悬殊，自觉高攀不起，但李端棻认为这不重要，他看准了梁启超绝非池中之物。

李惠仙是一个了不起的女子，她父兄都是高官，自己也才学过人，见了梁启超后，甘愿从京城嫁到广东乡下做农妇。梁家后来“**一门三院士、九子皆才俊**”的美谈就此开端。

师从康有为

1890年，春节刚过，冬意未去，父亲陪同十七岁的梁启超进京参加会试。一路上，父子俩畅享着“朝为田舍郎，暮登天子堂”，但梁启超这一次考运不佳，落榜了。毕竟进士首考中第的少之又少，更何况梁启超只有十七岁，就当见见世面了。父子俩打道回府，也没有十分沮丧。

回乡路过上海，梁启超在书店里看到了徐继畬写的《瀛环志略》，这是一本介绍世界地理的书，这时候梁启超才知道，原来世界上有五大洲，中国只是“一国”，而非“天下”，他咬咬牙把这本书买了下来。他还看到上海制造局翻译的一些西方书籍，无奈囊中羞涩，只能放弃。接触到的这些新知识，让一直以来潜心旧学的梁启超兴奋不已，点燃了他对西学的浓厚兴趣。

等他回到广州，好友陈千秋跟他说了一桩异事，说城里来了一位叫康有为的学者，这个康先生虽然秀才都没考上，但学识和见地极高，他自己已经去拜访过了，绝对乃当世奇人。

第二天一大早，梁启超将信将疑地跟陈千秋去拜访康先生。梁启超自恃才学过人，刚见面时多少有点傲慢，但随着交谈的深入，他彻底被康有为的思想征服。这位康先生不像梁启超接触过的那些一心只读圣贤书的传统学者，康先生书读得杂，儒释道都读，西方知识也接触了些。比起程朱理学，康先生觉得王阳明、陆九渊的心学更好。梁启超觉得康先生“直捷明诚，活泼有用”。

那天，他们从早上八点一直聊到晚上八点，整整聊了十二个小时。

康有为特别擅长演讲，说起话来声音洪亮、气势逼人。面对比自己小十五岁的天才少年，他引经据典，侃侃而谈。说者口吐莲花，听者津津有味。梁启超对这位秀才都没考上的康先生佩服得五体投地。

那晚走出房门的时候，梁启超举头望月，顿感“冷水浇头，当头一棒”。他一夜未眠，辗转反侧，觉得自己这些年所学所思乃井底之见，回想康先生所讲，“且惊且喜，且怨且艾，且疑且惧”。梁启超后来在文章里写道：“先生乃以大海潮音，作狮子吼，取其所挟持之数百年无用旧学更端驳诘，悉举而摧陷廓清之。”

接下来的几天，梁启超日日都去拜访康有为，听他讲学。梁启超已经下定决心，要拜康有为为师。

其实这时候康有为的处境是很狼狈的，他想在广州开馆讲学，但自己没有功名，很难让人信服。康有为当时只是监生，监生的全称是国子监生员，有了这个身份，就具备了科考的资格。这个身份是可以花钱买的，官方明码标价。康有为多次考秀才不中，家里凑钱给他捐了个监生。在读书人眼里，这是很不齿的。现在有梁启超这样一位大家都认可的天才少年愿意拜他为师、为他摇旗呐喊，营销效果还是很明显的。梁启超召集同学去听康有为讲学，大家有钱的出钱，有力的出力，帮康有为在万木草堂里租了一间房，开馆教学，学馆取名为长兴学舍。

梁启超投到康有为门下，全面接受了康有为的改革主张和变法理论，成为后来公车上书和戊戌变法的领袖人物之一。

生平概述

1895年，康有为、梁启超进京参加会试。此时正值甲午战败、《马关条约》签订，康有为、梁启超牵头发动了著名的公车上书，召集千余名举人联名上书清廷，要求拒和、迁都、实行变法，由此揭开了维新运动的序幕。

1896年，梁启超应邀到上海参与筹备《时务报》的创刊，并担任主笔。梁启超文笔流畅，观点新颖犀利。他擅长用浅显流畅的文字来阐述重大的时事问题和深刻的道理，文章蕴含丰富的感情，有很强的鼓动性。他对中国传统社会专制制度的大胆抨击和对西方资本主义制度的介绍，在当时的知识分子群中产生了强烈的感染力。此时，严复已是极富名望的大学者，他对梁启超推崇备至。

《时务报》几个月间销量达到一万余份，影响迅速扩大，“为中国有报以来所未有”。梁启超也随之声名鹊起。从此以后，办报纸成了梁启超宣传新思想的得力工具。而后几年，他全身心投入到维新事业中，奔走于北京、上海、湖南，参与办报、办学和维新活动。当时，上海和湖南的维新活动搞得最热闹。

1898年戊戌变法失败，梁启超流亡日本，这一走就是十四年。在此期间，梁启超创办了两份重要报纸——《清议报》和《新民丛报》。一直到民国元年，也就是1912年，梁启超才得以回到祖国。此时他已名声在外，声望很高了。

从回国后一直到1917年年底，梁启超全力以赴投身政治实践当中。他参加了袁世凯的内阁，任财务总长、政治顾问，因反对袁世凯称帝，联合蔡锷武力讨袁。袁世凯去世后，梁启超加入段祺瑞政府，1917年孙中山先生发动护法战争，段祺瑞被迫辞职，梁启超也提交了辞呈。

此后，梁启超把人生的最后十二年时间奉献给了文化教育事业和学术研究，于1929年病逝于北京，享年五十六岁，真真天妒英才！

我先简要地对梁启超的生平做一个梳理，因为他这一生干的事情太多了，下面我们分别聊聊他在政治、学术和教育这三个方面的成就。

政治生涯

梁启超的政治生涯，历来被很多人诟病，说他善变，是政治上的变色龙。

早年他同康有为一起掀起公车上书和戊戌变法，属于维新派。戊戌变法失败后流亡海外，起初是坚定的保皇维新派，后来随着接触的新知识越来越多，在近代文明的冲击下，逐渐从康有为的政治思想框架里独立出来。他在自己主办的《新民丛报》上发表了大量文章，将“新民”视为建立现代国家之根本。之前严复在他思想中播下的种子，这时候开始发芽。在他看来，“有新民，何患无新制度、无新政府、无新国家”。

“新”这个字本身就是一个比较模糊的概念，我们可以简单理解为“不一样的、进步的”，它可以带来的好处就是，你不会被一时的主张给绑架了，今天你觉得这个好，你就践行；明天发现该调一调、改一改了，那就调一调、改一改。

这个时期，梁启超对国体、政体问题没有绝对的主张了，他逐渐放下了包袱。一旦没有包袱，他就成了一个日拱一卒的学习者、探索者，他不再被某个主张所束缚。理解了这层逻辑，我们再来看梁启超的政治生涯，就很清晰了。

梁启超既是一位杰出的政治理论家，又是一位身先士卒的政治实践者。从将近二十岁一直到四十四岁，人生最宝贵的年华，都献给了政治事业，一直视挽救中华民族危亡为己任。梁启超的政治活动和思想言论，对近代中国影响巨大。

梁启超的政治生涯可以归纳为如下四个阶段。

第一阶段是维新运动时期。

从1895年到1898年，这一时期的梁启超主要受康有为维新变法思想的影响，一边学习西方思想，一边积极投身政治实践活动，办报纸、办学堂、组织公车上书、发起戊戌变法。此时的他拥有满腔的救国热情，但对于西学了解并不全面，政治思想上不成熟，未能认识到政治的复杂性。作为维新派的代表，梁启超完全没有意识到，依靠一个手无实权的皇帝，根本做不了什么事。

1895年3月，李鸿章正在日本和谈之际，全国一千二百名举人齐聚北京参加会试。3月16日，李鸿章与伊藤博文进行第四轮谈判，康梁师徒和其他举子正在完成最后一场考试。大家走出考场时，谈判结果已经在京城的大街小巷传开了。考试结果要一个月后才能出来，等结果期间，这些读书人开始讨论中日之战。京城各大茶楼、酒肆里，群情激昂，读书人讨论着各种安邦定国的策略。有人提议，咱们得把思路上书给皇上。那一个月，举人们单独和联名的上书一共三十一次，其中声势最大的，就是康有为和梁启超发起的公车上书。康有为主笔，两天时间写成了一篇一万八千字的长文，十八省举人响应，一千二百多人连署。

这就能体现康梁师徒异于常人之处了。别人写了文章，顶多拉上相熟的几个人署名，就递上去了。但他们不这么想，只是几个人签字，那哪够分量啊！事实上，这篇长文根本就没递上去，但这个不重要，他们要造的是声势，为以后做铺垫。

随着会试成绩的公布，落榜的举子各回各家，上书的声音也就慢慢小了。但康梁师徒的名声一下子大起来了，梁启超受邀到上海创办《时务报》。1897年10月，又被湖南巡抚陈宝箴邀请到湖南办学，任时务学堂总教习，蔡锷就是这所学堂的学生。

1898年年初，梁启超回到北京，参与变法。光绪皇帝也意识到不变不行了。甲午战败之后，国人激愤思变；1897年年底，德国又抢占了胶州湾。一批有识之士聚集北京，奔走呼吁，康有为、梁启超、谭嗣同都是站在最前排的。

梁启超文笔好，写出的文章鼓舞性强，变法中不管是给皇帝的呈言，还是呼吁公众参与的号召，很多都出自他之手。但戊戌变法终究还是失败了。

梁启超在东渡日本的轮船上举目西望，家国故土，渐渐模糊。他虽然得以逃脱，但以谭嗣同为首的六君子被杀、皇帝被囚禁，那一刻，他应该是绝望、无助的，但他内心的信念却愈加坚定。尽管处于悲愤之中，他已经开始筹划到日本后的行动了，据说他利用在轮船上的这一小段时间，就基本掌握了日语。

来到日本后，梁启超在横滨创办了《清议报》，从第二期开始连载谭嗣同的遗作《仁学》。

从1899年至1902年，是梁启超流亡日本的初期，可以理解为梁启超政治思想探索的第二阶段，他开始反思变法失败的原因。

第二年，梁启超在去往美国的轮船上，写下了《少年中国说》。

少年智则国智，少年富则国富。

少年强则国强，少年独立则国独立。

少年自由则国自由，少年进步则国进步。

少年胜于欧洲则国胜于欧洲，少年雄于地球则国雄于地球。

这段入选了小学语文课本的散文节选，文字慷慨激昂，寄托了梁启超对祖国的热爱以及对中国少年的期望。

当时流亡海外的，还有一股势力，就是孙中山先生的革命派。梁启超初到日本时还同康有为一样，是坚定的保皇派，但随着他对外部世界了解的增多，已经他与以孙中山为代表的革命派交流的增多，他意识到一味保皇肯定是有问题的，要救中国，必须进行一次“破坏”。

梁启超说：“历观近世各国之兴，未有不先以破坏时代者。此一定之阶级，无可逃避者也。有所顾恋、有所爱惜，终不能成。”

但这个过程是非常不容易的。其实梁启超到日本不久就同革命派接触上了，而且他认为大家都是为了救中国，应该团结起来。康有为听说梁启超在与革命派搞合作，气得不行，把他叫到美国，劈头盖脸就是一顿骂，这时候梁启超还只能听老师的。

第三个阶段是从1902年至1912年。

1902年2月，梁启超在横滨创办了《新民丛报》。随着他对革命派的了解更为深入，他逐渐接受并吸收了革命派的思想与改革逻辑。被康有为叫到美国批评了一顿，回到日本后，梁启超面上在执行康有为的保皇战略，但内心的主张开始发生变化。他借助《新民丛报》呼吁：“中国所以不振，由于国民公德缺乏，智慧不开。”

慢慢地，梁启超意识到，他的老师康有为是不对的。

对于梁启超来说，他想的是救中华于危亡，只要是符合这个目标的路径，他就愿意去尝试，这其中不含私心。他发现革命派的思想是符合这个逻辑的，但这个逻辑在康有为那里是不通的。

康有为终其一生只在讲述一个故事——皇帝召见了他，给了他衣带诏，他要回去救皇帝。现在史料都公开了，基本确认当时光绪皇帝确实欣赏康有为，但也没跟他聊多久，至于衣带诏的事，几乎可以肯定就是他自己编的。他后半辈子就活在这个故事里不出来了，甚至以此募捐敛财，满足个人私欲。

流亡海外的后期，梁启超与康有为的距离就越来越远了。他不排斥革命派的主张，也帮着到处宣扬共和、革命。

当时还有一个插曲：八国联军攻入北京之后，大清朝廷也觉得只有改革才是出路，慈禧太后就想起康有为、梁启超提出的思路还是值得借鉴的，就想安排人来请教他们，让他们出谋划策。清朝派了“出洋五大臣”来日本。康有为不想合作，他认的是皇帝，现在派人来的是太后，那是他的死对头。

革命派安排人要刺杀五大臣，他们觉得我们要革命就是因为你们不行了，要是你一改革给改成了，那我还革什么命啊？你看看，那时候大家都被自己的主张绑架了。而梁启超不一样，他觉得既然你想改革变好，那中国就还有救啊，而且不用付出革命带来的流血牺牲。梁启超完全不介意当年清廷要杀他的头，全力以赴地帮助清廷出谋划策，五大臣的很多奏章都是他帮忙写的。

梁启超在日本期间所做的事情，延续了他在国内的思路，依旧是三板斧——办学校、办学会、办报纸。梁启超的原话是这么说的：“学校的对象，是培植青年后起人才；学会的对象，是联络成年智识阶级；报纸的对象，是启发社会的一般民众。”为了给这三件事做好知识补充，梁启超筹办书局，翻译了大量西方著作。

以这三者为阵地，梁启超联合了众多日本侨商和海外华人。梁启超的政治理论在这一时期逐渐成熟，虽然人在日本，但已享誉中国，为他接下来回国参与政治实践做好了充分铺垫。

梁启超政治生涯的第四阶段，是归国从政时期，时间从1912年到1917年。

1911年年底，袁世凯掌握了实权，组建内阁，邀请梁启超回国担任司法部副部长。梁启超似乎看到了民族崛起的希望，于1912年10月结束了长达十四年的流亡生涯，回到了祖国。

梁启超归来，受到了国人的热烈欢迎，他决心作出一番成绩来。

做这个决定，于他而言是不容易的。戊戌变法失败的直接原因之一，就是袁世凯跑到慈禧太后那里告密。按说袁世凯是梁启超一辈子的仇敌，这仇是没法化解的，但梁启超他能放下，他对袁世凯寄予厚望，希望袁世凯能带领中国走出泥潭。他力挺袁世凯，甚至组建民主党跟宋教仁组建的国民党对抗。

袁世凯确实也对梁启超礼遇有加。袁世凯的存在，客观上让军阀四起的民国有过短暂的和平。此时，梁启超与严复的思路是基本一致的，如果袁世凯能搞好君主立宪，中国或许还有希望。

但梁启超的一腔热血换来的却是袁世凯的一顿忽悠。

到了1914年，梁启超就发现，袁世凯组内阁、搞国会都是假动作，他的真实目的是做皇帝，梁启超明确反对。1915年年初，袁世凯为了拉拢梁启超，让自己的儿子找梁启超谈，希望梁启超能支持自己称帝。当时的情况就是“你不同意，只有死路一条”，梁启超表面上同意了，但私下开始谋划反袁。

关于反袁，他主要有三个动作。一是秘密撰写那篇著名的讨袁檄文《异哉所谓国体问题者》，后人说梁启超**“一篇文章干倒一个王朝”**，指的就是这篇檄文。

二是让他的学生蔡锷想办法离开天津，去云南筹备武装讨袁。蔡锷当时已经被袁世凯的人监视了，他就在天津整日花天酒地，做样子给袁世凯看，终于找到了空挡，逃离了天津。

三是游说袁世凯的爱将陆荣廷，希望他能劝说袁世凯放弃称帝。也就是说，梁启超是做了两手准备的，依旧对袁世凯抱有幻想。后来虽然没有说服袁世凯，但陆荣廷却被梁启超的观点征服了，陆荣廷后来成了倒袁的重要力量。

1915年8月，负责筹备袁世凯称帝事宜的筹安会成立，梁启超把他的《异哉所谓国体问题者》交给了报社，自己乔装改扮去了南方，开始组织武力讨袁。我们说梁启超的政治实践都是失败的，不完全对，这一次讨袁成功，梁启超是真正的策划人和组织者。

1916年6月袁世凯病死，段祺瑞任国务总理，梁启超一心想要结束军阀混战的局面，力挺段祺瑞，号召南方各都督司令携手合作，促成了短暂的和平。

1917年年初，段祺瑞代表的北洋军阀效仿袁世凯解散国会，废除《临时约法》，倒行逆施，梁启超彻底失望。当年9月，梁启超辞去所有政府职务，在往后的时间里全身心地投入到学术研究中。

在将近三十年的时光里，梁启超投身政治，哪怕流亡海外十四年也不曾动摇改革救亡的意志。大清没了，本以为改革图强的机会来了，没想到掌握权力的军阀们想的不是国家和人民，都在为自己打着割据封王的算盘。

梁启超自此弃政从文，与严复人生最后十几年全身心投入翻译和教育事业的心态是一样的，多少有些悲凉与无奈。严复在1915年袁世凯称帝后，觉得理想被彻底粉碎，就淡出了公众视线，鲜有成绩，自己还吸食鸦片成瘾。梁启超不一样，他依然满怀热情地投入到学术当中。

梁启超的政治影响力，并没有因他退出政坛而消失，在后来爆发的五四运动和新文化运动中，梁启超依旧发挥了巨大作用。

在梁启超生前就有很多人评价他是“变色龙”，梁启超也没反对，但明显那些人没有理解梁启超。他不是像墙头草一般左右摇摆，他的政治思想是不断迭代的，随着自身知识的增加和眼界的拓宽，不断修正甚至推翻过去的想法。

梁启超号“饮冰室主人”，**“十年饮冰，难凉热血”**这句名言出自他的《饮冰室文集》。“饮冰”一词出于《庄子·人间世》中的“今吾朝受命而夕饮冰，我其内热欤”，意思是：早上接受国君诏命，到了晚上还得喝冰水才能稍微平复内心的激动。梁启超以此表达对民族危亡的忧虑之情。

学术成就

说完梁启超的政治事业，再说说他的学术成就。

自1917年年底梁启超辞去公职，他便潜心做学问。他一旦决心做学问，那就是一等一的学问家。

梁启超本来就有很好的旧学底子，流亡海外这些年又遍览西学，笔耕不辍，打好了坚实的西学底子。弃政从文后，他于1918年年底去往欧洲，游历了十五个月，看到了欧洲在一战后的状态，引起了他对西学的反思。梁启超开始肯定中国传统学术的价值，同时开启了他接下来近十年关于中国史学、哲学的研究。

到了这个时候，梁启超已是兼具东西方视野的大学问家了。

从1918年到1925年，梁启超主要在北京、天津、济南、长沙等地讲学。所讲学问包括史学、先秦诸子、清代学术研究、佛学等领域。在讲学的过程中，梁启超采用白话文，他认为要加快推进白话文，才能让更多中国人接受教育，中国才能更快地与国际接轨。中国的古文讲究用典、辞藻、声律，堆砌生僻字，使文章极尽铺排之势，但形式僵化、内容空虚、晦涩难懂，不适合用来给百姓普及知识。

梁启超讲学是极认真的，他每一次都认真准备，写好逐字稿。按说以他的学识和见识，完全不需要这么费劲，随便构思一下就能上台，但梁启超依旧严谨对待，他的讲稿后来结集成册，直接就出书了。

1918年，蒋百里随梁启超访问欧洲，回来后写了本《欧洲文艺复兴史》，让梁启超帮忙写个序，梁启超欣然接受。蒋百里收到这篇序后打开一看，好家伙，洋洋洒洒几万字，跟我的正文差不多厚了，您还是自己直接出版吧，这就是《清代学术概论》的来历，蒋百里反过来为梁启超写了个序——这就是梁启超对待学问的态度。

1925年，清华大学组建国学院，力邀梁启超到清华任教，梁启超与陈寅恪、王国维、赵元任并称为清华大学的“国学四大导师”。1928年，梁启超因身体原因辞职，1929年因病与世长辞。

在清华大学国学院任教的这四年，是梁启超著述生涯中最专注于史的时期，也是梁启超学术生涯的最后一个高峰期。他积蓄了一生的学术能量，在此时期绽放了最后华彩。

为了专心治学，梁启超专门在《晨报》上发表了一篇十分有趣的启事：“鄙人在清华学校每日上午皆有讲课，城内亲友乞勿以其时见访，致徒劳远涉不克拱迓。又下午亦忙于著述，见访者如非有特别事故，请以坐谈十五分钟为度。”

梁启超的著述涉及的内容很广，涵盖了政治、哲学、史学、文学、经济、教育、新闻、法律、伦理、宗教等多个方面。他在近代国家政权的组织形式，以及人民权利、国家财政问题、史学研究方法、中西文化交融、传统文化复兴、新式教育的兴起与发展、近代法律条文的制定、近代报业的发展、佛教在中国的传播等方面都有所建树。

教育实践

梁启超的教育实践更要好好说说。现在很多家长总说自己很忙，没时间陪孩子，你再忙能有梁启超忙？梁家创造了“一门三院士、九子皆才俊”的教育奇迹。我通过读梁启超的资料，尤其是他给孩子们写的书信，明白了这一教育奇迹是如何产生的。

梁启超继承了严复的教育思想，他很早就意识到教育对于中国的重要性。这里我就不展开讲他办学校、当教授、做学者的教育实践了，我们来学习一下他的家庭教育。在家庭教育这件事情上，我们能看到一个知行合一的梁启超。

梁启超一共有九个子女，个个都是某一领域的专家，有文学家、考古学家、经济学家、建筑学家、火箭控制系统专家等。其中考古学家梁思永、建筑学家梁思成、火箭控制系统专家梁思礼成为新中国的院士。

作为一位忧国忧民的政治家、学贯中西的大学问家，他也对孩子和家庭投入了极大的感情，他对待子女表现得开明豁达。

关于梁启超的家庭教育，我至少看到了三个方面。

第一，对子女怀着十二分的爱，而且直白地表达爱。即便孩子们长大了，在与孩子通信时，他依然使用昵称，称大女儿思顺为“大宝贝”、二女儿思庄为“小宝贝”、三女儿思懿为“司马懿”、小儿子思礼为“老baby”。

他在信里对孩子们说：“你们须知你爹爹是最富于情感的人，对于你们的爱情，十二分热烈。你们无论功课若何忙迫，最少隔个把月总要来一封信，便几个字报报平安也好。”他让孩子们清晰感受到“爹爹爱你们，需要你们”。

有这么可爱的父亲，可以想象他的孩子们是多么幸福！

都说女儿是父亲的小棉袄，这句话在梁启超身上体现得淋漓尽致。现存的书信里最多的是梁启超写给大女儿梁思顺的。梁思顺留学，梁启超三天两头给女儿写信。他知道女儿学业紧张、拼命用功，就接连不断地写信劝慰，唯恐女儿因学习影响了身体健康。他在信中强调：“星期天必须休息，且须多游戏运动……汝必须顺承我意，若固欲速以致病是大不孝也。汝须知汝乃吾之命根。”

他担心女儿仍不当回事，隔天又写信强调：“吾爱女之名举国皆知，故交相见者，无不问汝，却无人问思成以下……汝求学不必太急，每来复十四小时总嫌太多，多留两三月，绝不关紧要。”

女儿都结婚生子了，梁启超想女儿了，就给女儿写信唠家常：“宝贝思顺，我现在就上车回家了，明天晚上就和你妈妈、弟弟妹妹在一块儿了，现在很想你……几个月没有饮酒了，回家两天就是你妈妈生日，我想破戒饮一回，你答应不答应？”

你想喝就喝嘛，你回家都喝上了，女儿连信还没收到呢——一个可爱父亲的形象跃然纸上。

后来二女儿思庄也去姐姐那边留学，梁启超写信给两姐妹：“宝贝思顺、小宝贝庄庄，你们走后，我很寂寞……思顺离开我多次了，所以倒不觉怎样，庄庄这几个月来天天挨着我，一旦远行，我心里着实有点难过。但为你成就学业起见，不能不忍耐这几年。”

思庄考试只考了第十六名，很伤心，梁启超很认真地写信安慰女儿：“庄庄，成绩如此，我很满足了。能在三十七人中考到第十六，真亏你了。好乖乖不必着急，只需努力便好了。”

相隔多年，即便是我们这些外人读来，也能感受到字里行间满满的爱。

梁启超对孩子的教育，把“爱”放在第一位。他的这份爱，给了孩子们最大的安全感。孩子们知道，无论是成绩不好，还是出了别的差错，父亲都会安慰我，不会责备我。这样的爸爸谁不喜欢？

第二，充分尊重子女的兴趣和选择。梁启超学贯中西，对于世俗意义上的“学什么、不学什么”的判断力，肯定是强过孩子们的，但他从不把自己的想法强加给孩子们，而是一直鼓励他们发展自己的兴趣爱好，根据自己的爱好去选择专业。二女儿思庄去美国留学，因为当时国内的生物学几乎是一片空白，梁启超希望她学生物学来填补国内的空白。但思庄学了一段时间后，发现自己对生物学不感兴趣，就把想法跟哥哥梁思成说了。梁启超得知后，不仅没有责骂女儿，反而写信安慰她，让她选择自己喜欢的专业。得到父亲的支持后，思庄改换了专业，后来成为一代图书馆学家。

孩子们读大学，梁启超依然时常写信叮嘱，让孩子们切不能为了拿文凭而学习，要以真才实学为标准，宁可学慢一点也不能急。他反复对孩子们说，我不要求你们课业成绩一定要名列前茅。

第三，以身作则，言传身教。梁启超平时将儿女们当成朋友一般沟通。孩子们小的时候，梁启超就带着他们读书，把书里的故事绘声绘色地讲给孩子们听。孩子们看到的梁启超不是在跟他们玩、读书给他们听，就是自己坐在书桌前读书。孩子们大了，相隔两地，梁启超就通过书信与孩子们保持交流。这个习惯让我想起曾国藩，曾国藩当年在外打仗，也是家书不绝。梁启超对曾国藩是有细致研究的，这一点上受曾国藩影响很大。

他在1927年给孩子们的信中写道："至于将来能否大成，大成到什么程度，当然还是以天才为之分限。我平生最服膺曾文正的两句话：'莫问收获，但问耕耘。'将来成就如何，现在想它作甚？着急它作甚？一面不可骄盈自满，一面又不可怯弱自馁，尽自己能力做去，做到哪里是哪里，如此则可以无入而不自得，而于社会亦总有多少贡献。我一生学问得力专在此一点，我盼望你们都能应用我这点精神。"

梁启超这时候已经病痛缠身，作为一个老父亲，他借用曾国藩的话教育孩子们，做事要牢记"莫问收获，但问耕耘"。

梁启超将自己做学问的感悟通过书信告诉孩子们："凡做学问总要'猛火熬'和'慢火炖'两种工作循环交互着用去。在'慢火炖'的时候才能令所熬的起消化作用，融洽而实有诸己。思成你已经熬过三年了，这一年正该用火炖的功夫。"

他说："天下事业无所谓大小，只要在自己的责任内，尽自己力量做去，便是第一等人物。"

他说："我说你们别耍孩子气，这是叫你们对于正事——如做功课，以及料理自己本身各事等——自己要拿主意，不要依赖人。至于做人带几分孩子气，原是好的。你看爹爹有时还有童心呢！"

他说："做官实易损人格，易习于懒惰与巧滑，终非安身立命之所。"

梁启超对儿女们的限制极少，但有一点他是一再强调的："你们可以到世界各地去学习，去看看，但学有所成，你们一定要回到祖国，为祖国的发展尽一份力。"

他的儿子梁思礼到美国学习航天技术，成绩优异，是不可多得的人才。跟他一同留学的一位同学接受了美国的邀请，加入了美国国籍，但梁思礼毫不犹豫地拒绝了，他谨记父亲的教诲——人必真有爱国心，然后可以用大事。梁思礼将林文忠公的名言“苟利国家生死以，岂因祸福避趋之”作为自己的人生信条。

后来人们问他为什么不像那个同学那样接受美国的优厚条件，而要坚决回国，他答道：“他研究的导弹是对准中国的，而我研究的导弹是保护祖国的。”

教育实践

文末，我稍做总结。

我在看梁启超的资料时，最深的感受是他很现代，他的治学、治家、克己的理念都很现代，但他又分明是与李鸿章同一个时代的人。

之所以说那个时代是“中国三千年未有之大变局”，是因为中国在短短几十年内完成了政治制度和思想的大跃迁，左脚还踩在帝制的泥潭里，右脚已经迈到现代社会的大路上了。近代史研究专家唐德刚说，中国是被逼着用几十年的时间，完成了西方世界两三百年才完成的现代化的。在这个动荡的过程中，绝大多数人的思想都会卡在某个环节上，完成不了时代的穿越。

李鸿章已经算是当时的先进分子了，也亲自到欧美细细看了一圈，回来后还是满脑子搞洋务、振兴大清，卡在帝制里出不来。康有为本来是梁启超政治上的引路人，但他出道即巅峰，戊戌变法时搞“斥后保皇”，后来皇帝都没了还琢磨这事儿，在海外流亡多年硬是没能让他的思想往前进化一点点。

反观梁启超，他是那个时代极罕见的身心都完成飞越的人。我们现在讲“与时俱进”，百年前梁启超就在践行了。

要做到这一点，至少需要突破三层束缚。

第一层束缚是现实处境的束缚，你得比别人看得更远，并且为你看到的未来和理想付出实际行动。仅这一层，大部分就做不到。能看到的人就不多，能付诸行动的就更少了。曾国藩、李鸿章算得上一时英杰，但最终他们困于时局，李鸿章晚年已经看清了清朝灭亡的必然结局，却依然甩不掉已有的权势包袱。

第二层束缚是死守“唯一真理”，不能立足当下、与时俱进。认定了一个“真理”，一辈子就掉进自己编织的这个“真理”里再也爬不出来，也不愿爬出来，即便世界已经改变，他们也不愿意承认，因为那是他们的“高光时刻”。

不要说个人了，我举两个大企业的例子，大家就能理解突破这层有多难。柯达是胶卷相机时代的龙头企业，当时确实独步天下，即便他们发明了数码相机，也知道数码相机是时代发展的方向，但就是放不下胶卷近乎垄断的利润，结果是很快就退出了历史舞台。诺基亚曾经是手机市场的佼佼者，并且最先研发出了智能手机，但它依然无法摆脱已有产品和市场的路径依赖，连下坡路都没来得及走几步，就退出了手机市场。

我们不能说这些企业的管理层没有眼光和格局，他们绝对是当时最牛的管理团队之一。但没有用，人性使然。

第三层束缚是最大的束缚——自己内心的困境。人很难不受时局、他人和外物的牵绊，但真正的包袱是自己。我们讲“迭代”，大多是在说技术迭代和认知迭代，这些都是“小迭代”，“大迭代”是价值观，甚至是信仰层面的迭代。达成这种迭代是难上加难的，这几乎等于将自己撕碎后再重新拼凑起来。

梁启超突破了这三重束缚，他每次都能冲出来。

我们绝大多数人做不到像梁启超这样不断地突破束缚，但我们通过梁启超的生平故事，至少知道了这三重束缚是什么，可以在必要的时候将梁启超作为一面镜子，拿出来对照，看看自己被困在了哪里。即便做不到大的突破，能往前走一小步，不也挺好？

参考文献

[1] 吴其昌. 梁启超传[M]. 北京：台海出版社，2019.

[2] 解玺璋. 梁启超传[M]. 北京：化学工业出版社，2018.

[3] 张瓊. 梁启超传[M]. 北京：北京联合出版社，2020.

[4] 梁启超. 饮冰室合集[M]. 北京：中华书局，2015.

[5] 丁文江，赵丰田. 梁启超年谱长编[M]. 上海：上海人民出版社，2009.

[6] 梁启超. 李鸿章传[M]. 北京：商务印书馆，2015.

[7] 萧一山. 曾国藩传[M]. 北京：东方出版社，2009.

[8] 曾国藩全集[M]. 长沙：岳麓书社，2018.

[9] 唐德刚. 从晚清到民国[M]. 北京：中国文史出版社，2019.

[10] 唐德刚. 从甲午到抗战[M]. 北京：台海出版社，2019.

[11] 舒畅. 论梁启超与清华国学院[D]. 福州：福建师范大学，2010.

[12] 李夕菲，吴捷. 从流亡生涯看梁启超团结引领华侨在晚清变局中的作为[J]. 清华大学学报，2023（1）：157-164.

内 容 简 介

如果说今日中国繁荣富强、如日中天，那么从晚清至民国这段时期的中国就犹如处于黎明前的暗夜一般。林则徐、胡雪岩、严复等人物，就如暗夜之中的点点星光，试图以微弱之光，驱散这片夜空的晦暗。

本书是纪传体合集，介绍了从晚清至民国这段历史时期政治、经济、思想文化领域具有代表性的多位人物。每位人物都配有75~150分钟的视频，由作者亲自朗读录制。

图书在版编目(CIP)数据

暗夜星河：人物志 / 王小窗著. --北京：清华大学出版社，2025. 6（2025.8重印）.

ISBN 978-7-302-69324-6

Ⅰ. K820.5

中国国家版本馆CIP数据核字第20259K7S25号

责任编辑： 张文青

封面设计： 李　坤

责任校对： 陈立静

责任印制： 杨　艳

出版发行： 清华大学出版社

网　址： https://www.tup.com.cn，https://www.wqxuetang.com

地　址： 北京清华大学学研大厦A座　　**邮　编：** 100084

社总机： 010-83470000　　**邮　购：** 010-62786544

投稿与读者服务： 010-62776969，c-service@tup.tsinghua.edu.cn

质量反馈： 010-62772015，zhiliang@tup.tsinghua.edu.cn

印 装 者： 三河市春园印刷有限公司

经　销： 全国新华书店

开　本： 170mm×240mm　　**印　张：** 32　　**字　数：** 548千字

版　次： 2025年7月第1版　　**印　次：** 2025年8月第2次印刷

定　价： 129.00元（全两册）

产品编号：111545-02

王小窗书法：“江山风月，本无常主，闲者便是主人。”

目录 · CONTENTS

李叔同

（1880—1942）

半世繁华半世僧 世间再无李叔同

每个时代的样子，都是由一个个具体而鲜活的人编织而成的。每个人好比一条线，有的线粗，勾勒出了那个时代的框架轮廓；有的线细，描绘出生动的细节。独有一类线，绚烂多彩、斑斓多姿，在灰暗的时代底色上，留下了光彩夺目的印记。

弘一法师李叔同，就是那独特的一类。他如诗如画、悲喜交集的一生，让我们在从晚清至民国的这段苦难时期中，看到了时代的另一种侧影。

十分像人的人

1918年7月1日，盛夏的中午。

西子湖畔虎跑定慧寺门前数百米处，古木参天，绿荫铺阶，蝉鸣声邃，西湖的清风带来了些许凉意。几名青年学生恭恭敬敬地立于一位中年男子的身旁。

男子说："你们就送到这儿吧。"说罢打开箱子，披上僧衣，换上草鞋。

学生们说："李先生，您这是干什么？"

男子说："不是李先生，你们看错了。"说完，男子挑上行李，头也不回地走向虎跑寺山门。

学生们泪流满面，大声呼喊着："李先生，李先生……"

这名男子，就是蜚声海内的大才子李叔同。在这几名青年学生中，有他的得意门生丰子恺。在李叔同心里，跟学生们说完最后一句告别的话，世间便再无李叔同。

从李叔同走进虎跑定慧寺的寺门起，他的人生就此画上了一道分隔符。此前，他经历了半世繁华，是才华横溢、风流倜傥、名动四海的翩翩公子；此后，他遁入空门，成为朴素纯真、心怀慈悲、弘法度人的佛门高僧。

在我看来，如果中国能在晚清掀起一场文艺复兴，那么李叔同会是"中国的达·芬奇"。

歌手朴树在一场演唱会上唱到李叔同的《送别》时，泣不成声，他说："如果这首词是我写的，我愿当场死去。"这就是我们熟悉的"长亭外、古道边，芳草碧连天……"。

林语堂曾这样评价李叔同："李叔同是我们时代里最有才华的几位天才之一，也是最奇特的一个人、最遗世而独立的一个人。他曾经属于我们的时代，却终于抛弃了这个时代，跳到红尘之外去了。"

高傲如张爱玲都说："不要认为我是个高傲的人，我从来不是的，至少，在弘一法师寺院围墙外面，我是如此地谦卑。"

弘一法师的弟子丰子恺对老师有一段意味深长的评价："弘一法师是一个活得十分像人的人。"

丰子恺进一步说道："凡做人，当初，其本心未始不想做一个十分像人的人，但到后来，为环境、习惯、物欲、妄念等所阻碍，往往不能做得十分像人。其中九分像人、八分像人的，在这世间已很伟大；七分像人、六分像人的，也已值得赞誉；就是五分像人的，在最近的社会里也已经是难得的'上流人'了。像弘一法师那样十分像人的人，古往今来，十分少有。"

如今，崇拜弘一法师的人依然非常多。俞敏洪说他这辈子，最崇拜的人就是弘一法师。

中国近代艺术史上的奇迹

李叔同是中国近代艺术史上的奇迹，以一己之力创造了多个第一。

他是系统引进西洋绘画教育的第一人。他最早在中国介绍西洋画知识，并且首次聘用裸体模特教学。他在学校美术课中，不遗余力地介绍西方美术发展史和著名画家，使中国学子第一次全面系统地了解西方艺术。

他是国内第一个推广钢琴的人，也是最早将西方音乐教育系统引入中国的先驱之一。

他是国内第一个用五线谱作曲的人，也是他最早用五线谱进行音乐教学。

他主编了中国第一本音乐期刊《音乐小杂志》。

他创办了中国最早的话剧社“春柳社”，亲自登台反串茶花女，上演了中国第一幕话剧。

他被公认为20世纪最杰出的十位书法家之一，鲁迅、郭沫若等文化名人皆以得到他的一幅字为荣。

他三十九岁皈依佛门，以一己之力，复活了沉寂近千年的南山律宗，成为南山律宗第十一代宗师，是民国四大高僧之一。

人们说他一辈子活了人家两辈子，其实又何止两辈子。

要完整了解弘一法师李叔同，还得从天津豪门——桐达李家说起。

天赋异禀

李家原籍是浙江平湖县，乾隆年间移居天津。李家多代从商，主要经营盐业和钱庄。到李叔同爷爷这一辈，李家已经是天津响当当的大户人家了。

李叔同的父亲李世珍，字筱楼，自幼接受了良好教育，成年后一边忙活家里的生意，一边用功读书。1865年，经商读书两不误的李世珍中了进士，跟他同一年中进士的还有后来桐城派的重要作家吴汝纶。有人将李世珍、吴汝纶、李鸿章并称为“晚清三大才子”。现在很多文章说李世珍与李鸿章是同年进士，这个是照搬了百科上的错误。1865年李鸿章已经是淮军主帅、两江总督，地位几乎与曾国藩比肩了。

富商之子中进士，这是天大的喜事，李世珍怀揣着梦想做官，却发现官场同自己想的完全不一样。清朝官场乌烟瘴气、腐败不堪，李世珍做到了吏部主事，但他看不惯官场上蝇营狗苟那一套，也深知自己的发挥空间有限，便果断辞官归家，继续打理家里的生意。

当时天津是北方最主要的通商口岸，商业发展迅速，李家本来基础就好，再加上李世珍自身能力强，又有进士功名、京官履历，可谓占尽了天时、地利、人和，生意蒸蒸日上。

虽然一切看上去欣欣向荣，但李世珍心底一直有一个担忧。1879年，李世珍已经六十七岁了，之前娶了四房妻妾，只生了两个儿子，大儿子夭折，二儿子李文熙自幼体弱，李世珍担心文熙短寿，李家就断了香火。

这一年，他纳了一名小妾王氏，第二年，也就是1880年，王氏生下一子。老来得子的李世珍异常高兴，给幼子取幼名为成蹊，学名文涛，字叔同，对这个孩子期望极大。李叔同是真正的顶级富二代，一出生就集万千宠爱。

据说王氏临盆那天，一只喜鹊叼着一根松枝飞进产房，将松枝放在王氏床头后，在屋里欢快地绕了几圈才离去。李叔同长大后，对这根松枝格外重视，一直带在身边。

李世珍信仰禅宗，本就乐善好施，小儿子出生后，他更加重视慈善事业，办公益学堂、设救济所、抚恤贫寒孤寡；每到岁末，都派人到乡间摸排真正的困难户，予以救济，时人皆称“李大善人”。

无忧无虑的童年没持续多久，变故很快来了。李叔同五岁那年，父亲自觉时日无多，病势日重之后便停了药，请来高僧，诵读《金刚经》，七十二岁的李世珍在淼淼梵音中安然离世。

桐达李家的主人离世，治丧场面可想可知：点主（丧事主持人）是直隶总督兼北洋大臣李鸿章，津门地界上有头有脸的官绅都来吊唁，天津租界的外国领事也来了不少。

年仅五岁的李叔同安安静静地听从家人安排，完成了父亲丧仪的整个流程。父亲的离世，让他的生活开始发生微妙的变化。

李叔同是庶出，父亲在时，母亲王氏母凭子贵，在家里的地位还算稳固。父亲离世后，没有根基的王氏失去了依靠，在家中备受排挤。聪慧敏感的李叔同能清晰地感受到母亲的苦楚。

李世珍去世前，将李叔同的教育重担交给了二儿子李文熙。李家家业太大，只有一长一幼兄弟两人。李文熙比李叔同年长十二岁，对他照顾有加。李叔同六岁起，二哥就亲自给他启蒙，教他读诗作对，并将父亲遗留的勤俭仁爱的家风悉心传教于他。

李叔同天赋很高，识字读文几乎做到过目不忘。李文熙也是自幼读书，因为要全盘打理家中的生意，精力有限，再加上他也发现这个幼弟天资出众，保不齐会像父亲一样高中进士。

1888年，李叔同九岁，哥哥让他正式拜在天津名儒常云庄先生名下，接受正规教育。接下来的七八年时间，李叔同系统研读了《唐诗》《孝经》《古文观止》《说文解字》《尔雅》《左传》等诗书典籍。其间，李叔同潜心书法、刻印，师从天津书印大家唐静岩。他还积极向其他名家请教，因为他天赋极高，又有家族威望加持，大家都愿意与他结交。

李叔同对历代大家悉心模仿钻研，又取当代名家之所长。十三四岁时，他临摹的文徵明手书《心经》，几可乱真。到十五六岁时，他的书法根基已经十分牢固，无论是书法还是刻印，皆出手不凡。

1895年，李叔同十六岁，进入辅仁书院学习。这所学校主要教作八股文，为科举考试做准备。日常教学不多，主要是自学，每月初二、十六有两次作文考试，书院会组织先生评定等级，优异者书院会赏银奖励。

以李叔同的家世，倒不在乎银子，只是他确实天赋异禀，每次作文章都文思泉涌。书院发的纸张是有格子的，正常来说一格写一字，但李叔同总觉得纸短文长、难尽其言，后来干脆每格写俩字，时间一长便得了个"李双行"的美称。光荣榜上，李叔同长居其列。

李叔同在辅仁书院学了一年出头，觉得光是作文，实在没什么意思，加上当时天津已经有不少教授新学的洋务学堂了，李叔同决定学算学、洋文等新学问。

无果的初恋

作为多才多金的富家公子，完成学业之余，李叔同还有个爱好——听戏听曲。他常年混迹戏院，戏曲是一种重要的艺术形式，艺术天分极高的李叔同不仅爱听戏，唱曲填词也是一把好手。

当时他常去的天仙园戏院有一个名伶，叫杨翠喜，生得清秀可人，天生一副好嗓子。李叔同十七八岁那两年，杨翠喜的戏，他几乎每场必到。

像杨翠喜这样的台柱子，追求者甚众，但大多只是逢场作戏，贪慕她一时的容貌。李叔同这样才华横溢、至真至诚的翩翩公子，自然也让杨翠喜倾心。

李叔同是动了真心，每晚戏曲散场后，李叔同都提着灯笼，送杨翠喜回家。在唱腔身段上，李叔同还每每能给她提出很好的建议。情窦初开的少男少女，越看对方越是打心底欢喜，都觉得找到了灵魂伴侣。

李叔同是津门首富家的公子，杨翠喜是在红尘中抛头露面的伶人，社会地位的悬殊，注定这场感情不会有结果。

李家公子迷恋戏子的传闻，很快传到哥哥李文熙和母亲王氏的耳朵里，李叔同也跟母亲坦言，要娶杨翠喜为妻，母亲自然不同意，李家更不可能同意。

李叔同一度郁郁寡欢，他本就早慧，内心极度敏感，十五岁时就写出“人生尤是西江月，富贵终如草上霜”这样悲凉出世的诗句。

母亲王氏担心儿子深陷感情，耽误学业，在他十八岁那年，做主让他娶茶商之女俞氏为妻。李叔同自然不同意，母亲跟他说，你要娶杨翠喜为正妻是不可能的，但你娶妻后纳她为妾也不是不行。在当时的礼教下，李叔同知道母亲说得有道理，就与俞氏完了婚。

婚后不到一年，天津时局迅速变化。1898年6月，光绪帝下诏变法，开启百日维新。此时的李叔同已经接受了很多维新思想，康有为、梁启超是他的心中偶像，李叔同常在人前说：“老大中华，非变法无以图存。”他喜欢刻印，给自己用心制了一枚章，上书“南海康君是吾师”。

百日维新失败后，康有为、梁启超出逃海外，戊戌六君子牺牲，京津一带人心惶惶。以李叔同近来的言论，说他是康有为、梁启超的同党，完全没毛病。

1898年10月，李叔同偕母亲和妻子火速移居上海。他在上海法租界租了几间房子暂居下来。李家在上海本来就有钱庄，李叔同是少东家，日常开销倒不成问题。实际上，李叔同之所以着急离开天津，还有一个重要原因：他想远离李家，他看到母亲在那种压抑的氛围下过得不开心，自己的言行也受约束。

李叔同唯一放不下的就是杨翠喜。离开天津前，他登台与杨翠喜合唱了一出戏，并与杨翠喜约定，等他南下安顿好了就来接她。李叔同诉说的是真心，但杨翠喜知道，这大概就是永别。李叔同离开不久，杨翠喜就被一个叫段芝贵的人以重金赎买，献给了庆亲王奕劻之子、时任农工商大臣的载振，以求官位。后来段芝贵因为品行实在恶劣，遭弹劾，载振担心受牵连，就将杨翠喜嫁于他人。

三年后，李叔同北归探望家人，还特意寻过杨翠喜，并写了《菩萨蛮·忆杨翠喜》。

燕支山上花如雪，燕支山下人如月；额发翠云铺，眉弯淡欲无。夕阳微雨后，叶底秋痕瘦；生怕小言愁，言愁不耐羞。

晚风无力垂杨嫩，目光忘却游丝绿；酒醒月痕底，江南杜宇啼。痴魂销一捻，愿化穿花蝶；帘外隔花阴，朝朝香梦沾。

李叔同一直未忘却杨翠喜，但这对有情人，未能终成眷属。

志趣相投

李叔同初到上海时，刚好十八岁。

彼时的上海，是中国最繁华的城市，黄埔江畔，十里洋场，夜幕之下的上海滩灯红酒绿、纸醉金迷。经济、文化、思想在这座城市里快速发展、迭代，各路人才汇集于此。

这样的环境，对李叔同来说如鱼得水，他有想法、有才情、不缺钱，很快就融入了上海的名人圈。

李叔同到上海后初露锋芒，靠的是实打实的才华。当时以许幻园为首的四个人成立了一个名为“城南文社”的文学社，他们定期征文。李叔同几次投稿，都得到了文社的一致好评。他们很快就邀请李叔同参加集会。

1898年年底，李叔同到上海后差不多两个月，第一次到城南文社参加会课。当日他头戴丝绒碗帽，正中缀一方白玉；身穿花缎袍子、曲襟背心，底下缎带扎脚管；脚蹬双梁头厚底鞋。我们可以想象一下《红楼梦》中贾宝玉的形象。当李叔同站在许幻园等人的面前时，众人只觉得他英气逼人、器宇不凡，李叔同谈吐间的神色风采，更让他们欣赏不已。

这也容易理解，李叔同少年早慧，且自幼师从名师，学问底子已经相当厚实，而且出身富贵，是见过大世面的，李鸿章都当面夸他乃不世之才。

文社每次会课，不是简单的吃吃喝喝、吹吹牛皮，是要请老师命题，与会者都要作文作诗的。一般来说，写文章当场就要写好上交，诗赋要求三日之后上交。

李叔同首次参加会课，便诗文俱排名第一。

城南文社的发起者有四个人："华亭诗人"许幻园、"宝山文人"袁希濂、"江阴名士"张小楼、"江湾儒医"蔡小香。李叔同加入后的第二年，他们重新组建文社，就是后来在上海滩名声大噪的"天涯五友"。"天涯五友"的友谊保持了一辈子，李叔同出家后多年，虽已远离俗世，来到上海时，依然不忘与大家相聚。

李叔同与许幻园相交最深，两人志趣相投。

1900年春，许幻园与李叔同相识一年有余，他倾慕李叔同的才华，邀请李叔同搬到他家同住。许幻园在大南门有一座宅子，取名城南草堂。这地方属于城郊，远离喧哗、小桥流水、古柳扶风，李叔同自是喜欢。

许幻园为李叔同辟出一方小院，李叔同带着母亲、妻儿搬了进来。

为表感激，李叔同填了一首《清平乐·赠许幻园》。

城南小住，情适闲居赋。文采风流合倾慕，闭户著书自足。
阳春常驻山家，金樽酒进胡麻。篱畔菊花未老，岭头又放梅花。

又写了一首七绝《和宋贞题城南草堂图原韵》。

门外风花各自春，空中楼阁画中身。
而今得结烟霞侣，休管人生幻与真。

李叔同得遇良友、舒心闲适的状态，全在诗文中了。

许幻园夫妻都是文化人，许妻名叫宋梦仙，出身名门，自幼学习诗文书画皆师从名家，她对于李叔同一家的到来也非常欢迎，常来与李母谈心。李母见其体弱，为她配药调理。两家人相处得其乐融融。

自从李叔同搬来草堂居住，这里也就成了"天涯五友"的沙龙，他们时常于此烹茶煮酒、吟诗作对、举杯邀月，好不自在。当时五个人拍了一张合影《天涯五友图》，宋梦仙给李叔同题了一首小诗。

李也文名大如斗，等身著作脍人口。

酒酣诗思涌如泉，直把杜陵呼小友。

李叔同在上海文人圈里的名声越来越大，大家知道李叔同除了文章写得好，书画篆刻更是一绝。李叔同搬进城南草堂不久，就与乌目山僧、朱梦庐等几位名家组建了上海书画公会。

这里简单介绍一下乌目山僧。他姓黄名小隐，江苏常熟人，自幼出家，拜药龛和尚为师，十六七岁时因缘巧合移锡（出家人手持锡杖，移锡表示移居）上海。他眼见家国破碎、民族危亡，积极加入革命救亡的队伍中，参加过革命组织“光复会”，与章太炎交往颇深，与革命先烈秋瑾是革命同志。

乌目山僧因为有出家人的身份掩护，后来光复会遭清政府迫害，章太炎逃亡日本，他依然在上海活动，主要在教育、文化领域做些事情，与蔡元培关系匪浅。

民国成立后，乌目山僧重归山门，潜心佛法。

但在此时，乌目山僧肯定想不到眼前的翩翩公子李叔同将在若干年后遁入空门，成为一代宗师。

李叔同精力旺盛，作为上海书画公会里最年轻的成员，他负责编辑出版《书画公会报》，每周一期。在周刊上，李叔同把自己的书印润格贴了出去，还编了一本《印谱》。他还时不时在《苏报》《中外日报》等报纸上发表文章，一时间引起上海文化圈的广泛关注。

自我审视

1900年11月，弱冠之年的李叔同迎来了长子李准的诞生。按说此时的李叔同风华正茂、青年得子、朋友唱和，当是满心欢喜才对，但他与常人不同，儿子的出生，让他深感韶华易逝、人生易老。

那年年底，他做了一首《老少年曲》。

梧桐树，西风黄叶飘，夕日疎林杪。

花事匆匆，零落凭谁吊。

朱颜镜里凋，白发悉边绕。

一霎光阴底是催人老。有千金也难买韶华好。

到1901年，李叔同离开天津已有两年多。北望津门，想想二哥一人操持着偌大家业，对自己也是一直照顾有加，理应回去看看。

这年春节过完，李叔同收拾行囊北归，坐轮船直抵天津。在当时，这是最快的方式，只需几日便可抵津。刚登船时，李叔同的心情还是不错的，在甲板上看着日出日暮、群鸟展翅、白浪翻卷、潮平岸阔，但随着轮船靠近大沽口，看到的却是断壁残垣、一片破败的景象。

李叔同不敢相信自己的眼睛，他在上海虽然也知道北京、天津闹义和团，紧接着八国联军攻入北京，但不知对社会民生的破坏如此之大。

李叔同从大沽口坐火车往天津城走，一路上但见满目倾颓、房舍焚毁，难闻鸡鸣犬吠之声。回到天津城，连续多日老友们前来看望叙旧，李叔同也拜师访友，除了聊一些他的沪上见闻，就是这两年天津遭的劫难。

李叔同在无事时，寻着旧路，在天津城逛逛。他看到逾五百年历史的天津城墙被毁；百姓流离失所，沦为乞丐，躺在角落里一动不动的不在少数，不知是死是活。这哪还是自己熟悉的繁华津门?

耳听目及天津的惨状，李叔同既感悲凉，又感无奈。他时常夜不能寐，在一个狂风怒吼的夜晚，他写下了《遇风愁不成寐》。

世界鱼龙混，天心何不平?
岂因时事感，偏作怒号声。
烛烬难寻梦，春寒况五更。
马嘶残月坠，笳鼓万军营。

二哥李文熙在河南处理生意，不在天津，原本李叔同计划从天津去河南，再从河南走陆路回上海，但朋友们说这一路上流寇四起、匪盗横行，劝他不要冒险。李叔同在天津待了两个多月，于五月初乘船返回上海。

回去的路上，李叔同的心情跟来时已经完全不一样了，亲眼见到了河山破碎、生灵涂炭，他躺在船舱里思绪万千，辗转反侧，起身写了一首《轮中枕上闻歌口占》。

子夜新声碧玉环，可怜肠断念家山。

劝君莫把愁颜破，西望长安人未还。

李叔同回到上海后，将他北归探亲的所见、所闻、所感写就了一篇文章《辛丑北征泪墨》。他在文章的前记中写道：“游子无家，朔南驰逐。值兹离乱，弥多感哀。城郭人民，慨怆今昔。”

李叔同本就文笔了得，加上文章乃亲身感悟，此文一出，便在上海文坛引起不小的反响。李叔同“**二十文章惊海内**”的美名传得更远了。

这趟北归之旅让李叔同重新审视自己。他来到上海两年多，虽然结交了不少好友，作文作诗也没闲着，但毕竟正经学业中断，不过靠吃些旧学老本；再看自己已为人父，于己、于家、于国，都不应该这么下去了。他收拾好心情，备考南洋公学（上海交大的前身，由盛宣怀于1897年筹资创办）。南洋公学当时正要特招一个特训班，计划招生二十二人，要求很高，应考者必须具备良好的旧学功底，学校再全方位地教授西学，目的是培养学贯中西的通才。

南洋公学聘请了著名教育家蔡元培担任总教习。蔡元培对这批学生倾注了全部心血，每天都要找学生面谈。每个学生一个月都能轮到一两次。特训班的学生的课程很丰富，有政治、经济、哲学、科学、伦理、法律、外交等三十多门课程。蔡元培根据每个学生的选修情况开出书单，要求学生每周都要写读书笔记，所有的读书笔记他都一一过目，在学习方法上悉心指导。

这批学生是幸运的，在蔡元培的指导下，学问增进很快。除了李叔同，这批学生中还有黄炎培、邵力子、谢无量等人，后来都成为一代大家。

可惜这段时光到1902年年底就结束了。当时南洋公学有一派教师和管理者思想保守，不允许学生阅读《新民丛报》等进步刊物，学生与校方矛盾愈发激烈，最后演变到学校要开除一些学生的地步。蔡元培站在学生一边，在与校方交涉无果的情况下，和部分进步教师辞职，很多学生也跟随老师离开了南洋公学。李叔同和特招班的其他同学，几乎全部出走。

蔡元培看着学生们，很是心痛，他对大家说：“汪总办不让我们完成学业，我们更应该自动组织起来，招更多青年学生来进修。你们有些同学已经学有所成，也可以上课教书。如果能回到老家办教育，也是很好的。”

李叔同后来当老师、对教育事业付出巨大心血，与蔡元培先生对他的影响关系很大。

1903年，李叔同进入上海圣约翰书院教授中文。这是一所教会学校，单论教育质量，这所学校在上海已有相当高的地位了。这年秋天，李叔同以李广平之名，远赴开封，参加了他人生中的第二次科举考试，不中，从此李叔同绝了科考仕途之心。

1904年秋，李叔同与南洋公学的同学黄炎培等人发起成立沪学会。他们谨记蔡元培先生的教诲，准备以沪学会之名开班授课，接收有困难的青年学子，还设立了义务小学，招收贫困子弟入学。他们推举马相伯为会长，马相伯在文化教育圈很有名望，已于前一年发起成立了复旦公学（复旦大学的前身）。

李叔同满怀热情地投入到沪学会的工作中。面对内忧外患，他大力宣传爱国主义教育，发起“抵制美货”“抵制日货”的运动。他所留下来的爱国歌词，最著名的是这首《祖国歌》。

上下数千年，一脉延，文明莫与肩。
纵横数万里，膏腴地，独享天然利。
国是世界最古国，民是亚洲大国民。呜呼，大国民！呜呼，唯我大国民！
幸生珍世界，琳琅十倍增声价。我将骑狮越昆仑，驾鹤飞渡太平洋。
谁与我仗剑挥刀？呜呼，大国民！谁与我鼓吹庆升平？

李叔同的这首歌，从沪学会开始传唱，很快走向全国，不少学校都组织学生合唱。李叔同成为大家心目中的大音乐家。

母亲去世

李叔同虽很忙碌，但作为顶级富二代，当时富家公子哥捧名伶、喝花酒的习性，他一样没落下。五口通商的上海，青楼之盛，甲于天下，出了不少能文会墨的名妓。李叔同帅气、多金又有才，十里洋场的花街柳巷、青楼妆阁少不了他的身影，不少沪上名妓都与李叔同有交往。

当时上海滩红极一时的名妓李苹香以才女著称，有人为她写了一本传记，还特邀李叔同作序。李叔同与李苹香等沪上名妓常有诗词唱和往来，不少诗词还被登报传颂。

李叔同后来回忆说："我自二十岁到二十六岁之间的六年，是平生最幸福的时候。此后就是不断的悲哀与忧愁，直到出家。"

这段时光李叔同过得潇洒恣意，吃穿用度宽裕，做自己想做的事，有一群志同道合的朋友。

李叔同在上海的这五六年时间，中国都发生了什么呢?

义和团出现；八国联军攻入北京；无能的清朝王爷们把持朝局；《辛丑条约》签订；慈禧太后即使意识到不改革不行了，但也只是假模假样地搞了个"预备立宪"。

1905年，是李叔同人生的第一个转折点。这年3月，他挚爱的母亲肺疾不治，于城南草堂离世，年仅四十六岁。在母亲病重的最后半年时间里，李叔同衣不解带地在床前伺候，后来见母亲回天无力，就出门为母亲置办棺材，不想天意弄人，就在他出门的这几个小时，母亲撒手人寰。李叔同回到城南草堂，跪地痛哭，几近昏厥。

李叔同扶灵回天津。按照旧时惯例，侧室死在外地，灵柩不允许从大门进入。但李叔同不能忍受母亲生前受到不公平对待，去世后还要受到歧视，他坚持要灵柩从正门进入。在他的坚持下，家族的长辈最终还是同意了他的想法。

葬礼是李叔同一手操办的，他一改旧制，采用西式追悼会的仪式。他一身黑衣，自弹钢琴，演唱自己为母亲写的挽歌《梦》，行鞠躬礼，尽除一切繁文缛节，亲友一律不让送花圈、金元宝这些东西，被当时社会称为"新世界之杰士也"。《大公报》报道了这次形式特别的"文明丧礼"，把李叔同比作魏晋名士阮籍。李叔同为母亲写的挽歌也被登在了《大公报》上。

松柏兮翠蕤，凉风生德闱。
母胡弃儿辈，长逝竟不归?
儿寒复谁恤？儿饥复谁思?
哀哀复哀哀，魂兮归乎来!

李叔同一意孤行，家中长辈本是看不过去的，但他操持的葬礼办下来，家中众人无不为之动容。在他给母亲弹唱挽歌的时候，大妈妈站在远处观看，一曲终了，大妈妈泪眼婆娑，拉着李叔同的手说：“我将来故去，多么希望你也能这么给我办一场。”

母亲的离世，对李叔同打击很大，从李叔同后来的文章就能看出来，他出家，跟母亲的离世关系很大。李叔同皈依佛门后，第一件事就是为母亲连诵了三天《地藏经》。

母亲去世后，他把名字也改了，改名李哀，“哀思”的“哀”，以表达对母亲的思念。

留学日本

办完母亲的葬礼，他把妻儿留在了天津，执意去日本留学。

李叔同去日本时，鲁迅、陈师曾已经在日本待了三年，梁启超的《新民丛报》已经在横滨办了三年。

李叔同去日本留学，很大程度是受他在天津的授业老师赵元礼的影响。赵元礼在直隶的教育部门担任要职，负责教育改革有一段时间了。国家当时派出了众多学科的留学生，但音乐、美术这类学科，很难找到合适的青年出国留学。李叔同刚好有基础，赵元礼同他一商量，李叔同立马答应了。

李叔同满怀报国热情地赴日留学。出发前，他填了一阕《金缕曲》。

披发佯狂走。莽中原，暮鸦啼彻，几株衰柳。破碎河山谁收拾，零落西风依旧。便惹得离人消瘦。行矣临流重太息，说相思刻骨双红豆。愁黯黯，浓于酒。

漾情不断淞波溜。恨年年，絮飘萍泊，遮难回首。二十文章惊海内，毕竟空谈何有！听匣底苍龙狂吼。长夜西风眠不得，度群生那惜心肝剖。是祖国，忍辜负？

李叔同这首诗歌，从沪学会开始传唱，很快走向全国，不少学校都组织学生合唱。李叔同成为大家心目中的大音乐家。

这首词，有对国家危亡、民族前途的担忧，也有对过去岁月的反思，虽然得了所谓“二十文章惊海内”的赞誉，但李叔同认为自己只是空谈、浪得虚名而已。如今反思，恨自己蹉跎了岁月，救祖国于危难、救苍生于水火的赤子之心毫无保留地表达了出来。

李叔同来到日本半年的时间里，就独立筹办了《音乐小杂志》。在发刊词中，李叔同提醒国人：不要忘记民族传统文化，更不要在西学面前妄自菲薄。

李叔同后来还创办了一个话剧社——春柳社。他反串茶花女，登台演出。鲁迅等不少留日青年还看过李叔同的话剧演出。

在日本留学的五年中，李叔同将精力放在艺术上，专心于音乐、话剧、绘画。1911年，也就是辛亥革命这一年，李叔同于东京美术学校毕业回国。

李叔同带回来了一幅他画的人体画作《出浴》，画的是一名浴后半裸的女子坐在椅子上的情景。他将这幅画挂在天津老家的书房里，在思想保守的时代，免不了被大家指指点点。而画中女子，就是他从日本带回来的夫人雪子，被他安置在了上海。

雪子本来是他在日本学西洋画时请的模特，后来两人感情升温，走到了一起。雪子也知道他在中国有家室，但还是决意要跟他来到中国。

李叔同回国后，进入直隶高等工业学堂任教。当时时局动荡，武昌起义爆发后，金融市场陷入混乱，李家的钱庄生意在极短的时间内破产，连带李家多年积累的家产也消耗殆尽。紧接着他所任教的学校也被迫关闭。这一年，李叔同三十二岁。在此之前，他从来没有为生计发愁过，但从此以后，他要承担起一个家庭男主人该承担的责任。

任教杭州

李叔同在1912年春节过后，赶紧找工作。在上海好友杨白民的介绍下，入职上海城东女校，教文学和音乐。时隔七年，李叔同又回到上海干起了老本行。只是此时的心态跟七年前完全不一样了，当时全凭兴趣，如今却要靠这份收入养活天津、上海两个家。

虽然辛亥革命带来的动荡让李家倾家荡产，但李叔同早就有“富贵终如草上霜”的心态，也不十分在意，反而对于新世界的到来满是兴奋。孙先生在南京宣布中华民国成立的时候，李叔同填了一阕《满江红》。

皎皎昆仑，山顶月、有人长啸。看囊底、宝刀如雪，恩仇多少。

双手裂开鼷鼠胆，寸金铸出民权脑。算此生、不负是男儿，头颅好。

荆轲墓，咸阳道；聂政死，尸骸暴。尽大江东去，余情还绕。

魂魄化成精卫鸟，血花溅作红心草。看从今、一担好山河，英雄造。

单就文学水平而言，李叔同的这首词在当时歌颂革命成功的诗词里，也算前列。

在上海，李叔同除了教书、被《太平洋报》聘为主笔，还与柳亚子创办了文美会，主编《文美杂志》。柳亚子是同盟会的元老，担任过孙中山总统府的秘书。

李叔同在上海只待了大半年。1912年秋，应经亨颐之邀，他到杭州两级师范学校任教，主教音乐和美术。经亨颐是民国时期的著名教育家，他主张“与时俱进”“适应新潮流”的教育方针，博采国内外先进教育思想，重视教师人才队伍的建设，杭州两级师范学校得益于他当校长时的领导，一时间成为新式教育的典范。鲁迅、许寿裳早于李叔同两三年，在这里任教过。

李叔同在杭州两级师范学校结识了对自己后半生影响至深的至交夏丏尊，李叔同的后半辈子，一直与这位好友关系密切。

一直到1918年出家，李叔同都在杭州两级师范学校教书，节假日往返于杭州与上海之间。

据他的学生回忆，李叔同当老师，极其认真、严谨。丰子恺用“温而严”三个字评价他的老师。

李叔同不是那种对学生提一堆严格要求的老师，他以身作则，用自己的实际行动感染学生。李叔同在来学校之前，校园里就传开了，说他要来这里教书。李叔同的事情大家早就听说了，在学生们的想象中，李叔同是一个翩翩公子哥的形象，西装革履、风度优雅，没想到第一次上图画课，站在大家眼前的李先生布衣布鞋，与大家想象的完全不同，但举手投足间散发着儒雅气质。

更让大家吃惊的是，李叔同手里没有花名册，但挨着座位点名，竟基本能叫出名字来。后来学生才知道，李先生在上课前，早就按照座位把大家的名字认真记了一遍。

而且李叔同上课，每次都比学生早到。平时学生上课，都是等上课铃声响了，才嘻嘻哈哈地走进教室，老师也才过来。李叔同的音乐课和画画课，同学们走进教室时，他已端坐于讲台上恭候学生。经过前两次课，往后只要是李先生的课，学生都会提前到教室坐好。

以李叔同的才学，完全不需要备课，但他还是每次上课前都花数倍的时间一丝不苟地备课。他的学生刘质平回忆，他们从没见过李先生练琴，但在上课教他们的时候，无论多难的曲子，李先生都能一点不差地弹出来。

丰子恺说："我们的李师，最不同于别的先生。他的日文好，但是我们从来没有见他说过一句日语。他在日本读了五年的大学，你也别看走了眼，他的英文，比我们的英文先生棒，但是我们没听他卖弄过一句英语。"

他在学校开设人体写生课，开国内之先河；他开设西洋美术史课程，自编讲义，也是国内首创。

当时各个学校本来对音乐、美术这样的课不重视，但杭州两级师范学校因为李叔同的任教而改变了这一现状。与他同为教师的好友夏丏尊说："自他任教以后，音乐、图画忽然被重视起来，几乎把全校学生的注意力都牵引过去了。课余但听琴声、歌声，假日里常见学生出外写生。这原因，一半当然是他对于这二科实力充足，一半也是由于他的感化力大。只要提起他的名字，全校师生以及工役没人不起敬的。他的力量，全由诚敬中发出。"

李叔同在教学过程中，尤其重视对学生的人格教育，他自己更是以身作则。有一次，有学生放在宿舍中的财物被盗了，那会儿没有监控设备，很难查出是谁干的。夏丏尊身为学校管理人员，很为这事犯愁，他就问李叔同有没有什么好办法找出偷盗者。李叔同说："这个很简单，你贴出一张告示：如果三日内无人自首，你就一死以殉教育。你真这么做，一定会感动盗者前来自首。"

夏丏尊一听脑袋嗡嗡响。李叔同又补了一句："但你说这话得诚实，万一三日后没人来自首，你非自杀不可，否则失了诚信之根本。"

夏丏尊了解李叔同的为人，他不是在调侃自己，换作李叔同本人，可能真会这么干。夏丏尊掂量了一下，对李叔同笑道："抱歉抱歉，自愧弗如。"

李叔同遇上这样的事，还真是这么干的。潘天寿后来回忆，他在李叔同门下受教期间丢了一件毛衣，他告诉李先生。李叔同直接在课堂上宣布："窃衣者如果不将毛衣归还，我就绝食，誓死以殉教育。"学生们知道李先生言出必行，偷窃者不知用什么方式归还了毛衣，反正毛衣很快就被还回来了。

李叔同在杭州两级师范学校教了六年书，教出了画家丰子恺、潘天寿，音乐家刘质平、吴梦非等人，他们后来都成为中国近现代艺术大师。他还教出了一大批美术、音乐专科的学生，他们被分配到浙江省各个中小学任教，提升了江浙一带少儿艺术教育的整体教学水平。

洒泪作《送别》

1915年冬，一个普通的寒冷冬夜，上海大雪纷飞、寒风四起。

李叔同与夫人雪子在灯下闲谈，仿佛听见屋外有人喊他。

“叔同兄，我家破产了，咱们后会有期。”

李叔同赶紧披上外套，跑出屋外，只见雪地上深深浅浅的脚印，远望去，渐行渐远的背影，分明是好友许幻园。他大声呼喊：“幻园兄，幻园兄……”

许幻园没有回头，消失在夜色风雪中，李叔同在雪地上站了许久许久……

雪子将他扶回屋内，李叔同泪眼婆娑。他让雪子弹琴，自己摆开纸墨，含泪写下一首词（《送别》版本众多，以下是当代人传唱较广的版本之一）。

长亭外，古道边，芳草碧连天。
晚风拂柳笛声残，夕阳山外山。
天之涯，地之角，知交半零落。
一壶浊酒尽余欢，今宵别梦寒。

长亭外，古道边，芳草碧连天。
问君此去几时来，来时莫徘徊。
天之涯，地之角，知交半零落。
人生难得是欢聚，惟有别离多。

这首词凝聚了李叔同与许幻园的莫逆友情，凄凄别离，万分不舍，一唱三叹，余味悠长。李叔同一辈子写过不少词，这首《送别》是他的代表作。

李叔同借用的曲调，是约翰·庞德·奥特威作曲的英文歌曲《梦见家和母亲》。所填词句尊古又不拘泥于古，有传统诗的含蓄，又有现代诗的直白。长亭、古道、晚风、夕阳、笛声、浊酒，这些都是离愁的经典意向，雅俗共赏，读者感同身受。“问君此去几时来，来时莫徘徊”，近乎呼喊式地直抒胸臆，情感是那么直接真切。

《送别》一经问世，文学界与音乐界都惊叹不已。后来的电影《城南往事》，就将《送别》作为主题曲。《早春二月》的作者柔石看到这首词，对李叔同心生崇拜，一心想要求见李叔同，因为李叔同出家，了断俗缘，所以一直未能如愿。多年后，导演谢铁骊将《早春二月》拍成电影，《送别》是影片中的重要插曲。

《送别》自问世起，被数代歌唱家演唱过，但无一位歌唱家对词曲做过哪怕一丁点调整，可以想见大家对这首《送别》的喜爱、对李叔同的崇敬。

李叔同回想与许幻园相识、相交的十数年光阴，如今他的亲人挚爱离去，家族从富足走向衰败，**“人生尤是西江月，富贵终如草上霜”**，自己十五岁写下的诗句，三十五岁竟都切身经历了。有学者分析，李叔同三年后出家，此时已是开端。

暂留俗世

1916年春，夏丏尊在一本日本杂志上看到一篇介绍断食的文章，说这是一种让身心更新的修养方法，不仅能让人身体状态焕然一新，精神力量也会升华。李叔同身体一直不好，有比较严重的神经衰弱症状，夏丏尊就把这篇文章介绍给他看。

李叔同一听，当真了。他开始仔细研究断食疗法，到1916年冬，李叔同在杭州虎跑定慧寺实验断食，一共十七天。李叔同的《断食日志》详细记录了这个过程：前面几天逐渐减少食量，直至完全不食，中间几天只喝清水，后面几天陆续增食，直至恢复正常。

李叔同在决定断食前，很少人知道，连夏丏尊都是后来才知道的。他问李叔同整个过程感觉怎么样。李叔同说：“感觉自己脱胎换骨了，完全断食那几天，心地清凉，视听感觉特别灵敏，平时听不到的细微处的声音也能听到。”

李叔同感觉自己有再生之感，从老子说的“能婴儿乎”一语中取了一个“婴”字，给自己取了一个新名字——李婴。

李叔同后来写过两篇小文——《我出家的原因》和《我在西湖出家的经过》，回忆说这次断食的经历成了他出家的诱因。也因如此，夏丏尊一直自责，觉得是他间接导致了李叔同出家。

在寺里断食的那段时间，李叔同切身感受了寺院生活，他依稀感觉到，这才是他内心向往的生活。往后，他一有空闲便在寺庙里小住，与庙里的僧人谈经论法。在同高僧的交流中，他越发觉得，他所追求的真知识、大智慧就在佛门中。他在与弟子刘质平的信中写道："鄙人拟于数年之内入山为佛弟子，或在近一二年亦未可知。"

到1917年年底，李叔同出家的意愿已经很明显了，他开始吃素。那年春节，李叔同没有像往常一样回家，在虎跑定慧寺静修过年。作家彭逊之也在虎跑定慧寺静修。彭逊之比李叔同年长四岁，已经决意出家。李叔同亲眼见了他剃度为僧的全过程，感动不已，当时就想拜虎跑定慧寺的方丈为师，剃度出家。方丈不受，李叔同一再恳求。1918年2月，方丈请来自己的师父了悟法师，让李叔同拜在了悟法师门下。李叔同成了在家弟子，取名演音，法号弘一。

1918年上半学期结束，李叔同觉得因缘已到，将自己几乎所有的东西分给了学生和好友，只留下了几件粗布衣服和最基本的生活用品。

李叔同其实早就决心出家，之所以拖到这个时候，还有一个重要原因——他需要资助在日本留学的学生刘质平。他在1917年年底给刘质平的信中提到，自己已经决意入山门，但请刘质平不要担心完成学业的费用问题，他会想办法借到钱给刘质平，如果实在借不到，他会回来继续教书挣钱。李叔同确实没借到钱，刘质平1918年完成学业归国，李叔同也就不愿在俗世中耽搁。

后来刘质平常常侍奉在弘一法师左右，两人虽是师生，却情胜父子。刘质平后来成为新中国著名的音乐教育家，无负恩师厚望。

遁入空门

1918年7月1日，对于杭州城来说，这一天是如此平常，但对于杭州两级师范学校来说，这一天却极不寻常。一大清早，校园中就传开了——李先生今天要出家当和尚了！很快，大家就看到丰子恺等几名学生跟随在李先生身后，轻装简行，疾步向校门走去。学生们都簇拥过来相送，或有不舍，更多的是不解：我们多才多艺、教学严谨的李先生，怎么就想要去出家呢？

李叔同出家的消息一传十、十传百，很快就传遍了杭州，传到了上海、天津，甚至传到了海外。他在天津的妻儿、兄长，以及居住在上海的日本夫人雪子都是通过报纸才知道此事的，大家都很不能理解。

我考证了很多资料，发现李叔同并不像大家说的那样绝情，他将在天津的妻儿托付给了好友李绍莲，将在上海的日本妻子托付给了好友杨白民。

但他确实没有事先跟家人有过任何商量。对于这一点，弘一法师深为愧疚，在妻子俞氏去世多年后，他还对侄儿李圣章说："自己的出家，事前没有和你三婶母商量，很对不起她。"

雪子得知李叔同出家的消息，悲伤不已，毕竟在偌大的中国，她只有李叔同一个亲人。李叔同在出家前，托付在上海的好友杨白民帮忙把上海家里的资产变卖掉，给予雪子，并安排雪子回日本。杨白民找到雪子，并告知李叔同的安排，雪子无论如何也不能接受。她央求杨白民无论如何，一定要带她去见李叔同。

杨白民也觉得这个要求不过分，就带她到杭州，在西湖岸边的一家旅馆住下。杨白民又到虎跑定慧寺告诉李叔同，让他务必与雪子见一面，李叔同见无法推辞，只得跟随杨白民来到旅馆。面对雪子的追问，李叔同没有多言，只简单说："家中的钢琴、字画等物品，都可悉数卖了，当做回国的盘缠。"

据杨白民回忆，他们相见的时间很短。

李叔同走出旅馆，走向西湖岸边的码头。

雪子紧随其后，大声喊："叔同！"

弘一法师立即打断："请叫我弘一。"

雪子沉思片刻，说："弘一法师，请告诉我，什么是爱？"

弘一法师说："爱是慈悲。"

雪子追问："大师为何慈悲对众人，何以独伤我？"

弘一法师停顿了片刻，没有作答。他头也不回地走向小舟，招呼船夫撑竿出发。雪子在岸上，看着渡船渐行渐远，最终消失在西湖的迷雾中，她泣不成声。她知道，自己爱的人永远也回不来了。

雪子最终离开了这片伤心地，回到了日本。她是学医的，在冲绳找了一份护工的工作，在那里平静地生活了几十年，一直活到了一百零六岁。据说雪子在弥留时，嘴里还喃喃喊道"叔同，叔同"……

远在天津的原配夫人俞氏，在得知李叔同出家的消息后，既伤心又生气。李叔同自从1912年离开天津之后，再没回过天津，两个儿子都由俞氏一人抚养。

客观来看，这段婚姻对于俞氏实在不公。李叔同与之相处七八年，育有两子。在此期间，李叔同风流才子的秉性不改，婚后在天津依然与杨翠喜在一起，迁居上海后又混迹声色场所。青年李叔同风流多情，但对俞氏始终薄情。母亲王氏离世后，李叔同将俞氏和两个儿子安顿在天津老家，自己东渡日本，与俞氏的婚姻名存实亡。李叔同出家，没跟家里商量，完全不顾妻儿的感受。李叔同有负于家庭，是铁打的事实。

俞氏在三年之后来到上海，杨白民的夫人与之一道前往杭州寻访李叔同。此时的俞氏还是抱着一丝希望的，想着李叔同能看在两个孩子的份上还俗归家。当时李叔同在各处云游，他们寻访了好几处寺庙，终于在玉泉寺找到了李叔同。

李叔同与他们在寺庙旁的素食店吃了一顿斋饭。从始至终，李叔同没有主动说过一句话，也没有抬头看过大家。吃完饭，他起身作别，告辞归山。俞氏送他到屋外，看着他远去的背影，泪流满面。

李叔同知道，他是对不住俞氏的。五年之后，也就是1926年，他得知俞氏病故（享年四十九岁）的消息，本来计划归家一次，还特地向师父说明了缘由，但最终还是没有归家，可能他也不知道以何面目面对家人。后来李叔同多次提过要回一次天津，但每次他都放弃了。

对于李叔同为什么出家，大家有过很多分析。我个人认为，他的弟子丰子恺的理解可能比较接近。丰子恺以自己对人生意义的理解，分析过他的老师。

丰子恺觉得人生的意义有三层楼。

第一层楼是物质生活，就是吃喝拉撒、老婆孩子热炕头。这是我们所有人都要经历的，李叔同早年也经历了这些。

第二层楼是精神生活，即对美的追求与自我价值的实现。李叔同已经在音乐、美术、戏剧、书法等艺术中体味过了，而且都达到了较高境界，他并不满足于此。

第三层楼是灵魂生活，是对生命境界和审美境界的终极追求，是与宗教直接相通的。

回顾李叔同的前半生，我们会发现，丰子恺的分析是有很大参考意义的。出生于巨富家庭的李叔同自幼生活优渥，自身又天赋异禀、才华横溢，很早便名利双收。他这样的人，突然有一天开悟，去追求更高境界的灵魂生活是合乎情理的。

弘扬佛法

弘一法师出家后，发愿修持律宗、弘扬佛法、利益众生。他成为民国时期四大高僧之一，对律宗的发展作出了卓绝贡献，被尊为南山律宗第十一代祖师。

同时代的僧人称弘一法师为“和尚中的和尚”。弘一法师的佛门成就和事迹不是三言两语可道尽的，下面只同大家浅聊几句。

弘一法师澄清了世人甚至是部分僧侣对佛法的误解。很多人觉得遁入佛门就是消极避世，如果大家都做和尚，那人类岂不就灭绝了？为此，弘一法师撰写了《佛法大意》《佛法十疑略释》来消除人们对佛法的误解。

弘一法师说：“学佛法之人皆须发‘大菩提心’，以一般人之苦乐为苦乐，抱热心救世之宏愿，不惟非消极，乃是积极中之积极者。虽居住山林中，亦非贪享山林之清福，乃是勤修‘戒’‘定’‘慧’三学以预备将来出山救世之资具耳。与世俗青年学子在学校读书为将来任事之准备者，甚相似。”

在弘一法师看来，学佛之人比一般人更积极，更有先天下之忧而忧的情怀。学佛之人将一切众生与自己看作一体，他人的痛苦即是自己的痛苦，从而生出拔苦予乐、平等绝对的慈悲心，以深深的爱护之心给予众生幸福快乐，以沉沉的悲悯之心拔除众生心中诸苦。

弘一法师强调，学佛之人不能成为一个消极厌世者，要更努力地做积极救世者，参与到救助众生的事务中去。

弘一法师是这样想的，更是这样做的。1937年，日本发动侵华战争，厦门市举办运动会，邀请弘一法师谱写会歌。弘一法师毫不推辞，写了一首催人奋起抗敌的战歌。

禾山苍苍鹭水荡荡，国旗遍飘扬。健儿身手各显所长，大家图自强。

你看那外来敌，多么猖狂。请大家想想，请大家想想，切莫再彷徨。

请大家在领袖的领导之下，把国事担当。到那时饮黄龙，为民族争光。

1937年10月，日军逼近厦门，朋友劝李叔同北上避难，他表示：“菩萨的精神是，哪里有不平哪里就有我，苦难在哪里我就在哪里。我身为佛门弟子，能躲避苦难去寻找个人的安乐么？”

后来日本某司令找到弘一法师，请他效法鉴真和尚到日本弘法，日本将以国师之礼相待。弘一法师说：“鉴真东渡日本的时候，海水是蓝的；现在海水已经被你们染红了，日本我是万万不会去的。”

日本司令希望与弘一法师用日语交流，弘一法师回道：“在华言华，在中国的地盘上，必须说中国话，日语我早就忘了。”

当时，很多人希望得到弘一法师的墨宝，弘一法师后来经常一天写几百幅字送给大家，写的内容都是“念佛不忘救国，救国不忘念佛”。

美学家朱光潜说：“弘一法师是以出世的精神，做着入世的事情。”

对于“佛法不利于国家兴盛，会灭种”一说，弘一法师的看法是：信佛法而最终出家的人少之又少，而大多数信佛者仍以“居士”的身份在家修习佛法，该结婚结婚，该生娃生娃。念佛的人更会发慈悲心利益众生，更积极救世。所以，这种说法是不可信的。

对于佛教常言的“空”论，弘一法师从“一切皆空”“无常苦空”“五蕴皆空”来向众生进行解释：“空”不是说凡事没有意义，可以无所作为，这是对“一切皆空”的误解。在佛教中，“空”就是破除我执，放下四相，从而获得无上智慧。

在对佛法的弘扬上，弘一法师还有一个重大贡献，就是他明确反对各宗各派之间坚持门户之见的做法。

佛教传入中国后，因为受到地域、文化、传承等诸多因素的影响，形成了众多派别。在弘一法师看来，这是不对的。佛法的八万四千法门，并无优劣好坏之分，它是随应众生疾苦的千差万别，以及八万四千的烦恼而生的。对于修行者，只要找到适合自己根器的修行法门，那就是无上妙法。

弘一法师举了一个非常形象的例子：不同的法门好比不同的药材，世间的病是千差万别的，对症下药才能治病，并不是药越贵的才越好，你得了感冒就吃感冒药，得了胃病就吃胃药，药哪有贵贱之分。

弘一法师后来专注修习律宗。律宗已近千年没什么人修行了，它是佛门中戒律最严的一派，修行者一条戒律都不能违反，犯了就不能得道。

弘一法师

弘一法师倒不是觉得其他修行方式不好，他觉得既然做了和尚，守持戒律是最基本的要求，但是很多佛门弟子德行败坏，无人执行佛门最严格的戒律，那就让我来吧。

弘一法师坚持过午不食，早餐只喝一碗粥，午餐只吃一碗饭菜，经常因为营养不良而眼前发黑，但是他仍坚持持戒。太虚法师说，弘一法师在中国僧人中是持戒第一的。

中国传承下来的律宗属于四分律。弘一法师发现，因为时代久远，四分律教义中的很多内容人们都看不懂了，而且各类藏本中错漏误传的不在少数，便决心搜罗、考证，重新编辑四分律经典。弘一法师生命的最后十年，在闽南一带讲学，主要讲的就是四分律。

万法归一

1999年中国书法家协会评选的“20世纪十大杰出书法家”，弘一法师位列其中。

弘一法师出家之前，诗、书、画、印样样精通；出家后，他把所有爱好都放下了。《道德经》中讲五色令人目盲，这一点意境与佛家是相通的。因为要抄经，所以字还得写，但已是“笔墨无法”的境界了，你看不到任何书体、派别，简省得不能再简省了。

弘一法师出家不久，印光大师对他说，你写字是为了弘法，要让大家能看懂你的字，建议你就不要再写行草了。弘一法师执行得特别认真，我们现在看到的弘一法师入了佛门之后的字，干干净净、圆润朴拙。

叶圣陶有一段评价弘一法师书法的话，我觉得特别有意思：“弘一法师近几年来的书法，有人说近于晋人。但是，摹仿的是哪一家呢？实在指说不出。”

我不懂书法，然而极喜欢他的字。若问他的字为什么使我喜欢，我只能直觉地回答，因为它蕴藉有味。就全幅看，好比一堂温良谦恭的君子人，不卑不亢、和颜悦色，在那里从容论道；就一个字看，疏处不嫌其疏，密处不嫌其密，只觉得每一笔都落在最适当的位置上，不容移动一丝一毫。就是所谓的“蕴藉”，毫不矜才使气，功夫在笔墨之外，所以越看越有味。

鲁迅比弘一法师小一岁，他可是从来不恭维人的，胡适、林语堂、梁实秋都被他骂过，但他对弘一法师肃然起敬。他后来通过朋友得到了一幅弘一法师的三字墨宝“戒定慧”，异常开心，在日记中写道：“朴拙圆满，浑若天成。得李师手书，幸甚！”

出家后，弘一法师遇人只说一件事，讲学也只讲一件事，就是学佛、修佛。大家都知道弘一法师是书法大家，厦门普陀寺佛学院的学子们想请他讲讲书法课，弘一法师去了，但课程的大部分时间都在跟大家说如何更用心、更专注地学佛、修佛。佛法修为够了，书法自然也就成了。“字以人传”，而不是“人以字传”，如果你的德行修为是上乘的，你的字自然就是上乘的。

此时，弘一法师已经万法归一了。他觉得世间事，只要你在学佛这件事上的修为足够深，你出手做任何事，都是上乘水准。

护生画集

在传播佛学善念这件事情上，不得不提的就是弘一法师与他的学生丰子恺合著的《护生画集》。1927年，丰子恺受老师影响，也皈依佛门，成为俗家弟子。师徒二人本着为世人传递善念、慈悲心的发心，发愿合著《护生画集》，由丰子恺作画，弘一法师根据学生的画题一首诗。

师徒二人约定每十年出一本，1929年出了第一本。那年弘一法师五十岁生日，丰子恺画了五十幅画，弘一法师做了五十首诗。十年后，丰子恺画了六十幅画寄给老师，弘一法师非常高兴，很快为画配上了诗文，并在给丰子恺的回信中说，等我七十岁时，你画七十幅画，作第三集；我八十岁时你画八十幅画，作第四集；我九十岁时你画九十幅画，作第五集；我一百岁时，你画一百幅画，作第六集。此集若能流通世间，可谓功德无量。

弘一法师1942年仙逝，丰子恺坚守与老师约定的“十年画一本”，又继续画了第三集和第四集。然而，就在丰子恺打算完成第五集时，厄运降临了。

在文革中，刚当上上海中国画院院长的丰子恺，被判为“上海十大重点批斗对象”之首，年近古稀的他遭受着日复一日的折磨。

再后来，丰子恺被下放到上海郊区劳动改造，住在一间四面漏风的牛棚里。春夏之际还好点，上海的冬天，那是真的冷啊！

虽然遭受非人的虐待，但丰子恺没有任何抱怨，从未想过放弃画画。他从不

丰子恺

敢忘记对恩师的那句承诺："护生即护心，慈悲在心，随处皆可作画。"

劳动改造期间，他以苦为乐，只要一有机会，就想方设法地作画。在这种环境中，他完成了《护生画集》第五集的九十幅画。

但恶劣的环境最终还是击倒了丰子恺，他患上了严重的肺炎，眼见难治，才被允许回家养病。

回到家中，丰子恺没有遵照医嘱好好休息、积极配合治疗，他甚至偷偷扔掉医生开的药，全身心地扑到绘画上。

他每天凌晨四点就起床，开始画《护生画集》的第六集。此时与恩师约定的最后一集的出版时间还有六年，但丰子恺感觉到，自己将不久于人世，于是拼命画。儿女们怕他累坏身体，把笔和纸都藏了起来。

丰子恺就向他们哀求道："你们这是要我的老命呀，快还给我吧！"

1973年年底，丰子恺终于完成了与恩师的约定，完成了《护生画集》最后一集的一百幅画。两年后，丰子恺与世长辞。

我之所以稍细致地讲《护生画集》，是因为这六本画集真的是近现代不可多得的文化瑰宝，是弘一法师为世人发的大慈悲愿。我的书架上一直放着这部书，偶有情绪低落的时候，就拿下来翻翻，往往不过十来页，感觉整个人的状态就好起来了。

悲欣交集

弘一法师在出家后的最初两三年，主要在杭州附近的寺庙云游修行。因为他的名气实在太大了，很多人慕名前来拜访。

1921年，经好友介绍，弘一法师移锡永嘉庆福寺。永嘉又称永宁，就是今天的浙江省温州市。永嘉山清水秀、气候宜人，而且远离繁华，适合潜心修行著典。庆福寺是永嘉远近闻名的古刹，住持寂山上人知道弘一法师所持的戒律，对于他能潜心佛法、严持戒律、苦修精进很是赞叹。因为弘一法师坚持过午不食，寂山上人特意将全寺的午饭提前到上午十点。

弘一法师来到庆福寺后，对外宣布闭关，专心研读四分律及相关经典。为了避免打扰，他专门写了一份说明交给寺庙。

余初始出家，未有所解，急宜息诸缘务，先办己躬下事。为约三章，敬告同人：

一、凡有旧友新识来访者，暂缓接见。

二、凡以写字作文等事相属者，暂缓动笔。

三、凡以介绍请托及诸事相属者，暂缓承应。

他担心上海和杭州的好友前来拜访，不好推脱，又写信告知“掩关谢客，一心念佛”。

往后十二年，弘一法师先后三次赴闽南讲学，闽南地区不少寺庙都留下了弘一法师驻锡讲学的足迹。1938年，他还应邀去青岛讲律。1942年，圆寂于泉州不二祠温陵养老院晚晴室。

对于自己的离世，弘一法师是有预感的，这也是他修行圆满的重要印证。

《护生画集》中的作品（1）

《护生画集》中的作品（2）

1942年8月，弘一法师在开元寺讲完《八大人觉经》和《净土法要》后，感到身体不适。他告知大家，自己将闭关修养，他预感到自己将往生极乐。

当时随行照料弘一法师的是妙莲法师。10月7日，弘一法师单独召妙莲法师嘱托第一份遗嘱："余于未命终前、临命终时、既命终后，皆托妙莲师一人负责，他人无论何人，皆不得干预。"

10月8日，弘一法师又向妙莲法师嘱托后事细节："包括应准备哪些应用之物，无需换新衣，穿旧衣焚化即可，焚化骨灰分别安置在承天寺和开元寺。"弘一法师特别嘱托道，焚化时要在四角放上四碗清水，以免蚂蚁爬虫被火伤了性命。

弘一法师几乎对每一个细节都做了详细安排。若非大彻大悟、了然生死，万不能做到如此从容平静。

10月9日，弘一法师整天独自默念佛号，不说话也不进食。

10月10日下午，弘一法师写下"悲欣交集"四个字交给妙莲法师。他说，我悲的是芸芸众生，还有那么多人没有脱离苦海；欣的是自己将西归极乐。他还嘱托妙莲法师说，我将侧卧西归，如果眼角有泪，你们切莫以为悲伤，那是我悲欣交集之感。

10月12日，弘一法师知道时候要到了，他把早就写好的几封信交给妙莲法师。这几封信是弘一法师写给夏丏尊、丰子恺、刘质平等至交好友和几位学生的，内容都是一样的。

××居士文席：

朽人已于×月×日迁化。曾赋二偈，附录于后：

君子之交，其淡如水。执象而求，咫尺千里。

问余何适，廓尔亡言。华枝春满，天心月圆。

谨达，不宣。

妙莲法师手捧信件，泪流满面。弘一法师开导他说："若欲圆满成就其业，必须早生极乐，见佛证果，回入娑婆，乃能为之。仁者不必悲伤。你我有缘，当来重入娑婆，定会再次聚首，同弘佛法……"

这些事都交代完，弘一法师安卧床上，面目安详。第二天下午，呼吸渐弱。妙莲法师按照遗嘱诵经助念，弘一法师眼角淌下一滴泪珠，安然西归。

弘一法师的遗墨“悲欣交集”，至今仍被广泛讨论。

著名画家梅墨生先生在《弘一法师、郭沫若书法批评》中说：“弘一绝笔‘悲欣交集’为20世纪书法的里程碑之作，是‘心画’。它浓缩了作者个体生命的最大真实与全部信息，是20世纪的《兰亭集序》或《祭侄稿》。”

在梅先生眼里，“悲欣交集”能比肩《兰亭集序》和《祭侄稿》，可见评价之高。

我在网上看到有人这样评价，我觉得总结得也挺好，诸君可以一道品读一下：“好在静而不躁，好在文而不野，好在润而不枯，好在简而不繁。”

对于书法，我个人认为有三个层次。

第一层次：点画间有出处、有章法，一看就是下过苦功夫的，如果写出来的东西整体好看，就算是入了门了。

第二层次：笔画间看不出明显的临摹痕迹，但结字、谋篇都有意味，仿古不泥古，已然自成一派。到这一层，定是经过了第一层，要不然一看就是野路子，俗称“江湖书法”。

第三层次：胸中有万法，下笔却能无法，做到了真正的“自然而然、有感而发”。有人说这个太玄了，没法判断啊。其实很好判断，我们绝大多数书者，尤其是苦练过书法的，拿起笔来，脑子里就像放电影一样闪过无数的古帖名帖，横竖撇捺，这种意识基本不受控制，诸君仔细回忆一下，是不是有这种感觉？能达到第三层次的书者，他们已经熟悉各种写法，但就能做到下笔无法，任由笔尖随着当下的真切感受游走，这就是“真”。

以这个标准来看，弘一法师的“悲欣交集”，足够真切、自然、万法归一、已入化境。

从这个角度来看，你会发现梅先生将之比肩《兰亭集序》和《祭侄稿》，没毛病。王羲之酒后一气呵成《兰亭集序》，颜真卿在极度悲愤中写下《祭侄稿》，脑海里都没有法，只有奔腾汹涌的真情实感。

诸君若是对书法感兴趣，以此标准再去看看良宽和尚的《天下大风》，也或有所感。

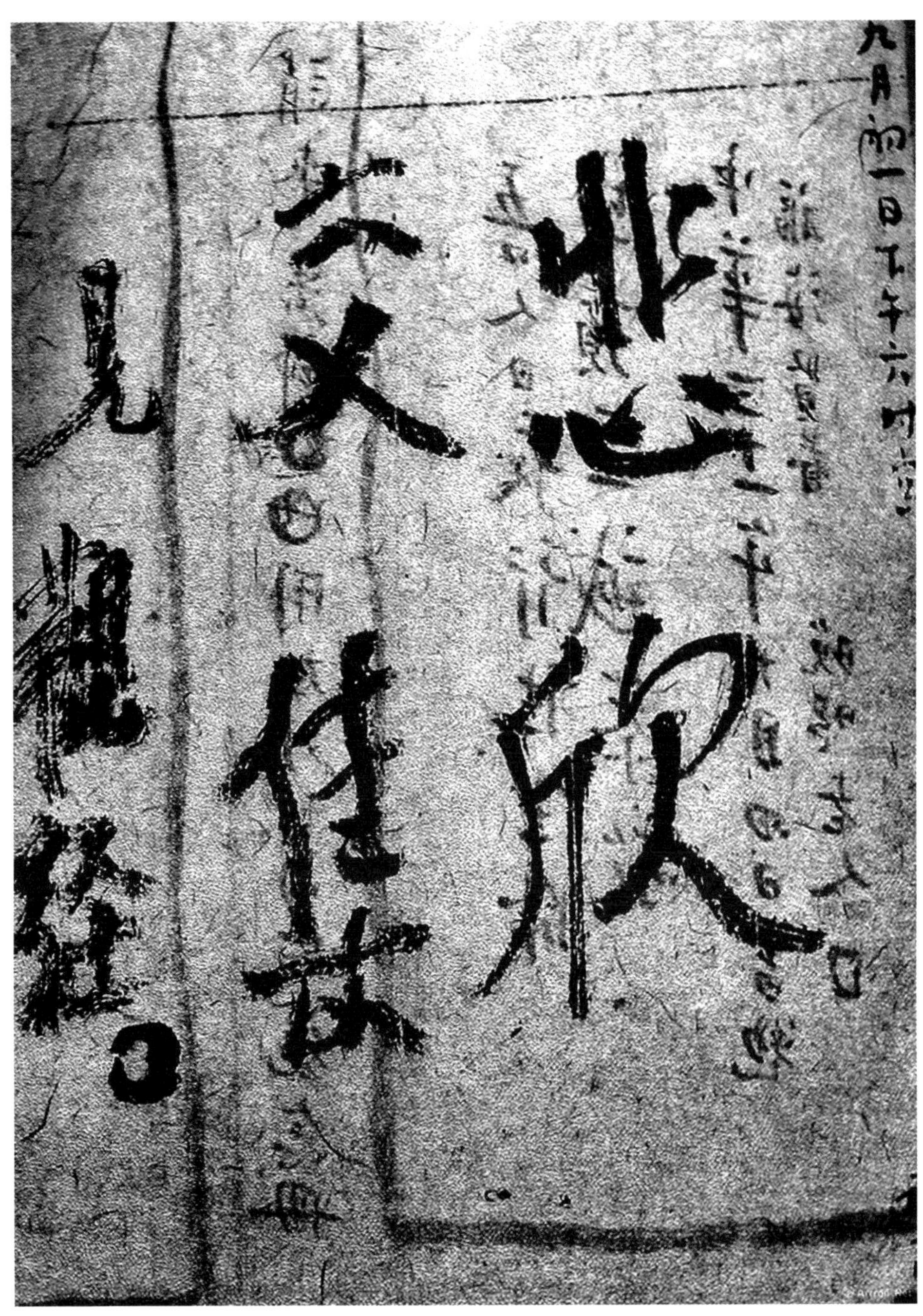

弘一法师《悲欣交集》

极致认真

我想，如果给李叔同做一个最简短的总结，那就是四个字——极致认真。

李叔同一辈子做每一件事情都极致认真，是真真的干一行、爱一行、精一行。

俞平伯先生总结得更好。

> 李先生的确做一样像一样：
> 少年时做公子，像个翩翩公子；
> 中年时做名士，像个风流名士；
> 做话剧，像个演员；
> 学油画，像个美术家；
> 学钢琴，像个音乐家；
> 办报刊，像个编者；
> 当教员，像个老师；
> 做和尚，像个高僧。

我们从弘一法师留下的文章也能读出那份极致的认真。他写的《断食日志》，从餐食到身体、心理的变化都记录得明明白白。现在谁要尝试轻断食，看弘一法师的《断食日志》就可以了。

他写了一篇《浅谈书法》，不过二十来页，却把中国书法从甲骨文到各类书体都讲述了一遍。诸君如果想对中国书法有一个框架性的了解，读弘一法师的《浅谈书法》就可以了。

同样，他写的《浅谈国画》《篆刻简述》都是让我们了解国画、篆刻的好文章，他写得认真、一丝不苟，甚至连稍加修饰都没有。按咱们现在的话来说，就是干得不能再干的干货。

他不可能每件事都做到最好，但很多事情，他愿意第一个去做，而且是怀着饱满的热情、带着对世间的柔情、以一百分的认真劲儿去做。尤其是他出家后，他是把整个生命都投入进去还嫌不足。

我们普通人很难有他那样的天分，但“极致认真”的劲头，如果我们愿意，也是可以有的。

我时常想，哪怕能做到弘一法师一小半的认真，我们手上的事便很少有做不好的。

桃李不言，下自成蹊

李叔同给自己起了很多名字，他在不同的人生阶段、不同的心情状态下，给自己起了不同的名字。据他的学生刘质平统计，他用过的名字超过两百个。在他的众多名字中，我个人最喜欢的不是他自己起的名字，而是他父亲起的“成蹊”。这个名字，李叔同在上海时也用过一段时间。“成蹊”两个字源于“桃李不言，下自成蹊”，也许冥冥之中一切就已注定：李叔同一直认认真真做自己，早年认真写诗、作画、写词；中年认真教书育人；四十岁后全心修佛，理经传道，救度众生。

每个阶段，他都在追求极致的人生境界。回过头来看，他影响了身边的朋友，培育了成绩卓著的弟子，复活了佛门律宗；离世后，他的智慧光芒不减，启迪着无数后来人。

我给大家念几句弘一法师李叔同的话，作为本篇的结尾，请朴树为我们配乐《送别》。

凡是你想控制的，其实都控制了你。当你什么都不想要的时候，天地都是你的。

遇见是因为有债要还，离开是因为还清了。前世不欠，今生不见；今生相见，定有亏欠。

缘起，是我在人群中看见了你；缘灭，是我看见你在人群中。

不要怕失去，你所失去的本来就不属于你。也不要害怕伤害，能伤害你的，都是你的劫数。

繁华三千，看淡即是浮云；烦恼无数，想开便是晴天。

你以为错过的是遗憾，其实，可能是躲过了一劫。

别贪心，你不可能什么都拥有；也别灰心，你不可能什么都没有。

愿所不愿，不如心甘情愿；所得所不得，不如心安理得。

上天让你做不成，那是在保护你。

人生各有渡口，各有各舟。有缘躲不开，无缘碰不到。缘起则近，缘尽则散。

参考文献

[1] 李叔同. 悲欣交集[M]. 北京：文化艺术出版社，2015.

[2] 金梅. 悲欣交集：弘一法师李叔同全传[M]. 北京：天地出版社，2023.

[3] 秦启明. 弘一法师新传[M]. 南京：江苏人民出版社，2010.

[4] 张宏. 弘一法师书法集[M]. 杭州：西泠印社出版社，2022.

[5] 杨吉平. 中国书法100年[M]. 太原：山西人民出版社，2010.

[6] 丰子恺，弘一法师. 护生画集[M]. 上海：华东师范大学出版社，2025.

[7] 柳亚子. 南社纪略[M]. 上海：上海人民出版社，2017.

[8] 朱兴和. 李叔同诗歌评注[M]. 上海：上海交通大学出版社，2013.

[9] 陈净野. 李叔同学堂乐歌研究[M]. 北京：中华书局，2007.

[10] 宗白华. 美学散步[M]. 上海：上海人民出版社，2020.

[11] 蔡元培. 蔡元培全集[M]. 北京：商务印书馆，2025.

[12] 范文澜. 中国通史[M]. 北京：人民出版社，2008.

[13] 唐德刚. 从晚清到民国[M]. 北京：中国文史出版社，2019.

[14] 费孝通. 乡土中国[M]. 长沙：湖南人民出版社，2025.

[15] 王维军，吴捷. 李叔同早期文艺作品之新发现[J]. 美育学刊，2006（2）：51-62.

[16] 周延. 弘一书法研究[D]. 北京：中央美术学院，2012.

[17] 何连海. 李叔同艺术个性生成研究[D]. 南京：东南大学，2020.

鲁迅

（1881—1936）

横眉冷对千夫指
俯首甘为孺子牛

近些年，关于鲁迅的文章是否应该移出语文教材，没少引发讨论。回想我在学校的那些年，对鲁迅一直不太有好感，总感觉他的语言晦涩难懂，文字佶屈聱牙。毕业后，为了附庸风雅，我的书架上一直放着一套简装版的《鲁迅全集》，有时漫无目的地在书架前挑选，随手抽出一本《呐喊》，想着看几页消磨一下午后的时光，往往就是一口气读完了才甘心合上书。在我毕业后的十来年中，这样的经历至少有三次。这半年为了写这篇文章，又断断续续浏览了一遍《鲁迅全集》。我时常希望，更多人能真正走进“鲁迅”这座宝藏。

最熟悉的陌生人

鲁迅是我们最熟悉的陌生人。

说熟悉，是因为以往从小学到高中的语文课本中，鲁迅是“常客”。我们知道他在三味书屋的课桌上刻了个“早”字，提醒自己不要迟到；哪怕很多年过去了，我们对于《故乡》《社戏》《孔乙己》《狂人日记》《阿Q正传》总还是有些印象的。

说陌生，是因为我们虽然在语文课上学了几篇鲁迅的文章，但中小学阶段的孩子大抵是读不懂鲁迅的。据我猜测，我们中的大多数人离开课堂后，就没能再去打开“鲁迅”这座文学宝库。但转念一想，我的猜测很可能是错的，因为鲁迅的文章力量太大了，你总会在人生的某个阶段碰到它。就像现在，网络时不时就会蹭鲁迅的梗，比如“穿长衫的孔乙己”；鲁迅那句“在我的后园，可以看见墙外有两株树，一株是枣树，还有一株也是枣树”，都快衍生出一个流派了。

郭沫若说：“鲁迅是革命的思想家，是划时代的文艺作家，是实事求是的历史学家，是以身作则的教育家，是渴望人类解放的国际主义者。”

胡适说：“鲁迅是个自由主义者，绝不会为外力所屈服，鲁迅是我们的人。”

郁达夫说：“当我们见到局部时，他见到的却是全面。当我们热衷去掌握现实时，他已把握了古今与未来。”

作家余华写了一篇很有意思的文章《我为什么讨厌鲁迅》。在文章里，余华详细记述了他对鲁迅从误解到欣赏的过程。余华小时候，语文课本里都是《从百草园到三味书屋》《孔乙己》《药》之类的文章，总觉得鲁迅是“被扶持”的作家。

之后余华一直认为鲁迅是一个糟糕的作家，他显赫的名声只是政治的产物。后来余华因为在文化馆工作，各类书籍读了不少，但鲁迅的书他是一个字也没再读过。有一次他被堆在办公室地板上的鲁迅著作绊了一下，差点摔倒，还骂了一句“都过时了，还要出来捉弄人”。

再后来，余华向《收获》杂志投稿，编辑打电话说他的小说风格像鲁迅，余华心里还老不开心，觉得这是在贬低他的作品。

直到1996年，一位导演打算将鲁迅的小说改编成电影，请余华为他改编。余华当时想的是，鲁迅的东西有什么值得改编的？但对方支付了不少费用，而且当时余华也缺钱，就一口答应下来。他家里没有鲁迅的书，赶紧去书店买来了《鲁迅小说集》，当天晚上开始在灯下阅读那些他最熟悉也最陌生的作品。

读的第一篇小说就是《狂人日记》，小说开篇写那个“狂人”感觉整个世界失常时，用了这样一句话：“不然，那赵家的狗，何以看我两眼呢？”

余华吓了一跳，心想鲁迅有点厉害，他只用一句话就让一个人物“精神失常”了。很多作家为了让自己塑造的人物显得精神失常，费劲巴拉地写了几万字，可笔下的人物仍然很正常。

那天晚上，余华继续读，读的第三篇文章是《孔乙己》，读完之后马上给那位导演打电话，希望他不要改编鲁迅的小说："不要糟蹋鲁迅了，这是一位伟大的作家。"

莫言更是直言不讳："如果我能写出《阿Q正传》，我宁愿所有的作品都不要了。"

我读了王朔的《我看鲁迅》，王朔的评论文字一向不留情面，但从他的文字里能看出来，他对鲁迅整体是喜欢的。王朔在文中感叹："鲁迅没有长篇，怎么说都是个遗憾，也许不是他个人的损失，而是中华民族的损失。以他显露的才能，可以想象，若他真写长篇，会达到一个怎样的高度……在鲁迅身上，我又看到了一个经常出现的文学现象：我们有了一个伟大的作家，却看不到他更多优秀的作品。"

是啊，鲁迅走得太早了，如果以1918年发表《狂人日记》为标志，鲁迅作为文坛主将的英姿在中国现身只有短短的十八年。

鲁迅不仅享誉中国，在国外，尤其是东亚国家也很知名。鲁迅在日本的知名度不亚于在中国，日本小学课本里也收录了不少鲁迅的文章，日本学生也知道三味书屋和闰土，也知道如何在雪地里用一把谷子、一个竹筛捉麻雀。

日本有相当一批研究鲁迅的专家和团体，"鲁学"已经成为一个重要的研究方向。我在写本文时，读了不少日本学者的研究资料，像伊藤虎丸、丸伟常喜，都是著名的鲁学研究者。

日本大文豪大江健三郎、太宰治，以及我们熟悉的村上春树都是鲁迅的粉丝。大江健三郎是1994年诺贝尔文学奖获得者，他在一篇自述里是这样写的："我现在写作随笔的根本动机，也是为了拯救日本、亚洲乃至世界的明天。而用最优美的文体和深刻思考写出这样的随笔，世界文学中永远不可能被忘却的巨匠是鲁迅先生。在我有生之年，我希望向鲁迅先生靠近，哪怕只能挨近一点点。"

他还曾感慨道："大学时代，我学习法国文学，尤其钟情萨特，我还开始进行小说创作。我将鲁迅的作品与法国文学进行比较后，对世界文学中的亚洲文学充满信心。"

韩国甚至设了一个"鲁迅文学奖"，哪天我们在新闻上看到韩国突然宣布"鲁迅是韩国的"，也用不着惊讶。

《阿Q正传》被翻译成四十多个国家和地区的六十多种语言，它与鲁迅的名字一同在世界文学中占据着不可动摇的地位。

罗曼·罗兰读了法语版《阿Q正传》后说：“这部讽刺的写实作品是世界的，法国大革命时也有过阿Q，我永远忘不了阿Q那副苦恼的面孔。”我在鲁迅至交许寿裳写的《鲁迅传》里读到，罗曼·罗兰与鲁迅是有过通信的。

毛主席说过，鲁迅的骨头是最硬的。但人不可能天生就是硬骨头，大多同他的成长经历有关。所以鲁迅的故事，我们还要从头说起。

少年鲁迅

1881年9月25日，浙江绍兴周家迎来了长孙。长辈给这个孩子取名为樟寿，后来改名为树人。鲁迅是周树人的笔名，1918年发表《狂人日记》时首次使用。

周家在绍兴绝对算得上名门望族，其祖上能追溯到北宋理学家周敦颐。鲁迅祖父周福清自幼好学，三十三岁中进士、入翰林，三十六岁外调江西金溪做知县。周福清为官勤勉，但性格耿直，不愿逢迎趋附，因得罪了顶头上司沈葆桢而被罢官。后来周福清又捐了个七品京官，常居北京。

周福清希望儿孙们也能中进士、入翰林，于是在家中挂了块匾，上书“祖孙父子兄弟叔侄翰林”。可惜鲁迅的父亲周伯宜只考了个秀才，考举人屡试不第。

祖父当官并没有对家里有多少帮助，反而后来周家家道中落，是祖父试图向乡试主考官行贿造成的。

鲁迅的母亲叫鲁瑞，对鲁迅的影响很大。鲁瑞出身书香世家，祖父和外祖父都是京官，但家里受“女子无才便是德”的观念束缚，鲁瑞没能像兄弟那样入学堂读书，但她天性好学，家里请了先生教弟弟读书，她就在一旁悄悄地听。后来被家里人发现了，她就开始自学，不认识的字、不懂的意思，她就请教别人。识字多了，她就开始读小说，将《三国演义》《水浒传》等名著读得滚瓜烂熟。

都说男孩的性格像母亲，鲁迅的倔强性格在他的母亲身上，能窥见一二。

鲁迅的父亲去世时，鲁迅只有十五岁，二弟周作人十一岁、三弟周建人八岁、四弟周椿寿四岁（六岁时因病夭折），鲁迅母亲独自操持这样一个只有孤儿寡妇的家，着实不易。鲁迅作为长子，应该分担家庭的重担，但鲁迅母亲坚持让他继续读书。周氏三兄弟后来都成了文化名人。

1902年，鲁迅从日本寄信回来，信中说：“母亲，现在是新时代了，您可以放足，可以剪短头发。”

鲁瑞给儿子鲁迅回信说：“老大，我年纪已大，头发以后剪，足已经放了。”

当时鲁瑞在乡里带头放足，有人讽刺说：“鲁瑞放了足，是要嫁给洋鬼子吗？”

鲁瑞毫不示弱地反驳道：“我是真要想想这件事了。”

当别人不怀好意地嘲笑她时，她总是予以犀利的回击，让对方骨鲠在喉。

早年丧夫的鲁瑞独自撑起家，铸就了她坚韧泼辣的性格。鲁迅对于母亲充满了敬佩与感激，鲁迅的“鲁”就是取自母姓。

鲁迅的童年过得还是比较快乐的，虽说比不上大富大贵的人家，但也算标准的士绅子弟。父亲给他启蒙很早，祖父要求儿孙自幼读《鉴略》，这是一本由五言诗句组成的史书，成书于明代，一共万余字，将华夏历史从上古到元明都串讲起来。在祖父看来，无论做什么学问，首先要对历史有个框架性的了解。

1892年，十二岁的鲁迅入读三味书屋，这在当时算是“贵族学校”了。我们都读过鲁迅写的《从百草园到三味书屋》，从中感受到的是一个色彩鲜明、充满生机的乐园。

不必说碧绿的菜畦，光滑的石井栏，高大的皂荚树，紫红的桑椹；也不必说鸣蝉在树叶里长吟，肥胖的黄蜂伏在菜花上，轻捷的叫天子（云雀）忽然从草间直窜向云霄里去了。单是周围的短短的泥墙根一带，就有无限趣味。油蛉在这里低唱，蟋蟀们在这里弹琴。翻开断砖来，有时会遇见蜈蚣；还有斑蝥，倘若用手指按住它的脊梁，便会拍的一声，从后窍喷出一阵烟雾。何首乌藤和木莲藤缠络着，木莲有莲房一般的果实，何首乌有臃肿的根。有人说，何首乌根是有像人形的，吃了便可以成仙，我于是常常拔它起来，牵连不断地拔起来，也曾因此弄坏了泥墙，却从来没有见过有一块根像人样。如果不怕刺，还可以摘到覆盆子，像小珊瑚珠攒成的小球，又酸又甜，色味都比桑椹要好得远。

不知诸君多年后再读是何感觉，我总是能随着这些文字回到自己的童年中去。虽然我和鲁迅的成长经历完全不同，而且我家的菜园也不可能叫“百草园”，但鲁迅的文字就是有这样的感染力，他在追忆他的童年，你总不自觉地就被带回了自己的童年。

回想当年读《从百草园到三味书屋》时，觉得没什么意思，而且还嫌它拗口，费了老大劲儿也体会不了其中的好。现在有点明白了：这样的文字，虽然描写的是童年，但处于童年中的孩子大抵是明白不了的。鲁迅是一个饱经世事的中年人，这些文字是他对童年最美好印象的整合。

《从百草园到三味书屋》和《阿长与〈山海经〉》这两篇散文都创作于1926年，那年鲁迅四十六岁。段祺瑞政府屠杀爱国学生的“三一八”惨案就发生在这一年。鲁迅在发表完《纪念刘和珍君》后不久，离开了长居十年的北京。

《从百草园到三味书屋》是鲁迅在避难厦门时写的，鲁迅在恐怖污浊的政治气氛中写下这些文章，是对自己孤独灵魂的慰藉。在我们的印象中，鲁迅总是叼着烟斗、发须刚硬的斗士形象，其实他还有柔软温和的一面。

《小王子》的作者圣埃克苏佩里（Antoine de Saint-Exupéry）说过：“每个大人都曾是小孩，虽然只有少数人记得。”周作人晚年回忆百草园时说：“百草园的名称虽雅，实在只是一个普通的菜园。”阿长与幼时鲁迅之间的故事，也不过是极为普通的长辈与孩子之间的日常点滴，但鲁迅是少数“记得自己曾是孩子”的成年人。

诸君，愿你我都有幸成为那少数人中的一员。

长辈送给鲁迅的绘本《二十四孝图》，鲁迅也是极喜欢的。这本书讲的是二十四个关于孝道的故事，其中有个故事叫“郭巨埋儿”，给鲁迅的童年留下了不小的阴影。郭巨家贫，家中有年迈的母亲和不满三岁的儿子。祖母疼爱孙子，把仅有的口粮给孙子吃，郭巨心疼母亲，决定挖个坑把儿子埋了。正在后院挖坑时，挖出一大块黄金，上书“天赐郭巨，官不得取，民不得夺”。

鲁迅说：“我最初实在替这孩子捏一把汗，待到掘出黄金一釜，这才觉得轻松。然而我已经不但自己不敢再想做孝子，并且怕我父亲去做孝子了。家景正在坏下去，常听到父母愁柴米，祖母又老了，倘使我的父亲竟学了郭巨，那么，该埋的不正是我吗？如果一丝不走样，也掘出一釜黄金来，那自然是如天之福。但是，那时我虽然年纪小，似乎也明白天下未必有这样的巧事。”

鲁迅的儿时生活，在十四岁那年遭遇了变故。

1893年，他的太祖奶奶去世。按照惯例，祖父周福清回到绍兴老家丁忧。这年浙江乡试，主考官殷如璋与周福清是同年进士，乡里几个参加考试的家庭商量着凑了一万两银子，托周福清提前打点，以获得录取资格。周福清本是不愿干这个事的，但思虑再三，看着自己的儿子周伯宜也还没考上举人，就答应了，他把周伯宜的名字也加了进去。

派去送信的仆人脑子不太灵光，送信的时候，主考官正在同副主考官商量事，就把信放在一边，这个仆人在外面等不及了，就朝里面吼了一嗓子，说信里还有一万两银票呢，怎么就不能给回个话。这不是缺心眼吗！科场舞弊可是重罪，主考官赶紧撇清关系，但这事据说还是惊动了光绪皇帝，最终判处周福清革除功名、秋后问斩。

周家变卖家产，各种周旋，总算是保住了周福清的命，但续命的钱每年都得交，周家自此迅速衰落。

第二年，鲁迅的父亲周伯宜病了，一直咯血。作为长子，鲁迅常到当铺帮母亲变卖细软，换了钱，又到药铺去给父亲抓药。

鲁迅后来写了一篇《父亲的病》，文中描述了大夫开的方子。

陈莲河的诊金也是一元四角。但前回的名医的脸是圆而胖的，他却长而胖了：这一点颇不同。还有用药也不同。前回的名医是一个人还可以办的，这一回却是一个人有些办不妥帖了，因为他一张药方上，总兼有一种特别的丸散和一种奇特的药引。

芦根和经霜三年的甘蔗，他就从来没有用过。最平常的是“蟋蟀一对”，旁注小字道：“要原配，即本在一窠中者。”似乎昆虫也要贞节，续弦或再醮，连做药资格也丧失了。但这差使在我并不为难，走进百草园，十对也容易得，将它们用线一缚，活活地掷入沸汤中完事。然而还有“平地木十株”呢，这可谁也不知道是什么东西了，问药店，问乡下人，问卖草药的，问老年人，问读书人，问木匠，都只是摇摇头，临末才记起了那远房的叔祖，爱种一点花木的老人，跑去一问，他果然知道，是生在山中树下的一种小树，能结红子如小珊瑚珠的，普通都称为“老弗大”。

“踏破铁鞋无觅处，得来全不费功夫。”药引寻到了，然而还有一种特别的丸药：败鼓皮丸。这“败鼓皮丸”就是用打破的旧鼓皮做成；水肿一名鼓胀，一用打破的鼓皮自然就可以克伏他。清朝的刚毅因为憎恨“洋鬼子”，预备打他们，练了些兵称作“虎神营”，取虎能食羊，神能伏鬼的意思，也就是这道理。可惜这一种神药，全城中只有一家出售的，离我家就有五里，但这却不像平地木那样，必须暗中摸索了，陈莲河先生开方之后，就恳切详细地给我们说明。

“我有一种丹，”有一回陈莲河先生说，“点在舌上，我想一定可以见效。因为舌乃心之灵苗……价钱也并不贵，只要两块钱一盒……”

在名医们变着法地折腾了两年之后，1896年，鲁迅的父亲病故了。

鲁迅在《父亲的病》里，大量采用反讽手法，嘲讽庸医故弄玄虚、贻误病情的可恶行径。这些大夫收费不便宜，一次一块四，隔天来一次，这让本已没落的周家雪上加霜。

在很长一段时间里，鲁迅都痛恨中医。这篇文章写于1926年，鲁迅对中医的看法还没改变。后来鲁迅定居上海，又读了很多中医的书，也见识到了中药的效果，便逐渐认可了中医。

家道变故让鲁迅体验到了世态炎凉，特别是在父亲去世后，族中的亲戚们对孤儿寡母甚是欺负、排挤。父亲去世的第二年，家族开会分房，分给鲁迅家的是既差又小的房子，鲁迅不满，不愿签字，但也无可奈何。鲁迅对于旧社会痛恨至深，这段经历也是原因之一。

求学之路

鲁迅在三味书屋时学得不差，参加乡试，成绩也还不错，五百多名考生中，他考了第一百三十六名。但鲁迅没有选择继续考下去，他决定去南京的江南水师学堂读书，那里不仅免学费，每月还有补贴。

1898年，十八岁的鲁迅离开家乡，入读南京的江南水师学堂。鲁迅入读江南水师学堂时的处境，与严复入读福州船政学堂时的处境很像：都是家道中落，家庭供不起自己再走科举入仕这条路。

周家本是绍兴大族，虽然没落了，但族中长辈觉得鲁迅去读这样的学校，总归是不体面的。当时的人普遍认为，去洋学堂学洋务是走投无路的选择，是把灵魂卖给洋人的行为。鲁迅的母亲知道他要去江南水师学堂，也大哭了一场。家族长辈让他不要用周樟寿这个名字入读，于是改名为周树人。

鲁迅执意要入学江南水师学堂，主要有两方面原因：一方面是经济问题，鲁迅家里快揭不开锅了，他作为长子需要担起养家的责任；另一方面，鲁迅忍受不了家乡那种落后压抑的氛围，他急于走出去。

江南水师学堂是洋务运动中创办的五所军事学堂之一，这些学堂在早期教育质量还可以。甲午战败后，洋务派被打压，虽然学堂还保留着，但暮气已深、风气陈腐，不少老师迂腐无知。比如有一位老师上课时居然说，地球有两个，一个叫东半球，一个叫西半球。

这些也就罢了，要命的是，这是军事学校，不服从管教，学校是可以对学生军法处置，甚至直接杀头的。鲁迅在这里读了半年就读不下去了。

1898年10月，鲁迅考上了江南陆师学堂附设的矿路学堂（也在南京）。时任两江总督的刘坤一为了开采南京郊外的青龙山煤矿而开设了这所新式学校，鲁迅等二十四人是该校的第一批学生。这二十四人中还有著名美术家陈师曾，他与鲁迅保持了一生的友谊。三年后，鲁迅与陈师曾一同留学日本，当时只有十二岁的陈寅恪也在那条船上。

矿路学堂的校长是维新人士，学校的风气很好。鲁迅回忆道，当时校长手里经常拿着《时务报》，学生也能在学校的阅览处看到《时务报》。《时务报》创办于1896年，由梁启超担任主笔。梁启超在公车上书无疾而终后，将一腔热血投入到写文章上，观点犀利新颖、语言通俗流畅，《时务报》迅速风靡全国。鲁迅入学时，梁启超已于一个月前流亡日本，但《时务报》的维新宗旨依然还在。

鲁迅在矿路学堂学了德语，也接触了物理、化学、地质学、矿物学等学科。对于鲁迅来说，这些知识非常新鲜，他也学得很好。三年后，鲁迅以第三名的成绩毕业，并争取到了公费留学日本的资格。

可惜后来因为青龙山煤矿管理不善，管理者觉得挖煤没什么技术含量，就把懂技术的人都排挤走了，安插自己亲信，好一顿折腾，后来连煤在哪儿都找不着，挖上来的煤勉强够维持两台挖煤机器的运转，煤矿自然就经营不下去了，学校教完鲁迅这一届学生就关闭了。

鲁迅在矿路学堂就读期间，还有一件重要的事情。1901年，鲁迅花五百文钱买了一本严复翻译的《天演论》。这本书对当时的知识青年影响极大，鲁迅对这本书爱不释手。

这本书开篇写道："赫胥黎独处一室之中，在英伦之南，背山而面野。槛外诸境，历历如在几下。乃悬想二千年前，当罗马大将恺彻（凯撒）未到时，此间有何景物。计唯有天造草昧，人功未施，其借征人境者，不过几处荒坟……”

鲁迅由此开了眼：原来世界上竟还有一个叫赫胥黎的人坐在书房里那么想，而且想得那么新鲜。他继续读下去，“物竞天择”出来了，苏格拉底、柏拉图出来了，斯多葛也出来了。

哦，原来人是从猿演化而来的，猿是从单细胞生物演化而来的。按照“适者生存”的理论，结合中国的时局，有识之士很容易就能达成共识——不变必亡。

鲁迅受《天演论》影响很大，他曾说自己“一有空闲，就照例吃侉饼、花生米、辣椒，看《天演论》”。据许寿裳回忆，在日本留学期间，他们还经常大段大段地背诵《天演论》。

我们现在翻开《鲁迅全集》，打头的前四篇是文言文，第一篇《人之历史》相当于《天演论》的读后感，那是鲁迅留日期间给杂志投稿的文章。

1902年3月，鲁迅被公派到日本留学，就读于弘文学院，这是日本创办的专门接收中国留学生的学校，包括邹容、黄兴等一大批革命先驱都在这里留过学。

半年后，来自杭州求是学院的许寿裳来到了弘文学院。此后，鲁迅与许寿裳成了终生挚友。在往后的时光里，无论是在日本还是回国后，许寿裳始终支持鲁迅。鲁迅在许寿裳来日本后不久，也学许寿裳，把辫子剪了。两位热血青年在日本时，经常讨论这三个问题。

怎样才是理想的人性？

中国人的国民性最欠缺什么？

中国人的病根在哪里？

此时距离鲁迅发表《狂人日记》还有十五年时间。鲁迅开始“以笔为枪”的标志，是1918年《狂人日记》的发表，但鲁迅思想的底色早在1903年时就形成了。他公开发表的第一篇文章，就是受许寿裳的邀请，在《浙江潮》杂志上发表的《斯巴达之魂》。这篇文章讲述的是斯巴达三百勇士迎战波斯军队、最终寡不敌众而全军阵亡的故事。鲁迅借这篇文章呼吁国人觉醒奋战，但一个小小的青年知识分子的声音，谁听得到？

当时在日本的中国留学生，也不都是有志之士，也有人只想混个文凭，回国后谋个好差事。这些人平时游山玩水，休闲娱乐居多，在他们身上看不到半点家国情怀，鲁迅自然是看不惯的。

1904年4月，鲁迅于弘文学院结业。他没有按照清政府的要求继续学冶金采矿，而选择了学医。鲁迅的想法是学完回国当医生，医治像他父亲那样的病人，如果打起仗来，就去当军医。

1904年9月，鲁迅入读了仙台医学专门学校。仙台不比东京，这里只有他一个中国人，鲁迅当时日语还不大熟练，医学又全是专业名词，学习难度可想而知，但鲁迅坚定了学医的信念，全力以赴地学习，这段经历鲁迅只在《藤野先生》这篇文章中记录了一些片段。当时的情况是，鲁迅虽然通过努力达到了中等成绩，但还是被日本同学排挤，甚至诬陷他考试通过是因为买通了老师，提前泄题给他。

幻灯片事件

日本同学的刁难并没有令鲁迅心生退意，真正的转折点是幻灯片事件。鲁迅在1922年《呐喊·自序》中描述了这段经历。

1906年寒假过后的第二学期，微生物课课余，教师照例放些风景或时事的幻灯片给学生看。当时正值日俄战争，有关战事的画片比较多，鲁迅写道："在这一个讲堂中，却须随喜我那同学们的拍手和喝彩。有一回，我竟在画片上忽然会见我久违的许多中国人了，一个绑在中间，许多站在左右，一样是强壮的体格，而显示出麻木的神情。据解说，则绑着的是替俄国做了军事上的侦探，正要被日军砍下头颅来示众，而围着的便是来鉴赏这示众的盛举的人们。"

旧中国老百姓"围观看客"的形象，深深地烙在鲁迅的心里。麻木的看客，后来几乎出现在鲁迅的所有小说里。

在嘈杂的欢呼声中，鲁迅猛然惊醒："从那一回以后，我便觉得医学并非一件紧要事，凡是愚弱的国民，即使体格如何健全，如何茁壮，也只能做毫无意义的示众的材料和看客，病死多少是不必以为不幸的。所以我们的第一要著，是在改变他们的精神，而善于改变精神的是，我那时以为当然要推文艺，于是想提倡文艺运动了。"

我们都知道鲁迅弃医从文，以为鲁迅从此之后就成了文学家——哪有那么简单？从这一天起，到鲁迅真正找到方向、以文学家出名，还有十几年的路要走。

1906年这一学年还没结束，鲁迅就放弃了学医，回到了东京。回到东京后，鲁迅进入东京德语学会开办的德语学校，德语后来一直是鲁迅了解西方的工具。

错误的婚姻

1906年7月，鲁迅接到母亲病重的消息匆匆回国，回到家一看，母亲并没有生病。原来是母亲给他安排了婚礼，让他与朱安完婚。这桩婚事在1901年年底就定下了，因为鲁迅去日本留学就耽搁了。朱安属于旧社会的传统女性，自小缠足、不识字，但在家务女红上是一把好手。在朱家看来，这才是女子该有的模样。

鲁迅留日早期写信回家，提到希望朱安放足，进学堂读书，但朱家觉得太荒唐了。鲁迅这次匆匆赶回来，发现是母亲骗他回来结婚。再看朱安，几年时间过去了，依旧没有什么变化。

鲁迅的内心是悲凉和纠结的，一方面他不想让母亲难过，另一方面朱安比自己大三岁，又等了那么多年。最终，鲁迅勉强答应了婚事。如果鲁迅能预见到这段错误的婚姻会困扰他和朱安一生，我想他是无论如何也不会同意的。朱安一直侍奉在鲁母左右，与鲁迅做了一辈子有名无实的夫妻。中华人民共和国成立前夕，她孤苦终老于北京。

鲁迅在结婚当晚看了一晚上书，第二天睡在书房，第三天就带着弟弟周作人启程去了日本。

鲁迅回到东京，同一时间，革命导师章太炎逃亡到东京。章太炎是光复会的发起人之一，也是国学大家。有一年多的时间，鲁迅、许寿裳、钱玄同等几位年轻人，每周日都会到章太炎的住处，听章太炎讲国学。

光复会于1904年在上海成立，在东京有分会，宗旨是："光复汉族，还我山河，以身许国，功成身退。"看到这个宗旨就能明白，加入光复会，要有不怕死的勇气，要有以身殉国的觉悟，还要时刻提醒自己不能通过入会来谋权谋利，干成了深藏功与名，功成身退。革命先烈秋瑾就是光复会的核心成员。

1906年至1909年这三年，鲁迅尝试过自己办杂志，但没办成，他为别人的杂志写过不少文章。这段时期，鲁迅的生活是很窘迫的，靠给出版社、报社校对文稿勉强糊口。鲁迅将很大一部分精力放在了翻译外文小说上，他主要翻译的是外国受压迫民族的短篇小说，主题大多是如何反抗压迫。此外，鲁迅也翻译了一些关于革命的俄国小说。这些译作合编成《域外小说集》出版，但这批鲁迅费尽心血译成的文章并不受欢迎。

1909年8月，鲁迅因为经济问题提前结束了留学生活。他后来说，当时母亲和几个别的人很需要自己在经济上的帮助。“几个别的人”主要指他的弟弟周作人。

鲁迅回国前几个月，好友许寿裳已经在位于杭州的浙江两级师范学堂任教。许寿裳向校长推荐鲁迅，鲁迅回国后顺利入职教书。但没过多久，这所学校换了个姓夏的校长，学问不高，架子却不小，教员们纷纷辞职，鲁迅也在其列。

1910年，鲁迅在绍兴中学任教。鲁迅教书是非常认真负责的，但那时还是清朝，鲁迅作为剪了辫子的中国人，时刻感受着来自守旧顽固势力的压力，走在街上，别人看他的眼光都不一样，他的一个同族亲戚甚至要去官府举报他。鲁迅教书的工资也十分微薄。总之，那段时间鲁迅过得拮据且压抑。空闲时间，他都是把自己关在书房里研究碑刻古籍、写写小说。

1911年，辛亥革命爆发，鲁迅看到了希望，他带领学生积极投身于革命的大潮中。但随着新政府稳定下来，鲁迅很快发现，地方官僚依然是换汤不换药，贪腐之风依旧横行，这让他很受打击。鲁迅将自己的郁闷之情写信倾诉给许寿裳。

许寿裳将鲁迅推荐给当时的教育部部长蔡元培，蔡元培之前就听说过鲁迅，便欣然同意。

1912年，应教育总长蔡元培之邀，鲁迅到南京任中华民国临时政府教育部社会教育司第一科科长。同年，他随教育部迁到北京，继续在教育部任职，主管图书馆、博物馆、美术馆的相关事宜。

当时中华民国政府已经受袁世凯摆布，鲁迅对时局是有清醒认知的，但这份工作的薪水确实不少，这对于需要赡养母亲、帮助弟弟的鲁迅来说，太重要了。他在这个岗位上一干就是十五年。在这十五年中，各路军阀混战，教育部部长走马灯似的换了数十位。

鲁迅在北京站稳脚跟后，弟弟周作人于1917年来到北京大学教书。鲁迅把所有的积蓄都拿出来，又把老家的房子卖了，凑钱在八道湾胡同买了一个占地五百平方米的四合院。他一心想买个有院子的房子，让周作人、周建人的孩子有地方游戏。作为长子，他知道母亲最大的愿望就是一家人能团圆。

刚开始还挺好，但很快问题就来了。这个家的当家人是周作人的日本媳妇羽太信子，这个女人花钱大手大脚，按说两兄弟工资都不低，但依然不够她花的，为此她经常大吵大闹。

后来因一个误会，周作人听信媳妇的一面之词，给鲁迅写了一封绝交信。鲁迅想当面向周作人问清楚到底发生了什么事情，但最终也没问明白，兄弟俩反而大吵一架。1923年8月，鲁迅带着母亲和朱安主动搬出了花光自己所有积蓄才买的房子。

走上文学之路

初到北京时，鲁迅与许寿裳同吃同住、同桌办公，闲时到图书馆读书抄文，过了一段惬意的小日子。1913年，袁世凯开始迫害革命党人，章太炎被软禁。随着袁世凯称帝的野心逐渐暴露，北京的氛围变得异常紧张，袁世凯派出的特务随时监视着北京的官员，对有革命背景的人格外上心。鲁迅和许寿裳等人在章太炎被捕后常去探望，自然在重点监视名单上。

当时很多公务人员装作纸醉金迷的样子，以求自保。鲁迅没什么钱，他将绝大部分精力放在了对国学古籍的研究上，他大量地抄古碑、辑录金石碑帖、校对古籍，还对佛学、美学进行了一定的研究。对于魏晋时期的人物传记、碑刻，他尽数抄录，鲁迅灵魂深处的魏晋风骨，应该就是在这段沉默的岁月中养成的。

日子就这样过到了1918年。那年，鲁迅三十八岁，我们熟悉的“文学斗士”鲁迅即将上线。

当时陈独秀等人创办了《新青年》，钱玄同1918年1月轮值《新青年》主编。钱玄同知道鲁迅多年来一直有作文的习惯，就邀请鲁迅写些文章。当时《新青年》办得不温不火，没人反对也没人支持。

已近不惑之年的鲁迅这些年见过太多的社会闹剧与悲凉，他甚至觉得这个社会已经无可救药、看不到希望了。

钱玄同去见鲁迅时，两人发生了一段非常重要的对话，这段对话改变了鲁迅的生命轨迹。

钱玄同问：“你抄这些（传记、碑刻）有什么用？”

鲁迅回答说：“没有什么用。”

钱玄同又问：“那么，你抄它是什么意思呢？”

鲁迅说：“没什么意思。”

钱玄同说：“我想，你可以做点文章……”

接下来对话进入高潮。鲁迅对钱玄同说："假如是一间铁屋子，是绝无窗户而万难破毁的，里面有许多熟睡的人们，不久都要闷死了，然而从昏睡入死灭，并不感到就死的悲哀。现在你大嚷起来，惊起了较为清醒的几个人，使这不幸的少数者来受无可挽救的临终的苦楚，你倒以为对得起他们么？"

钱玄同的回答干脆而有力量："然而几个人既然起来，你不能说绝没有毁坏这铁屋的希望。"

钱玄同的话重新燃起了鲁迅的激情，于是中国第一篇白话文小说《狂人日记》横空出世了。

据钱玄同、鲁迅和周作人的日记记载，1918年2月初到1918年4月底的这两个多月，钱玄同去过鲁迅家将近二十次，每次都是谈到后半夜才离开。鲁迅的《狂人日记》原稿是1918年4月初交给钱玄同的，那段时间钱玄同很可能是去鲁迅家催交稿和改稿的。

《狂人日记》没有辜负钱玄同的一番苦心，一经刊出就引起广泛关注，鲁迅一跃成为新青年们的偶像。自此以后，鲁迅的创作力就像汹涌的洪水，在人生的下半段奔涌咆哮，不朽的作品一篇接一篇地问世。

《狂人日记》之所以有如此巨大的影响力，有两个层面的原因。

一是文体的原因。这是中国第一篇白话文小说，当时国内白话文和文言文的论战正值白热化，文言文在中国已有数千年历史，其表现力确实比刚刚起步的白话文要强得多；而且那个时代的知识分子，都以能说出一堆之乎者也为读书人的标志，我们从《孔乙己》中就能清晰地感受到。

以胡适为代表的白话文倡导者，呼喊的声音很大，却始终拿不出像样的白话文作品。大家看看当时胡适写的白话文诗《蝴蝶》。

两个黄蝴蝶，双双飞上天。
不知为什么，一个忽飞还。
剩下那一个，孤单怪可怜。
也无心上天，天上太孤单。

《蝴蝶》比《狂人日记》早一年发布在《新青年》上，当时最末流的秀才写的文言文诗也比这个好太多，可以想象它被守旧派如何冷嘲热讽。

但《狂人日记》一经问世，局面就不一样了。它不仅文体新，立意之深刻、文笔之犀利震惊世人。鲁迅通过“狂人”的内心独白这样一种角度，揭露了“吃人”的社会病态，并且在文章末尾发出了对社会的深切忧虑与殷切期盼。

在我看来，即使放眼当今世界文坛，能与《狂人日记》相媲美的短篇小说也找不出几篇。

这是鲁迅沉默十余年后的首次呐喊，也可视为鲁迅文学创作生涯的真正开端。我与诸君一起温习一下这篇伟大的作品，欢迎扫码阅读。

严复和梁启超在努力了一番后，都发现当时中国的根本问题在于民智未开，都选择投身教育。严复试图通过翻译西方著作来唤醒更多人，梁启超则通过著书和讲学来影响更多的青年学者，总体还是委婉的。到了鲁迅这里，他发出了最直接的呐喊。篇幅有限，我做的浅显解读只是抛砖引玉，远不能讲出这篇文章十分之一的深意。大家感兴趣的话，可以读读专业的书籍，像钱理群、房向东等学者写的研究鲁迅的书籍，都非常精彩。

解读《狂人日记》

自从发表《狂人日记》之后，鲁迅便一发不可收拾。他沉淀多年的思想喷薄而出，在接下来的1918年和1919年，鲁迅仅在《新青年》上就发表过近三十篇文章。《孔乙己》《药》都是在1918年晚些时候写出来的。

1919年五四运动爆发，运动的核心群体基本都是在《新青年》影响下成长起来的学生。这时候，鲁迅已是名副其实的革命思想导师，他不仅为《新青年》所致力的文学革命带来了实践成果，也成功地将文学革命和思想革命紧密地结合在一起。

1921年，《阿Q正传》发表。如果说《狂人日记》写的是“吃人”的中国旧社会，那么《阿Q正传》所描写的阿Q精神就是全世界的共有精神了。

1918年至1926年，这期间鲁迅忙得不得了：一方面要到教育部上班，另一方面要在北京大学、北京师范大学、北京女子高等师范学校等学校兼职任课，还要同各种保守分子展开论战。

据学生回忆，鲁迅在北京女子高等师范学校讲的是中国小说史，场场爆满，连走廊上都挤满了听课的学生。小说家王鲁彦描述道："仿佛听到了全人类灵魂的历史。"

鲁迅除了文章写得好，美学素养也很高。他同许寿裳一起负责设计中华民国的国徽。北京大学现在的校徽就是出自鲁迅之手。

无畏的斗士

1926年发生了"三一八"惨案。3月18日这天，数千名北京市民和学生举行集会，高举"废除一切不平等条约""恢复国家主权""支持国民军"的标语。游行队伍走到段祺瑞政府跟前时，军警向游行队伍开火，造成四十七人死亡、一百五十多人受伤的惨剧。遇害学生中，有两名北京女子师范大学的学生——刘和珍和杨德群。鲁迅得知此事后愤怒不已，马上写了一篇文章对段祺瑞政府予以抨击。

听说北京城中，已经施行了大杀戮了。当我写下上面这些无聊文字（指的是《无花的蔷薇之二》）的时候，正是许多青年受弹饮刃的时候。呜呼，人和人的灵魂是不相通的。

……

如此残虐险狠的行为，不但在禽兽中所未曾见，便是在人类中也是极少有的……

中国只任虎狼侵食，谁也不管。管的只有几个年轻的学生，他们本应该安心读书的，而时局飘摇得他们安心不下。假如当局者稍有良心，应如何反躬自责，激发一点天良？然而竟将他们虐杀了！

……

这不是一件事的结束，是一件事的开头。墨写的谎言，决掩不住血写的事实。血债必须用同物来还。拖欠得愈久，就要付出更大的利息！

在文章的落款处，鲁迅写下"三月十八日，民国以来最黑暗的一天"。之后几天，鲁迅不吃不喝，沉默不语，两周之后写完了那篇《纪念刘和珍君》。

鲁迅的言论自然引起了当局的不满。当年8月，鲁迅就离开了北京，到厦门大学任教，在厦门待了一个学期就收到时任校长的朱家骅的邀请，到广州中山大学任文学系主任兼教务主任。

在1927年发动的反革命政变中，以蒋介石为首的国民党，以“清党”的名义大肆迫害共产党员，青年学生们为表不满，上街游行，不少学生被抓，鲁迅力主营救学生，中山大学校长朱家骅态度模糊，鲁迅愤然辞职。

离开广州后，鲁迅来到上海，度过了人生中的最后十年。此时的上海已经很不太平了。1927年，蒋介石制造了“四一二”惨案，周总理差点被国民党杀害。当时蒋介石公开悬赏八万大洋追杀周总理。

鲁迅在广州时就看不惯国民党的行为，他住在上海的租界里，这对他起到了一定的保护作用。他的不少日本朋友也居住在这里，必要时能给他提供帮助。

在这十年中，鲁迅虽然天天都在写东西，却没时间写小说，除了写一些短篇杂文外，就是各种论战。锋芒毕露的鲁迅与胡适、梁启超、林语堂、徐志摩等大名鼎鼎的人物，甚至与他的弟弟周作人，都有过激烈的论战。

鲁迅确实狠狠地骂过许多人：骂胡适是“能言鹦鹉”，骂梁实秋是“丧家的资本家的乏走狗”，骂林语堂“没心没肺”，骂徐志摩“无病呻吟”。鲁迅爱骂人，也会骂人，这在当时是公认的。

鲁迅自己也说：“我的敌人活得太愉快了，我干吗要让他们那么愉快呢？我要像一个黑色魔鬼那样，站在他们面前，使他们感到不圆满。”

鲁迅出身于没落乡绅家庭，见识过世间百态、人情冷暖，自己年轻时候的抱负被磨平了棱角，原打算得过且过，但埋藏于心底的理想被重新点燃之后，就再也压抑不住，恨不得把过去这些年蹉跎的时光都补回来。再看看自己已届不惑之年，身体又不太好，做事情就总嫌不够用力。鲁迅的性格本就刚毅，这些因素综合起来，我们就能理解他为什么从出道一直到去世，几乎一直保持着战斗状态，一直是一个斗士的形象。

鲁迅也不是谁都不服，瞿秋白给他提意见，他就欣然接受。瞿秋白很早就读过鲁迅的文章，还没见过鲁迅时就写信给他，针对鲁迅翻译的苏联小说《毁灭》谈了自己的看法，还指出译文中几处不妥之处。鲁迅收到信后非常高兴，并立刻回信表示感谢，也接受了瞿秋白指出的错误，还将两人的通信内容发表在了报纸上。瞿秋白后来在上海躲避国民党追杀，就躲在鲁迅家里。

1927年到1936年期间，鲁迅创作了很多回忆性的散文与大量思想性的杂文，翻译、介绍外国的进步文学作品。自1931年起，鲁迅大力推崇木刻版画，中国新兴版画运动就是由鲁迅倡导和发起的。

鲁迅在上海期间，与宋庆龄、陈赓有过交往。鲁迅看到的国民党屠戮共产党员的场景，同当年军阀向青年学生开枪是一样的。鲁迅也写文章猛烈抨击国民党当局，所以他的名字也常年出现在国民党的通缉名单上。

这段时期，鲁迅的处境非常危险，随时可能被抓捕杀害。为了发表文章，他只能不断地更换笔名，才能避开审查。据说鲁迅一生使用过的笔名有一百八十三个。此外，鲁迅的健康状况已经非常糟糕，他长期遭受肺结核的折磨，却依然每天大量抽烟。他的家人朋友一直劝他戒烟，劝他停下手头工作专心治病，鲁迅都置之不理，每天像一个斗士一样伏案写作。

国民党向鲁迅许诺，只要他不在报纸上发表抨击国民党的言论，就安排他到国外接受治疗，所有费用全包，他断然拒绝。到了1936年年初，鲁迅彻底病倒了，好友茅盾拜托美国的朋友，请来了美国肺科专家给他做检查。医生看过鲁迅的检查结果后非常惊讶，说这种情况，换作是欧洲人，五年前就去世了，建议他赶紧住院治疗。即使到了这一步，鲁迅依然不为所动。当时宋庆龄自己还躺在病床上，给鲁迅写了一封信。这封信不长，但满纸都是担忧。

周同志：

方才得到消息，你病得很厉害，我十分担心你的病状！我恨不能立刻去看看你，但我割治盲肠的伤口至今尚未复原，仍旧不能起床行走，迫不得已才给你写这封信。

我恳求你立即进医院去医治！因为你延迟一天，你的生命便增加一天的危险！你的生命并不是你个人的，而是属于中国和中国革命的！！为了中国和中国革命的前途，你有保存、珍重你身体的必要。因为中国需要你，革命需要你！

一个病人，往往是自己不知道自己的病状。当我得盲肠炎的时候，因为厌恶进医院，拖延了数月之久，直到不能不割治的时候，才被迫进了医院，然而这已是很危险的时期了，因此多在医院住了六个星期。假如我早进医院，两个星期便可痊愈了。我万分盼望你接受为你担忧、为你感觉极度不安的朋友们的恳求，马上进医院去医治。假如你怕在院听不到消息，周太太可以住院陪你，不断地供给你外面的消息等等。

我希望你不会漠视爱你的朋友们的忧虑而拒绝我们的恳求！！

祝你痊安！

宋庆龄

1936年6月5日

我相信鲁迅可以理解家人朋友们的担心，但他依然认为，既然中国革命需要我，我就应该在一线燃尽我的生命。住到医院里甚至到国外，就远离了社会，还谈什么革命！

身体每况愈下，却仍坚持战斗，没有信仰和意志的支撑，是做不到的。

鲁迅作为一个学医的人，他当然知道自己的病况已经恶化，但越是这种时候，他就越发着急自己做的事情还不够多，发出的声音还不够大，那些有识之士还不够警醒、那些文人还在搞什么鸳鸯蝴蝶、幽默文学，他奋不顾身地发出最后的呐喊。

民族魂

鲁迅在去世前一个多月，写了一篇文章《死》，他在其中写了七条遗嘱。

一，不得因为丧事，收受任何人的一文钱——但老朋友的，不在此例。

二，赶快收敛，埋掉，拉倒。

三，不要做任何关于纪念的事情。

四，忘记我，管自己的生活——倘不，那就真是糊涂虫。

五，孩子长大，倘无才能，可寻点小事情过活，万不可去做空头文学家或美术家。

六，别人应许给你的事物，不可当真。

七，损着别人的牙眼，却反对报复、主张宽容的人，万勿和他接近。

1936年10月19日，鲁迅病逝于上海，享年五十五岁。“20世纪东亚文化地图上占最大领土的作家”去世了，鲁迅一生在文学创作、文学批评、思想研究、文学史研究、翻译、美术理论引进、基础科学介绍和古籍校勘与研究等多个领域作出了重大贡献。

鲁迅对于五四运动以后的中国社会及其思想文化的发展产生了重大影响。他蜚声世界文坛，在日韩等国的思想文化领域也拥有重要的地位和影响。

虽然鲁迅在遗嘱中交代丧事要从简，但上海数万民众还是自发地为他举行了隆重的葬礼。

1936年10月22日，从殡仪馆到上海西郊万国公墓的路上，成千上万的人们赶来送鲁迅最后一程。国民党派出警察驱赶，前来送行的群众却越来越多。民众代表在鲁迅灵柩上覆盖的白旗上写了三个大字——**民族魂**。同时，北京的市民们也自发为鲁迅举行了葬礼。

文化战线上的民族英雄

鲁迅不是共产党员，但他在人生后期展现了共产党员的主张和作风。中国共产党的信念与追求，与鲁迅的价值认同是契合的。1935年，毛主席经过长征到达延安后，鲁迅同延安常有书信往来。

毛主席对鲁迅的评价极高："鲁迅的骨头是最硬的，他没有丝毫的奴颜和媚骨。这是殖民地半殖民地人民最宝贵的性格。鲁迅是在文化战线上的民族英雄。"

毛主席还说："鲁迅在中国的价值，据我看要算是中国的第一等圣人。孔夫子是封建社会的圣人，鲁迅则是现代中国的圣人。"

在鲁迅去世六年后，1942年5月2日，毛主席在杨家岭做关于延安文艺座谈会的报告，他说："我们有两支军队，一支是朱总司令的，一支是鲁总司令的，即手里拿枪的军队和文化的军队。"

毛主席还强调："文艺是一支军队……鲁迅、高尔基就相当于总司令。"

1949年7月，全国文联代表大会在北京举行。会议召开期间，每一位代表都获得了一枚特殊的纪念章——毛主席与鲁迅的双人像章。

毛主席对鲁迅最深刻的评价，我觉得是这一段："鲁迅的战斗方法很值得学习，鲁迅战斗方法的一个重要特点是，把所有向他射的箭，统统接过来，抓住不放，一有机会就向射箭的人进攻。人家说他讲话南腔北调，他就出《南腔北调集》。梁实秋说他背叛了旧社会，投降了无产阶级，他就出《二心集》。人家说他的文章用花边框起来，他就出《花边文学》。《申报》的‘自由谈’的编者受到国民党的压力，发牢骚说，《自由谈》不要谈政治，只准谈风月，他就出了《准风月谈》。国民党骂他是堕落文人，他的笔名就用堕落文。”

也就是说，鲁迅在同大家论战的时候，从不回避问题，他是一个纯粹的理想主义者。自从他受《天演论》启蒙之后，鲁迅一直都在寻求救中国的方法，后来弃医从文，一度受挫，但自从《狂人日记》发挥作用后，鲁迅几乎一直处于“满血”的战斗状态。他是真的很着急，他恨自己一个人的力量有限，能写出的文字、发出的声音有限。他对胡适、林语堂、周作人等人的批评，很大程度上源于他认为他们应该也做纯粹的斗士，在危急存亡之秋，不能浪费光阴在一些无关痛痒的问题上。

鲁迅确实不慕名利。1927年9月，鲁迅收到朋友台静农的信，信中提到瑞典人斯文·赫定（Sven Hedin）在上海时听说了鲁迅的名字，想提名鲁迅作为诺贝尔文学奖的候选人。

斯文·赫定是诺贝尔评委会成员，按照当时的规定，他确实有资格提名候选人。他请教刘半农，如果要提名一位中国作家，谁比较合适。刘半农觉得鲁迅有资格，当时也有人提名梁启超。

鲁迅给台静农的回信是这样的。

静农兄，九月十七日来信收到了。请你转致半农先生，我感谢他的好意，为我，为中国。但我很抱歉，我不愿意如此。

诺贝尔赏金，梁启超自然不配，我也不配，要拿这钱，还欠努力。世界上比我好的作家何限，他们得不到。你看我译的那本《小约翰》，我哪里做得出来，然而这作者就没有得到。

或者我所便宜的，是我是中国人，靠着这“中国”两个字罢，那么，与陈焕章在美国做《孔门理财学》而得博士无异了，自己也觉得好笑。

我觉得中国实在还没有可得诺贝尔赏金的人，瑞典最好是不要理我们，谁也不给。倘因为黄色脸皮人，格外优待从宽，反足以长中国人的虚荣心，以为真可与别国大作家比肩了，结果将很坏。

我眼前所见的依然黑暗，有些疲倦，有些颓唐，此后能否创作，尚在不可知之数。倘这事成功而从此不再动笔，对不起人；倘再写，也许变了翰林文字，一无可观了。还是照旧的没有名誉而穷之为好罢。

鲁迅的这一行为被胡适知道了。第二年，当斯文·赫定询问胡适是否愿意被提名诺贝尔文学奖时，胡适也拒绝了。

马悦然（Göran Malmqvist）是当代西方汉学界的领袖人物，是诺贝尔文学奖十八位终身评委之一。他说："我自己认为鲁迅先生的《呐喊》和《彷徨》是具有非常强的创造性的作品。如果20世纪20年代有人将这两部短篇小说集译成外文，鲁迅肯定会被提名为候选人，也许还会获奖。"

斗士的另一面

文章的最后，我们聊点轻松的话题。

鲁迅在思想与文学上一直是一名英勇的斗士，但对于有实无名的妻子许广平以及他们的孩子，却有着可爱、有趣、柔软的一面。

鲁迅和许广平在一段时间里处于异地恋状态，就是鲁迅离开北京去厦门、许广平则去了广州的那段时间。鲁迅先生的文笔写起情书来，浪漫温柔得不得了。

我寄你的信，
总要送往邮局，
不喜欢放在街边的绿色邮筒中，
我总疑心那里会慢一点。
不知何以自制力竟这么薄弱，
总是戒不掉，
但愿明年有人管束，
得渐渐矫正，
并且也甘心被管，
不至于再闹脾气了。
听讲的学生，
女生共五人，
我决定目不斜视，

而且将来永远如此直到离开厦门，
和HM（鲁迅对许广平的昵称之一）相见。

鲁迅老来得子，四十八岁那年才得了个儿子，取名海婴。我们可能想不到，一向严肃的鲁迅却是一个超级奶爸，教育理念非常先进。

柳亚子说：“近代对于儿童教育最伟大的人物，我第一个推崇鲁迅先生。”

儿子的出生，也给处于高度紧张状态中的鲁迅带来了一些慰藉与缓和，他为此写了一首《自嘲》。

运交华盖欲何求，未敢翻身已碰头。
破帽遮颜过闹市，漏船载酒泛中流。
横眉冷对千夫指，俯首甘为孺子牛。
躲进小楼成一统，管他冬夏与春秋。

我们最熟悉的是第三句。鲁迅横眉冷对那些指责他的人，能躲在家里给儿子俯首为牛也挺好的。

鲁迅遵从“顺其自然，尊重孩子的天性和意志”的教育原则，他接纳孩子的平凡，不强行干预孩子的人生。周海婴在文学上的天赋并不高，小时候背书，怎么也记不住。鲁迅就说：“如果孩子资质一般，就当个普通人，不必沽名钓誉去当文学家或美术家。”

他教导周海婴：“这一生不必光芒万丈，不必成为别人，只需按照自己的喜好，成为自己想成为的人即可。”

周海婴从小喜欢拆玩具，拆了又装，装好再拆，乐此不疲。就连父亲给他买的留声机、给母亲买的缝纫机，他也都拿来拆了。郁达夫去鲁迅家做客，看到年幼的周海婴把父亲的书扔得满地都是，而鲁迅毫不在意，觉得他太溺爱孩子了。

鲁迅为此专门写了一首《答客诮》。

无情未必真豪杰，怜子如何不丈夫？
知否兴风狂啸者，回眸时看小於菟。

鲁迅、许广平与周海婴

鲁迅与儿子周海婴

意思是：冷酷无情未必就是真正的好汉，疼爱孩子为什么就不是大丈夫？你可知山中的猛虎兴风狂啸，但对自己心爱的小老虎频频回首。

后来周海婴考入北京大学物理系无线电专业，成了一名无线电专家，在自己热爱的领域里发光发热。

鲁迅可爱的一面还体现在吃上，他尤其爱吃甜食，哪怕医生叮嘱不可再吃，可每次从诊所出来，他必买糖吃。

有一次，家里只剩一块沙琪玛了，儿子周海婴看到后想吃，鲁迅先生用鲁迅的口吻坦然拒绝："按理说你可以吃，但就这一块了，你吃了爸爸就没得吃了，你还是不要吃，去找你妈要花生吧。"

一次回家的路上，鲁迅买了三块饼干，原想着家里人一人一块，结果自己吃了一块后觉得太好吃了，没忍住，把另外两块也吃了。

我们从鲁迅那些时不时还被大家拿出来秀一把的段子就能看出，鲁迅的灵魂不仅是严肃的，也是有趣的。他的好朋友章廷谦（笔名川岛）刚结婚时，鲁迅送给他一本书，赠言是："请你从'情人的拥抱里'暂时伸出一只手来，接受这干燥无味的《中国小说史略》，我所敬爱的一撮毛哥哥呀！"

他偶尔看见了几篇自己二十年前写的文章，第一反应是："这是我做的么？看下去，似乎也确是我做的。"

还有那句："在我的后园，可以看见墙外有两株树，一株是枣树，还有一株也是枣树。"

还有那句更出名的："其实地上本没有路，走的人多了，也便成了路。"

参考文献

[1] 鲁迅全集[M]. 北京：人民文学出版社，2008.

[2] 许寿裳. 鲁迅传[M]. 北京：九州出版社，2017.

[3] 丸尾常喜. 明暗之间：鲁迅传[M]. 陈青庆译. 上海：光启书局，2023.

[4] 钱理群. 鲁迅作品十五讲[M]. 北京：北京大学出版社，2003.

[5] 钱理群. 鲁迅作品选读[M]. 北京：当代世界出版社，2022.

[6] 孙郁. 民国文学十五讲[M]. 太原：山西人民出版社，2015.

[7] 唐德刚. 从晚清到民国[M]. 北京：中国文史出版社，2019.

[8] 唐德刚. 从甲午到抗战[M]. 北京：台海出版社，2019.

[9] 费孝通. 乡土中国[M]. 长沙：湖南人民出版社，2025.

[10] 王富仁. 中国鲁迅研究的历史与现状[M]. 福州：福建教育出版社，2006.

[11] 王富仁. 鲁迅前期小说与俄罗斯文学[M]. 天津：天津教育出版社，2008.

[12] 戈宝权. 鲁迅在世界文学史中的地位[M]. 西安：陕西人民出版社，1981.

[13] 彭定安. 鲁迅学导论[M]. 北京：中国社会科学出版社，2001.

[14] 袁良骏. 当代鲁迅研究史[M]. 西安：陕西人民教育出版社，1992.

[15] 张梦阳. 中国鲁迅学通史[M]. 广州：广东教育出版社，2002.

[16] 刘波.《狂人日记》创作思想及其在鲁迅小说中的延续[J]. 福建教育学院学报，2022，11（1）：53-55.

陈寅恪（1890—1969）

独立之精神 自由之思想

民国是一个动荡的时代，也是一个大师辈出的时代。在我看来，在民国一众大师中，陈寅恪是最与众不同的一位。民国的这些大师，都有自己欣赏的人，也都有自己看不惯的人，唯独对陈寅恪，大家看法较为统一，公认他是“公子中的公子、教授中的教授、大师中的大师”。

1938年深冬，长沙城岳麓山下，在由清华大学、北京大学、南开大学临时组建的国立长沙临时大学的历史课堂上，讲台上一袭长衫的教授，看着教室里坐满了随校南迁过来的学子们，说：“各位同学，我讲课，前人讲过的，我不讲；近人讲过的，我不讲；外国人讲过的，我不讲；我自己讲过的，也不讲；现在只讲未曾有人讲过的。”

这位右眼几近失明的中年教授，就是大名鼎鼎的陈寅恪。他说完这“四不讲”后，教室里掌声雷动，盖过了空中传来的飞机轰鸣声。

以这一年为分界线，陈寅恪前半辈子过得较为从容宽适，绝大部分时间都在按照自己的意愿，以**“独立之精神，自由之思想”**钻研学问。而这以后，陈寅恪苦难的后半生将徐徐展开。

陈寅恪只有中学文凭，却被大家一致推崇，与他并称为“清华大学国学四大导师”的另外三位是梁启超、王国维、赵元任。

同时，陈寅恪与吕思勉、陈垣、钱穆并称“史学四大家”。他与叶企孙、潘光旦、梅贻琦一起，被奉为清华大学百年历史中的“四大哲人”。

梁启超每每提及陈寅恪，都会说：“他的学问胜过我。”

吴宓更是说：“他是当今中国最博学的人。”

傅斯年对陈寅恪的学问佩服至极，他说：“陈寅恪的学问，三百年来一人而已！”

陈寅恪深通近二十门语言，除了英语、德语、法语、日语之外，他还通晓梵文、突厥文、西夏文、古波斯文、希伯来文、满文等。

他精通历史、文学、语言学、校勘学、人类学、佛学等多个领域，很难界定他是哪个专业的。在当时的清华大学，只要是文史哲类的课程，如果没有老师教，那么陈先生都可以教，而且教得好、教得深。

在20世纪三四十年代，中国本土派学者与海归派学者之间盛行流派之争，但无论是哪一派，都对陈寅恪的学问推崇备至。

陈寅恪学贯中西，他留学日本、欧美十几年，但拿不出一张能证明他学识的文凭，因为在他看来，他要学的是知识，文凭只是一张纸，他不需要。

在细讲陈寅恪之前，先说说他名字的读音。“恪”字应该读成“kè”还是读成“què”，一直以来都争论不休。其实两个读音都可以，无关对错，毕竟陈寅恪自己对两种读法都予以认可。

要深入了解陈寅恪，我们得从“义门陈氏”说起。

义门陈氏

“义门陈氏”发源于江西省九江市德安县，这个家族从唐代开始发达。唐中和四年（884年），唐僖宗御赐亲笔题写的匾额“义门陈氏”，此后族中人才辈出，到宋朝时达到鼎盛。宋咸平四年（1001年），陈氏一门科举及第与在朝为官者达四百三十人。到宋仁宗一朝就更厉害了，仅庆历四年（1044年）这一年，陈氏一门中举者就有四百零三人。族中在朝担任要职，以及在全国各州县担当一把手的不在少数，是当时罕见的名门望族。

在皇权专制体制下，家族势力过于庞大，会令皇帝感受到威胁，宋仁宗就有了危机感，问计于文彦博和包拯，他们建议将“义门陈氏”分而居之，这样其势力自然就分散了。宋仁宗降旨，说“义门陈氏”孝义太盛，应该给天下人做榜样，将陈氏族人分散到全国各地。

朝廷亲自参与“义门陈氏”的分家，一共分成三百多个分支，分散到十六个州的一百二十五个县。陈寅恪祖上这一支被迁往福建宁化，又辗转至广东潮州，后来又来到福建上杭。到乾隆年间，陈寅恪的近祖迁居到江西义宁。此地风光秀丽、气候宜人，陈家在此定居下来，一直耕读传家。即便不断迁徙，“义门陈氏”的家学也不曾中断。

定居下来后，陈氏子弟以“重振家风”为使命，勤学苦读，不敢懈怠。到陈寅恪的祖父陈宝箴这一代，家风传承的效果就出来了。陈宝箴生于1831年，比曾国藩小二十岁。1851年，弱冠之年的陈宝箴高中举人，而后响应朝廷号召，随父帮办团练，同时不忘苦读。1860年，陈宝箴进京参加会试。

这一年，英法联军攻入北京，火烧圆明园。1860年10月18日，陈宝箴正在京城内的酒楼与友人谈及洋人进京之事，突见圆明园方向火光冲天、浓烟弥漫。陈宝箴自幼接受“忠君爱国”的儒家思想教育，如今见“万园之园”被抢掠一空、化为灰烬，不禁悲从心来，失声痛哭。陈宝箴会试落第，决定投笔从戎。

1861年年初，陈宝箴拜谒时任两江总督的曾国藩。曾国藩向来惜才，在与陈宝箴交谈之后，对其才学大加赞赏，称其为“海内奇士”。曾国藩有心留他在自己帐下做事，但陈宝箴一心想亲临前线。当时湘军席宝田部正在江西与太平军激战，陈宝箴赶往江西献策助战，而后回到曾国藩帐下，曾国藩喜出望外。

1864年，湘军攻破天京，但太平天国幼主洪天贵趁乱逃走。曾国藩压力很大，如果洪天贵最终逃走，慈禧太后定会怪罪下来，那他的处境就危险了。

陈宝箴冷静分析，建议曾国藩在江西广昌和石城之间设伏，果然抓住了洪天贵、洪仁玕等人，曾国藩对陈宝箴格外感念，为其请功。后来席宝田因病归养，曾国藩让陈宝箴接替席宝田的职位，主持军务，领兵前往湘西，镇压苗民起义。

陈宝箴属于典型的实干派，他到湘西之后，很快平定了起义。他发现湘西山民农耕技术落后、生活极为穷困，他开始教百姓植茶、栽竹、种薯，又亲率百姓开凿沱江，疏通水运。

因为政绩突出，陈宝箴后来屡次升迁，历任浙江按察使、湖北布政使、湖北按察使、直隶布政使等职。1895年，陈宝箴升任湖南巡抚。已过花甲之年的他为官二十载，辗转多地，亲眼看到了国家的内忧外患，他决意在湖南推行维新变法。

1895年4月，《马关条约》签订。陈宝箴得知消息后，在悲愤中叹息“无以为国矣”。他屡次上书朝廷，详细分析利害得失，希望朝廷能抓紧时间变法图强。慈禧太后和光绪皇帝也被甲午一战打清醒了，有心变革。

当时在北京的康有为、梁启超呼声比较大。光绪皇帝有心革新，却处处受制于慈禧太后和一众保守派旧臣。反倒是陈宝箴主政的湖南在1895年到1898年这三年里，实实在在地推行了新政：办报社，设矿务局、铸币局、水利局，组建轮船公司，创立南学会、时务学堂等。

甲午战败后，洋务运动破产，举国上下处于一种悲观的情绪中，湖南是唯一一个风气大开、生机勃勃的省份，各项新政实务都取得了成绩。

陈寅恪的父亲陈三立1889年中了进士，但他放弃了在朝廷吏部主事的官职，在湖南协助父亲推行新政。

就在陈宝箴满腔热血地继续推行新政之时，戊戌政变爆发，光绪皇帝被软禁，戊戌六君子被杀，康、梁流亡海外。谭嗣同与梁启超一年前还都是湖南新政推进的积极分子，再结合陈宝箴的施政作风，不可能不受到牵连。

慈禧下诏：“湖南巡抚陈宝箴，以封疆大吏，滥保匪人，实属有负委任。陈宝箴著即行革职，永不叙用。伊子吏部主事陈三立，招引奸邪，著一并革职。”

陈三立本就无意于官场。陈宝箴、陈三立父子偕家眷回到江西老家，但慈禧太后并没有就此放过已经六十五岁的陈宝箴。两年后，也就是1900年，慈禧太后派人到陈宝箴的家中宣读密旨，赐其自尽。陈宝箴临终前留下遗嘱：“陈氏后代当做到六个字：不治产，不问政。”

苏轼当年在儿子的洗三礼上吟出的“惟愿孩儿愚且鲁，无灾无难到公卿”，我曾经以为是玩笑，如今了解了陈宝箴的生平后方才理解，这是苏东坡体验命运多舛、人生无常后的真情流露。

家学渊源

1890年7月3日，陈寅恪出生于长沙。

陈寅恪出生后，随父母不断迁居。陈家对教育一直很重视，陈寅恪自幼读书识字，五六岁入家族设的蒙馆学习。

陈寅恪的天赋很高，而且肯下苦功夫。那时候的读书人讲究熟读四书五经，陈寅恪则不满足于此，他用心研习了十三经[①]，每个字都必求甚解。他在少年时就对这些经典熟稔于心，不少都能背诵。

祖父陈宝箴去世后，十一岁的陈寅恪随父亲迁居南京。父亲陈三立无意仕途，将精力主要放在诗文创作和家族教育上。陈三立在家中辟出房屋作学堂，取名思益学堂，不仅教授传统文化，还请来老师教授数学、英文、绘画、音乐等新式课程。

陈家之所以人才辈出，同他家的家学传承以及对教育的重视关系很大。在古代，像陈家这样家学深厚的大家族，虽然主要学习的是儒家文化，但他们在此基础上创造出了属于他们自己的为学、为政理念，你可以将此理解为家传的“修身、齐家、治国、平天下”的方法论。

普通百姓所接受的教育，主要是将知识介绍清楚，而家学还会传授如何运用这些知识的方法。这种方法论经过长时间的实践、打磨，已经非常精深，普通百姓很难接触到。诸如琅琊王氏、陇西李氏、河东裴氏、清河崔氏等名门望族，表面上是他们掌握了更多的资源，但是背后还有延绵不绝的家学在发挥作用。

陈家的家学延绵数十代不曾中断，后辈中只要出现一个天分高的，就能出现一座高峰，而陈寅恪就是其中的一座高峰。

陈三立办的这个学堂虽然只是家族学堂，但影响力并不小。当时金陵城内的文化人都知道陈家的思益学堂，时任两江总督的张之洞对陈三立的教育理念大加赞赏，接任张之洞两江总督之职的端方还专门到学堂视察，对学堂的学风学貌由衷佩服。

陈三立作为诗文大家，尤爱藏书。他在南京头条巷自建了一座房屋，专门用来藏书。因为他号散原，所以为这座书屋取名为“散原精舍”。陈三立有诗描述道：“穿畦依井造幽居，犬卧鸡飞晚照余。犹有小园溉花树，更营精舍伴图书。”陈三立去世后，他的诗文被整理成《散原精舍诗文集》。

---

① 十三经包括《易》《书》《诗》《周礼》《仪礼》《礼记》《春秋左传》《春秋公羊传》《春秋谷梁传》《论语》《孝经》《尔雅》《孟子》十三种儒家经典。

陈寅恪没有浪费父亲创造的如此好的读书条件。从1900年到1902年，除了参加学堂的日常学习，他还系统地学习了地理、算术、英文、绘画等新式学科，课余时间几乎都待在书屋里。

陈寅恪的舅舅俞明震家里也藏有不少精品书籍。据陈寅恪晚年回忆，他这段时期沉迷在两家的书屋里不能自拔，经常借着小油灯的微光挑灯夜读，后来他的眼睛高度近视并最终失明，病根就是在这时候埋下的。

陈三立对于子女的教育问题思路很清晰，自幼给他们打下了坚实的传统文化基础，同时接受新式教育。陈三立谨记父亲陈宝箴“不问政”的遗命，他的五个儿子和四个女儿，没有一个从政的。

留学生涯

陈三立的长子名叫陈衡恪，字师曾。他的故事，我们在齐白石、鲁迅的专章中了解过了，在此不再赘述。

陈寅恪与哥哥陈衡恪一同赴日留学。陈衡恪和鲁迅一同入读弘文学院，还是同班同学。年纪尚小的陈寅恪入读弘文学院的附属中学。陈氏兄弟与鲁迅住在同一栋宿舍里，三人朝夕相处了两年时间。

陈寅恪刚到日本时是自费生，陈家的经济压力不小。1904年夏天，陈寅恪趁假期回国期间，与二哥陈隆恪一起考取了公费留日名额。

出发之日，陈三立亲自到上海吴淞口送行，并留诗纪念：“游队分明杂两儿，扶桑初日照临之。送行余亦自涯返，海水浇胸吐与谁。”

1904年2月，日俄两国为了争夺在华利益，在我国东北的土地上大打出手。行将就木的清政府自知无力北顾，宣布中立。1905年9月，日俄战争以日本获胜而告终。十年前的甲午一战，让日本尝到了侵略战争的甜头。这一次打败俄国，让日本的军国主义倾向愈加明显。日本开始在国内宣传“日本民族优越论”，贬低亚洲其他国家和人民。当时留日的学生已经很明显地感受到日本人的骄横跋扈。

1905年寒假，陈寅恪脚气病发作，不得不回国医治。脚气病不是脚气，这是两种完全不同的疾病。脚气病又称“维生素B_1缺乏病”，它会导致中枢神经损害、心血管系统损害等后果。严重的脚气病会让人感到锥心之痛，寸步难行。日俄战争期间，日军因脚气病死亡的人数达到了约2.8万，而整个战争的阵亡人数约为4.6

万，这意味着脚气病造成的死亡甚至超过了战争本身。

陈寅恪回国后，在治疗期间，他一头扎进了父亲的书房中。经过近四年的留日学习，他已经具备了一定的横向比较的能力。十七岁的陈寅恪再度翻开中国的传统经典，他发现中国传统文化并不输西方文化。

后来陈寅恪留学欧美，他一方面如饥似渴地学习西方知识，另一方面他从不自卑，更不会崇洋媚外。陈寅恪很早就能客观看待中西方文化各自的长短。

1905年，马相伯在上海创办了复旦公学，这就是复旦大学的前身。在家养病的陈寅恪得知这个消息后，决定不再去日本留学。1906年年初，陈寅恪报考了复旦公学，并且顺利入读。1909年夏，陈寅恪从复旦公学毕业。我们说陈寅恪的最高学历是“中学”，因为当时复旦公学确实还只是一所中学，但大家应该能明白，陈寅恪的这个“中学毕业证”，含金量不低。

陈寅恪入读复旦公学时，校长正是名震海内的严复。复旦公学虽然名为中学，但所设科目和授课方式基本是按照大学来的。陈寅恪在复旦公学的这三年主攻语言学习，其中包括英语、德语、法语等。

从复旦公学毕业后，在亲友的资助下，陈寅恪赴德国柏林留学。父亲陈三立再次来到上海为他送行，又作了一首七言长诗，开头几句是：“海七万里波千层，孤游有如打包僧。惘惘遣儿歇浦上，探骊画虎吁难凭。分剖九流极怪变，参法奚异上下乘。后生根器养蛰伏，时至傥作摩霄鹰。”表达了对陈寅恪的厚望。

1910年秋，陈寅恪在德国求学期间，在报纸上看到日本吞并朝鲜的消息。此时正值重阳，陈寅恪奋笔写下一首七言长诗《庚戌柏林重九作》。

昔时尝笑王政君，腊日黑貂独饮酒。长陵鬼馁汉社屋，区区节物复何有。
今来西海值重阳，思问黄花呼负负。登临无处觅龙山，闭置高楼若新妇。
偶然东望隔云涛，夕照苍茫怯回首。惊闻千载箕子地，十年两度遭屠剖。
玺绶空辞上国封，传车终叹降王走。欲比虞宾亦未能，伏见犹居昌德右。
陶潜已去羲皇久，我生更在陶潜后。兴亡古今郁孤怀，一放悲歌仰天吼。

这是《陈寅恪诗集》收录的第一首诗，诗中满是对日本蛮横行径的不齿、对清廷无能的悲愤、对艰难时局的无奈。自己身处西方求学，东望家国，眼见日本的狼子野心昭然若揭，国土被侵蚀，当权者不思进取，而自己只是一介书生，只能感叹兴亡、仰天悲歌。

1911年春，陈寅恪的脚气病复发，他前往瑞士治疗，转学到苏黎世大学。这年秋天，陈寅恪得知辛亥革命爆发的消息。他跑到图书馆借来德语版《资本论》，从中了解了无产阶级革命运动的底层逻辑。

此时距离俄国十月革命还有六年时间，马克思主义在国内的影响还非常有限。有人考证，陈寅恪可能是第一个阅读德文原版《资本论》的中国人。

这一年，陈寅恪不过二十二岁。

1912年，中华民国临时政府成立，陈三立一家定居的南京局势紧张。袁世凯窃取革命成果之后，军阀四起，全国陷入混乱。陈三立一家被迫迁居上海，陈寅恪因为足疾加重，也从欧洲回到了上海。

民国元年的春节，陈寅恪是同家人一起在上海过的。1913年春，陈寅恪足疾基本痊愈，他启程前往法国巴黎学习。这一次，陈寅恪入读的是巴黎高等政治学校，选择的专业方向是经济，这同他之前学习的文史哲方向不同，是他近二十年求学生涯中所学的最贴近社会现实的专业。很显然，陈寅恪是受到国内政治局势的影响。虽然祖父陈宝箴留有“不为政”的遗命，但陈家家学“修齐治平”的底色早就刻进了陈寅恪的骨子里。他亲眼看到了家国动荡，下意识地希望通过对政治、经济的学习来了解社会变革的根源。

陈寅恪入学不久，就在巴黎的报纸上看到了袁世凯被选为终身大总统的新闻。当时巴黎正在竞选“法国小姐”，陈寅恪写了一首夹杂着惊诧、悲愤与戏谑的七言绝句。

岁岁名都韵事同，又惊啼鴂唤东风。
花王那用家天下，占尽残春也自雄。

陈寅恪将“花魁”与袁世凯作比，“花魁”都是市民一届一届选出来的，袁世凯作为新时代的政治领袖，竟然还想搞家天下、终身制，连“花魁”都不如。

1914年7月，第一次世界大战爆发，大部分留欧学生陆续回国。江西省教育司致电陈寅恪，希望他能到南昌帮忙总览留德学生的考卷，并且承诺，后续将承担陈寅恪的留学经费。陈寅恪在外求学这么多年，一直靠家里支持，家中情况也因时局动荡而每况愈下，经济问题是他不得不考虑的实际问题。

1914年秋，陈寅恪为期四年的旅欧留学生活告一段落，他回到了国内。

陈鲁之交

从1914年回国，一直到1918年，四年时间里，陈寅恪待在国内，其中三年居于南昌，偶有假期就会北上探望兄长陈师曾（陈衡恪）。当年与他一同留学日本的兄长陈师曾和朋友鲁迅，此时都在中华民国教育部任职，都居于北京。陈师曾已是享誉海内的大画家，是“南李北陈”中的“北陈”。

陈师曾是在1917年秋发现齐白石的。在1917年年末，陈寅恪在北京与陈师曾走动频多，齐白石时常到陈家拜会，陈寅恪与齐白石很可能见过面。

陈寅恪与鲁迅这段时间交流不少。当时鲁迅还没写出《狂人日记》，平日里躲在家中抄录古籍碑刻。

陈寅恪甚是喜欢鲁迅的院子，他说：“豫才兄（鲁迅后来字豫才），你这补树书屋真是诗情画意啊！怪不得我兄衡恪总夸你这里好，是真正做学问的地方。”

鲁迅说：“鹤寿兄（陈寅恪字鹤寿）这形容词可是用错了地方。实话实说，我这里就如同一座古墓，我就如同一个守墓人。你看看，一入夜，这里万籁俱寂。抄古碑、翻古书是我夜夜必做的功课。”

两个人说的都是真心话，并非刻意奉承或假意谦虚。陈寅恪虽然年轻，但他的学问底子已经甚为扎实，不慕名利、不攀权贵的精神底色已经形成，所以鲁迅所处的清贫清净世界是他所向往的。而鲁迅此时的处境是无奈之举，他原本有心干一番事业，但迫于时局与生活，只能寄情于古籍碑刻。

鲁迅说完，陈寅恪感慨道：“真正做学问，就是要能静得下来，就是要在你这样的‘古墓’里。你这座‘古墓’，我今后怕是要经常过来。”

鲁迅听后，并不赞同。他看着比自己年轻许多的陈寅恪，认为年轻人不应该如此沉寂。

后来鲁迅名气越来越大，陈寅恪再也没提过他同鲁迅的交情。

鲁迅说过：“文人的遭殃，不在生前的被攻击和被冷落，一瞑之后，言行两亡，于是无聊之徒，谬托知己，是非蜂起，既以自炫，又以卖钱，连死尸也成了沽名获利之具，这倒是值得悲哀的。”

在陈寅恪看来，他要是在人前提及他同鲁迅的交往，不就成了鲁迅笔下“谬托知己”的“无聊之徒”了？

倒是鲁迅在日记里多次提到与陈家兄弟的交往。鲁迅在日记里写道：“赠陈寅恪《域外小说》第一、第二集，《炭画》各一册，齐寿山《炭画》一册。”

民国文人，很多被鲁迅骂过，但陈氏兄弟，鲁迅一直格外敬重。陈师曾与鲁迅私交很深。陈寅恪后来被吴宓请到清华大学，任职于国学院，文章还时不时被刊登在吴宓主编的《学衡》杂志上。吴宓本人被鲁迅骂得狗血淋头，对于他主编的《学衡》杂志，鲁迅也是百般嘲讽，却没有骂过陈寅恪。

当时清华大学国学院的四大导师，除了陈寅恪之外，其他三位（梁启超、王国维、赵元任），鲁迅是挨个笔伐过。

鲁迅之所以不骂陈寅恪，主要因为陈寅恪不仅学问和人品无可挑剔，在精神上也与他有相通之处。

有趣的关系

陈寅恪在北京的这段时间，还认识了他人生中的一个重要知己——傅斯年。

1918年，江西省教育司履行承诺，资助陈寅恪留学。陈寅恪还是希望回到柏林大学继续学习，但当时欧洲已经笼罩在战争的阴影之下，刚好陈寅恪的表弟俞大维在哈佛大学念书，极力邀请陈寅恪前往美国留学。

这里稍微捋一下人物关系。陈寅恪的母亲叫俞明诗，俞明震是陈寅恪的亲舅舅。俞明震的妻子叫曾广珊，是曾国藩的亲孙女。俞明震父亲俞文葆做过湖南衡阳知府，俞家就是在这个时候跟曾家结为姻亲的。

陈寅恪的祖父陈宝箴在湖南为官多年，陈、俞两家算是世家。所以现在有学者认为，陈寅恪的旧学底子，主干是“义宁陈氏”家学，同时也颇受湖湘学派影响，尤其是受曾氏一脉影响，也是有根据的。

俞大维是俞明震的儿子，比陈寅恪小七岁。鲁迅入读的南京矿路学堂的总教习是个新派，腋下常夹着一本《新青年》杂志，他说的这个新派总教习就是俞明震。鲁迅那批公费留日学生，陪同他们去日本的官方代表就是俞明震。

俞大维二十一岁时到哈佛大学攻读数理逻辑专业，拿到博士学位后又到德国攻读数学及哲学专业，并系统聆听了爱因斯坦的相对论。取得第二个博士学位后，俞大维留在德国进行兵器及战略研究，之后拒绝了美、德等国的高薪聘请，毅然回国效力。在抗日战争期间，他领导兵工企业坚持生产，为中国军队提供了重要装备支撑，建成了一定规模的兵工生产和研发体系，培育了大批优秀人才，被誉为中国的“兵工之父”。

俞大维与陈寅恪一同在美求学多年，陈寅恪还把自己的妹妹陈新午介绍给了俞大维，算是亲上加亲。当时的人们还没意识到这种姨表亲之间通婚带来的后果，俞大维的大儿子智商就受到了影响。

陈寅恪后来将自己的表妹俞大彩，也就是俞大维的妹妹介绍给了傅斯年。在西南联大教书期间，陈寅恪身体虚弱、几近失明，每次空袭到来时，傅斯年都跑去搀扶陈寅恪，一是因为多年友谊、敬重陈寅恪的学识；二是因为陈寅恪是他的大舅哥，曾为他谋过幸福。

学术怪人

陈寅恪在国内的这四年，进一步扎实了自己在传统文化方面的功底，也进一步明确了自己的求学目标——**不为商，不为政，做纯粹的学问**。他在哈佛大学学的是梵文与印度哲学。莫说是当年，就是现在，谁要是跑到哈佛大学学这个，也很难被家人理解。但已近而立之年的陈寅恪，非常清楚自己想要什么。

1918年金秋十月，陈寅恪登上轮船，开启了他留学生涯的第三阶段，这一去就是八年。在哈佛大学，他师从东方学大师查尔斯·兰曼（Charles Rockwell Lanman）教授，学习梵文和巴利文，同时潜心研究印度哲学与佛学。

在哈佛留学生圈里，陈寅恪被称为“学术怪人”。大部分人学的是实用性很强的理工科专业，而他不仅学的东西很冷门，还一个学位也不拿。他对于“为了拿学位而学习”是非常不屑的。

据《吴宓日记》记载，陈寅恪对挚交吴宓这样评价当年留学生的专业选择：“今则凡留学生，皆学工程、实业，其希慕富贵，不肯用力学问之意则一。而不知实业以科学为根本，不揣其本，而治其末，充其极，只成下等之工匠。境界学理，略有变迁，则其技不复能用，所谓最实用者，乃适成为最不实用。至若天理人事之学，精深博奥者，亘万古，横九垓，而不变。凡时凡地，均可用之。而救国经世，尤必以精神之学问为根基。乃吾国留学生不知研究，且鄙弃之，不自伤其愚陋，皆由偏重实业积习未改之故。此后若中国之实业发达，生计优裕，财源浚辟，则中国人经商营业之长技，可得其用，而中国人当可为世界之富商。然若冀中国人以学问、美术等之造诣胜人，则决难必也。”

他的侄子陈封雄后来问过他：“您在国外留学十几年，为什么没有得个博士学位？”

陈寅恪回答道：“考博士并不难，但两三年内被一个专题束缚住，就没有时间学其他知识了。只要能学到知识，有无学位并不重要。”

陈封雄又问俞大维，俞大维说：“他的想法是对的，所以是大学问家。我在哈佛得了博士学位，但我的学问不如他。”

陈吴之交

陈寅恪在哈佛大学结识了不少中国留学生，与吴宓关系尤为密切。吴宓字雨僧，生于1894年，比陈寅恪小四岁。两人自从在哈佛大学结识，往后的五十载，一直保持了深厚情谊，以至于后人研究陈寅恪，必不离吴宓。

吴宓自幼好古文诗词，能过目不忘。1911年，他以优异的成绩考上了清华学堂（清华大学始建于1911年，初名为清华学堂，1912年更名为清华学校，1928年更名为国立清华大学）的留美预科班，刚到美国时，入读的是弗吉尼亚大学，后来转学到哈佛大学研究生院，主攻文学。

吴宓在哈佛大学，与林语堂师出同门，还与陈寅恪、汤用彤并称为“哈佛三杰”。他是清华大学国学院的创办者之一，他将比较文学引入中国，系统研究了世界文学与中国文学的关系，被誉为“中国比较文学之父”。

吴宓在哈佛大学读书时就小有名气，他用比较文学的方式研究《红楼梦》，发表了《红楼梦新谈》。1919年年初，吴宓受哈佛大学中国学生会的邀请，做了一场关于《红楼梦》的演讲，现场座无虚席。陈寅恪读了他的讲稿，非常欣赏，作了《红楼梦新谈题辞》赠予他。

等是阎浮梦里身，梦中谈梦倍酸辛。
青天碧海能留命，赤县黄车更有人。

世外文章归自媚，灯前啼笑已成尘。

春宵絮语知何意，付与劳生一怆神。

诗中的“赤县黄车更有人”表达了陈寅恪对吴宓的高度肯定。汉武帝时期有一个著名方士，名叫虞初，号“黄车使者”。此人被称为“中国小说之祖”，著有《虞初周说》，共计九百四十篇文章。

陈寅恪自幼熟读《红楼梦》，对晚清红学各派如数家珍，他能对吴宓有此评价，可见是真的认可吴宓的学问。

陈寅恪是1919年3月26日写这首诗给吴宓的，吴宓把它录在当天的日记里。在日记里，吴宓还写道：“陈君学问渊博，识力精到，远非侪辈所能及。而又性气和爽，志行高洁，深为倾倒。新得此友，殊自得也。”

陈寅恪有个习惯，他写的诗，给别人看过之后就撕成碎片，好在吴宓有过目不忘的本领。在哈佛大学的这段时间，陈寅恪与吴宓有不少诗词往来，若不是吴宓有这个本领，陈寅恪的这些诗词就都遗失了。

博闻强记

陈寅恪的记忆力也是超强的。哲学大家金岳霖后来回忆说：“寅恪先生的学问我不懂，看来确实渊博得很。有一天我到他那里去，有一个学生来找他，请教一个材料。他说，你到图书馆去借某一本书，翻到某一页，那一页的页底有一个注，注里把所有你需要的材料都列举出来了，你照着找材料就行了。”

1918年11月，一战结束。1921年秋，陈寅恪与表弟俞大维商定，离开美国，赴欧学习。陈寅恪再次入读柏林大学哲学系。从1921年秋到1925年夏，在这四年时间里，陈寅恪潜心学问，他所研究的领域非常广。

陈寅恪有一句名言是：“读书必先识字。”为了在研究过程中读到第一手资料，他又自学了多门语言。从他保留下来的笔记中可以看到，除了他常用的德文、英文外，他还可以阅读藏文、满文、蒙文、梵文、巴利文、波斯文、希伯来文等近二十种文字。

虽然精通多门语言，但陈寅恪从不在人前炫耀，他在自己的履历表上，外语一栏一直只写一种语言——德语。

陈寅恪不是为了学语言而学语言，他是为了搞清楚某个问题，顺藤摸瓜找过去，发现某个知识的源头资料是用某种语言写的，他就啃下这门语言。换成一般的学者，往往是翻阅译本，或请教一下懂这门语言的朋友，这就反衬出陈寅恪做学问的精与深。

陈寅恪在柏林大学的求学之路并不孤单，这里的不少中国留学生都能沉下心来做学问。同时期就读于柏林大学研究院的罗家伦后来回忆道：在一众朋友中，陈寅恪“从哲学、史学、文字学、佛经翻译……到唐史与中亚西亚研究……供他参考运用的有十六七种语言文字，为由博到精最成功者；俞大维从数学、数理逻辑到西洋古典学术，又从历史、法理、音乐到弹道学、战略战术，天才横溢，触手成春；毛子水初学数学，在德研究科学地理，旋又爱上希腊文，后竟把利玛窦所译《几何原本》改译一遍；而傅斯年学过实验心理学、数学、理化学，闻听柏林大学近代物理学、语言文字比较考据学显赫一时，又到此处听相对论、比较语言学，偶尔书包里还夹着厚厚一部地质学著作”。

陈寅恪在柏林大学的这段时间，是他留学生涯中最窘迫的时期。1923年夏，他的母亲俞明诗、兄长陈师曾相继离世，家中生活愈发艰难。江西省教育司原本答应赞助留学经费，却总不能及时汇款。陈寅恪经常是一早拿上几块硬面包进入图书馆，就一整天不出来了。

国学四大导师

吴宓1921年学成归国，开始在国立东南大学（1949年更名为南京大学）教书。1925年，清华学校被批准筹办大学部，吴宓被聘请到清华学校，主持筹建国学研究院。

吴宓为清华国学研究院定下的办学宗旨是：研究高深学术，注重个人指导，采用普通课程和专题研究相结合的方式，不惜经费，为中国培养学术通才。

这个定位非常高。吴宓自身学问底子极为扎实，但他在人前总是说，在国学研究院，他顶多算是执行秘书。

要创办如此高水准的学院，聘请到高水准的老师是至关重要的。吴宓请来了四个人，他们就是后来大名鼎鼎的清华国学院四大导师——王国维、梁启超、赵元任、陈寅恪。

王国维时任北京大学研究所国学门“通讯导师”，是溥仪的“文学侍从”，传统文化方面的学问功底扎实，对西方哲学、美学也很有研究，可谓学贯中西。他是第一个用叔本华的美学思想研究《红楼梦》的人，在古代史和文字学方面造诣也很深，学界声望极高。吴宓与清华学校校长曹云祥一同前去邀请，王国维在请示溥仪之后，同意出任。

梁启超无论是在学界还是在政界，都极具影响力。

赵元任当时只有三十四岁，但在学界名气很大。他十八岁赴美留学，在康奈尔大学获得数学学士学位，接着入读哈佛大学哲学系，获得博士学位。毕业后被康奈尔大学物理系聘为讲师，1921年又被哈佛大学聘请回去，讲授伦理学和语言学，简直就是个神人。

赵元任还是个语言天才，他精通八国语言，会国内的三十三种方言。他在某个地方待一小段时间，基本就能用当地方言交流。赵元任回国后参与中国近代语言的研究与现代语言的推广，被誉为“中国现代语言学之父”。吴宓在哈佛大学时就听说过他，为了将赵元任从哈佛大学请回来，吴宓没少花心思。

此时的陈寅恪与以上三位比起来，还名不见经传。吴宓向校长曹云祥推荐陈寅恪，曹校长问吴宓，这个陈寅恪在哪里获得什么学位，有过什么著作。

这还真把吴宓给问住了，陈寅恪这时候既无学位，也无著作。吴宓将陈寅恪的学术精神和思想讲给曹校长听，又列举了国内外知名学者对陈寅恪的评价，并且担保陈寅恪一定能够胜任。

曹校长还是比较慎重的，就去问梁启超。

曹校长：“您可知陈寅恪这号人物，可是哪所大学的博士？”

梁启超：“他不是学士，更不是博士。”

曹校长：“他有没有著作？”

梁启超：“也没有。”

曹校长：“既不是博士，又没有著作，这就难了……”

梁启超：“校长，我梁某人虽然不是博士，倒也算是著作等身了，但我所有著作加起来，也不如陈先生的寥寥数百字有价值。”

有了梁启超的肯定，曹校长同意了吴宓的意见。吴宓以曹校长的名义致电陈寅恪，邀请他来清华国学院任教。

关于梁启超推荐陈寅恪的过程，最早见于陈寅恪的学生蓝文徵的记载，目前学界有人对此表示质疑。

我稍作分析：梁启超肯定是知道陈寅恪的，戊戌政变前，梁启超在湖南主持时务学堂、推行变法，就是受陈寅恪祖父陈宝箴的邀请。陈寅恪的父亲陈三立与梁启超在具体事务上密切配合，当时陈寅恪八九岁。从现有资料来看，无论是当时还是之后，梁启超与陈寅恪的交集很少。

学问精深

1923年，陈寅恪得知商务印书馆要重印日本刻本《大藏经》的消息后，写信给妹妹陈新午，希望她帮他筹款购买《大藏经》，还让她帮忙筹钱寄给自己，以便自己在德国买些书回来。因为数额比较大，陈寅恪在信中向妹妹说明了他所购书籍的重要性。

吴宓看过这封信后，大加赞赏，他从信的字里行间就能看出陈寅恪的学问之精深。他摘录了这封信的一部分刊登在自己主编的《学衡》杂志上。

陈寅恪在信中说："因我现必需之书甚多，总价约万金。最要者即西藏文正续藏经两部，及日本印中文正续《大藏经》，其他零星字典及西洋类书百种而已。若不得之，则不能求学。我之久在外国，一半因外国图书馆藏有此项书籍。一归中国，非但不能再研究，并将初着手之学亦弃之矣。我现甚欲筹得一宗巨款购书，购就即归国。此款此时何能得，只可空想，岂不可怜。"

这一段是说有一大批书籍同他的研究密切相关，他之所以不能回国，主要是国内没有这些书籍，如果回国，自己的研究就前功尽弃，要是能把这些书籍都购得，他就可以回国做研究了，只是这需要一笔巨款。

陈寅恪还写道："西藏文藏经，多龙树马鸣著作而中国未译者。即已译者，亦可对勘异同。我今学藏文甚有兴趣，因藏文与中文系同一系文字，如梵文之与希腊、拉丁及英、俄、德、法之同属一系。以此之故，音韵训诂上，大有发明。因藏文数千年已用梵音字母拼写，其变迁源流，较中文为明显。如以西洋语言科学之法，为中藏文比较之学，则成效当较乾嘉诸老，更上一层。"

这一段话，陈寅恪主要在说明自己对藏文的兴趣，以及自己发现的藏文与汉文之间的关系等。陈寅恪对藏文、梵文的关系以及众多语言的变迁，认识很深。

后文他写道："我偶取《金刚经》对勘一过，其注解自晋唐起至俞曲园止，其间数十百家，误解不知其数。我以为除印度、西域、外国人外，中国人则晋朝唐朝和尚能通梵文，当能得正确之解，其余多是望文生义，不足道也。"

因为陈寅恪精通梵文、藏文，所以他能看出过去译成的《金刚经》有不少地方是望文生义、错漏百出。

梁启超对佛学的研究是很深的，他只需要看这一小段，就能知道陈寅恪的学问之深，这就是所谓的"行家一出手，就知有没有"。梁启超不太懂梵文，但他完全能理解陈寅恪说的问题的重要性——有可能大家研读的汉语佛经，翻译是不精准的。

我们现在看到的《金刚经》有六个完整的汉译本，主要流行的有两个译本：一是鸠摩罗什的译本，二是玄奘取经回来之后的译本。流传最广的是鸠摩罗什的译本，这一方面因为他的译本比较早，另一方面因为他的译本读起来朗朗上口。但鸠摩罗什是天竺人，他在主持译经的时候是带着一群汉地弟子来翻译，鸠摩罗什懂一些汉语，但他讲经的对象基本不懂梵语。也就是说，鸠摩罗什译经，依靠他给大家讲述，大家根据自己的理解再将整本经书翻译成汉语，其中的错漏之多可想而知。

玄奘去天竺求法，在那里修行了很长时间。玄奘在天竺辩经，赢得了很高的赞誉。由此可见，玄奘的梵语水平不低，汉语就更不必说了。他在翻译前，很可能研读过鸠摩罗什的译本。从准确性上讲，玄奘的译本可能更接近原意。

梁启超说的"我所有著作加起来，也不如陈先生的寥寥数百字有价值"，说的就是吴宓登出来的这封信。梁启超这么说当然有自谦的成分，但确实也可以看出陈寅恪此时已是一位深不可测的大学问家了。

陈寅恪是1925年2月16日收到吴宓的邀请电报的，但他还是很犹豫，原因之一是他在给妹妹的信中说的书籍，有很多是国内没有的。最后他同吴宓商量，能不能预支部分薪水，让他在德国把这些书都买回去。吴宓也很给力，真就说服了校长，给陈寅恪预支了四千美元。这笔钱，陈寅恪基本都用来买书了。

1926年7月，陈寅恪入职清华学校，他全身心地投入到教学工作中。在陈寅恪没到岗之前，他的故事就在校园里传开了，大家都期盼着一睹陈先生的风采：想来他留学多年，肯定是西装革履，一派西式作风。没想到陈寅恪一身长衫、脚踩布鞋，右手抱着装满书籍的布包。这一身打扮，很难将他同学贯中西的大学者联系起来。

因为常年伏案读书，陈寅恪的眼睛患上了高度近视。他穿梭在清华校园里，总是低头沉思着走路，不怎么同人打招呼，学生们背地里都称他为“怪教授”。

陈寅恪在清华学校主要教授历史。每堂课的开始，他会先提出要讲的主题，然后以此为中心，引经据典、层层剖析。他视力不好，常常闭着眼睛讲很长时间。台下的听众，除了学生，还有很多清华学校的老师。陈寅恪的课，吴宓基本是每堂必到，还会认认真真地做笔记。朱自清、冯友兰、浦江清等大学者也经常赶来旁听。

要听懂陈寅恪的课确实不容易，他旁征博引，涉及的知识太多，不少概念、人名、地名还是外文的。很多时候，陈寅恪要把他说的词写在黑板上，学生才能反应过来是哪种文字。

陈寅恪讲课很有新意，他的观点大家往往前所未闻。不管是学生还是老师，只要有文史类的问题搞不懂，都可以请教陈先生，陈先生就是一本活字典。

季羡林就曾说：“听陈先生的课，简直是一种无法比拟的享受！”

陈王之交

清华国学院成立于1925年，虽然创办人之一是吴宓，邀请陈寅恪归国的也是吴宓，但当陈寅恪1926年正式入职清华的时候，吴宓已被调到外文系任教，不再担任国学院主任。清华国学院存在的时间只有不到四年，其中一个原因是四大导师中有两位早逝。梁启超生命的最后几年在清华教书，于1929年1月19日病逝于北京协和医院，享年五十六岁。比梁启超小四岁的王国维，1927年6月2日中午自沉于颐和园昆明湖，终年五十岁。

就在王国维投湖的前一天，他与另外三位导师一起出席了清华国学院第二届研究生的毕业典礼。在师生交流环节中，王国维与同事、学生交流如常。

6月2日上午，王国维正常到办公室工作，还给学生的卷子评了成绩，与同事交流了下学期的招生事务。而后，他走出清华校门，雇了一辆人力车，直奔颐和园。就像赴一场老友之约一般，王国维走进颐和园，走到昆明湖北岸的鱼藻轩，点上一支烟，慢慢地吸。初夏正午的昆明湖，湖面波光潋滟，湖岸上清风拂绿。王国维抽完烟，见四下无人，一头扎进昆明湖中。

一代大师以这样的方式告别尘世，清华的师生无不悲痛。消息传遍全国，学界哗然。

我在多年前因为读王国维的《人间词话》，而去了解了这段故事，读后怅然若失。近几年到北京出差，只要是五六月间，我总会尽量抽出小半天时间去颐和园走走。我推测王国维应该是从东门进入园内，然后步行到鱼藻轩。

从东门到鱼藻轩，差不多一公里的距离，路线基本是沿着昆明湖北岸一直往西走。这一段路可以说是颐和园中最美的一段路：右手边的万寿山，古木葱郁，绿荫铺地，即使在盛夏时节，也不会令人觉得有多热；左手边的昆明湖，景幽水广，碧波荡漾。

王国维为自己安排的这人间最后一程，如诗如画。我甚至觉得，王国维肯定来踩过很多次点，才特意选择了这个地方、这种方式。

王国维的遗书非常简短，开头四句是："五十之年，只欠一死，经此世变，义无再辱。"

对于王国维投湖的原因，近百年来有多种猜测，主流说法有"殉清说""逼债说""惊惧说""文化殉节说"。

王国维是典型的清朝遗老，他对清朝是有感情的。1924年年底，冯玉祥把溥仪赶出紫禁城，王国维悲愤不已，当时就有"主辱臣死"之意，多次投水自尽，都被家人拦下。1925年入职清华国学院之前，王国维还征求了溥仪的同意。

1927年正是革命军再度北伐之时。王国维自觉作为清朝遗老，肯定不为革命军所容；人们又谣传梁启超已再次流亡日本，王国维因此感到惶恐不安，也是情理之中的推断。王国维在遗书中说的"经此世变，义无再辱"，或许可以解读为不想日后因事变而受辱。至于他选择投湖的真正原因，后人只能猜测，而永远无法知道真相了。

陈寅恪与王国维虽然只共事了一年，但他们相互钦佩对方的学识与人品，经常就学术问题进行深入讨论，闲暇时相约到琉璃厂的书店寻书。吴宓也在日记中多次提到陈、王两位大师的聚会。

王国维在遗书中，特意说明"书籍可托陈、吴（陈寅恪、吴宓）二先生处理"，有学术托孤之意。陈寅恪得知王国维沉湖自尽了，哪里能接受这样的现实？他哀痛彻骨、心碎成灰，在极度悲伤中写下挽联。

十七年家国久魂销，犹余剩水残山，留于累臣供一死。

五千卷牙签新手触，待检玄文奇字，谬承遗命倍伤神。

这副挽联，上联述说王国维投湖时的心境，“十七年家国久魂销”指的是辛亥革命推翻清王朝，至今已有十七载；“犹余剩水残山”指的是清王朝遗留下来的颐和园。下联赞扬了王国维的学术成就和贡献，“五千卷牙签”指的是王国维留下来的典籍，“玄文奇字”指的是王国维在诗词、古文、甲骨文上的造诣。

同一天，陈寅恪又写下《挽王静安先生》。

敢将私谊哭斯人，文化神州丧一身。
越甲未应公独耻，湘累宁与俗同尘。
吾侪所学关天意，并世相知妒道真。
赢得大清干净水，年年呜咽说灵均。

这首七律诗所表达的情感更加悲切，诗中的“湘累”“灵均”，指的是投江的屈原，这里将王国维与屈原作比，可以看出王国维在陈寅恪心中的地位。

在王国维的追悼会上，前来悼念的人都是行鞠躬礼，陈寅恪遵循旧礼，撩袍跪倒，行跪拜礼。

王国维入葬后，陈寅恪悲痛的心情依然难以平复。对于王国维为何自尽，人们众说纷纭，谣言四起。陈寅恪几易其稿，最终完成了《王观堂先生挽词并序》。这篇序言的核心在于阐明王国维之死，殉的是文化，殉的是自由。这篇序言被刊出后，学界、文化界纷纷称赞。后来，清华大学为王国维立碑，碑式由梁启超之子梁思成设计，陈寅恪在《王观堂先生挽词并序》的基础上做了精简，形成了感人至深的碑文。碑文主体不到两百字，值得我们读一下。

士之读书治学，盖将以脱心志于俗谛之桎梏，真理因得以发扬。思想而不自由，毋宁死耳。斯古今仁圣所同殉之精义，夫岂庸鄙之敢望。先生以一死见其独立自由之意志，非所论于一人之恩怨，一姓之兴亡。呜呼！树兹石于讲舍，系哀思而不忘。表哲人之奇节，诉真宰之茫茫。来世不可知者也，先生之著述，或有时而不章。先生之学说，或有时而可商。惟此独立之精神，自由之思想，历千万祀，与天壤而同久，共三光而永光。

陈寅恪在文中喊出“思想而不自由，毋宁死耳”“惟此独立之精神，自由之思想，历千万祀，与天壤而同久，共三光而永光”，这是领先于时代的呐喊。这一声呐喊，在学界的影响，绝不弱于鲁迅的《呐喊》。

“独立之精神，自由之思想”既是陈寅恪对王国维的肯定，也是陈寅恪对自身思想、治学、人格的概括。陈寅恪的一生，就是在践行这十个字。冥冥之中，陈寅恪在祭奠王国维的文字中，为自己的后半生作了注解。

护卫文物

1928年的秋季招生，清华国学院只招收了一名学生。此时，梁启超已经因病离职，清华国学院四大导师只剩下陈寅恪和赵元任两位。王国维和梁启超的课，基本都由陈寅恪来上。但仅靠两个人，是支撑不起偌大的国学院的。

傅斯年此时已经学成归国，创建了中央研究院历史语言研究所，并担任所长。他放眼全国，最厉害的历史学家和语言学家，正是在清华大学苦苦支撑国学院的陈寅恪和赵元任，傅斯年希望他们能去研究所分别担任历史组和语言组的主任。

陈寅恪和赵元任接受了傅斯年的邀请，但陈寅恪向傅斯年提出要求，他还要继续在清华大学教书，研究所的工作，他只能远程参与。

清华国学院虽然解体，但名声在外的陈寅恪教学工作却更加繁重了，他被清华大学中文系、历史系、哲学系三系合聘，这些系的各类课程他都能教。

陈寅恪在担任中央研究院历史语言研究所历史组主任期间，干了一件重要的事情，就是发现并保存了清宫内阁的档案，一共八千麻袋、十五万斤。

这批档案可谓命运多舛。自满人入关后，大量古籍经典被收归清廷，其中大部分被销毁。清朝统治者也知道这些经典的价值，因此保留了一些放在皇宫的档案馆内，但除了包括皇帝在内的少数人可以翻看外，其他人严禁查阅。后来清朝的一些档案资料，也以同等标准一并保存起来。

到了晚清，这批珍贵的档案差点被清廷当作无用的档案烧掉。当时在清廷学部任职的罗振玉得知消息后，知道自己人微言轻，影响不了朝廷的决定，他赶紧写信向张之洞说明原委，请求这位晚清重臣想办法保住这批无价之宝。张之洞积极协调，清廷这才打消了烧毁的念头。罗振玉自请整理这批古籍，他一头扎进库房，分门别类，一共整理出八千麻袋。

辛亥革命后，这八千麻袋文物档案被移交给了北洋政府，名义上归属于博物馆。1921年，博物馆的几个工作人员利欲熏心，觉得这些东西堆在那儿也碍事，不如卖了换点钱。于是，这几个人趁着夜黑风高，将这批史料当作废品运出了博物馆，以四千大洋的价钱卖给了一家南纸店。

罗振玉得知后，心急如焚，千方百计筹集了一万两千大洋将其买了回来。罗振玉邀请好友王国维一同整理这批史料，他们还成了儿女亲家。

后来直奉战争爆发，北平震动，罗振玉自知无力保护这批史料，以一万八千大洋卖给了京城大户李盛铎。李盛铎将其存放在自己的房子里。

陈寅恪刚任职中央研究院历史语言研究所历史组主任不久，就听说李盛铎要卖掉这八千麻袋的史料。当时不少洋人文物贩子想买下这批文物，陈寅恪深知不能让我国的文化瑰宝落入外国人手中，他紧急同傅斯年商量，希望中央研究院历史语言研究所能将其买下来。

傅斯年积极配合，他与陈寅恪分工：傅斯年请当局筹集经费，陈寅恪同李盛铎谈判。最终，在两人的努力下，这批文物被交由中央研究院历史语言研究所保护。虽然部分档案被带往台湾，但大部分档案在中华人民共和国成立后，移交给了中国第一档案馆。

这批档案，与殷墟甲骨、居延汉简、敦煌遗书并称为“19世纪末、20世纪初四大文化发现”。

五等爱情论

1928年夏，三十九岁的陈寅恪结婚了。陈寅恪觉得婚姻和爱情都是神圣的，轻易不敢触碰。早在哈佛大学留学时，陈寅恪就对吴宓等好友说过自己的“五等爱情论”。

> 情之最上者，世无其人，悬空设想，而甘为之死，如《牡丹亭》之杜丽娘是也；
> 与其人交识有素，而未尝共衾枕者次之，如宝、黛是也；
> 曾一度枕席而永久纪念不忘，如司棋与潘又安；
> 又次之，则为夫妇终身而无外遇者；
> 最下者，随处接合，惟欲是图，而无所谓情矣。

在感情上，吴宓就要随性浪漫得多，他后来为了追求新的爱情，一定要与原配妻子离婚。在清华教书时，他还时不时地把他写给心仪女子的情书拿出来分享。为此陈寅恪没少提醒过吴宓，对待感情还是应该认真、慎重一些。

在爱情方面，陈寅恪是幸运的，他的妻子唐筼是一位了不起的女性。唐筼的祖父唐景崧是同治四年的进士，甲午战争期间任台湾巡抚，是一位爱国将领。唐筼出生于1898年，比陈寅恪小八岁。唐筼多才多艺、成绩优异，她的婚姻观也是宁缺毋滥，所以到了三十岁时还坚持独身。

三十八岁的陈寅恪，单身汉一个，不管家里怎么催，他都不着急，每天在赵元任家蹭吃蹭喝。赵元任两口子为他的婚事操碎了心，唐筼就是赵元任夫妇帮忙介绍的。最初，陈寅恪还不大愿意去见面，赵元任半开玩笑地说："你老在我家也不是个事儿，总不能让我老婆一直照顾两个家吧？"

陈寅恪同唐筼见面之后，双方都很满意。唐筼作为知识青年，样貌、谈吐都不差；反倒是陈寅恪给人感觉一般，他性格内向，对衣着也不讲究。好在唐筼看重他的才华，两人顺利地走到了一起。

陈寅恪以唐筼为自己的第一知己，他每完成一部著作，都郑重地邀请妻子题写封面。陈寅恪后来之所以能潜心学问、取得那么高的成就，唐筼功不可没。

颠沛流离

从1926年到1937年，陈寅恪的生活相对安稳，在学术上也比较高产。1937年日本发动全面侵华战争后，陈寅恪也开启了他颠沛流离、多灾多难的后半生。

1937年7月7日，卢沟桥事变爆发。7月29日，北平沦陷。陈寅恪家和吴宓家等几家商议，躲进了北平城内的姚家胡同三号寓所。

八十五岁高龄的陈三立得知北平沦陷的消息后，身患重病的他不再服药、进食，决意以身殉国。去世前，陈三立仰天大呼："苍天何以如此对中国耶！"

1937年9月14日，"晚清四公子"之一的陈三立悲愤离世。

陈寅恪满怀悲痛地料理父亲的丧事。此时避居不出的齐白石亲自前来吊唁，耳顺之年的齐白石为陈三立写了一副挽联。

为大臣嗣，画家爷，一辈作诗人，消受清闲原有命。

由南浦来，西山去，九天入仙境，乍经离乱岂无愁。

齐白石自己说，最后一句“乍经离乱岂无愁”，有说不尽的苦处。

国仇家恨，让身子本来就弱的陈寅恪急火攻心，加上常年用眼过度，陈寅恪的右眼视力急剧下降，医院诊断为视网膜剥离，想要保住眼睛，必须抓紧时间进行手术。

当时中华民国教育部密电清华大学、北京大学、南开大学三所大学的教员和学生，让他们尽快南迁。陈寅恪经过艰难的抉择，决定放弃治疗眼疾，举家南迁。

说是南迁，其实就是逃亡，大家各凭本事，得不到什么帮助。右眼几近失明的陈寅恪，带着妻子唐筼以及三个女儿一起南逃。大女儿此时九岁，二女儿七岁，三女儿只有四个月。一家五口人历经艰险，冒着遭遇轰炸的危险，终于在十八天后到达了长沙。

1937年11月1日，由清华大学、北京大学、南开大学组成的国立长沙临时大学，在岳麓山下的简易校舍里开课。国立长沙临时大学后来迁往昆明，改名为西南联大。

陈寅恪1937年11月20日到达长沙，上了不到三个月的课，前线战事便告急。1938年2月，国立长沙临时大学经中华民国教育部批准，分三路西迁至昆明。陈寅恪一家选择的路线是先南下，经香港转道云南。在不断奔波中，陈寅恪的右眼彻底失明。

祸不单行，到了香港后，唐筼突发心脏病，一家人在香港度过了春节。之后，陈寅恪只身前往昆明。他先坐船到越南，再经滇越铁路前往云南。行至云南蒙自时，陈寅恪感染疟疾，险些丧命。

陈寅恪将随身携带的书籍、文稿放在几个箱子里，随车托运到了云南，但当他到了住处、打开箱子时，发现里面只有砖头、杂物，自己视作生命的书稿被人调包盗走，陈寅恪几近昏厥。

更要命的是，他从北京邮寄到长沙的书籍寄放在了长沙的亲戚家中，后来在长沙会战中，日军轰炸长沙，亲戚家被夷为平地，所有书稿化为灰烬。

陈寅恪凭借记忆，在接下来的几年中重写了《隋唐制度渊源略论稿》《元白诗笺证稿》等影响深远的著作。

陈寅恪赶到西南联大后，全力投入到教学工作中。妻子唐筼拖着病体，在香港照顾三个孩子。当时全国物价飞涨，香港也不例外。陈寅恪的工资寄到香港，根本不够维持母女四人的基本生活。为了节省房租，唐筼带着孩子多次搬家。

在此期间，英国牛津大学向陈寅恪两次发来聘书，希望陈寅恪能赴牛津大学担任专职教授，主讲汉学。这是牛津大学自成立近八百年来第一次向一位中国学者抛出橄榄枝，但陈寅恪拒绝了。他当时在西南联大给本科生讲的课程是魏晋南北朝史和隋唐史，还给研究生开了一门专讲白居易的课。

1939年春，唐筼的心脏病愈发严重，小女儿又染上了百日咳。校长梅贻琦得知情况后，建议陈寅恪尽快赶到香港，接上家人，一同前往英国。在那里既能做学问，还能给妻子治病。陈寅恪的眼疾也在加重，若能在英国得到及时治疗，即使右眼无法复明，但至少左眼能保住。

陈寅恪给牛津大学回信，同意前往英国任教。当时欧洲的汉学家得知陈寅恪即将到来，无不翘首期盼。

可就在陈寅恪到达香港后不久，第二次世界大战爆发，轮船航线一度中断。遇此突变，身处香港的陈寅恪茫然无措。

1939年末，陈寅恪写下了《己卯秋发香港重返昆明有作》。

暂归匆别意如何，三月昏昏似梦过。
残剩河山行旅倦，乱离骨肉病愁多。
狐埋狐搰催亡国，鸡犬飞升送逝波。
人事已穷天更远，只余未死一悲歌。

苦恼、郁闷、失望、无奈交织在陈寅恪的心头。

1940年，日本加紧进攻，南宁沦陷，滇越线也被日军炸断，陈寅恪回西南联大的计划也难以成行。好在陈寅恪在学界享有盛誉，香港大学聘其为客座教授。

美国时间1941年12月7日，日军偷袭美国珍珠港海军基地。紧接着，日本海军全力进攻香港。1941年12月13日，港岛失守，日军在香港横行，香港陷入瘫痪，所有人只能躲在家里，粮食供给也被中断。日军要征用陈寅恪所住的那栋公寓，限时让全部住户搬出去。陈寅恪挺身而出，用流利的日语与日本军官严词交涉，日军这才打消征用的念头。

1941年春节过后，有自称是陈寅恪学生的人前来拜访，以日本人的名义邀请陈寅恪到沦陷区教书，甚至承诺会拨发巨额经费让他筹办东方文学院，陈寅恪严辞拒绝。

1942年5月，陈寅恪终于离开香港，回到内地。他取道广州湾，来到桂林，先后任广西大学、中山大学教授，不久移居燕京大学任教。当时燕京大学的临时学校在四川成都。陈寅恪的到来，震动了成都学界，成都的各个院校的师生都赶来听他的课。

在繁忙的教学之余，陈寅恪仍坚持学术研究。1944年，《隋唐制度渊源论稿》的首版终于刊印。这部书对隋唐制度史提出了许多新的见解，为后人研究隋唐制度史开辟了新的途径。

完全失明

就在陈寅恪沉浸于学术研究中时，厄运再次降临。1944年年底，陈寅恪摔了一跤，唯一还能视物的左眼受伤严重。陈寅恪的左眼高度近视，视网膜本就容易脱落，他感觉到了自己眼病的严重性。在给傅斯年的信中，他提到如果自己的左眼失明，那就生不如死了。

1944年12月12日清晨，陈寅恪最担心的事情还是发生了。那天，他睡醒后睁开眼睛，眼前一片漆黑！虽然医生紧急安排了手术，但上天并没有眷顾这位苦命人，手术的效果不理想，陈寅恪一度崩溃。他给自己定了很多研究课题，还没有开始就要被迫放弃。对于一个读书做学问的人来说，双目失明意味着什么，无须多言。

1945年2月，陈寅恪五十六岁生日的时候，他给自己写了一首诗。

去年病目实已死，虽号为人与鬼同。
可笑家人作生日，宛如设祭奠亡翁。

词句浸透了陈寅恪虽生犹死的悲痛。

1945年8月11日清晨，陈寅恪听到日本宣布无条件投降的消息——这是自1937年南迁以来最令他开心的消息，他即兴赋诗一首。

降书夕到醒方知，何幸今生见此时。
闻讯杜陵欢至泣，还家贺监病弥衰。
国仇已雪南迁耻，家祭难忘北定诗。
念往忧来无限感，喜心题句又成悲。

陈寅恪自从双目失明后，一直郁郁寡欢，所做诗句大多惆怅悲凉。这首七律诗一扫之前的阴霾，诗句间能看出陈寅恪心生难得的欢喜，只不过最后一句又转喜为悲。

战争的结束也给陈寅恪重见光明带来了一丝希望。牛津大学邀请他赴英治病，治好眼睛之后希望他能在牛津教书。因为票价高昂，陈寅恪只得只身坐上前往英国的轮船。在伦敦，著名的眼科专家给他做了两次手术，可惜依旧没有效果，陈寅恪内心刚刚燃起的希望再次破灭。万念俱灰的他，决意回国。

他乘坐的轮船先跨越大西洋到了美国，船停泊在纽约港。陈寅恪托人向美国医生咨询，看看能否提供有效治疗，但得到的答复令他感到绝望。

在陈寅恪的心里，如果不能治疗眼疾，这里的一切已经同他这个盲人没有任何关系，他自始至终没有下船。不少在美国的好友来船上看望他。当时赵元任夫妇正好在美国读博士，他们来到船上看望陈寅恪。当赵元任的声音在船舱门口响起时，陈寅恪难抑悲泣。赵元任夫妇离开时，陈寅恪对赵元任的妻子杨步伟说：“赵太太，我虽然看不见你，但是你的样子还像在眼前一样。”

而这，就是陈寅恪与两位挚友此生的最后一面。

严谨治学

陈寅恪回国后，在南京与分别一年的家人团聚。

陈寅恪当时面临两个选择：一是留在南京的中央研究院历史语言研究所工作，一是回到清华大学。时任清华大学校长的梅贻琦发来诚挚邀请，希望陈寅恪能重回清华大学的讲台。

陈寅恪在这一年的辗转中，逐渐接受了双目失明的现实。他选择回到清华大学，清华园里有太多的记忆。即便如今自己看不到了，那里的一草一木、一砖一瓦也依然如在眼前。

1945年10月，陈寅恪回到了阔别八年的清华校园。校长梅贻琦体谅陈寅恪体弱且失明，对他说不用着急开课，先休养一段时间，可以从课题研究开始。陈寅恪感激梅贻琦的关照，但他坚定地说："我是教书匠，不教书怎么能叫教书匠呢？我要开课，至于我个人的课题研究，那是次要的事。我每个月领的薪水不少，怎么能光拿钱不干活呢？"

陈寅恪是清华大学历史系与中文系合聘的教授，还是清华大学与燕京大学的几名研究生的导师。陈寅恪的学生——历史地理学家石泉（原名刘适）、武汉大学教授李涵（原名缪希相）在怀念陈寅恪的文章中写道："陈师治学态度十分谨严，既有开拓性的学术眼光，又有深邃敏锐的洞察力。他善于从极普通的史料中发现别人所未发现的问题，而不靠掌握珍稀罕见的材料取胜。考证极精，又绝非烦琐；所考问题小中见大，牵涉到重大社会、文化、政治、经济方面。他厌烦繁复冗长、堆砌材料的文章。陈师虽掌握极丰富的材料，但绝不广征博引以自炫，只用最必要的材料，因此行文十分简练。"

陈寅恪在历史系主要讲授魏晋南北朝史、隋唐史这两门课程。这两个专题他研究了很多年，在课堂上也讲过很多次，按说并不需要做太多的准备就能上课。但陈寅恪依然坚持他的原则：已经讲过的内容不能讲，已经出版问世的内容也无须再讲。在他看来，这些知识学生可以自学，教师不能把课堂时间浪费在这些学生可以自学的内容上。陈寅恪对于那些靠一本讲义翻来覆去讲一辈子的老师甚是厌恶。

陈寅恪每一堂课都需要重新准备内容，据他的助手王永兴回忆，陈寅恪备课非常仔细，一般是先让他将《资治通鉴》等史书的某些章节读出来，陈寅恪一边听，一边随时让他停下来做记录，然后翻开《唐书》《唐会要》等史籍对照分析。经过一系列的对比、分析，陈寅恪才提出自己的见解。让王永兴感到惊讶的是，他偶尔读错，陈寅恪会让他再读一遍。王永兴发现，要么是因为自己漏读了，要么是因为自己读错了。

若非陈寅恪早年下了苦功夫，哪里能到如此境界？

独立精神，自由思想

很快，陈寅恪一家人再次面临生存困境。抗战虽然胜利了，但国民政府贪腐横行、横征暴敛，致使全国物价飞涨。齐白石在《白石老人自述》中就曾回忆道：抗战胜利后，他非常兴奋，受邀到上海举办画展。他带去的两百多张字画在上海销售一空，换来的是成捆成捆的法币。没想到法币迅速贬值，等他回到北京时，这些法币只够买几袋面粉的。

陈寅恪家的生活极为拮据，冬天时，连取暖的煤炭都买不起。胡适得知情况后，希望接济陈寅恪。陈寅恪觉得无故受人钱财，不合适，就婉拒了。无奈之下，胡适同他商定，买下陈寅恪家的一部分书籍。

在如此艰难的条件下，陈寅恪在清华大学又教了两年书。

1948年12月14日清晨，胡适顶着寒风，找到陈寅恪，希望与他一同南迁。当时北平战事将起，胡适与陈寅恪等几位清华大学的教授一同南下。他们先是到了南京，在南京只停留了一晚，又马不停蹄地赶往上海。岭南大学校长陈序经致电陈寅恪，邀请他去岭南大学教书，陈寅恪乘船南下广州。

陈寅恪到达广州时，国民党溃败的趋势已显。傅斯年已经与中央研究院迁往台湾，他多次致电陈寅恪，希望他抓紧赴台，胡适也劝陈寅恪前往台湾，但陈寅恪心意已决，就在岭南大学教书，哪儿也不去。

作为乱世士人，他要把文化的根留在大陆，留得此根，国破能复，文衰可兴。陈寅恪说：“傅斯年多次来电催（我）往台湾，我坚决不去。至于香港，是英帝国主义的殖民地。殖民地的生活是我平生所鄙视的，所以我也不去香港，愿留在大陆。”

陈寅恪的学生汪篯专程来广州劝陈寅恪北上。陈寅恪在给汪篯的回信中写道：“我认为王国维之死，不关与罗振玉之恩怨，不关满清之灭亡，其一死乃以见其独立自由之意志。**独立精神和自由意志是必须争的，且须以生死力争。**”

陈寅恪借王国维之死，表明自己绝不妥协的意志。

陈寅恪晚年在遭到最无理对待的时候，觉得对不起家人，确实有过一丝后悔。但总体上，陈寅恪是很坚定的，他有他不去台湾的理由。

如果我们想要理解陈寅恪的内心想法，还是要从他所倡导的“独立之精神，自由之思想”这十个字去理解。陈寅恪一生都在尽量远离政治，他希望做一个纯粹的学者。

对于国民党，陈寅恪是有芥蒂的。1940年，时任中央研究院院长的蔡元培去世，重庆召开学界会议，讨论新任院长人选。陈寅恪呼吁一定要选在世界范围内有影响力的学界代表，文科背景的就选胡适，理科背景的就选李四光，绝不能让蒋介石的秘书来担任。最终，国民政府任命了一名行政官员来担任中央研究院院长，陈寅恪非常气愤。

1952年，岭南大学与中山大学合并，陈寅恪继续在中山大学任教，为历史系和中文系教授两晋南北朝史、唐史、唐代乐府等课程。在助手的帮助下，陈寅恪将自己的课题研究整理为《寒柳堂集》《金明馆丛稿》。

1958年，社会思潮的震荡波及中山大学，陈寅恪不再开课，深居于中山大学校园里，潜心撰写《柳如是别传》。陈寅恪知道自己身体不好，他抓紧时间耕耘创作，终于在1964年完成了这部八十万字的巨著。《柳如是别传》成为历史传记文学的典范之作，至今鲜有人能攀登这座高峰。

1969年10月7日清晨，一代大家陈寅恪溘然长逝，享年七十九岁。

操办完陈寅恪的后事，唐筼便停止服药，在一个多月后的11月21日追随丈夫而去。这段可歌可泣的爱情故事，在人世间画上了句号。

学者葛兆光教授有一段评论陈寅恪的话，非常引人深思：“有人曾说鲁迅是中国最痛苦的文人，那么我想，陈寅恪也许可以称作‘中国最痛苦的学人’。学人比文人更不幸的是，学人的理性使那些痛苦压抑积存在心底而不得宣泄，‘玉溪满贮伤春泪，未肯明流且暗吞’，于是盘旋纠缠，欲哭无泪，欲语又止，化作了晦涩深奥的诗句，在譬喻、典故、成语包裹了一重又一重的诗句中一滴一滴地向外渗露。不知为什么，读《陈寅恪诗集》时，我想到的都是一个意象——啼血。”

由博到精

诸君会不会有一个疑问：陈寅恪研究的学问非常生僻，为什么会在学术界有那么大的影响力？如果不能对这个问题有所认识，那么我们对陈寅恪的认识就只停留在标签化的理解上，难以触及他的学术贡献的本质核心。

陈寅恪比较知名的著作是《隋唐制度渊源略论稿》《唐代政治史述论稿》，

研究的是隋唐的相关历史；《元白诗笺证稿》是以诗证史、史诗互证的细分学问；他晚年花十年时间著成的《柳如是别传》，有人一听这个噱头，就觉得这应该是我跟大师距离最近的书了，可以当闲书来读。事实上，《柳如是别传》比我查阅的博士论文的门槛都高，引据考证之详尽、微妙，令人叹为观止。要是认真读进去，半天也翻不动一页——要知道，这可是一本约八十万字的巨著。

陈寅恪做学问的底层逻辑，我们可以借用罗家伦对陈寅恪的评价来进行概括，就是四个字——**由博到精**。

什么是“博”？就是尽可能地将大的学问框架拉开，古今中外都涉及，这一步是最难的。陈寅恪自幼苦读、海外留学近二十载，本质上就在做一件事——搭好学问框架，这个学问框架囊括了历史、地理、哲学、宗教等多个方面。他成年累月地沉浸在图书馆里，孜孜不倦地在各种语言文献中求索，就是在“搭框架”。

只有理解了这一层，才能理解为何陈寅恪留学近二十载、发奋做学问，却拿不出什么成就来。事实上，陈寅恪求的是真知识，研究的是真学问。他归国后，一众大师之所以推崇他，就是因为他在前二十多年搭建的这个学问框架足够渊博，他人难以望其项背。

有了“博”的基础，就可以从容地升华到“精”了。“精”就是从一个点深挖下去，把学问做深。但如果没有“博”作为基础，是上升不到“精”的境界的。陈寅恪因为学问框架足够渊博、功底足够深厚，随便一个问题，他都能深究到别人难以企及的深度，所以他才能在课堂上讲出那著名的“四不讲”。因为他知道哪些是别人讲过的、哪些是别人没讲过的，也知道别人讲到了什么深度。与他同时代的大师虽然达不到他这个程度，但认知还是到位的，他们都知道陈寅恪的学问既广博又深不可测，不得不佩服、不能不佩服。

陈寅恪在清华大学教书期间，像梁启超、吴宓等大师经常对学生说：“这个问题，你可以去请教陈先生。”

陈寅恪的治学方式和精神，也体现在“由博到精”上：先看到总体轮廓，再深入细节，哪怕是再细小的点，也一定要深究再深究，查找各种资料，仔细对比、分析，才能得出一点结论。这样做看上去很慢，甚至有些“笨拙”，但每出来一点成果，都立得住，这才是真学问。

我们以这个标准回过头去看陈寅恪研究的那些课题，一下就明白了——他研究的课题是热门还是冷门，不重要，重要的是他的研究方法和研究精神。

更重要的是，陈寅恪的这套治学方法论，具有可复制性。我个人有一个不成熟的观点：如果一个天才，他能在他的领域达到外人无法企及的高度，但是他的方式、方法无法传授给他人，后来人也不能踩在他的肩膀上探索更高境界的学问，那么他的贡献就是有限的。

如果一个天才，不仅他自己可以成就一番事业，还能为世人总结出一套可复制的方法论，那么他的贡献就会呈指数级增长，并且生生不息。

参考文献

[1] 吴学昭. 吴宓与陈寅恪[M]. 北京：清华大学出版社，1992.

[2] 郑翔. 陈寅恪学术研究[M]. 北京：清华大学出版社，2014.

[3] 陆键东. 陈寅恪的最后20年[M]. 北京：生活・读书・新知三联书店，2013.

[4] 汪荣祖. 史家陈寅恪[M]. 北京：北京大学出版社，2005.

[5] 陈寅恪. 金明馆丛稿[M]. 上海：上海古籍出版社，2020.

[6] 陈寅恪集・书信集[M]. 北京：生活・读书・新知三联书店，2021.

[7] 陈寅恪. 柳如是别传[M]. 北京：线装书局，2021.

[8] 吴宓日记续编[M]. 北京：生活・读书・新知三联书店，2023.

[9] 王国维诗集[M]. 上海：上海古籍出版社，2016.

[10] 唐德刚. 从晚清到民国[M]. 北京：中国文史出版社，2019.

[11] 郭大钧. 中国现代史探索[M]. 北京：北京师范大学出版社，2015.

[12] 范文澜. 中国通史[M]. 北京：人民出版社，2008.

[13] 孙之梅. 钱谦益与明末清初文学[M]. 增订版. 济南：山东大学出版社，2010.

[14] 关爱和. 陈寅恪学术取向与文学研究[J]. 东方论坛，2022，5（1）：30-66.

胡适

（1891—1962）

大胆假设 小心求证

学界给胡适的定位，说胡适首先是思想家，这个定位算是比较客观的。胡适一辈子留下超过两千万字的著作，涉及诸多方面。

在大师辈出的民国时期，胡适的知名度显然是排在前列的，但这并不代表大家真的了解胡适，因为胡适给人的印象太模糊了，想给他贴个人设标签都不好贴：你说他是文学家吧，他拿不出像样的作品；你说他是哲学家、历史学家吧，他唯一拿得出手的著作就是《中国哲学史大纲》，却还只有半部；你说他是政治家吧，连他自己都不认可。

胡适自二十六岁那年以一篇《文学改良刍议》出名至今，围绕他的争议就不曾中断过：赞扬他的人说他开了中国新文化的先河，是现代中国一位真正意义上的自由主义者；批评他的人说他是卖国贼，是当代“公共知识分子”的祖师爷，所做的净是些半吊子学问。

无论是毁是誉，很难说孰对孰错。一个真实、鲜活的人，不同的人站在不同的立场和角度去评价他，自会有不同的看法。

胡适极力倡导白话文，提出“文学革命”的口号，一举成为新文化运动的领袖之一。

鲁迅说：“《新青年》时期，最惹我注意的是陈独秀和胡适之，我佩服陈、胡。”

美籍华人学者唐德刚说：“胡适是‘传统中国’向‘现代中国’发展过程中继往开来的一位启蒙大师。”

历史学者耿云志说：“胡适是中国思想文化方面有重大影响的人物，也是现代中国最具国际声望的学者和社会活动家之一。”

梁实秋说：“胡适和其他的伟大人物一样，平易近人，‘温而厉’是对他的最好形容。我从未见过他大发雷霆或盛气凌人。他对待年轻人、属下、仆人，永远是一副笑容可掬的样子。就是在遭到挫折、侮辱的时候，他也不失其常。”

季羡林说：“适之先生待人亲切和蔼，见什么人都是笑容满面，对教授是这样，对职员是这样，对学生是这样，对工友也是这样。从来没见他摆当时颇为流行的名人架子、教授架子……在他面前，绝没有什么局促之感，经常如坐春风中。适之先生是非常懂得幽默的，他绝不老气横秋，而是活泼有趣。”

季羡林还说：“适之先生以青年暴得大名，誉满士林。我觉得，他一生处在一个矛盾中、一个怪圈中：一方面是学术研究，一方面是政治活动和社会活动。他一生忙忙碌碌，倥偬奔波，作为一个“过河卒子”，勇往直前。我不知道他自己是否意识到身陷怪圈。当局者迷，旁观者清。我认为，这个怪圈确实存在，而且十分严重。那么，我对这个问题有什么看法呢？我觉得，不管适之先生自己如何定位，他一生毕竟是一个书生，说不好听一点，就是一个书呆子。”

“九一八”事变后，鲁迅觉得胡适在对日态度上不够坚决，写文章公开骂胡适：“胡适博士不愧为日本帝国主义的军师。”

胡适一生得了三十六个博士学位，还当过北京大学校长。胡适为学涉猎广泛，在文学、历史、哲学、考据学、教育学、红学等领域都有深入研究。

而与胡适同时代的大学问家钱穆说：“胡适是个社会名流式的人物，骨子里不是个读书人，至少不是纯正的读书人。以言以人，两无可取。”

革命家、国学大家章太炎对胡适更是毫不客气：“哲学，胡适之也配谈么？康、梁多少有些‘根’。胡适之，他连‘根’都没有。”

蒋介石在派胡适做了四年驻美大使后，对胡适痛恨至极。

如今21世纪已经过去四分之一，我辈当心平气和地了解胡适。

在读了关于胡适的众多资料后，我觉得哲学家汤一介的评价最意味深长：**“他没有完成什么，却几乎开创了一切。”**

三先生

要了解胡适，还得从胡适的父亲胡传说起。

1886年，也就是光绪十二年。这年秋天，安徽绩溪县上庄正在举行一年一度最热闹的神会——太子会。太子会在皖南地区已有上千年历史，各村各庄都会编排节目，各式戏曲唱段轮番登场。每年举办太子会的这几天，十里八乡都是一片热闹喜庆，大人小孩都享受着这份热闹。

太子会期间，乡镇集市是最热闹的。但这一年的太子会，气氛不如往年，人群里有人说：“今年三先生在家过太子会，三先生还没到家，镇上的鸦片烟馆就都关门了，连赌场都不敢开门了。”

大家口中的“三先生”，名胡传，字铁花，又字守三，号钝夫。他在上庄乡亲们心目中威望颇高。他在外做官，为人刚正，痛恨鸦片，所以鸦片烟馆老板一听他要回乡，都主动把店门关了。

胡传生于1841年，胡家世代做小买卖。在绩溪县，胡姓是大姓，胡雪岩也是安徽绩溪人。据考证，绩溪胡姓有四大支脉，故有“绩溪四胡”一说。

蔡元培在给胡适的成名作《中国哲学史大纲》写序时，说胡适是著名望族绩溪胡家的子孙，胡适后来澄清，这是有误的。蔡元培说的这个“望族胡家”，指的是“绩溪四胡”中的“龙川胡氏”，明朝军事家、抗倭英雄胡宗宪就出自这一支。

胡雪岩和胡适的确同出一支，当地人称这一支为“明经胡”，又称“李改胡”，据说其先祖乃唐昭宗之子。唐昭宗为避朱温之乱，将尚在襁褓中的第十子托付给了近臣胡清。胡清让孩子改姓胡，取名为胡昌翼。胡昌翼长大后，参加科举，中了明经科进士。胡清后来告知其身世，胡昌翼退出官场，从此隐居，专心为学，著有《周易专注》，后世称其为“明经公”，他这一脉就是“明经胡”。

“明经胡”后人中，为官者少，为学为商者多。皖南地区以山地为主，土地贫瘠，耕地不足，素有“七山半水半分田，二分道路和庄园”之说。正因如此，徽州地界的男儿四处经商来养家糊口，久而久之，徽州商帮便闻名天下，有“无徽不成镇”之说。

徽州男子一般十一二岁就到城里学做生意，从学徒做起，一般得十来年才能出师，二十岁出头后回乡结婚，而后常年在外经商，基本只在逢年过节时回一趟老家。

胡适家也不例外，祖上多代经营茶叶生意，但算不上大茶商，只是从老家的茶农手里收茶，再转卖到外地。胡适的祖父在上海周边一个叫川沙的小镇上有一间小茶叶店，后来又在上海城区里开了一家门店。

胡适的父亲胡传共有兄弟五人，胡传是老大。胡传年少时就帮衬着家里收茶，十六岁跟随父亲离开家乡，去上海学做生意。胡家聘请了先生教同族子弟读书，胡传天资聪颖，学文、学诗都很快。族中长辈提出，胡传就不要再到店里帮忙了，专心读书，以中举为目标，保不齐族中就能出个当官的。

胡传自是喜欢，但天不遂人愿。太平天国乱了十余载，安徽被反复蹂躏。根据胡传的记载，上庄胡氏全族原本有六千多人，1865年再修族谱时，人口不过一千二百人，锐减了约八成。

1865年，战乱稍平，胡传才考上了秀才，时年二十四岁。胡传原本想着一鼓作气考举人，可惜连续三年落榜。1868年，胡传离开家乡，去上海求学。胡传经过慎重考虑，报考了龙门书院。书院的山长刘熙载是晚清著名教育家、文学家，1844年中的进士。胡林翼主政湖北期间，曾邀请刘熙载到湖北江汉书院做主讲，后世评价他“品学纯粹，以身为教”。

胡传在刘熙载门下又专心学了三年。作为长子，胡传不得不面对生计问题，他一边读书，一边继续参与家里的茶叶生意。

胡传三十多岁时，对应试的八股文已经不再热衷，开始对地理，尤其是边疆地理产生了浓厚的兴趣。

1881年，不惑之年的胡传把家里安顿好之后，向同族的富裕人家借了一百两银子，只身北上。他北上的目的是考察边疆地理。到了京城后，他打听到吴大澂正在宁古塔一带主持防务，胡传找人写了两封介绍信，准备前往宁古塔。吴大澂是晚清的一位能臣，在陕甘地区协助过左宗棠，曾国藩、左宗棠都举荐过他。

胡传从北京出发，一路向北，四十二天后来到了吴大澂的大营。吴大澂以为胡传是来求官的，没想到胡传只是希望能得到一张通行证。胡传把考察边疆地理的想法做了汇报，吴大澂一听，对他非常赏识，不仅支持他对东北边疆做细致考察，还留下他做幕僚。从1881年到1886年，胡传一直在吴大澂帐下效力。

1886年，胡传的母亲去世，他回乡奔丧。1887年，吴大澂迁任广东巡抚，派胡传对海南岛进行全面细致的考察。1888年，黄河郑州段决口，吴大澂调任河道总督，负责治水赈灾。胡传前后奔走，办事得力。

吴大澂以治水之功向朝廷保举胡传，胡传得到了江苏候补知州的机会。胡传做事兢兢业业，虽然身无功名，但他办事得力的名声早已传开。

台湾在1885年之前归福建管辖，1885年左宗棠病故前力主台湾建省、加强防务。中法战争后，朝廷也意识到了台湾的重要性，同意台湾建省。新任台湾巡抚邵友濂求贤若渴，他奏请朝廷，调胡传到台湾任职。

胡传到了台湾后，先后负责协办军务、勘察地理、主持盐政等工作。1893年，胡传调任台东知州，当时日本谋取台湾的意图已经非常明显。1894年甲午一战，北洋水师全军覆没，日本全力进攻台湾。1895年4月，清政府与日本明治政府在日本山口县下关市签订了《马关条约》，清政府被迫将台湾割让给日本，但署理台湾巡抚①唐景崧（陈寅恪妻子唐筼的祖父）带领台湾军民坚决抵抗，胡传一直协助唐景崧抗日。

1895年8月18日，胡传病重到不能行动，乘船回到厦门，于8月22日病故，享年五十四岁。

胡传生前共有三任妻子。第一任妻子冯氏在太平天国之乱中离世，没有留下子嗣。1865年，他娶了第二任妻子曹氏，育有三子三女，曹氏于1878年因病去世。胡传自第二任妻子去世后，在外漂泊了十几年，仕途初定后，他希望娶一位老实本分的农家女子为妻。经媒人撮合，胡传在四十八岁那年娶了十七岁的同乡女子冯氏，冯氏就是胡适的母亲。

1891年12月17日，胡传迎来了第四子的诞生。他给幺儿取名为嗣穈，字希疆，学名洪骍——这个孩子就是胡适。

就在一年前，陈寅恪在湖南长沙出生，两位大学问家在三十多年后邂逅。胡适钦佩陈寅恪的学问之渊博，对陈寅恪提出的“独立之精神，自由之思想”推崇备至；陈寅恪也佩服胡适的自由主义精神。后来那么多人批判胡适，陈寅恪公开表

---

① 署理巡抚是明清时期地方官职的一种代理形式，是在巡抚缺位期间，由其他官员暂时代行巡抚职责的职务。1891 年，唐景崧升任布政使，1894 年署理台湾巡抚。

示：凡是批判胡适的人，他都与之绝交。

胡适是在上海川沙镇出生的，这个镇位于今天的上海市浦东新区。父亲胡传在胡适出生两个月后调任台湾。一年后，胡传在台湾安顿下来，胡适跟随母亲迁居台湾。1895年，日本强攻台湾前夕，胡传安排冯氏带着小胡适离开台湾，回到安徽绩溪老家。

胡传与冯氏感情很好，对胡适这个小儿子也是倍加宠爱，一有空闲就教冯氏和胡适读书识字，一家人其乐融融。胡适聪慧过人，不到四岁便已认得七八百字。胡传在送妻儿离台时，交代妻子："小儿子天资聪颖，应该着重培养，回家后不可耽误功课。"

不想此次话别，竟是永别。

胡母教子

半年后，胡传的死讯传到老家，全家最悲恸的莫过于冯氏。冯氏终日以泪洗面，家里的主心骨没了，而冯氏只有二十三岁，虽然做了当家主母，但这个家哪里是好当的？胡适同父异母的大哥、二哥比母亲还大，而且大哥不学无术、吸食鸦片成瘾、好赌成性，冯氏从来不敢说他。家里的一切用度，主要靠二哥在外经营的茶叶生意，胡适的两个嫂子更不是省油的灯，冯氏只有受气的份儿。

冯氏虽然出身农家，但家教极好，又跟着丈夫读了几年书，眼界也开阔了些。她把希望都寄托在儿子胡适身上。胡适回忆，母亲对他管教甚严，身兼慈母和严父双重身份。

冯氏谨记丈夫的嘱咐，对胡适的学习尤其上心。胡家在宗祠里设有家族学堂，愿意读书的族中子弟都可以进去读书。但这种家族学堂谈不上有什么教育理念，主要目的是让族中子弟多识几个字，长大后外出做生意能记账、写信，教书的先生也只是族中多读了些书的长辈。

胡适刚入学堂时，教书先生被胡适称呼为四叔。这位四叔喜欢打牌，每天早上给孩子们布置好当天要记诵的文章，自己就出去打牌了，至于孩子们究竟背了多少、能背到什么程度，四叔并不关心。即便孩子们会背了，也并不知道文章的意思，四叔一般也不会给大家讲书。

后来四叔在衙门里谋了个差事，就把学堂交给了同族的禹臣先生。按辈分，胡适与禹臣先生是同辈。禹臣先生教书要比四叔认真得多，他把主要精力都放在了学堂上。家长们见先生用心，来上学的孩子便渐渐多了起来。禹臣先生刚接手学堂时，学堂里只剩下两名学生，后来增加到十几名。

禹臣先生的教书方式同四叔没有太大区别，依然是每天监督大家背书。胡适在入学前就已经识得近千个字，而且很多字义也都听父母讲过，起点要比其他孩子高很多，所以胡适跳过《三字经》《千字文》《百家姓》这些启蒙书籍，直接学《学为人诗》，这是胡适的父亲胡传早年间撰写的家训，讲的是为人处世的道理，开头几句是："为人之道，在率其性。子臣弟友，循理之正。谨乎庸言，勉乎庸行。以学为人，以期作圣。"

出于对父亲的缅怀，胡适学得极其认真，整部书很快就能记诵出来。胡适记诵的第二部书也是父亲编写的，名叫《原学》。年幼的胡适虽然能全篇背诵，但对于文章的深意，只能模模糊糊地理解，无人给他讲清楚具体的意思。

胡适后来继续学习四书五经，遇到不懂的地方就请教禹臣先生。禹臣先生见胡适好学又懂事，也尽心教他。

当时其他孩子的家长一年给学堂的先生两个银元做学费。胡适的母亲冯氏知道，这点学费太少了，先生靠这点收入维持不了生计，她希望先生能多教给胡适一些东西，所以最初时一年给六个银元，后来逐年增加。到胡适离开家乡的那年，冯氏给先生交的学费是一年十二个银元。尽管冯氏手头并不宽裕，但她依然尽己所能地在儿子的教育上投资。

不仅冯氏重视教育，胡适自己也勤学好问。每天早上，胡适都是第一个到学堂的人。

胡适九岁那年，他在四叔家的废纸堆里捡到一本被老鼠啃坏的《水浒传》，这本书相比自己一直学的传统儒家经典来说，可有意思多了。胡适反复读了几遍，又想方设法寻找类似的书籍来读，《三国演义》《红楼梦》《儒林外史》《聊斋志异》《正德皇帝下江南》等小说，胡适陆陆续续都读了。当时他还不能区分这些书的优劣，只是觉得这些书通俗易懂、有意思。胡适后来大力提倡白话文，发起白话文革命，这时候就已种下了种子。

除了在教育上坚持投资外，母亲对胡适更重要的影响是身体力行地教会胡适宽容、忍让。冯氏不管受多大的委屈，都不会像胡适的两个嫂子那样大吵大闹，也不会在人前抹眼泪，只会在夜深人静时自己偷偷哭泣。冯氏从不数落别人的不是，只怪自己命苦。胡适的两个嫂子有时候做得太过分了，冯氏第二天早上就不出门，把自己关在房间里哭，嫂子们觉得过意不去，就会过来奉上一盏茶，就算是嫂子知错了。胡适回忆，家里每隔一段时间，就要上演一次这种戏码，往后两三个月内又能太平些。母亲的宽容、隐忍，胡适自小耳濡目染，所以后来面对大家的非议、谩骂时，他总能从容笑对。胡适晚年时常说的一句话就是：“**容忍比自由更重要。**”

胡适小时候犯了错，母亲也从来不在人前骂他，而是第二天一大早起来，坐在胡适的床头，让胡适穿好衣服，然后才耐心地对胡适说他哪里做得不对，哪里说错了话。一定要胡适认了错，母亲才让他去上学。

胡适回忆道，母亲经常给他讲父亲胡传的故事，教诲他要专心读书：“你总要踏上你老子的脚步。我一生只晓得这一个完全的人，你要学他，不要跌他的股。”意思是，不要给你爹丢脸。

1904年早春，皖南山区寒意未散。胡适的三哥肺病加重，家里决定送他去上海医治，冯氏让胡适跟着一道去上海念书。

胡适在1919年写的一篇回忆文章里说：“我在我母亲的教训之下住了九年，受了她的极大极深的影响。我十四岁（其实只有十二岁零两三个月）就离开她了，在这广漠的人海里独自混了二十多年，没有一个人管束过我。如果我学得了一丝一毫的好脾气，如果我学得了一点点待人接物的和气，如果我能宽恕人、体谅人，我都得感谢我的慈母。”

冯氏当然舍不得胡适离开自己，但为了孩子的前程，冯氏只能忍着，假装高兴地送走胡适。此后多年，冯氏的生活除了枯灯长夜，便是日复一日地等待胡适零星传回家乡的消息。

1918年冬，冯氏去世，年仅四十六岁。当时已在北京大学任教的胡适接到母亲去世的消息后，悲痛欲绝。回想母亲青春守寡，母子相依为命，自己是母亲在世上唯一的挂念。自1904年离家求学之后，一直没能在母亲跟前尽孝，胡适的内心满是悲痛与愧疚。多年后，胡适写了一篇小文《我的母亲》，回顾了母亲的一生，字字真切，令人动容。

接触新学

1904年至1910年，胡适一直在上海求学，其间换了多所学校。胡适初到上海时，入读的是梅溪学堂，这是父亲的朋友张焕纶创办的学校。张焕纶是中国近代小学教育的开创者，一生致力于新式教育，胡适的二哥、三哥都在他创办的梅溪学堂读过书。胡适入读梅溪学堂不久，张焕纶就去世了，胡适与他只见过一面。

梅溪学堂当时开设的课程只有国文、算学和英语。胡适在这里只念了一年，第二年就转入了澄衷学堂。这所学堂是宁波富商叶成忠创办的，总教习白振民是胡适二哥的同学。白振民看过胡适写的文章后，建议他转入澄衷学堂。澄衷学堂的课程比梅溪学堂要完备很多，除了国文、算学和英语外，还有物理、化学、图画等课程。

胡适在澄衷学堂读到了严复翻译的《天演论》，当时《天演论》已经在全国流行开来，教师们也常以“物竞天择、适者生存”为题，让学生作文。书中的观点让胡适大开眼界，他将自己的名字由胡嗣穈改为胡适，字适之。

梁启超的文章对胡适也产生了巨大影响。梁启超虽然流亡日本，但他的文章在上海是能看到的，而且梁启超的文章通俗易懂，鼓舞性很强。无论是少年还是知识青年，都容易接受梁启超的思想。毛主席在长沙求学时，也对梁启超的文章非常着迷，还曾因为模仿他的文风被老师批评过。

胡适自己也说，他“受梁先生无穷的恩惠”。梁启超的《新民说》和《论中国学术思想变迁之大势》是对胡适影响最大的两部著作。胡适说：“前者给我开辟了一个新世界，使我彻底相信中国之外还有很高等的民族，很高等的文化；而后者也给我开辟了一个新世界，使我知道四书五经之外中国还有学术思想。”

胡适还说，《新民说》的最大贡献，在于指出中国民族缺乏西洋民族的许多美德。我个人觉得这个结论至少不是梁启超的本意。梁启超的本意是通过对比中西方民族在文化上的差异来唤醒国人，正视中西方的差距，重视培养具有爱国思想、尚武精神、社会公德和独立人格的新国民，从民德、民智、民力三个方面改造国民，使之成为建设近代民族国家的“新民”。此外，梁启超对西方文化的推崇，远没有胡适说的那么夸张。

在《论中国学术思想变迁之大势》中，梁启超把中国的学术思想史划分为以下七个时代。

一、胚胎时代：春秋以前，学术思想处于萌芽状态，为后续发展奠定基础。

二、全盛时代：春秋末期至战国时期，诸子百家争鸣，学术思想达到全盛。

三、儒学统一时代：两汉时期，儒学成为官方学说，实现了思想的统一。

四、老学时代：魏晋南北朝时期，道家思想（老学）兴起并影响深远。

五、佛学时代：南北朝至唐代，佛教传入并发展，形成独特的佛学体系。

六、儒佛混合时代：宋元明清时期，儒学与佛教相互融合，形成多元思想格局。

七、衰落时代：自18世纪中叶至20世纪初的近两百年，传统学术思想逐渐衰落。

这个划分是否严谨科学我们姑且不论，在梁启超之前，还没有人对中国的学术思想做过这样的划分。读书的正统做法就是反复研读四书五经等儒家经典，写好八股文，参加科举考试。从这个角度来讲，胡适将梁启超的这一贡献着重提出来，是非常有必要的。

胡适在澄衷学校读了一年半，1906年秋季开学，胡适入读中国公学。

中国公学是由一群不满日本对华政策的留日学生回国创办的，学校创立伊始，就带有革命基因。因为学校属于民间自主创办，所以办学经费需要组织者自己筹措。中国公学最初获得的赞助非常少，学校的干事姚弘业积愤于心，竟然选择投江自尽以引起社会关注。姚弘业投水前留下数千字的遗书，特别说明："我之死，为中国公学死也。"他在遗书中将中国公学的办学宗旨和目标做了详细说明，这篇遗书发表后，果然引起了上海滩的注意，收到的赞助多了一些。很多有志青年读了这份遗书后，决定报考中国公学，胡适就是被打动的诸多学子中的一个。

中国公学的课程设置与大学比较接近，学生大多是二三十岁的青年，十六岁的胡适是学生中比较年轻的，但他的学问底子比较扎实，课业完全跟得上。入学不久，胡适就在室友的介绍下加入了由学生组织的竞业学会。

竞业学会的大部分会员是革命人士，学会宗旨是："对于社会，竞与改良；对于个人，争自濯磨。"学会还创办了自己的报纸，名叫《竞业旬报》。总编辑说办报宗旨有四项：一，振兴教育；二，提倡民气；三，改良社会；四，主张自治。

对于革命事业，胡适并不太清楚，但他却阴差阳错地参与了《竞业旬报》的办报过程，这成为他后来主张文学革命的起点。

为了能让更多人看得懂，《竞业旬报》创刊之初就确定所有文章都用白话文写作，它大声呼吁全国的读书人用白话文写作、说官话（相当于普通话）。

有一名学会会员写了一篇文章《论学官话的好处》，其中说道："诸位呀，要救中国，先要联合中国的人心。要联合中国的人心，先要统一中国的言语……但现今中国的语言也不知有多少种，如何叫它们合而为一呢……除了通用官话，别无他法了。但是官话的种类也不少，有南方官话，有北方官话，有北京官话。现在中国全国通行官话，只须模仿北京官话，自成一种普通国语哩。"

胡适少年时，读《红楼梦》《水浒传》等小说，觉得白话文要浅显易懂得多。室友见胡适经常手里捧着小说读，便鼓励他用白话文写文章发表在《竞业旬报》上。胡适试着写了几篇，效果竟然很好。

胡适原计划用白话文写一篇长篇小说，在《竞业旬报》上连载，不料写到第六回，报纸停刊了。1918年3月，《竞业旬报》复刊，胡适又恢复了创作，后来《竞业旬报》的编辑傅君剑也不来了，从第二十四期开始，胡适不仅要写文章，还要肩负起编辑的工作。

正是在这个过程中，胡适以白话文写作的笔力大幅提升。而且每编辑一期报纸，胡适能得十块钱的酬劳，这对于日子过得捉襟见肘的胡适来说，太重要了。

中国公学

说回到中国公学。1908年下半学期开学时，中国公学闹了一次大分家。中国公学原本是一群有志青年联合创办的，创立之初就规定学校的监督、干事要由学生投票公选出来。中国公学的创办者，既是学生，也是干事。学校运行两三年后，创办者们陆续毕业，离开了学校。当局对学校的运行制度不放心，于是学校董事会就修改了章程：学校的干事由董事会任命，不再由学生公选。这引发了学生的极大不满，学生组织校友会与校方谈判，多次举行集会、罢课，却没能争回权利。

校方笃定学生们没有别的办法，要想继续读书，只能接受学校的安排。但他们低估了这批学生捍卫自身权利的决心，最终的结果是一部分学生宁愿离校，也不愿屈服。陈寅恪的父亲陈三立当时还出面调停，希望能挽回局面，但未能如愿。

这批离校的学生竟然超过在校总人数的一半，他们为自己建起了新学校，取名“中国新公学”。学生们有钱的出钱、有力的出力，租校舍、招聘教员、重新排课，这一切只花了十天时间。

胡适因为文笔好，在与中国公学的斗争中被选为大会书记，做记录、写宣传语的活儿，基本都由胡适来做。

中国新公学成立后，因为缺老师，学校干事找胡适商量，希望他能担任英文教员。大家不要觉得这样做太儿戏，高年级学得好的学生，完全可以教低年级课程。中国公学的创办者既是学生，也是教员，大家挑自己学得最好的课程教低年级的学生。这种师兄带师弟的学习方法，不仅不落后，还很值得借鉴。

对于胡适来说，兼职教员还可以挣到每月八十元的薪资，正好能解决他的经济困难。

中国新公学坚持了一年多，到1909年冬，亏空已达上万元，筹款越来越难。中国公学愿意承担其全部债务，中国新公学的所有学生可回归中国公学继续学习。

大胆假设，小心求证

胡适没有回中国公学学习。就在这一年，胡适家原来由二哥打理的茶叶生意做不下去了，一家人唯一的经济来源断了。家里人通知胡适回老家，把家里仅有的田产和房屋分一下。胡适回信说，自己放弃所有权利。

此后，除了要养活自己，胡适还要给母亲寄生活费。胡适在上海租界的华童公学谋了一份教师的工作，与几个同学挤在一间出租屋里，倒也勉强能生活。

有几个月时间，胡适除了上课，空闲时间就是与室友打牌、喝酒。有一天，胡适照例和室友在外面喝酒，喝到了后半夜。走出酒楼时，胡适看上去还是清醒的，大家也就各自散了。胡适上了人力车后，寒风一吹，酒劲就上来了……

当晚上海下了一夜的雨，胡适第二天醒来，发现自己睡在地上，再一看，自己被关在一间黑暗的房间里。看摆设，自己应该是被关进巡捕房里了，身上的衣服满是泥泞，还湿漉漉的，脚上的鞋也只剩下一只了。胡适怎么想也想不起来发生了什么。

他隔着栏杆大声呼喊巡捕。巡捕过来跟他说，他是后半夜进来的，还打伤了巡捕。胡适知道自己闯祸了，被打的巡捕也过来了：原来是昨晚他下了人力车后躺在了地上，巡捕原本是过去看看他需要什么帮助，结果他对着人家又打又骂。听完原委，胡适赶紧给人家赔礼道歉，说自己是华童公学的老师，巡捕也没过多难为他，让他赔了五块钱了事。

胡适回到家中，自觉荒唐至极。要是让母亲看到自己这副样子，不得气死！痛定思痛后，胡适辞去了华童公学的教师之职，他觉得自己还不具备为人师表的资格。

1909年，美国启动用庚子赔款支持中国学生赴美留学的计划（清华学堂留美预科班）。1910年年初，胡适决定专心备考，争取公费留美的名额。胡适在中国公学的同乡好友许怡荪也建议他考取公费留美的资格。当时最紧要的是解决费用问题：一方面他要给母亲筹一笔生活费，另一方面他自己北上考试也需要旅费。此外，他在上海还有少许债务。幸好在许怡荪等人的帮助下，胡适解决了费用问题，可以一心备考了。

留美考试一共分两场，一场考国文、英文，一场考各种理科，类似现在的理科综合考试。这一次一共录取了七十名学生，胡适的成绩排第五十五名，如果不是因为他的一篇考据风格的短文得了满分，胡适很可能就落榜了。

这七十名学生中，就有后来成为清华国学院四大导师之一的赵元任。

吴宓是下一年考取清华学堂留美预科班的，胡适和赵元任算是吴宓的师兄。

1910年8月16日，胡适与第二届留美学子们一道从上海登船，目的地是大洋彼岸的美国。1910年至1917年，胡适在美国的求学生涯一共七年，可以分为两个阶段：第一阶段是在康奈尔大学，第二阶段是在哥伦比亚大学。

在康奈尔大学，胡适学的专业是农学。当时有一门课是让学生们区分苹果的近四百个品种。20世纪初，中国的大部分老百姓都还没见过现代品种的苹果。胡适那时候年轻，靠死记硬背倒也能应付过去，但他觉得中美之间的农业水平相差太大，这样的知识即使学了，在自己的国家也用不上。

在主修了一年半的农学后，胡适决定改学哲学。胡适后来一直劝告青年学生：在选择所学方向时，千万不要以潮流或者社会需要为标准，应该以自己的兴趣、禀赋为标准。

促使胡适改学哲学的原因还有一个，就是辛亥革命的爆发。辛亥革命推翻了清政府，成立了中华民国。留美的青年学子们讨论的话题都是社会改革，涉及政治、经济、文化等领域。

辛亥革命爆发后，美国社会开始关注中国。得益于此，胡适有很多机会在各种场合发表演说，向美国的民众介绍中国，这为后来胡适直接或间接地参与政治打下了一定的基础。

转到康奈尔大学文学院后，胡适主攻哲学，还选修了政治、经济、文学方面的多门课程。从康奈尔大学毕业时，胡适完成了三个专业的课程：哲学和心理学、英国文学、政治和经济学。

当时康奈尔大学哲学系的主流思想是“客观唯心主义”。该主义认为，有一个客观的“理”在支撑着世界的运行。黑格尔的“绝对精神”、老子的“道”，都是这个客观的“理”的具体表现。当时美国哲学界还有一派力量，就是以约翰·杜威为领袖的“实验主义”学派，他们讲究“大胆假设，小心求证”，不能一上来就预设一个真理。在康奈尔大学的哲学课上，授课的教授经常把杜威的理念作为反面典型，拿出来分析批评一番。

胡适反倒觉得课堂上的批评对象——杜威的“实验主义”更具有说服力。1915年夏，胡适离开康奈尔大学，前往哥伦比亚大学，师从杜威。

胡适回忆，杜威讲课极其严谨，语速很慢，每个字、每个词都像是在脑子里反复思量过才讲出来。很多学生吐槽杜威的课枯燥无味，但胡适从中感悟到杜威治学的严谨态度。胡适多次提到，杜威对其一生的文化生命具有决定性的影响。

胡适后来一直挂在嘴边的“大胆假设，小心求证”，就是胡适对杜威“实验主义”思维方法的概括与总结。胡适认为，做任何学问，首先要有一套科学的研究方法，而杜威提供了这种研究方法的基本步骤，它一共分为五步。

第一步：对某个问题产生困惑，这是引发思考的出发点。

第二步：思考清楚自己困惑的究竟是什么。

第三步：大胆提出一个或多个解决问题的假设。

第四步：对假设进行筛选和论证，找到一个可以解决问题的方法。

第五步：小心求证，对自己提出的假设进行证明。

我们可以把这五个步骤看作是一套做学问的方法论，胡适一辈子都在践行这套方法论。

后来人评价胡适的学问，很难给他归类，因为他涉猎的内容看上去杂而不精，这里说两句，那里说两句。但如果我们理解了胡适推崇的这套“实用主义”方法论，再去看胡适做的学问，思路就非常清晰了。胡适做的所有学问，就在干一件事情——用他熟练掌握的这把“手术刀”，到处划拉。

文学、哲学、佛学，每个方向单提出来，都是一个庞大的体系，但如果你掌握了胡适手中的这把“手术刀”，随便划开一个口子，来一番“大胆假设，小心求证”，往往就能打开一扇从来没有人打开过的窗户，那么在这个细分领域内，你就是专家。

胡适的研究大致可以分为九个方向：古代哲学思想研究、政治思想研究、史学研究、文学思想研究、哲学史研究、文学史研究、古代典籍文献的考据、红学的艺术研究、红学的文史考证。

20世纪60年代，胡适客居美国，他的学生唐德刚邀请他到哥伦比亚大学讲学。唐德刚开玩笑说他是“九项全能”。当时国内专家们写的批评胡适的文章，总字数超过一百五十万字，国内很少有人能看完，客居大洋彼岸的胡适却认认真真地看过这些文章。唐德刚同他聊到这一段的时候，胡适面带微笑地说：“看来，我过去的工作没少做。”

唐德刚又对胡适半开玩笑地说，要不您老再开发一项，凑足十项。胡适笑着说：“九项，九项。”

实际上，确实漏了一项——胡适对佛学也做了很多考证和研究。他通过考证分析，认为《六祖坛经》（亦称《坛经》）可能不是六祖写的。六祖的地位在当时没那么高，只是韶关一带一个小有名气的僧人，《坛经》的真正作者应该是神会和尚。胡适参考了众多在敦煌发掘出的佛经典籍，还专门到巴黎、伦敦去翻阅被运出国门的原始资料，来印证自己的说法。

20世纪50年代末，有一位近代史研究专家拜访胡适，同胡适长谈后，评价胡适道：“在任何一行都有高等见识，都在二三流专家以上的水平。”

这个评价还是比较中肯的。胡适是个思想家，在他所研究过的领域里，他确实不及一流的学者，但胡适胜在全，在文、史、哲领域，胡适是一个通才。陈寅恪也是通才，而且陈寅恪做学问的广度和深度都要胜过胡适。无论是幼年的传统文化基本功，还是海外求学的经历，陈寅恪都要扎实、深厚、丰富得多。但陈寅恪是完全理解并高度认可胡适做学问的方式的。

倡导白话文

胡适之所以很早就出名，不是因为他这套“实用主义”的方法论，而是因为他极力倡导白话文。他在中国公学求学时，就在《竞业旬报》上发表了不少白话文文章。等他到了美国后，参加了由中国学生会组织成立的“文学科学研究部”，胡适是文学部的委员，与他同为委员的是在康奈尔大学主修物理的赵元任。他们俩经过讨论，决定把“中国文字的问题”作为当年文学部的论题。

胡适在当年的讨论会上写了一篇名为《如何可使吾国文言易于教授》的文章。胡适在这篇文章中指出，中国的文言文比较晦涩，要有一套合理的教学方法，要把标点符号加上。此时，胡适还没有旗帜鲜明地倡导白话文。

因为早有白话文写作的经验，胡适在讨论中不断提出：“白话是活文字，古文是半死的文字。”在场的不少同学反对胡适的观点，从西北大学毕业、准备赴哈佛大学深造的梅光迪（学衡派创始人，中国首位留美文学博士）就参与了这次交流会，他尤其反对胡适的说法。

梅光迪离开时，胡适写了一首长诗《送梅觐庄往哈佛大学诗》，其中有如下诗句。

梅生梅生毋自鄙！神州文学久枯馁，百年未有健者起。新潮之来不可止，文学革命其时矣！吾辈势不容坐视，且复号召二三子，革命军前杖马箠，鞭笞驱除一车鬼，再拜迎入新世纪。以此报国未云菲，缩地戡天差可儗。

梅生梅生毋自鄙！作歌今送梅生行，狂言人道臣当烹。我自不吐定不快，人言未足为重轻。

胡适是半开玩笑半认真，不想这首诗引起了轩然大波。胡适1915年9月18日在康奈尔大学写出了这首诗，当年的9月20日他就要去哥伦比亚大学报到了。当时不少朋友认为胡适喊出的“文学革命”的口号，乃狂言狂语。

胡适很无奈，面对大家的质疑，他没有时间一一解释，但他还是希望得到大家的理解，于是在火车上认认真真地写了一首诗赠予朋友们。

诗国革命何自始？要须作诗如作文。
琢镂粉饰丧元气，貌似未必诗之纯。
小人行文颇大胆，诸公一一皆人英。
愿共谋力莫相笑，我辈不作腐儒生。

这首诗有态度、有方法，开头两句就表明写诗要像写文章一样直白通俗，不要过分雕饰。在诗的末尾，他还请大家不要取笑自己，希望同大家一起努力革新，不做腐儒。

胡适的想法并非空想，他认为宋词之于唐诗，最大的进步就是变得更贴近日常语言，打破了六朝以来的声律约束。我个人就特别喜欢这种类型的宋词。

比如苏轼的《临江仙》："夜饮东坡醒复醉，归来仿佛三更。家童鼻息已雷鸣。敲门都不应，倚杖听江声。"

又如辛弃疾的《西江月》："稻花香里说丰年，听取蛙声一片。七八个星天外，两三点雨山前。"

再如李清照的《声声慢》："寻寻觅觅，冷冷清清，凄凄惨惨戚戚。乍暖还寒时候，最难将息。三杯两盏淡酒，怎敌他、晚来风急！雁过也，正伤心，却是旧时相识。满地黄花堆积，憔悴损，如今有谁堪摘？守着窗儿，独自怎生得黑！梧桐更兼细雨，到黄昏、点点滴滴。"

宋词之所以动人，很大程度上源于这种日常词句形成的不经意的节奏美。

梅光迪后来在哈佛大学读到胡适的这首诗，依然认为胡适提出的"作诗如作文"的说法非常不妥。梅光迪的意思是，诗有诗的韵味，不是白话文能替代的。他在给胡适的回信中写道："足下谓诗国革命始于'作诗如作文'，迪颇不以为然。诗文截然两途。诗之文字与文之文字，自有诗文以来，已分道而驰。"

当时不少朋友都赞成梅光迪的意见。胡适又给朋友们写了一封信解释："今日文学大病在于徒有形式而无精神，徒有文而无质，徒有铿锵之韵，貌似之辞而已。今欲救此文胜之弊，宜从三事入手：第一，须言之有物；第二，须讲文法；第三，当用'文之文字'时，不可避之。三者皆以质救文胜之弊也。"

胡适的核心意思是：写文章就应该言之有物，古文最大的弊端是"有文而无质"。对于胡适的这个主张，当时在美国留学的很多青年学生是认可的。

胡适在不断的讨论中，愈发坚定了自己的想法。他认为自己倡导的文学革命是大势所趋。他在一篇文章中写道，中国古典文学数千年来经历了六次革命。

文学革命，在吾国史上，非创见也。
即以韵文而论：三百篇变而为骚，一大革命也。
又变为五言七言之诗，二大革命也。
赋之变为无韵之骈文，三大革命也。
古诗之变为律诗，四大革命也。
诗之变为词，五大革命也。
词之变为曲，为剧本，六大革命也。
何独于吾所持文学革命论而疑之！

胡适认为自己所倡导的，正是**中国第七次文学革命**。写完这篇文章，胡适情绪高涨，感觉七经八脉都打通了，于是又做了一首《沁园春·誓诗》。

更不伤春，更不悲秋，以此誓诗。
任花开也好，花飞也好，月圆固好，日落何悲？
我闻之曰："从天而颂，孰与制天而用之？"
更安用，为苍天歌哭，作彼奴为！
文学革命何疑！且准备搴旗作健儿。
要前空千古，下开百世，收他臭腐，还我神奇。
为大中华，造新文学，此业吾曹欲让谁？诗材料，有簇新世界，供我驱驰。

词句间，一个舍我其谁的革命旗手形象已然显现。

在胡适不断完善自我理论的时候，不少人仍坚持认为，作文可以用白话文，但写诗必须用古文，白话文作诗没有古文的意境与韵味。

胡适认为，既然是革命，那就要彻底。无论如何，死文字是产生不了活文学的。若要创造一种活的文学，必须有活的工具。已经诞生的白话小说、词曲，都可证明白话文最配作中国活文学的工具。我们必须先把这个工具抬高起来，使它成为公认的中国文学工具，使它完全替代那半死的或全死的老工具。有了新工具，我们方才谈得了新思想、新精神。

胡适认为，别人对白话文的怀疑，不仅是对于白话诗的局部怀疑，还是对于白话文学的根本怀疑。在他们心里，诗与文是正宗，小说、戏曲是旁门左道。他们不承认白话诗文，其实是在不承认白话文可作为中国文学的唯一工具。

1916年7月26日，胡适给好友任叔永写了一封长信。在信的结尾，他表示自己从此不再用文言文写诗，他要用行动去证明自己的主张。

此时的胡适是孤单寂寞的，因为赞成他的人太少了，他那首白话文诗《蝴蝶》就是在这一时期写的。

两个黄蝴蝶，双双飞上天。
不知为什么，一个忽飞还。
剩下那一个，孤单怪可怜。
也无心上天，天上太孤单。

这首诗原名是《朋友》，胡适显然是在表达自己孤单的心情。但这首诗写得确实不好，在《新青年》发表后，引来了一片冷嘲热讽。但胡适自己觉得无伤大雅，他把自己写的白话文诗编辑成册，取名为《尝试集》。

1916年8月19日，胡适给好友朱经农写了一封信，把自己一年多来倡导文学革命的思想作了一个框架性的总结，他在信中这样写道。

对新文学之要点，约有八事：一曰须言之有物；二曰不摹仿古人；三曰须讲文法；四曰不作无病之呻吟；五曰务去烂调套语；六曰不用典；七曰不讲对仗；八曰不避俗字俗语。

胡适这么一写，就有了革命口号的味道。

胡适的主张，在留美学生的圈子里被熟知，但也没有掀起多大的波澜。胡适在1916年10月给在国内的陈独秀写了一封信，将自己所倡导的“对新文学之要点”的八条写了进去。陈独秀1915年在上海创办《新青年》杂志，被认为是新文化运动的开端。陈独秀读了胡适的信，如获至宝，觉得胡适的见解非常有革命精神，他请胡适写一篇文章寄回国内发表。

胡适觉得自己终于找到了志同道合的人，他赶紧动笔，那篇被誉为“今日中国之雷音”的《文学改良刍议》横空出世。

在留美学生圈子里，在文学革命这件事情上，胡适属于激进派；可跟国内的革命家陈独秀比起来，胡适还是显得小心翼翼了。

《文学改良刍议》被陈独秀刊登在1917年1月的《新青年》上。陈独秀还专门为胡适写了一篇摇旗呐喊的文章《文学革命论》，在国内正式提出“文学革命”的口号。

文学革命之气运，酝酿已非一日。其首举义旗之急先锋则为吾友胡适。余甘冒全国学究之敌，高张“文学革命军”之大旗，以为吾友之声援。旗上大书特书吾革命三大主义。

曰：推倒雕琢的、阿谀的贵族文学；建设平易的、抒情的国民文学。

曰：推倒陈腐的、铺张的古典文学；建设新鲜的、立诚的写实文学。

曰：推倒迂晦的、艰涩的山林文学；建设明了的、通俗的社会文学。

陈独秀知道，胡适这篇文章一出，肯定会招来一众守旧派学究的谩骂，他高举旗帜声援胡适，毕竟那时候没几个人听说过胡适的名字。

《文学改良刍议》一经刊登，果然引起轩然大波，批评之声四起。胡适虽然身在美国，也能感受到国内的情绪。胡适给陈独秀写了一封信，信中这样写道。

此事之是非，非一朝一夕所能定，亦非一二人所能定。甚愿国中人士能平心静气与吾辈同力研究此问题。讨论既熟，是非自明。吾辈已张革命之旗，虽不容退缩，然亦决不敢以吾辈所主张为必是，而不容他人之匡正也。

大意是愿意接受大家的批评指正，欢迎大家广泛讨论。相较于胡适的温和态度，陈独秀的态度则十分坚决，他把自己声援胡适的文章也登在了《新青年》上。

鄙意容纳异议，自由讨论，固为学术发达之原则，独至改良中国文学当以白话为正宗之说，其是非甚明，必不容反对者有讨论之余地；必以吾辈所主张者为绝对之是，而不容他人之匡正也。盖以吾国文化倘已至文言一致地步，则以国语为文，达意状物，岂非天经地义？尚有何种疑义必待讨论乎？其必欲摈弃国语文学，而悍然以古文为正宗者，犹之清初历家排斥西法，乾嘉畴人非难地球绕日之说，吾辈实无余闲与之作此无谓之讨论也。

陈独秀义正词严地表明，以白话文改良中国文学，这么明了的道理不容讨论，更不容反对。

1917年，时任北京大学校长的蔡元培邀请陈独秀到北京大学教书，任文科学长，《新青年》杂志随迁到北京。陈独秀一到北京大学，便立刻写信邀请胡适回国，到北京大学任教。

当时胡适只有二十六岁，正在完成博士论文。胡适的博士论文题目是《先秦诸子之进化论》。胡适1917年6月参加论文答辩，参与论文答辩的教授基本不懂中国哲学。胡适的导师杜威因为名气太大、事务太多，胡适那篇九万多字的论文，杜威没怎么看，胡适的答辩没有通过，但他已经答应陈独秀到北京大学任教，当年7月就仓促回国了。也就是说，陈独秀请回来的留美博士胡适，并没有拿到博士学位。

客观来看，胡适的那篇博士论文是合格的。胡适的代表作《中国哲学史大纲》，就是基于这篇论文写出来的。杜威两年后来中国讲学，知道了胡适那篇文章的影响力，也觉得对不住胡适。

目睹竞选

胡适在美国留学七年，亲眼见证了1912年和1916年的两次总统大选，这对胡适的政治观产生了巨大影响。1912年美国总统大选期间，胡适在康奈尔大学选修了一门政治系的课程，授课教授名叫塞缪尔·奥兹（Samuel P. Orth）。他要求班上的学生订三份不同的报纸，这三份报纸分别支持三位不同的总统候选人。《纽约时报》支持托马斯·伍德罗·威尔逊（Thomas Woodrow Wilson），《纽约晚报》支持西奥多·罗斯福（Theodore Roosevelt），《纽约论坛报》支持威廉·霍华德·塔夫脱（William Howard Taft）。

奥兹教授让学生们订阅三个月的报纸，每天把三份报纸都读一遍，做好摘要。此外，他要求学生们把四十八个州涉及违法的选举事件梳理出来，这门课的作业就是学生各自的摘要与总结。

奥兹教授建议学生们选择一个自己支持的对象，这样就会对选举的过程更加上心，情绪也会被选举的进程调动起来。

不得不说，这个授课方式有其独到之处。胡适多年后回忆起来，依然觉得奥兹教授是最好的老师。

胡适当时支持的是罗斯福，最终，威尔逊以微弱优势当选美国第28任总统。1916年的美国总统大选，胡适对美国了解得更多了，他转而支持威尔逊。这一次总统竞选，威尔逊顺利连任。

真正对胡适的政治观有巨大影响的，是他看到的美国民众对投票选举的态度和参与政治的热情。1916年，他与同学卢锡荣租住在一间小公寓里，他们请了一位阿姨每周帮他们做一次房屋保洁。胡适问那位阿姨支持谁，那位阿姨说，他们的选区全都反对威尔逊，因为威尔逊在妻子去世后不到一年就再婚了。

不久后，胡适参加了一次餐会，当时的斯坦福大学校长也在。大家讨论到选举投票的话题时，这位校长说他纠结了很久，才把票投给了威尔逊。大家期待他会说出什么有深度的见解，没想到他只是说："我原来在普林斯顿大学教书，所以深知威尔逊的为人。在他做普林斯顿大学校长时，他居然给一位教授的夫人送花！"

1915年，美国总统大选前夕，美国民众走上街头，争取妇女的选举权。胡适看到导师杜威及他的夫人也在游行队伍里。当时杜威已经誉满学界，但仍坚持以参与群众运动的方式表达立场。

这让胡适觉得，保洁阿姨与大学教授、知名学者在对投票选举总统的考量上，不见得有什么天差地别的区别。更重要的是，这让胡适建立了自己的民主观——不要把民主说得多么高大上，它就是民众的生活方式，就是大家依照自己的真实意愿，表达观点和诉求的生活方式。

胡适说他对美国政治的兴趣和研究，以及在学生时代所目睹的两次美国总统大选，对他后来对中国政治和政府的关心，有着决定性的影响。

容忍比自由更重要

1917年9月10日，二十六岁的胡适就任北大教授，这在当时学界是轰动性的事件，因为胡适实在是太年轻了。陈寅恪比胡适大一岁，这年年末才去哈佛大学学习印度哲学和梵文，还有近十年的漫漫求学之路要走。

胡适入职时，因为自带名人效应，日常工作安排得相当紧。一方面，他得上课；另一方面，陈独秀邀请他参与《新青年》杂志的编务工作，还要时不时地在《新青年》上发表推动文学革命的文章。1918年年初，胡适与陈独秀、李大钊、钱玄同、高一涵、沈尹默六个人轮流担任《新青年》的编辑，胡适同时还是《北京大学日刊》的编辑。

1919年5月4日，五四运动爆发，《新青年》杂志成为青年学子们心目中的理论阵地。鲁迅的《狂人日记》就是这年5月在《新青年》上发表的。

胡适回国后，追捧他的人不少，但骂他的人更多，尤其是那些有着深厚国学功底、反对白话文的大师，国学泰斗章太炎就觉得胡适名不副实。胡适的《中国哲学史大纲》一出版，就毕恭毕敬地送去给章太炎看。章太炎觉得胡适哪配谈哲学，他连哲学的“根”都没有。

章太炎还真有批评胡适的底气，鲁迅、钱玄同、刘半农等一批文坛巨匠，都是他的学生。慈禧太后在世时，他都敢骂；袁世凯称帝后，他追到总统府去骂。

但批评胡适最卖力的还是章太炎的弟子黄侃。黄侃自幼聪颖，有神童之名，后来拜在章太炎门下，在“狂”这方面比之章太炎是有过之而无不及。

胡适回国的前一年，陈独秀被蔡元培请来北京大学做文科学长。在休息室，一众教授同陈独秀寒暄，表示欢迎他的到来。校长蔡元培也在，黄侃走过去，瞥了一眼陈独秀，当着众人面说：“好热闹，区区一个桐城秀才，也需要如此兴师动众？”说罢，拂袖而去。

黄侃本就反对白话文，现在见二十六岁的胡适居然敢来北京大学当教授，所以很长一段时间里，黄侃讲课之前，先骂胡适一通。

胡适刚到北京大学时，讲哲学史，直接略过三皇五帝的篇章，从西周开始讲起。胡适觉得三皇五帝都是传说，没法按照实用主义的逻辑进行考据，不如不讲。

很多老师和学生觉得胡适没文化，想反对他。当时的学生代表傅斯年带着几个同学专门去听胡适的课，原本是想在课堂上为难一下胡适，没想到一听就入迷了，对胡适的治学方法很是佩服，甚至同胡适的关系越来越好。

傅斯年本来是黄侃非常喜欢的学生，黄侃见傅斯年竟然被胡适的“歪门邪道”吸引去了，对胡适的意见就更大了。

有一次，黄侃在课堂上给学生讲古汉语的高明，突然想起胡适提倡白话文，就气不打一处来，对学生们说：“如果胡适的太太死了，他的家人打电报得这么说：‘你的太太死了！赶快回来吧！’总共十一个字。要是用文言文写，四个字就够了：‘妻丧速归。’省了约三分之二的电报费。”

胡适当时出版了两本书《中国哲学史大纲》和《白话文学史》，但这两部书都只写了上半部，没写下半部。黄侃在课堂上说胡适是“著作监”，学生没明白啥意思，黄侃解释道：“监，就是‘太监’的意思，胡适写书只有上面，没有下面，不是太监？”

对于黄侃咄咄逼人的调侃甚至谩骂，胡适从不骂回去。胡适的心法是“容忍比自由更重要”，而且胡适对黄侃的学问也是打心底里佩服。

客观来看，胡适的学问确实不及当时的大家。他不是梁启超、李叔同那样的天才，他只能说是聪明、肯用功。而且做学问这件事，需要时间的沉淀，而胡适成名太早，被太多的事务分了做学问的心。其实上述这些情况，胡适自己是知道的，所以他每天都尽量抽出时间来读书，尽量让自己在做学问的深度上向大家们靠近。

少谈些主义，多研究些问题

胡适被公认为新文化运动的引领者之一，但胡适对于学生运动是明确表示反对的。他认为学生就要把精力放在学习上，要让自己成为对国家有用的人。本来对胡适很欣赏的鲁迅，就是从这时候开始批评胡适的。

1919年5月4日，胡适的导师杜威在上海访学。同年5月7日，上海举行了青年学生的大集会，胡适赶过去参与了一下。亲身体验后，胡适依然不赞成这样的学生运动。

1920年5月4日，胡适应邀写了一篇五四运动周年纪念的文章《我们对于学生的希望》，文章是胡适与蒋梦麟合写的，但能清楚地分辨出哪些是胡适的观点。文章肯定了学生运动的精神，但强调说：“以罢课为武器进行斗争，对敌人毫无损害，对学生却有三大危害：有些人自己不敢出面，却躲在人群中呐喊，从而助长了依赖群众的懦夫心理；罢课时间一长，有些人就会养成逃课的习惯；经过这场运动，有些人可能养成盲目从众的行为模式。”

文章还指出："荒唐的中老年人闹下了乱子，却要未成年的学生抛弃学业，荒废光阴，来干涉纠正，这是天下最不经济的事。"

这期间，胡适高喊出**"少谈些主义，多研究些问题"**。

这句话是理解胡适思想和立场的一个切入点。在胡适看来，大家大谈特谈各种主义，就是在给自己认为对的主张找个理论依据，而且一旦形成主义，就有排他性，就容易走极端，就不能包容别的有价值的观点。与其这样，不如静下心来好好研究具体问题。从具体问题出发，去寻找切实的解决方案，不要被所谓的主义裹挟。

胡适的这一思想，是实用主义方法论的延续。毛主席在北京大学图书馆短暂地待过一段时间，还旁听过胡适的课，也同胡适当面交流过，毛主席对胡适的观点高度认可。在胡适发表《多研究些问题，少谈些主义》一文后，毛主席办了一个"问题研究会"，列出了一系列要研究的问题。

某种程度上讲，当时毛主席之所以非常坚定地留在国内，回到湖南去做农村调研，踏踏实实地思考中国本身的问题，是受胡适启发。本来毛主席是要同大家一起出发去法国的，但他临时决定不去了，他说："我觉得我们要有人到外国去，同时也要有人留在本国，研究本国的问题。我觉得关于自己的国家，我所知道的还很少，假使我把时间花费在本国，则对本国更为有利。"

毛主席回到长沙后，写信同胡适交流，胡适很赞同毛主席的想法，还在自己办的杂志上转载了毛主席的文章。

这不是怕，这是尊重

胡适从1917年9月10日入职北京大学，到1926年7月22日辞职，这九年间在北京过得相当不错。他初入北京大学，月薪就有二百六十块大洋，没过几个月又涨到二百八十块大洋，这应该是当时北京大学给教授的最高待遇了。胡适入职北京大学一年多后，毛主席来到北京大学图书馆做管理员，一个月只有八块大洋。

在北京安顿下来后，1917年年底，胡适就回老家安徽结婚了。亲事是胡适十三岁离开家乡时母亲给他定下的，女子名叫江冬秀，比胡适大一岁，是个裹小脚的传统女性，只读了几年私塾，识得几个字而已。

胡适与江冬秀的婚姻，被称为“民国七大奇事”之一。按说两个人文化水平、眼界见识相差太远，怎么看都不像是能过一辈子的夫妻，但两人的婚姻居然一直维持到老。胡适与江冬秀一生育有两子一女，还算恩爱。张爱玲就曾说：“他们是旧式婚姻中罕有的幸福的例子。”

胡适完婚后就离开了家乡，他本想把母亲和妻子都接到北京生活，但母亲体弱多病，不愿北上，江冬秀便留在老家照顾婆婆。婚后第二年，她来到北京为胡适主持家务。

江冬秀虽然是传统女性，但她并不腼腆、胆小、深居简出。她出身安徽旌德县的望族，外祖父曾位至翰林。她本人性格泼辣，有魄力，有才干，遇事能决断，而且幽默。据唐德刚说，江冬秀还曾用铅笔写过一部自传，并带到纽约请他看，虽然错别字很多，但却生动地叙述了她的人生。

胡适虽然收入不低，但对于需要接济的朋友、学生，他从来都是仗义疏财。青年诗人汪静之在北京生活窘迫，胡适多次接济他。后来汪静之离开北京到上海办诗社，没钱了就给胡适写信借钱，胡适从不拒绝。

1920年，国民政府突然停了正在哈佛大学留学的林语堂的助学金，胡适给他每个月寄去四十美元的费用，说是北京大学对他的资助，前前后后的资助金折合两千大洋。后来林语堂来到北京大学任教，找到校长蒋梦麟，想要还上这笔钱，蒋梦麟这才将实情告诉他，这笔钱是胡适自掏腰包资助你的。林语堂备受感动，他赶紧登门拜访胡适，把钱还上。

实际上，胡适自从结婚后，钱主要由江冬秀管。胡适实在太忙了，没时间管理家庭财政。江冬秀对胡适的仗义疏财给予全盘支持，没有半分抱怨，自己则勤俭持家、精打细算。她没有让自家的院子像其他文化人家的院子那样，种些花花草草，她秉持实用主义，种些蔬菜，胡适也乐见其为。

胡适喜欢喝酒，江冬秀总担心他喝多。在胡适四十岁生日的时候，江冬秀送给胡适一枚戒指，上面刻着两个字——戒酒。

胡适一直戴着这枚戒指，每每遇到人家敬酒、盛情难却的情况时，胡适就把戒指拿给大家看，说夫人叮嘱，不能喝酒。后来有人说胡适怕老婆——这哪里是怕，这是尊重。

片面认识

胡适于1926年从北京大学离职，他先是到英国访学，而后到美国哥伦比亚大学处理博士论文的善后事宜。1927年年底，胡适回到上海，与徐志摩等人开办了新月书店，紧接着又创办了《新月》杂志社，聚集了一批自由主义文化人士，如徐志摩、林语堂、梁实秋等。鲁迅当时正在与他看不惯的人论战，对于新月社成员，他是挨个骂了个遍。

这期间，胡适在光华大学当过教授，在中国公学当过校长，还被选为美国退赔庚子赔款设置的中基会的董事。胡适隔三岔五地发表政治论文，代表文章有《人权与约法》《我们什么时候才可有宪法——对于建国大纲的疑问》等。

1928年，在蒋介石与宋美龄的婚礼上，胡适结识了蒋介石。

1930年年底，蒋梦麟就任北京大学校长，邀请胡适回到北京大学，担任文学院院长，胡适欣然接受。

就在1930年的7月，发生了轰动一时的学案——胡梁之争。

梁漱溟写信给胡适，质问道："大家公认中国的第一大仇敌是国际资本帝国主义，其次是国内封建军阀。您却认为不是，而是贫穷、疾病、愚昧、贪污、扰乱，这有什么道理？"

胡适在给梁漱溟的回信中写道："什么都归结于帝国主义，张献忠、洪秀全又归咎于谁？鸦片固由外国引进，为何世界上长进的民族不蒙其害？今日满天满地的罂粟，难道都是帝国主义强迫我们种的？帝国主义扣关门，为何日本借此一跃而起，成为世界强国？"

帝国主义、封建军阀的确应该受到抨击，但胡适没有在这个层面上发表太多观点，他试图透过现象看本质：中国落后挨打是结果，而造成这种结果的原因是全体国民受教育程度普遍较低，"是贫穷、疾病、愚昧、贪污、扰乱"。

鲁迅不遗余力地揭露国民的劣根性，只有正视这个问题，才能让更多的国人觉醒。在这一点上，胡适与鲁迅是一样的。

人是经验的产物，胡适的"美国经验"显然是片面的。在胡适的晚年，一向敬重他的学生唐德刚就表达过这样的观点：胡适在美国接触到的现实并不完整，他一辈子都不知道美国的另一面，他看到的"更多的是西方文化的长处，忽略了它的问题和缺陷”。

事实上，胡适在美国接触的一直是上层社会的生活。胡适在美国留学的那几年，身份是公派留学生，一个月可获得八十美元的生活费，而且学杂费全免。胡适当年可是与宋子文住在同一栋楼里。

唐德刚是1948年来美国留学的，他租住在贫民窟里，到处打工挣生活费，一天工作十二个小时是常态。后来唐德刚做了哥伦比亚大学的教授，他对美国社会的认识要比胡适全面、客观。

梁启超流亡日本后没多久，康有为叫他来美国。梁启超怀着对西方世界的美好幻想去了美国，但抵达美国后发现，美国社会远没有想象中那么好，底层民众也饱受压迫，而且当时美国的排华情绪很强，梁启超很快就对西方世界祛魅了。

胡适在美国留学时，美国的排华运动还在进行，大量华裔移民遭到迫害，但这在胡适的文章里没有一丝痕迹。我们站在当下回望那段苦难的岁月，中国文化圈要都是胡适这样的人，肯定不行，当时确实需要能付出实际行动的爱国主义者、革命者。但胡适这样的人也不可或缺，因为中国需要学习西方的长处。如果一味强调西方的短处，就陷入故步自封的状态中了。因此，无论是过去还是现在，我们都要客观冷静地审视自我与外部世界，结合自身实际情况，取长补短。

出任大使

一直到1938年出任国民党政府的驻美大使之前，胡适的主要身份都是北京大学教授。任教北京大学期间，胡适的日子比较惬意。当时北京大学教授的月工资是六百银圆；胡适作为文化名人，还有高额的稿费收入。他住在北京景山后面的米粮库胡同四号院，邻居是陈垣、傅斯年、梁思成、林徽因等文化名流。

这一时期，胡适还以社会活动家的身份发表个人政见、写文章、做演讲，在国内和国际上都有影响力。

卢沟桥事变爆发时，胡适身在法国巴黎。1937年7月20日，他收到蒋介石发来的电报，希望他出任国民党政府的驻美大使。胡适不想答应蒋介石的邀请，因为他是作为一个学者型的旁观者，按照自己的意愿参与一些民间政治活动，如果做了国民党政府的驻美大使，那就成为国家公职人员了。他既没有政府从政经验，在言行上也不想受到限制。

但他的好友——国民党政府的驻法大使顾维钧和驻英大使郭泰祺相继来电，劝说他就任驻美大使。时任国民党政府行政院长的孔祥熙更是言辞恳切地说：“介公及弟甚愿借重长才，大使一职，拟由吾兄见屈。”这话说得很谦卑了，意思是蒋介石和老弟我都希望您屈才就任。

身边的朋友也认为国难当头，胡适不应该推卸责任。胡适思量再三，只好同意。他给蒋介石回电道：“国家际此危难，有所驱策，我何敢辞。惟自审二十余年闲懒已惯，又素无外交经验，深恐不能担负如此重任，贻误国家，故迟疑至今，始敢决心受命。”

紧接着，胡适给妻子江冬秀写信说明情况，因为江冬秀一直以来都劝诫胡适不要涉足官场，好好做个学者。

胡适在信中写道：“我在这十几天里，遇见了一件‘逼上梁山’的事。我二十一年做自由的人，不做政府的官，何等自由！但现在国家到这地步，调兵调到我，拉夫拉到我，我没有法子逃，所以不能不去做一年半年的大使。我声明做到战事完结为止，战事一了，我就仍旧教我的书。”

胡适在日记里写道：“二十一年的独立自由的生活，今日起，为国家牺牲了。”

蒋介石委派胡适出任国民党政府驻美大使，这个决定是经过深思熟虑的。当时中国需要美国的支持，胡适在美求学期间，积极参与各种社会活动，到处演讲，在美国是有不少朋友的，美国人对他的印象也不错。

美国社会得知胡适出任国民党政府驻美大使的消息后，《纽约时报》立即发表社论，表示欢迎胡适的到来：“他是言行一致的哲学家，他的外交必定是诚实而公开的。他将作出很大的贡献，使中美两国人民既有的友好关系更加增进。”

胡适就任大使后，对国民党政府驻美使馆的同事说：“我是明知国家危急才来的。国家越倒霉，越用得着我们。我们到国家太平时，才可以歇手。”

胡适在送给朋友的一张照片上写了一首小诗。

偶有几茎白发，心情微近中年。
做了过河卒子，只能拼命向前。

日本知道胡适出任国民党政府驻美大使后，表现得非常紧张，他们知道胡适在美国的巨大影响力，也清楚国民党政府的意图。胡适在1935年就公开发表过这样的言论："我们要想打败日本，必须把美国人给拉进来。"

日本赶紧调整驻美班子，派了三名大使去美国，据说个顶个都是外交高手。

胡适清楚自己的使命主要有三个。

第一，让美国知道日本的恶行，争取西方国家的同情。

第二，争取美国在经济上的实际支持。

第三，最好能说服美国参加二战。

胡适不是一个政治家，他没有太多的政治手腕，他只是拼了命地在美国到处演讲，把他的主张尽量让更多人知道，争取尽量多的美国人的支持。据统计，胡适担任驻美大使的这四年间，公开演讲超过四百场，行程数万公里，足迹遍布美国各个州。胡适作为一国大使，经常是拿着一个小包独来独往，奔波在美国各大城市和高校之间。有一次因为过度劳累，演讲结束后，他的心脏病复发，险些丧命。妻子江冬秀在国内得知消息后，万分着急，要求胡适尽快辞职。

胡适写信开导江冬秀说："我是为国家的事来的，吃点苦不要紧。我屡次对你说'留得青山在，不怕没柴烧'，国家是青山，青山倒了，我们的子子孙孙都得做奴隶。"

时任美国总统的罗斯福与胡适是哥伦比亚大学的校友，罗斯福算是胡适的学长，与胡适私交不错，他多次邀请胡适到白宫会谈。胡适在同美国高层会谈时不断强调，日本的扩张野心迟早会威胁到美国，你们不参战，迟早会被日本先下手为强——后来果然被他说中了。

从结果上看，胡适出任国民党政府驻美大使，应该算是完成了使命。胡适协助国民党政府拿到了美国一亿七千万美元的借款，美国朝野上下都知道东方古国的四万万人民正在遭受苦难。

1941年12月7日，日本偷袭珍珠港。胡适觉得，自己的使命终于完成了。只要美国参战，就会加速日本的战败。

但后来很多人说胡适担任国民党政府驻美大使期间，是完全不称职的，他纯粹是借公务之便沽名钓誉，因为胡适的三十六个博士头衔，有二十七个是在此期间获得的。

持这种看法的人，依据主要来源于蒋介石的这段评价："胡适乃今日文士名流之典型，而其患得患失之结果，不惜借外国势力，以自固其地位，甚至损害国家威信而亦在所不惜。彼使美四年，除为其个人谋得名誉博士十余位（蒋介石并不清楚胡适究竟获得了多少个博士头衔）以外，对于国家与战事毫无贡献，甚至不肯说话，恐其获罪于美国，而外间犹谓美国之不敢与倭妥协，终至决裂者，是其之功，则此次废除不平等条约以前，如其尚未撤换，则其功更大，而政府令撤换更为难矣！文人名流之为国乃如此而已。"

如果胡适真的如蒋介石所说，只顾个人名誉，完全不肯为国家说话，甚至不惜损害国家的利益，那么无论怎样骂他，他都不冤。但蒋介石这番话说得很不实在，而令蒋介石对胡适产生这种看法，很大一部分原因出在宋子文身上。

1940年6月，宋子文以蒋介石私人代表的身份来到美国，主要目的是继续向美国借款。此时美国还是中立国，签署了中立法案，原则上不能有任何政治性贷款。胡适到任后，通过与美国财政部的反复沟通，已经贷了几千万美元。宋子文这趟过来，希望能贷得更多的款，胡适义不容辞地继续沟通争取。

但宋子文来到美国之后，完全就是钦差大臣的架势，进入使馆后，俨然他才是大使一般。最初有事还同胡适商量，后来干脆自己做主了。蒋介石发来的电报，也不给胡适看，而是自己直接做裁定，胡适被架空了。

宋子文以批评的口吻对胡适说："国内有人说你讲演太多，太不管事了。你还是管管正事吧！"

1940年10月，宋子文致电蒋介石："欲得美国切实援助，非空文宣传及演说所得奏效，务面向各政要及各界不断活动……际此紧要关头，亟须具有外交长才者使美。"宋子文的意思，是换掉胡适。

胡适是知道这些事情的，但他一向是君子做派，不愿与人争长短，他依然全力以赴地协助宋子文争取贷款，最终竟然完成了一亿美元的贷款。胡适继续按照自己的思路推进工作，到处演讲，游说美国高层。

1942年年初，英国首相丘吉尔访美，他发现中国在相当多的美国人心中有着极其重要的地位，甚至在美国上层也是如此。丘吉尔抱怨道："美国人竟然把中国看作几乎同英国相等的参战大国。"

二战结束多年以后，美国历史学家查尔斯·比尔德（Charles A. Beard）

说："二战期间，日美两国交恶，一个很重要的原因就是胡适做了中国的驻美大使。"比尔德的话，从侧面肯定了胡适的外交成果。

再看一个对比，我们就能明白为何宋子文在蒋介石那里诋毁胡适。胡适是一个具有强烈家国情怀的人，他也拥有传统中国文人的风骨。他看到国家正在受难，出使美国期间，他主动提出不拿薪水，出差在外住最便宜的旅馆，生活极为简朴。胡适想的是：省下的每一分钱，都是在为抗日战争出一份力。

反观宋子文，完全是国民党官僚作风，公费开支还只是一方面，更要命的是，他仗着自己是蒋介石的大舅子，把家国混为一谈，从中谋取私利。胡适的包容性再强，在原则问题上，他还是一定要管的。后来宋子文一再对蒋介石说胡适不配合他的工作，诸君也就知道这是为何了吧？

国民党在1940年年底拿到了这笔一亿美元的贷款。在当时来讲，这是巨款。1943年，美国FBI对宋家在美国花旗银行的存款进行调查，结果是：孔祥熙妻子宋霭龄的存款为八千万美元；宋子文的存款为七千万美元；宋美龄的存款为一亿五千万美元——这还只是一家银行的存款。杜鲁门（Harry S. Truman）气得拍桌子大吼："孔宋豪门没有一个不是贼！"

我个人认为，评判一个政治人物，要看他的出发点和结果是谋私利，还是为国为民。从这个角度来讲，胡适的品行是无可挑剔的，他的遗产只有一百三十五美元。

1942年8月15日，胡适收到了免去他职务的电报。胡适并不觉得意外，他早就预料到了，他也多次对宋子文说："如果政府要更动驻美使节，我随时可走。"

当天胡适回电国民党政府："蒙中枢垂念衰病，解除职务，十分感激。"胡适的话是发自内心的，当时美国已经参加二战，他认为自己基本完成了使命，不愿再同宋子文纠缠下去。

国家诤臣、政府诤友

胡适的志向是回归学术。卸任国民党政府驻美大使之职后，胡适旅居纽约，专心治学。此后几年，胡适多次以学者身份代表中国参加联合国在教育、科学和文化领域的会议。

1945年9月，胡适被推选为北京大学校长。胡适就任北京大学校长后，蒋介石多次邀请他出任国民党政府委员，胡适都坚辞不受。

1948年年初，胡适差点当上国民党总统。当时在国民党内部，蒋介石虽然掌握主要权力，但依然有李宗仁等人站在他的对立面。蒋介石计划在1948年4月的选举中把胡适推上总统之位，而他自己做手握实权的行政院院长。胡适作为一个文人，没有什么军政根基，容易被控制。从现在被公开的蒋介石日记来看，他确实有此心思。但国民党内部绝大多数人反对，此事也就作罢了。

1948年12月15日，胡适离开北京。

1949年4月，胡适受中华民国政府委托，赴美寻求帮助。胡适抵达美国时，人民解放军已经渡过长江，国内大势已定，胡适作为国民党的代表，处处碰壁。

而后胡适长居美国，在美国的大学里讲学。他同妻子蜗居在纽约的一套公寓里，经济上比较拮据。

1954年，蒋介石邀请胡适赴台。蒋介石此时依然在筹划反攻大陆，他希望文化界人士能够多些有分量的人支持他。他聘请胡适为“光复大陆设计委员会”副主任委员，1957年又委任胡适为“中央研究院”院长。当时胡适还在美国讲学，一年后才回到台湾参加就职典礼。

胡适晚年一直往返于美国和台湾两地，在台湾参与了不少事务。表面上，胡适与蒋介石关系不错，但两人心知肚明，他们并非一路人。

1958年胡适就任“中央研究院”院长的典礼上，蒋介石致辞道：“胡适要带领‘中央研究院’，要担负起复兴民族文化之艰巨任务，配合当局早日完成‘反共抗俄’使命。”

胡适当即站起来说：“总统，您错了。”紧接着，胡适以学者的口吻逐一反驳蒋介石的发言，还特别强调学术与政治无关。

蒋介石在台下气得浑身发抖，回家后在日记中写道：“今天实为我平生所遭遇的第二次最大横逆。”

胡适去世半个月后，蒋介石在日记里写道：“胡适之死，对革命事业与民族复兴的建国思想而言，乃除去了障碍。”足见其对胡适是多么不待见。

在政治上，胡适对自己的定位是**“国家诤臣、政府诤友”**，这是什么意思呢？就是不会对政府唯命是从，觉得不对的、看不过去的，就要争一争。这就是胡适的自由主义政治观。这样的人，在当时的社会环境里，注定不会受当局的欢迎。胡适那么睿智博学，他当然知道，这就是“国家诤臣、政府诤友”的宿命。

我的朋友胡适之

1962年2月14日，在“中央研究院”院士评定会的宴会上，胡适很开心，多喝了几杯酒，席间突发心脏病，倒地离世，享年七十一岁。

政学两界有头有脸的人物都亲自前往吊唁，蒋介石也亲自前往并献上那副流传甚广的挽联。

新文化旧道德的楷模，旧伦理新思想的师表。

胡适出殡当天，台北市超过十万人自发前来送行。灵车经过之处，家家户户焚香祭奠。胡适任教北京大学时的学生、著名学者毛子水为胡适撰写了墓志铭。

这个为学术和文化的进步，为思想和言论的自由，为民族的尊荣，为人类的幸福而苦心焦虑，敝精劳神以致身死的人，现在在这里安息了。

我们相信，形骸终要化灭，陵谷也会变易，但现在墓中这位哲人所给予世界的光明，将永远存在。

毛主席在去世的前一年，审定自己的文集，在写到胡适时，给胡适的定位是**“非革命的民主派”**。此时胡适已经去世十余年，这可算是毛主席对胡适的盖棺论定。

不知诸君看到这里，是否仍会觉得胡适是一个“模糊的人”：政治立场不坚定，学问有，但博而不专，在民族危亡时刻，能够对愚昧落后的国民意识进行深刻反省，但对美帝国主义的警惕不够……

但这，可能就是真实、鲜活的胡适。

对于胡适的学问和政治观，后世的评价呈现两面性，甚至多面性。但胡适称得上“当世君子”，无论是在民国时期的北平，还是在纽约和台湾，都流行着这样一句话：“我的朋友胡适之。”胡适交朋友，不看出身门第，上至政界精英、学界泰斗，下至贩夫走卒，他都真心相待、以诚相交，其个人魅力是无穷的。

对于朋友、学生的困难，胡适总是鼎力相助，不求回报。除了林语堂外，对季羡林、吴晗、沈从文、罗尔纲、周汝昌、李敖等一众才俊，他都曾伸出过援手。

胡适帮助的人，并不限于“阳春白雪”的文人。

在胡适的追悼会上，一个皮肤黝黑、衣着朴素的年轻人站在一群知识分子和官员中间，格外显眼。他泪眼婆娑，难掩悲情。他名叫袁瓞，是台北街头一个卖芝麻饼的小贩。

袁瓞祖籍江苏清江，中华人民共和国成立前，当时正在读高二的袁瓞被国民党军队征召入伍，后来跟着国民党退到了台湾，在街头卖芝麻饼谋生。袁瓞曾经写信给胡适，请教不同政体到底有何区别，没想到胡适认认真真地写信答复，还邀请他到“中央研究院”做客。

胡适得知袁瓞鼻腔内有肿瘤，可能是癌症，却没钱治疗后，赶紧对袁瓞说：“台大医院院长是我的朋友，你去治疗，一切费用由我承担。”

胡适亲自给台大医院院长写信说：“这是我的朋友袁瓞，一切治疗费用由我负担。”

单从这一件事情就能看出，为什么那句“我的朋友胡适之”流传甚广了。

胡适自成名之日起，一直饱受诟病，他基本都是笑而不答。他在给好友杨杏佛的信中写道：“如果骂我而使骂者有益，便是我间接于他有恩了，我自然很情愿挨骂。如果有人说，吃胡适一块肉可以延寿一年半年，我也一定情愿自己割下来送给他，并且祝福他。”

在更早些时候，胡适在北京与鲁迅兄弟谈到《西游记》时说，第八十一难应该这样改才最符合佛教的精神：“唐僧取了经回到通天河边，梦见黄风大王等妖魔向他索命。唐僧醒来，叫三个徒弟驾云把经卷送回大唐。他自己念动真言，把想吃唐僧肉的冤魂都召请来。他自己动手，把身上的肉割下来布施给他们吃。一切冤魂吃了唐僧的肉，都得超生到极乐世界。唐僧的肉布施完了，他也修成了正果。”

放眼20世纪，能说出这番话的人，除了胡适，估计也就只有弘一法师了。我看完这样的话，会觉得自己哪有资格批评胡适先生。

如今不少人依然会从各种角度批判胡适，我想胡适先生如果还在世，他不仅不会反驳，很可能还会赞成。

参考文献

[1] 胡适口述. 胡适口述自传[M]. 唐德刚注. 北京：中国文史出版社，2020.

[2] 胡适自述[M]. 北京：清华大学出版社，2014.

[3] 胡适著. 胡适书信选[M]. 耿云志，宋广波编. 北京：外语教学与研究出版社，2012.

[4] 容忍与自由：胡适演讲集[M]. 北京：中国画报出版社，2013.

[5] 胡适的北大哲学课[M]. 北京：新世界出版社，2014.

[6] 再造文明：胡适随笔[M]. 北京：北京大学出版社，2009.

[7] 罗志田. 再造文明・胡适传[M]. 北京：中国社会科学文献出版社，2015.

[8] 朱文华. 说不尽的胡适[M]. 上海：上海远东出版社，2023.

[9] 唐德刚. 从晚清到民国[M]. 北京：中国文史出版社，2019.

[10] 郭大钧. 中国现代史探索[M]. 北京：北京师范大学出版社，2015.

[11] 范文澜. 中国通史[M]. 北京：人民出版社，2008.

[12] 孙之梅. 钱谦益与明末清初文学[M]. 济南：山东大学出版社，2010.

[13] 陈占彪. 胡适论议政的知识分子及其独立性[J]. 浙江师范大学学报，2008，3（1）：7-11.

[14] 芮秀珍. 胡适人格精神探究[D]. 重庆：西南大学，2012.

潘玉良
（1895—1977）

出身青楼 终成一代画魂

1912年，民国元年。这年深冬的一个夜晚，芜湖县城内最豪华的酒家的包房里灯火辉煌、觥筹交错，一场酒宴正在进行。芜湖商会会长做东，县城里有头有脸的生意人都在场。主宾座上，一脸英气的年轻男子，是新任海关监督潘赞化。

芜湖官绅们之所以如此重视这场酒宴，是因为他们希望潘赞化能够沿袭旧例，对他们的不法行径睁一只眼闭一只眼。但官绅们心里没底：现在是民国了，潘赞化是民国政府委任的官员，别看他年轻，他可跟着秋瑾、徐锡麟这些革命人士闹过革命，流亡日本多年，回国后又跟着孙中山先生闹革命。

酒席上，官绅们无非说些阿谀奉承的话，潘赞化初来乍到，也就随声应和几句，眼见着双方很难聊到一起。

商会会长说："潘大人，今天能请到您是我们的荣幸，我们特意招了芜湖县内色艺双绝的歌女前来助兴，给您弹唱一曲。"

说完，一个妙龄女子被领了进来。女子手抱琵琶，举手投足间明显透着拘谨。商会会长请潘赞化点曲，潘赞化只是说："你挑自己熟悉的弹唱就行。"

女子拨动琴弦，轻挑慢拢，一曲《卜算子》从她口中徐徐吟唱出来。

不是爱风尘，似被前缘误。花落花开自有时，总赖东君主。

去也终须去，住也如何住！若得山花插满头，莫问奴归处。

女子深情地唱了两遍，从始至终低眉拨弦，倒不像是唱曲儿给旁人听，更像是在诉说自己的心事。曲调凄婉，很难让人相信她是被叫来助兴的，但词曲传递出的无奈与悲凉打动了潘赞化，他不禁问道："你可知这是谁的词？"

女子长叹一声，小声答道："回大人，她是一个和我同样命运的人，南宋台州营妓严蕊。"

潘赞化说："看来你也是读过书的。"

女子答："大人，我没有读过书，只是听教唱的先生说过。"

女子抬头怯怯地看了一眼潘赞化，潘赞化也打量了一下她。

显然，潘赞化动了恻隐之心，商会会长这样精明的人物哪会看不出端倪，他觉得拿下潘赞化的突破口就在这名女子身上。

这名女子就是多年后闻名海内外的大画家潘玉良，而她人生中最重要的贵人，就是在这次酒宴上认识的潘赞化。两人的相遇，成了潘玉良传奇人生的分隔符。

辛亥革命前后，底层百姓在生死线上苦苦挣扎，他们长期遭受剥削与压迫，却连抗争的意识都没有，绝大多数人只是鲁迅笔下麻木的"看客"。但无论时代的夜空如何晦暗，总会有一些星星执着地散发着微光——那是率先觉醒的灵魂在暗夜中投射的希望，微弱却坚定。

潘玉良正是暗夜星河中的一颗星，其光芒源自不屈的灵魂与绚烂的画笔，在黑暗中勾勒出自由的形状。她跌宕起伏、极不寻常的一生，为我们展现了一个冲破时代禁锢的女性那抹特立独行的身影。

潘玉良虽然出身青楼，却被誉为"中国的女梵高"，她最终登上世界绘画艺术之巅，成为一代画魂。

她是第一个被卢浮宫收藏作品的中国人。

徐悲鸿说："当时的中国画坛，能够称得上'画家'的人不过三人，其中一位就是潘玉良。"

张大千称呼她为"玉良姐"，赞叹她"用笔用墨为国画正派"。

1959年，当时的巴黎市长将巴黎大学"多尔烈奖"颁给了旅居法国的潘玉良。这是该奖第一次授予女性艺术家——还是一位东方女性。法国一度禁止她的画作流出法国。

一个清末的青楼女子，最终能取得如此成就，本身就是一个传奇。潘玉良的一生若是被鲁迅写成小说，是能被收入小说集《呐喊》的。

坠入魔窟

1895年6月14日，扬州城中一户贫民家中，一个女孩出生了。这个孩子就是后来的潘玉良。据说她原名陈秀清，字世秀。

时代正发生着剧变，列强环伺，腐朽的清廷摇摇欲坠。但这些时局变化、国家大事实在不是陈秀清家该考虑的事。她的家处于社会的最底层，父母靠做些手工活维持生计。陈秀清出生时，家里还有一个大她十岁的姐姐。

扬州素有“淮左名都、竹西佳处”之称，又有“中国运河第一城”的美誉，但到了晚清，昔日的繁华都已暗淡下来。陈秀清的父母同那个时代的底层百姓一样，即便拼尽全力，也很难让一家人不饿肚子。

麻绳专挑细处断，厄运专找苦命人。陈秀清不满周岁时，父亲便病故了；两岁的时候，姐姐又死了，她成了母亲活下去的唯一希望。母亲刺绣做得好，夜以继日地给人干活，娘俩勉强能生活。陈秀清八岁那年，母亲也因积劳成疾不幸离世。

母亲临终前，将陈秀清托付给远在安徽的舅舅。陈秀清十四岁那年，舅舅说送她去芜湖学习刺绣。陈秀清很开心，自己小时候跟母亲学过一些基础。她觉得若能做一名绣工、挣钱养活自己，就是天底下最美好的事了。

陈秀清跟随舅舅到了芜湖，舅舅却将她领进怡春院，她这才知道舅舅是要将她卖到青楼里。原来舅舅嗜赌成性，欠了一屁股债，于是把亲外甥女卖了换钱。

从满怀希望到彻底绝望，不过短短几天时间。自己在这世上唯一的亲人，竟亲手将她推入魔窟。

陈秀清性格倔强，多次逃跑都被抓了回去，每次抓回去都免不了遭受一顿毒打，受尽折磨。见逃跑无望，陈秀清又想通过毁容甚至自杀来脱离苦海，但她是人家花钱买来的资产，哪能让她得逞。老鸨见陈秀清个性太强，加上年龄确实还小，便同意让她学习弹琴唱曲，还跟她说，你要是学得好，可以卖艺不卖身。

陈秀清在这样的环境里待了三年，这成了她后来抹消不掉的印记。

可能是陈秀清肯下功夫，也或许是她在艺术上确有天赋，经过不长时间的练习，陈秀清的琵琶弹唱在芜湖县城便小有名气。

这身技艺，应该是老天爷给陈秀清灰暗的少年时代开的一扇小窗。

命运的神奇之处

1912年冬，就到了开头的那一幕，陈秀清遇到了她人生中最重要的贵人——潘赞化。

潘赞化生于1885年，比陈秀清年长十岁。潘赞化六岁那年，父母双亡，他一直跟在祖父身边。在他出生时，祖父潘黎阁是李鸿章的重要幕僚，在李鸿章担任北洋通商大臣期间，曾做过很长一段时间的天津知府。潘黎阁因为看不惯清廷的腐败无能，在潘赞化十岁那年辞官归乡，潘赞化随祖父回到了安徽桐城老家。

潘赞化堂兄潘缙华比他大七岁，兄弟俩自幼生活在一起。作为书香世家的子弟，他们很早就萌生了革命救国的志向。1901年，兄弟俩与陈独秀共同成立了青年励志社，聚集了一大批爱国青年，讨论时局，倡导革命。青年励志社后来遭到清政府的查禁，兄弟俩与陈独秀一起流亡日本。潘赞化考入日本军事学校成城学堂，与蔡锷是同学，但因为近视，后来只能转学文科，还与陈师曾做过同学。

潘赞化在日本与蒋百里等人成立了中国青年会。他从1901年开始就一直在清政府的通缉名单上，但他多次乔装回国，参与筹划革命游行和刺杀活动。

1903年，潘赞化在日本见到了孙中山先生，加入了兴中会。1907年，徐锡麟刺杀安庆巡抚恩铭，潘赞化是参与者之一。那次事件闹得太大，潘赞化再次逃亡日本。国内打响辛亥革命的枪声后，潘赞化第一时间回到安徽老家，发动有志青年响应革命。

民国成立后，安徽都督柏文蔚派潘赞化担任芜湖海关监督。那时的财政部由北洋军阀控制，潘赞化没有将关税上交给财政部，而是汇寄到上海同盟会。不久，孙中山先生巡视芜湖，接见了潘赞化，赞扬了他的义举。

按说这样一个出身世家的革命青年，与出身卑微的青楼女子是不会有交集的，但这就是命运的神奇之处，苦命的陈秀清遇到了改变她命运的良人。

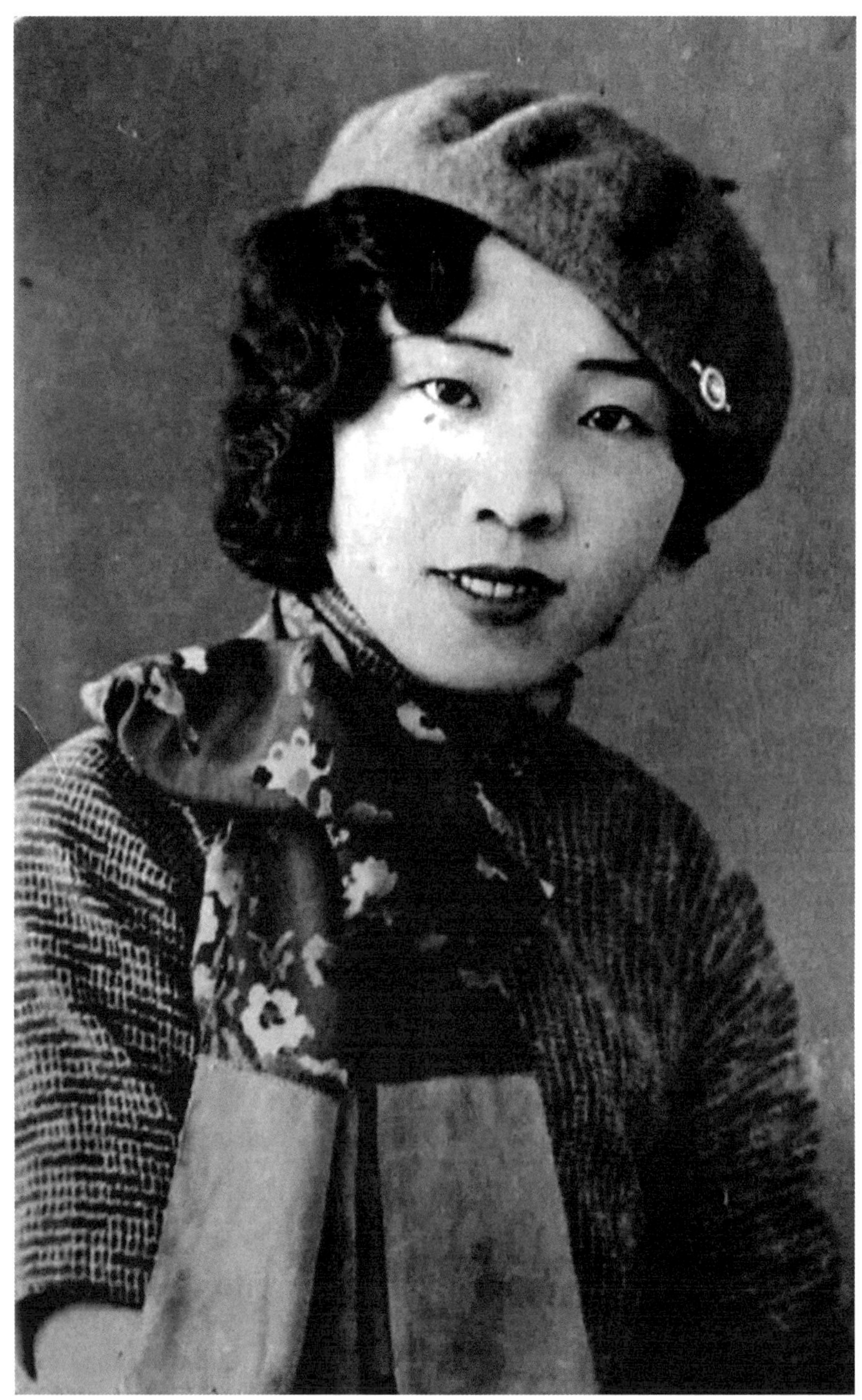

潘玉良

潘赞化

那次饭局结束后，商会会长连夜将陈秀清送到了潘赞化的住处。潘赞化当然知道他们的意思，他对陈秀清说，你回去吧。

陈秀清知道这可能是她脱离苦海的机会，就地跪倒，将自己的身世以及这些商人希望通过她来买通潘赞化的事情全都哭诉出来。她说，如果她就这样回去，遭受毒打都是轻的。潘赞化不知如何是好，只得先将她留下。潘赞化将她安排睡在卧室，自己则睡在书房。

后来潘赞化对陈秀清说，要不我给你赎身，你回扬州老家去吧。陈秀清倾慕潘赞化的为人，她恳求潘赞化将自己留在身边，为奴为婢都可以，自己老家已经没有其他亲人了，回去后肯定又被舅舅卖了。

就这样，陈秀清暂时留在了潘赞化身边。

但潘赞化不可能向当地官商妥协。他上任之后，亲自到各商行、货船巡查，凡是有违法乱纪、偷逃关税的，一律严惩。商会头目们觉得，既然拉拢不了他，就得想办法把他挤走。很快，报刊就发表文章，大肆抨击潘赞化，说他不理政务、沉迷女色，还将青楼女子留在府中多日。

潘赞化十分愤慨，他不吃商会头目们那一套，干脆为陈秀清赎了身，正式纳她为妾。潘赞化将事情经过和自己的决定告诉了陈独秀，陈独秀公开支持两人的婚姻，并担任他们的证婚人。陈独秀是潘玉良遇到的第二位贵人。

新婚当夜，陈秀清将自己的名字改为潘玉良，既是对潘赞化的感激，也是对过往的告别。

画画是信仰

尽管潘玉良只是妾室，两人的婚姻并未正式登记，但潘赞化仍以平等的态度对待她。潘赞化找来小学课本，教潘玉良读书识字。潘玉良天资聪颖，又格外珍惜这来之不易的学习机会，从没上过学的她领会起知识来，竟如洪炉点雪一般，令潘赞化对她刮目相看。

潘赞化只在芜湖待了不到一年，在此期间，安徽的政治环境不断恶化。孙中山因为宋教仁被杀，发动了二次革命，武力讨袁。安徽都督柏文蔚在首席秘书陈独秀的建议下，计划起兵响应，结果被手下出卖。手下将计划透露给袁世凯的大将段祺瑞，致使陈独秀被捕入狱，潘赞化的处境变得十分危险。

在潘赞化离开芜湖前的那段时间，潘玉良每晚都持枪为丈夫警戒。潘赞化晚年回忆起这段往事，说潘玉良是跟他参加过革命的，他还赋诗纪念。

长街民变逼陶塘，鼎革清廷兵马荒。
九道门前勤护卫，持枪值宿小戎装。

时局持续恶化。1913年年底，潘赞化偕潘玉良避居上海，结束了短暂的海关监督生涯。来到上海后，潘玉良遇见了她人生中的第三位贵人——洪野先生。

洪野是上海美术专科学校（以下简称上海美专）的老师，经常在院子里作画。作为邻居，潘玉良经常去看洪野作画，看了一段时间后，自己也尝试临摹起来。潘玉良确实天赋异禀，洪野看到潘玉良的习作后，很是吃惊，决定收潘玉良为学生。他慧眼识珠，知道潘玉良乃荆山之璞，一经雕琢，定成光彩夺目之器。

潘赞化来上海后不久，就投奔了蔡锷，继续他的革命事业。陈独秀建议潘赞化送潘玉良报考上海美专。时任上海美专校长的刘海粟力排众议，招收女学生，实行男女同校。据刘海粟回忆，潘玉良的推荐人就是陈独秀。

潘玉良人生中的第四位贵人就是刘海粟。刘海粟属于当时教育界的改革派，他不仅主张男女同校，还在上海美专开设了西方美术课程，向学生介绍西方的人体绘画，甚至聘用女性人体模特。

李叔同是中国第一位在学校开设人体模特写生课的艺术教育家，但他聘用的是男模特；中国第一位聘用女性人体模特的艺术教育家，正是刘海粟。

刘海粟的举动，触动了保守势力的敏感神经，他们声讨刘海粟，骂他是“艺术叛徒”“文妖”，说上海美专大伤风化。

对于“男女同校”，刘海粟的态度非常坚决，他说：“人类社会由男人和女人组成，学校为何要分为男校、女校？这是违背自然法则的！马路可以男女共走，为什么学校不能男女同校呢？既然有女学生投学，要求到我校深造，我们就不能拒绝，应该举起双手欢迎她们，我们的学校会因为有了她们而更加生气蓬勃！”

学校的不少老师表示担忧，说咱们本就是一所新学校，这样会影响我们正常办校的。刘海粟回应道：“凡是开先河的事，都不可能立即得到大多数人的理解。

人类文明要发展，人类社会要前进，总得有人冒天下之大不韪，开文明之先河！有人喜欢大惊小怪，就让他们去惊去怪，这没什么了不得的！”

刘海粟是20世纪中国画家的杰出代表。他比潘玉良小一岁，出生于1896年，1912年就与乌始光、张聿光一起创办了上海美专，十八岁就当上了上海美专的校长。他倡导的教育理念，得到了刚刚卸任中华民国教育部部长之职的蔡元培等大学者的支持。刘海粟二十二岁时就到北京大学讲学，并首次举办个人画展。刘海粟是中国近代艺术教育史上举足轻重的人物，他的创作博采众家之长，既吸收了西方绘画的理念，又保留了中国传统绘画的古法，晚年潜心于泼墨山水画。刘海粟1994年于上海去世，享年九十八岁，艺术生命也很长。

后人评价道：刘海粟的一生，是孜孜以求、不懈探索、不断追求、不断升华的一生。他开放的艺术理念、张扬的艺术个性在“不息的变动”下，使他的艺术具有强烈的民族气息和独特的性格特征。

刘海粟第一次见潘玉良，是在1918年新生入学考试的考场上。潘玉良坐在考场最后一排，按考题在作画，洪野监考。

刘海粟到考场巡视，洪野示意让他看看潘玉良的画。

刘海粟被她笔下灵动的线条吸引了。他发现这个女生与自己年龄相仿，浑身散发着巾帼不让须眉的英气，而无小女子的媚态。他小声对洪野说：“她的感觉很好，有股灵气，是哪个学校毕业的？”

洪野说：“她叫潘玉良，没有正式上过学，是我的邻居，常常看我作画，都是自学的。她是个苦命人，但不甘于被命运捉弄，对画画十分热爱。”

刘海粟说：“她的艺术感觉很好，这是能否成为艺术家的内在素质，她这几笔画得不错，她能画得出来。”

考试结束后，洪野就告诉潘玉良，校长认可你的作品，你应该能考上。潘玉良满心欢喜，可等到发榜那天，潘玉良并未找到她的名字，那份失望可想而知。

洪野去问刘海粟：“潘玉良的考试成绩名列前茅，你也说她有才气，为何录取榜上没有她的名字？”

刘海粟听后也很意外，找来负责录取工作的教务长。原来是教务长自己做了权衡，他说：“我了解到她的出身，鉴于模特纠纷还没完全平息，社会对我们招收女生正议论得沸沸扬扬，再录取她这样出身青楼的女子，不但会授人以口实，还会吓跑别的女生。”

洪野怒不可遏地说：“这是扼杀人才，这样做太不公平了！她是个纯洁不幸的女子！”

刘海粟表态：“在美专，不论出身，一律以才取人！”他看教务长还想解释，便直接说：“我是校长，这里我说了算！”说罢，他拿起一支大毛笔，饱蘸墨汁，在榜上添了“潘玉良”三个字。

当时的社会，只有家境优渥的女性才有机会进入学校学习，对于潘玉良来说，这次机会弥足珍贵。

潘玉良成为中国近代史中第一批男女同校的女学生中的一员。她学画非常努力，对学校开设的西方绘画课尤其感兴趣。为了画好人体，她跑到澡堂里去搜集素材。被发现后，人们对她进行了各种攻击，甚至要求她退学。

对于潘玉良来说，画画已经成为一种信仰，她说：“我必须画画，就像溺水的人必须挣扎！”

既然不能画别人，她就在家里对着镜子画自己。她以自己为原型，创作了一幅人体画作《裸女》，并提交到学校的画展上。教西画的老师们对她的勇气和画技给予了充分肯定，但针对她出身的污言秽语也越来越多，有人甚至当着她的面说：“画这种画的女人，不是疯子就是婊子！”

潘玉良顶着巨大压力，于1921年从上海美专毕业。后来有学者考证，潘玉良的这段求学经历，真实情况可能并不顺利，她没能从上海美专毕业。

但潘玉良确实入读了上海美专。1921年春，刘海粟亲自带领学生到杭州写生，在同学聚会上，潘玉良为师生们唱了一段京剧，因为唱得太好了，后来被别有用心的同学深挖出过往经历来，说潘玉良出身青楼；加上她的《裸女》被人们攻击，校园里不少同学直接对她进行谩骂，要求她退学。事情越闹越大，后来有几位家世背景很强的女生家长直接找到校方，说自己的女儿不能与妓女同校。

刘海粟无奈之下，建议潘玉良提前结束在上海美专的学习，去法国留学。他告诉潘玉良：“那是西画的故乡，你学西画，应该到它的故乡去！”他还鼓励潘玉良说：“坚持自己的梦想，你的天赋和勇气可以让你成为一名伟大的画家。”

陈独秀再次出面，为潘玉良争取到了赴法留学的机会，她拿到了安徽省的留法公费津贴。

旅法时期

怀揣着校长的勉励、丈夫的不舍、朋友的期盼，潘玉良踏上了前往法国的轮船。她先在里昂中法大学补习了一个月的法语，接着以优异的成绩考入里昂国立美术专科学校。1923年，她又考入巴黎国立美术学院。此时，徐悲鸿也正在这所学校里学画。

在欧洲求学的清苦日子里，潘玉良以惊人的毅力和勤奋的精神，很快取得了成果。她大胆探索，不懈创作，将西方印象派绘画的技法与东方绘画的情调融合在一起，形成了自己独特的绘画风格。

潘玉良心里十分清楚，若要在自己热爱的绘画艺术上有所成绩，一切还得靠自己。在法国学习油画期间，她还到意大利皇家美术学院学习雕塑。她在日记中写道："我在卧室里画素描，常常一画就到天亮，地板上、墙上，贴满了我的画，屋子连下脚的地方都没有。有一次，四个月没有收到家信和补贴，我饿着肚子画罗马的斗兽场、威尼斯宫，我觉得很快乐，我从来没有那么快乐地找到过自己。"

时隔这么多年，我们依然能从词句间看到潘玉良对于绘画的热爱与投入。

与潘玉良一同留法的女同学苏雪林回忆："记得她在巴黎国立美术学院学画时，课余期间，另外租了人体石膏模型来练习，整天坐在屋子里，对着模型眯着眼，侧着头……打一个草稿，要费去几天光阴，必定要弄到没有丝毫差讹方肯罢手。有一回，她写生一枝菊花，因为要在晨曦的光影里画，只好每天等晨曦来时画一点。一天不能画完，分作几天画。恐怕菊花在画前枯萎了，她还半夜里起来用冷水喷，一定要取那一瞬间正确的光影。"

不少共同留法的同学后来回忆起潘玉良，主要印象就是勤奋，极致的勤奋。这个学习的机会，对于很多世家子弟来说，可能稀松平常，但对于从社会底层一路走来的潘玉良来说，就是上天对自己最大的眷顾，自己唯有珍惜每一寸学习的光阴，才不会觉得虚度时光。

1927年，潘玉良的油画《裸体》获得了意大利国际美术展览会金奖，让她在西方画坛崭露头角。

1927年年底，刘海粟来到欧洲，见到了已小有成就的潘玉良，邀请她回母校任教，她欣然接受。潘玉良渴望回到阔别八年的祖国，渴望回到一直在无条件资助她、支持她的丈夫潘赞化身边。

世间的刁难

1928年年中，潘玉良在取得巴黎国立美术学院的毕业证后，第一时间回到了上海。在上海的码头，校长刘海粟和丈夫潘赞化一道迎接她。刘海粟亲授她大红烫金的聘书，请她回上海美专任西画系教授兼绘画研究所主任，潘玉良十分感动。在上海美专，潘玉良一方面认真教学，一方面努力创作。

1928年年底，好友王济远等人为潘玉良组织了“潘玉良留欧回国纪念绘画展览会”，这应该是中国第一位女性西画画家的个人画展，《申报》为此次画展做了专题报道。潘玉良挑选了近八十幅作品展出，这是潘玉良的作品首次在国内公开亮相，潘玉良以上海美专西画系教授的身份被公众知道。

刘海粟在《上海画报》上亲自撰文，介绍潘玉良的作品；又找到中华书局的创办人陆费逵先生，向他郑重推荐潘玉良的作品。陆费逵接受了刘海粟的建议，为潘玉良出版了画集。

刘海粟当时正协助蔡元培筹备第一届全国美术展。在1929年举行的第一届全国美术展中，潘玉良的多幅作品入选，并在展览中广受好评。

在此期间，国内的艺术类杂志开始刊登潘玉良的绘画作品，最早进行宣传的杂志有《电影月报》《美展》《上海漫画》《艺苑》等。

潘玉良经过八年的海外苦学，好似一切都在朝着她憧憬的方向发展，新时代女性、知名画家、大学教授，她珍视这每一个标签，她不是虚荣，她渴望通过自己的努力让大家接受她，不再以她的出身来攻击她。

但世界并不只有美好的一面。

一天下午，正在学校里办公的潘玉良接到家里打来的电话，说大太太来了，让她马上回家。潘玉良上完课便赶回家中，刚到家门口就听见屋子里大太太的声音：“我不管她潘玉良是什么著名画家、大学教授，她在这个家就是个妾，妾就得懂规矩，就得给大太太下跪请安！”

大太太的话让潘玉良心头一紧，她不怕下跪请安，但确实不愿别人揭开她的伤疤。

潘赞化是开明的，他劝大太太说："现在是新时代了，潘玉良是受过西式教育的，没必要非得为难她下跪。"

听到潘赞化还要为她说情，潘玉良赶紧进屋，看到端坐在椅子上的大太太，恭恭敬敬地下跪行礼问安。为了这份来之不易的家庭温暖，也为了不让丈夫为难，这点委屈，她愿意受。

家里的委屈她受了，但家外还有更多委屈等着她。

在上海美专，潘玉良的专业水平和敬业态度都无可挑剔，校长刘海粟也极力维护她，不少同事嫉妒她出风头，总拿她的出身说事，明里暗里地羞辱她。有一次，一个老师当面嘲讽道："凤凰死光光，野鸡称霸王。"潘玉良忍无可忍，一记耳光打了过去，愤然离开了上海美专。当时刘海粟正在西欧考察，他回国后知道此事，对那位闹事的老师说："美专可以少十个你这样的人，我也不愿少一个潘先生！"

1930年，潘玉良受师兄徐悲鸿的邀请，到南京中央大学任教。当时南京中央大学是中国的最高学府。徐悲鸿与潘玉良同岁，比潘玉良早两年到法国留学。徐悲鸿常去请教的巴黎国立美术学院的导师达仰·西蒙，正是潘玉良后来的导师。

从1928年到1936年，潘玉良几乎将所有精力都放在美术教学和艺术创作上，她在国内举办了五次个人画展。

1936年，潘玉良在南京举办了第五次个人画展，她打算对自己多年的艺术成就做一个总结。在她的展出作品中，《人力壮士》与《大中桥》最为引人注目，它们都暗藏着抗击日寇侵略的含义。《人力壮士》描绘的是一个健硕的男子用身体挡住巨石，以保护娇嫩的小草不被压死的画面。时任中华民国教育部部长的王世杰觉得这幅画寓意深刻，打算以一千块大洋买下来。

第二天，潘玉良来到展厅，她看到的场景令她几乎崩溃——《人力壮士》惨遭破坏，破坏的人还在画上留下了一句"这是妓女对嫖客的歌颂"。这件事对潘玉良打击太大了，她发现，无论她如何努力，她的尊严总是一次又一次地被践踏，她的伤疤总是一次又一次地被揭开。这种痛，断肠蚀骨，心碎无痕。

等她回到家中，大太太不断地提醒她："不要以为你在外面当了教授，就可以和我平起平坐了。在这个家里，我永远是大的，你永远是小的！"

潘玉良没有争辩，甚至没有埋怨。她只觉得自己需要一段时间来疗伤。她鼓起勇气对丈夫潘赞化道出了心声，她想暂时离开中国，去法国游学一段时间。

潘赞化对潘玉良说："我离不开你。"

潘玉良说："我又何尝舍得离开你，只是这里容不下我，我去法国走走，你等我回来。"

潘赞化说："你应该做开心的自己，你想走就走吧。"

1937年，法国举行万国博览会，潘玉良的作品被选入参展，她知道再次赴法的机会来了。临行前，潘赞化到上海的码头为她送行，两人依依惜别。潘赞化从兜里掏出一块怀表，这是老同学蔡锷送给他的，他将怀表放到潘玉良手里说："这块怀表我每天都戴着，我不在的日子，就让它陪你度过每一秒吧。"

只是谁也没有想到，上海码头这一别，竟是永别。潘玉良再也没能回到祖国，回到她的爱人身边。

三不原则

潘玉良离开中国后，抗日战争正式打响。潘玉良一到法国，就参加了"中国留法艺术学会"，组织援助抗日战争的募捐活动。

当时欧洲的局势也不稳定，战争临近的气氛一天比一天紧张。1939年9月，第二次世界大战爆发，欧洲大部分地区都笼罩在纳粹的阴影之下。1940年6月14日，巴黎沦陷，潘玉良搬到巴黎郊区的一个小镇上，一度陷入贫困。

无论生活多么困难，潘玉良始终坚持**"三不原则"**：不谈恋爱、不签约画廊、不加入法国国籍。不谈恋爱，是对婚姻的忠诚；不签约画廊，是对艺术的忠诚；不加入法国国籍，是对祖国的忠诚。

刚开始，潘玉良还能与潘赞化保持书信往来，丈夫告诉她国内战事紧急，让她不要着急回国。随着战火烧遍大半个中国，颠沛流离中，潘赞化与潘玉良失去了联系，潘玉良的无数封信都石沉大海。

北平、天津、上海、南京等城市相继沦陷，潘玉良在巴黎的报纸上看到这些消息，心如刀绞，她担心丈夫会在战火中丧生。

抗日战争期间，潘玉良把卖画的钱捐回国内支持抗战，她希望抗日战争早日结束，她能早点回国，没想到抗战结束后，内战又爆发了。

一直到1952年，时隔十六年后，潘玉良才终于收到丈夫潘赞化的来信。此时，潘玉良五十八岁，潘赞化六十八岁。中华人民共和国成立后，作为第一批革命党人，潘赞化被安排在安徽省文史馆上班。潘玉良的第一反应是马上回国，她去信征求潘赞化的意见。潘赞化对她说国内形势未稳，委婉地建议她先待在法国。1958年，潘玉良收到潘赞化的一封长信后，潘赞化的消息又断了。

1956年5月，张大千赴巴黎举办画展。张大千比潘玉良小四岁，在南京中央大学与潘玉良是同事，张大千称呼潘玉良为“玉良姐”。1936年，潘玉良的画作《人力壮士》遭人破坏，她为此备受打击，张大千专门画了一幅《墨荷图》赠予潘玉良，借荷花的“出淤泥而不染”来比喻潘玉良的高洁品格。潘玉良1937年出国，带上了张大千赠予她的《墨荷图》。二十年来，《墨荷图》一直挂在她的卧室里。

张大千这次来巴黎办画展，首先要见的就是玉良姐。画展期间，潘玉良多次邀请张大千到家中做客，姐弟重逢，把酒言欢。张大千看到潘玉良新画的《豢猫图》（见第407页），甚是喜欢。他略加思索，在画面空白处写下：“宋人最重写生，体会物情物理，传神写照，栩栩如生。元明以来，但从纸上讨生活，是以每况愈下，有清三百年更无进者。今观玉良大家写其所豢猫，温婉如生，用笔用墨的为国画正派，尤可佩也。丙申五月既望，大千弟张爰题。”这幅见证了一段佳话的画作，现藏于安徽省博物馆。

这年7月，潘玉良要前往伦敦举办在英国的首次个展，她邀请张大千同行，张大千欣然应允。张大千拜访毕加索、毕加索向他大赞齐白石，就是在张大千这次赴欧期间发生的。

1959年，在巴黎大学的教堂里，巴黎市长郑重宣布：“尊敬的潘玉良夫人，恭喜您荣获巴黎大学‘多尔烈奖’。这是这个奖第一次授予一位女性艺术家，还是一位东方女性。”

那天回到自己的居所，潘玉良倒上一杯红酒，小心翼翼地在桌上摆上潘赞化送的怀表，还有自己在二十二年前离开上海时给潘赞化画的肖像。此时此刻，她多么希望丈夫能陪在自己身边。而她不知道的是，此时潘赞化已经离开了人世。

潘玉良的作品在法国、英国、比利时、德国、日本巡回展览，她的艺术成就广受赞誉。法国一度规定，凡是潘玉良的作品，未经批准不能出境。潘玉良成了第一个被卢浮宫收藏作品的中国画家。

潘玉良在法国艺术界受到广泛认可，巴黎博物馆成立了永久性中国画展览馆，潘玉良以“巴黎中国艺术学会会长”的身份，邀请张大千再次来到巴黎。正是这一次，潘玉良为张大千塑了一尊铜制头像。遗憾的是，当时法国不允许潘玉良的作品流出法国，这尊铜制头像被巴黎现代美术馆收藏。

潘玉良在欧洲艺术界不断取得成就，并没有减轻她对故乡、对丈夫的思念。

1964年1月27日，中法两国终于建交。中国特派大使王萍到巴黎后，第一时间探望了潘玉良。王萍大使带来了一个令她心碎的消息——原来早在五年前，丈夫潘赞化就去世了。

年近七十的潘玉良泣不成声。回国与丈夫团聚，一直是支撑她在异国他乡艰辛度日的信念。潘玉良在得知这个消息后，大病了一场，身体每况愈下，回国的念头也没那么强烈了。

关于潘玉良在巴黎的这几十年，有一个人不得不提，就是潘玉良在法国结识的爱国华侨王守义。

王守义是和周总理同一批去往法国留学的爱国青年。他同周总理、邓小平、聂荣臻这些开国元勋一起参加过勤工俭学会。王守义很快发现自己不是读书的料儿，于是开始做生意，后来开了一家中餐馆，取名为“东方饭店”。周总理还问过他，是否有意入党，王守义认真地回答：“我文化低，多做工挣钱，资助你们救国吧。”他确实做到了，他不断资助来法留学的中国人，抗日战争期间多次向祖国捐款。

王守义仰慕潘玉良的才情，他深爱着潘玉良，在潘玉良最艰难的时候，王守义无条件地支持和守护着潘玉良，他也知道潘玉良的“三不原则”。

有一天，王守义向潘玉良袒露心声，潘玉良叹了口气说：“你是了解我的，我没有这个权力。我比你大十二岁，而且我已为人妻。”

王守义说：“不！你是在骗我，也是在骗你自己！我虽然不了解你第一次留法的原因，但我知道你第二次来巴黎是决定不再回去的。你有痛苦，有难言之隐，这瞒不了爱你爱得强烈的人！”

潘玉良苦笑着答道：“赞化和我真心相爱，我虽然和他隔着异国他乡，但我相信总有一天，我还要回到他的身边。”

创作中的潘玉良

此后，王守义再也没提过此事。他默默地守护着自己所爱的人，尽自己所能地为她提供帮助。潘玉良曾为王守义创作过一尊半身雕像。她在法国创作了近三千幅画作，但她几乎不卖，如果没有王守义的支持，她很难坚持下去。

1977年7月22日，潘玉良在巴黎逝世，享年八十二岁。

临终前，潘玉良嘱托王守义："我的骨灰就埋在法国吧，但我的作品请你务必想办法送回祖国。另外，我的这块怀表和这条项链，务必帮我转交给潘赞化的后人。"

潘玉良的后事，都是王守义操办的。不久后，他也被确诊为癌症晚期。王守义对家里人说，他死后，就与潘玉良合葬在巴黎，但墓碑上不要写他的名字。

1981年，王守义病逝于巴黎。去世前的几年，他拖着病体，想尽办法完成潘玉良的嘱托，他多么希望能在有生之年将潘玉良的作品运回国内，但老天没有给他足够的时间。

直到1984年，在中国政府与留法华侨的努力下，潘玉良的作品终于回到了祖国的怀抱。现今，它们主要存放于安徽省博物馆。

艺术成就

国内有两部关于潘玉良的影视作品，一部是1994年巩俐主演的电影《画魂》，一部是2003年李嘉欣主演的电视剧《画魂》，都很好地诠释了潘玉良一生的传奇。

潘玉良的人生之所以堪称传奇，主要因为她在绘画领域取得了极高的艺术成就。为什么西方如此认可潘玉良画作的价值？

如果让我用一句话总结潘玉良的绘画成就，那么我的总结是：她是最早深入探索中西方绘画融合并取得卓越成就的画家之一。

法国东方艺术研究家叶赛夫先生对潘玉良的绘画有一段评价："她的作品融合了中西方绘画之长，同时蕴含了她的个性色彩。她的素描拥有中国书法的笔致，以生动的线条来描绘实体的柔和与自在，这是潘夫人的风格。她的油画兼具中国水墨画技法，用清雅的色调点染画面，色彩的深浅疏密与线条相互依存，很自然地显现出远近、明暗与虚实，色韵生动。她用中国的书法和画法来描绘事物，对现代艺术作出了巨大贡献。"

回顾潘玉良的艺术成长路径，可以分为以下五个阶段。

第一阶段是1917—1919年。潘玉良跟随洪野先生学画，初步了解绘画艺术与技法。

第二阶段是1919—1921年。潘玉良考入上海美专，接受系统的西方艺术教育，开始训练素描、色彩基础、写生、造型能力，接触人体写生，全面锻炼西画的基本功。潘玉良在此之前没有系统性地接触教育，在上海美专接受的西画教育算是她的艺术启蒙教育，她的整个艺术生涯的底色由此开始形成。在上海美专接受的新式艺术教育，也影响了潘玉良早期的艺术观念及思维模式。

第三阶段是1921—1927年。潘玉良在欧洲学习绘画。当时在西方绘画界，现代主义占据主流地位，巴黎作为欧洲艺术的中心，各种思潮、主义在此发生激烈的碰撞与融合。潘玉良在巴黎国立美术学院所师从的达仰·西蒙，就是一位融合了古典主义、浪漫主义、现实主义和印象主义等多个风格流派的大师，这让潘玉良能相对全面地了解西方绘画从过去到现在的各个流派的表现形式。

这里有必要解释一下什么是古典主义和现代主义。

对于绘画来说，古典主义可以简单地理解为理性、写实，画家追求对客观世界与自然美的再现，讲究光线的明暗、透视、构图均衡等一系列绘画要素。比如达·芬奇为了追求人的形体的准确性，竟然通过解剖尸体来分析。简单来说就是，古典主义作品，无论是画人物还是画风景，都讲究自然、写实、唯美，古典主义画家要在如何做到更好地写实上下功夫。

现代主义与古典主义相比，最直接的区别就是不再强调写实。1839年，法国画家路易斯·达盖尔（Louis Daguerre）正式公布了达盖尔银版摄影术，这被公认为现代摄影术诞生的标志。摄影技术使绘画的写实功能变得不再是最重要的。当绘画不再着重追求写实之后，画家们开始强调线条、形状、色彩本身的魅力，他们开始描绘自己看到的客观世界中最打动他们的部分，这些可以是轮廓线条、光线、色彩、形状本身的美。可以说，现代主义极大地扩展了绘画艺术的边界。

潘玉良留法期间，现代主义正在如火如荼地发展，这些东西对于从中国而来的她来说太新鲜、太有魅力了。这一阶段，在她的作品中经常能看到印象派的影子，但此时的潘玉良还未形成自己的绘画风格，她能小有成就，主要因为她确实学习刻苦，基本功足够好。她这一时期的画作属于学院派，色彩上有一些印象派的倾向，符合那个时代“好作品”的标准。

同时代的画家庞薰琹评价潘玉良道：“她似乎没有想追求什么新的创作风格，她只是规规矩矩地画。”美术评论家黄苗子也说潘玉良的画“很扎实，油画更好，不是呆板的欧洲画法”。

第四阶段是1928—1936年。在这近十三年的时间里，潘玉良生活在国内，一边教学，一边创作。她在上海美专和南京中央大学执教期间，接受了刘海粟等大家的建议，用心学习中国传统绘画，积极参加画展和艺术交流活动。潘玉良接触到了黄宾虹、高剑父、陈树人、张大千、陈之佛等具有代表性的中国传统绘画名家，还积极地向国画大师黄宾虹和张大千求教。在他们的指点下，潘玉良临摹了大量经典作品，对于中国传统绘画的审美理念有了更深的感悟。

这一阶段对于潘玉良来说，太重要了。中国传统绘画作为世界绘画艺术的独立一支，在当时世界的影响力很小，甚至不如日本的浮世绘对西方的影响力大。在中国古代，诗、书、画基本上不分家，画家往往兼具文人和书法家的身份。对于没有自幼受过传统教育的潘玉良来说，理解中国传统绘画是有门槛的。正因如此，潘玉良在此期间，对中国传统文化和绘画是下了苦功夫的。

中国传统绘画对于潘玉良的最大影响，就是线条的运用。中国传统绘画是以线造型的艺术，画面的很多地方是靠线条来表现的，用长短不同、疏密相间的形式变化来表现美感。

以潘玉良画的最多的人体画为例，西方油画注重光线、色彩变化下的立体人体，而中国传统绘画注重线条勾勒中的平面人形。明末大画家石涛有一篇文章，名为《一画》，其中提到“法于何立，立于一画”。这个“一画”指的就是“一线”，也就是线条。

线条作为中国传统书画的根本笔法，画家经过用笔的姿势、执笔、起笔、行笔、收笔等笔墨训练后，便可创造出起伏成势、飞动流走、粗细虚实、浓淡枯湿等千变万化的线条艺术。

中国传统绘画对于线条的运用有一整套理论，讲究“平、圆、留、变、重”。潘玉良勤学苦练，在临摹中用心揣摩，化为己用，这成为后来潘玉良形成自身艺术风格的重要基础。

第五阶段，也就是潘玉良艺术成长的最后阶段，是1937年再次赴法之后的几十年。

此时，潘玉良对中西方绘画艺术都有了深刻的认识，在技法上已经融会贯通。经过不断地探索，她将中国画的线条艺术与西方的空间透视融合起来，创造出独有的风格。

吴作人后来回忆在巴黎看了潘玉良画展后的印象时说：“她的画已经有了自己的风格，主要是用线来表现造型。用中国画特有的线条勾画人物在国外是鲜有的。潘玉良在法国的画风，对同在巴黎的中国艺术家产生过影响。”

潘玉良的经典作品基本是人体画。人体画是西方艺术的主要题材，源于对生命的赞美和祝福。潘玉良的这幅《侧卧床上的女人体》（见第413页）创作于1959年，是潘玉良所有作品中我个人最喜欢的一幅。这幅画线条细腻流畅，描绘的人体充满弹性，恰如其分地表现出女性的生命力。她在用笔中加入了一定的书法笔法，运用画笔的提、按、顿、挫、轻、重、缓、急来表现人体结构和转折处的微妙变化。在轮廓线的处理上，下笔肯定、造型精准、简洁明快、一气呵成，充满了韵律感，再略施淡彩，使画面充满了细腻灵秀之感。

这幅《扎发髻女人的背体》（见第412页）创作于1956年，潘玉良将“铁线描”这一中国画的线条技法做了创造性的发挥。传统的中国画创作，极少将人物裸体作为绘画主题，更不可能采用“铁线描”来表现女性身体。潘玉良采用“铁线描”的同时，也非常重视西方人体绘画对于轮廓与形体结构表达的精准性。

在这幅《母爱》（见第413页）中，潘玉良依旧采用线条来勾勒人体，用印象派的笔法刻画背景的肌理与光线，这在中国传统绘画中是极其少见的，但在西方绘画中，这是基本表现形式。潘玉良的作品将二者完美结合起来，画面呈现出别样的美感。在潘玉良之前，还没有画家做过这样的尝试。

奥地利画家埃贡·席勒（Egon Schiele）也以线条作画闻名，但他的线条单纯简洁，很难在线条上看到单根线条起承变化的美感。西方绘画缺乏线条艺术的历史积淀，而中国传统绘画对此却有着深厚的底蕴沉淀，刚好契合了现代主义的审美。

要了解潘玉良的艺术成就，以及她个人的心路历程，还有一个重要的切入点，就是她的自画像。一个优秀的艺术家，会不知不觉地将他/她的生命体验和情感体验融入作品中。对于画家来说，自画像作为一种特殊的“观照自我”的品类，更是作者表达自我、与自己对话的重要介质。

自画像这个分类在中国传统绘画中比较少见，但在西方绘画中是一个重要分类。自画像最早可追溯至古希腊时期，艺术家常将自身形象用于纪念品或宗教场景中；经过中世纪宗教艺术的沉淀，最终在文艺复兴时期随着艺术家自我意识的觉醒，实现了独立发展，成为表达个体身份与情感的重要艺术形式。

20世纪初的那一批留学海外的中国画家，都有给自己画过自画像，潘玉良属于那一批人中尤其喜欢画自画像的。目前可以查阅到的潘玉良的自画像油画一共有十九幅，创作时间是从1924年到1963年，最具代表性的是她1937年再次赴法之后的自画像。

被公认为潘玉良所有自画像中最美的那幅自画像（见第414页），创作于1939年。画中，潘玉良身穿黑色旗袍、坐姿优雅、眉眼细长、神情略显忧郁，这是东方审美情致下的淑女形象。从丈夫潘赞化和朋友的描述中，都能知道，这并不符合真实的潘玉良形象。潘赞化在1955年给她的信中写道：“你一生不讲究装饰，更有男性作风，少年骑马射箭，都是好手。”

她的同学也说："潘玉良很豪爽，很男性化，干脆痛快，讲义气，没有闺秀味道，性格很倔强。"

潘玉良在这幅自画像中，更多的是在描绘众人心目中的"优雅女画家"的形象，她在试图寻求外部的认同。潘玉良曾在社会底层苦苦挣扎，有相当长一段时间，她的潜意识处于持续的恐惧和安全感缺失中，她的内心渴望获得认可。

潘玉良将这幅自画像拍成照片，托人转交给潘赞化，她在照片上题了一句诗："边塞峡江三更月，扬子江头万里心。"

从1939年到1945年，六年过去了，潘玉良的作品逐渐得到社会的认可。1945年，她当选为中国留法艺术学会会长，获得了法国国家金质奖章。这一年，她画了两幅比较接近的自画像（见第415页），画风较为写实，皮肤和五官表现得很真实，没有像1939年那幅自画像那样做过多的美化处理。

两幅画都是一束花、一个人、背后一扇窗，衣着上非常中性化，在有意地弱化女性特征。画中的她站在窗前，让自己的面部处于背光的状态也是有意为之，因为在文艺复兴时期的欧洲，女性是不被允许在窗口招摇的。这一阶段，潘玉良明显更多地在观照自身，自我意识已经觉醒。

1963年，潘玉良创作了《半裸自画像》（见第415页）。这时候，她已经完成了自我认同，不用再看别人的脸色，整个人都松弛下来。画中，她面色红润、以手扶额、袒胸露乳，呈半酣之态，神情自若。桌上放了一瓶红酒，她没有用高脚杯倒酒，而是用一个普通的玻璃水杯，烟灰缸已经满了——这是一种完全放松的状态。此时的潘玉良，只为自己而活。从画中的她身上，我看到了魏晋名士阮籍、嵇康的洒脱。这幅自画像，也是潘玉良唯一一幅露出笑容的自画像。此作之后，潘玉良就再也没画过自己。

潘玉良完成了从社会最底层女子到无拘无束的女性艺术家的升华。

王国维在《人间词话》里描述了作学问的三重境界。

第一境界：昨夜西风凋碧树。独上高楼，望尽天涯路。

第二境界：衣带渐宽终不悔，为伊消得人憔悴。

第三境界：众里寻他千百度。蓦然回首，那人却在，灯火阑珊处。

潘玉良在"凝视自我—认识自我—超越自我"的升华历程中，终于走完了王国维笔下的三重境界。

参考文献

[1] 伊戈. 潘玉良传[M]. 成都：成都时代出版社，2003.

[2] 石楠. 画魂：潘玉良传[M]. 南京：江苏凤凰文艺出版社，2019.

[3] 董松. 潘玉良艺术年谱[M]. 合肥：安徽美术出版社，2013.

[4] 安徽省博物馆. 潘玉良美术作品选[M]. 南京：江苏美术出版社，1988.

[5] 墨瑞丽恩・霍尔姆，圣布里奇克・麦肯齐，蕾切尔・巴尔内斯著. 表现主义艺术家与抽象主义艺术家[M]. 吴静译. 天津：天津教育出版社，2008.

[6] 林风眠. 林风眠谈艺录[M]. 北京：中国青年出版社，2014.

[7] 阮荣春，胡光华. 中华民国美术史[M]. 成都：四川美术出版社，1991.

[8] 朱金楼，袁志煌. 刘海粟艺术文选[M]. 上海：上海人民美术出版社，1987.

[9] 陈醉. 裸体艺术论[M]. 北京：人民美术出版社，2016.

[10] 唐德刚. 从晚清到民国[M]. 北京：中国文史出版社，2019.

[11] 范文澜. 中国通史[M]. 北京：人民出版社，2008.

[12] 郭大钧. 中国现代史探索[M]. 北京：北京师范大学出版社，2015.

[13] 闫谊. 潘玉良绘画艺术研究[D]. 西安：西安美术学院，2012.

[14] 陈天白. 潘玉良绘画研究[D]. 南京：南京艺术学院，2016.

[15] 刘立冬. 女性意识的觉醒——潘玉良艺术作品的历史解读[J]. 新美术，2022，6（1）：256-265.

潘玉良《豢猫图》，1956 年

潘玉良《菊花与女人体》，1940 年

潘玉良《窗前女人体》，1940 年

潘玉良《梨子与水果刀》，1942 年

潘玉良《郁金香和猫》，1947 年

潘玉良《戴花执扇女》，1938–1943 年

潘玉良《扎发髻女人的背体》，1956 年

潘玉良《母爱》，1958 年

潘玉良《侧卧床上的女人体》，1959 年

潘玉良绘于 1939 年的自画像

潘玉良绘于 1945 年的两幅自画像

潘玉良《半裸自画像》，1963 年

宗白华（1897—1986）

超然物外 逍遥自在

木心说："没有审美力是绝症，知识也解救不了。"

吴冠中说："今天中国的文盲不多了，但美盲很多。"

张世英说："人生有四种境界：欲求境界、求知境界、道德境界、审美境界。审美为最高境界。"

蔡元培在探索中国教育改革方向时曾提过："以美育代宗教。"

文化教育界的大家们很早就意识到美育的重要性。社会整体审美意识的提升，需要一个漫长的过程。从晚清至民国的百年间，中国传统文化受到西方文明的巨大冲击，时至今日，我们依然处于文化复苏阶段。伴随文化复苏，全民族的审美意识在苏醒，审美能力也在提升。在这个过程中，我们有一位好导师——美学大师宗白华。

宗白华是我国现代美学的先行者，中国高校的第一门美学课，就是他开创的。海内外学者公认他是融贯中西艺术理论的美学家。

诗人杨牧认为："宗白华以丰富的中国古典学业为基础，深入探讨了欧洲文学艺术的精髓，继而反射追寻中国文化的精华……在清澄通明的思维中，毫无保留地为中国传统文化点出注释欣赏的熠火。"

在宗白华从教六十周年纪念会上，哲学家张岱年说："宗先生思想上能'超然物外'，逍遥自在，有时我想学习他的逍遥自在，可是学不好。"

美学大家李泽厚评价宗白华道："相当准确地把握住了那属于艺术本质的东西，特别是有关中国艺术的特征。例如，关于'充满人情味的中国艺术中的空间意识'，关于'音乐、书法是中国艺术的灵魂'，关于'中西艺术的多次对比'等。"

宗白华晚年出版的论文集《美学散步》，是一部影响深远的美学名著。在我看来，这是对于全体华人来说最好的一本美学启蒙书。

少年时代

宗白华的先祖，可以追溯到宋代抗金名将宗泽。宗泽进士出身，知兵善战，他上书宋高宗赵构二十多次，希望能还都汴梁；他制订了收复故土的详细计划，亲自带兵抗金，屡破敌军；他慧眼识珠，重用岳飞。无奈宋高宗奉行偏安政策，宗泽壮志难酬，于1128年（宋高宗建炎二年）忧愤而终，享年六十八岁。后人称赞宗泽的节操与忠贞"皦然可与日月争光"。

据说宗泽留下遗训：子孙后代不要做高官。宗家后来世代耕读，子孙确实不热衷于功名。

宗泽原籍浙东乌伤，也就是今天的浙江义乌，其后人迁至江苏常熟。宗白华的祖父是个秀才，在常熟做私塾先生。宗白华的父亲宗嘉禄中过举人，旧学功底深厚，但宗嘉禄见清统治者软弱无能、清朝官场贪腐成风，便无心于仕途升迁，将大部分精力都投在地理和水利研究上。当时淮河经常泛滥成灾，百姓苦不堪言，宗嘉禄立志倾毕生精力治理淮河。

宗嘉禄在安徽治河期间，受到诗人方守彝的赞赏，方守彝将爱女许配给宗嘉禄。据说方守彝祖上可以追溯到方孝孺。当年方孝孺被明成祖朱棣诛十族，方守彝的先祖隐姓埋名幸存下来。方守彝学识渊博，与同光体诗派代表人物陈三立、桐城文派代表人物吴汝纶是至交。方守彝不拘于"女子无才便是德"的传统观念，让他的女儿，也就是宗白华的母亲方淑兰自幼接受诗文教育，传统文化功底不浅。父亲潜心维新思想，母亲深通传统文化，宗白华的家庭环境不乏书香。

1897年12月22日，安徽安庆小南门的宗家迎来了长子的诞生。宗嘉禄给儿子取名为之櫆，字伯华。后因“櫆”字生僻，改名为白华，“白华”二字取自《诗经·小雅·白华》。

宗白华随父母在安庆生活到八岁，在父母和外祖父的悉心教导下，打下了扎实的学问功底。夜灯下，母亲时常给小宗白华朗读诗文，宗白华听得最多的是苏东坡和陆游的诗词。

“莫听穿林打叶声，何妨吟啸且徐行。竹杖芒鞋轻胜马，谁怕？一蓑烟雨任平生。”

“莫笑农家腊酒浑，丰年留客足鸡豚。山重水复疑无路，柳暗花明又一村。”

东坡居士的豁达潇洒、陆放翁的清旷俊逸，在幼年宗白华的心里种下了崇尚美、追求美的种子。

对宗白华产生较大影响的，还有外祖父方守彝。宗白华少年早慧，外祖父每每到城外出游，总要带上这个小外孙。安庆城北面群山环绕、南临长江，地理位置十分重要，明末清初诗人钱澄之作诗形容道：“长江万里此咽喉，吴楚分疆第一州。”外公一边给宗白华讲述安庆城的历史、风土，一边给他吟咏关于安庆城的词句，培养了宗白华对祖国山水的热爱。

1905年，廉洁奉公、一心为民的宗嘉禄难以忍受晚清官场的蝇营狗苟，辞官后偕妻儿迁居南京，在陈寅恪的父亲陈三立办的思益学堂谋了一份教地理的工作，八岁的宗白华便入读了思益学堂。正是在这一年，十五岁的陈寅恪因足疾从日本回国，受教于宗嘉禄，宗白华由此结识了陈寅恪。十六年后，两人同在德国柏林大学留学，都是不慕学位、只求真知的人。他们之间的交往，给我的感觉就是“君子之交淡如水”。

宗白华在思益学堂有一位交往颇深的同学，就是后来成为著名土木工程学家、桥梁专家的茅以升。

宗嘉禄在思益学堂教了一段时间的书后，东渡日本，考察教育，回国后担任了江南高中两等商业学堂（又名江南中等商业学校，以下简称商业学堂）的校长，这所学校是清末“状元实业家”张謇创办的。宗嘉禄终于有了干实事的天地，他邀请一众维新人士来校任教，旨在培养一批实干人才。当时茅以升的父亲茅乃登受邀成为商业学堂的国文教员。茅以升对技术和实业兴趣浓厚，就转学到商业学堂。此时宗白华依然就读于思益学堂。

辛亥革命后，宗嘉禄受安徽都督柏文蔚的委托，治理淮河。他用了数年时间，开辟河道两百余里，疏改河道入洪泽湖，使得皖北受益的良田达到近十万亩。后来宗嘉禄还是因看不惯官场的贪腐作风而回到教师岗位，专心于教育工作和水利研究。

1909年，十二岁的宗白华升入南京第一模范高小，十五岁时入读金陵中学。在入读金陵中学半年后，宗白华生了一场大病，上吐下泻，身体日渐消瘦。父母带他遍访名医，最后在一位知名中医的调理下保住了性命。病愈后，宗白华在青岛休养了半年。

青岛临海，宗白华深深地沉醉于壮阔的海面和温软的海风中。或许是天性使然，又或许是受家庭影响，宗白华对自然风光的体悟，要比常人强烈得多。多年后，他在文章《我和诗》中这样写道。

十七岁一场大病之后，我扶着弱体到青岛去求学，病后的神经是特别灵敏，青岛海风吹醒我心灵的成年。世界是美丽的，生命是壮阔的，海是世界和生命的象征。这时我喜欢海，就象（像）我以前喜欢云。我喜欢月夜的海、星夜的海、狂风怒涛的海、清晨晓雾的海、落照里几点遥远的白帆掩映着一望无际的金碧的海。有时崖边独坐，柔波软语，絮絮如诉衷曲。我爱它，我懂它，就同人懂得他爱人的灵魂、每一个微茫的动作一样。

在青岛的半年没读过一首诗，没写过一首诗，然而那生活却是诗，是我生命里最富于诗境的一段。青年的心襟时时象（像）春天的天空，晴朗愉快，没有一丝尘滓，俯瞰着波涛万状的大海，而自守着明爽的天真。

文中还有一段描述他对自然山水的热爱。

我小时候虽然好顽耍，不念书，但对于山水风景的酷爱是发乎自然的。天空的白云和覆成桥畔的垂柳，是我孩心最亲密的伴侣。我喜欢一个人坐在水边石上看天上白云的变幻，心中浮着幼稚的幻想。云的许多不同的形象动态，早晚风色中各式各样的风格，是我孩心里独自把玩的对象。都市里没有好风景，天上的流云，时常幻出海岛沙洲、峰峦湖沼。我有一天私自就云的各样境界，分别出汉代的云、唐代的云、抒情的云、戏剧的云等等，很想做一个“云谱”。

风烟寂静的郊外，清凉山、扫叶楼、雨花台、莫愁湖是我同几个小伴每星期日步行游玩的目标。我记得当时的小文里有“拾石雨花，寻诗扫叶”的句子。湖山的清景在我的童心里有着莫大的势力。一种罗曼蒂克的遥远的情思引着我在森林里，落日的晚霞里，远寺的钟声里有所追寻，一种无名的隔世的相思，鼓荡着一股心神不安的情调；尤其是在夜里，独自睡在床上，顶爱听那远远的箫笛声，那时心中有一缕说不出的深切的凄凉的感觉，和说不出的幸福的感觉结合在一起；我仿佛和那窗外的月光雾光溶化为一，飘浮在树杪林间，随着箫声、笛声孤寂而远引——这时我的心最快乐。

十三四岁的时候，小小的心里已经筑起一个自己的世界；家里人说我少年老成，其实我并没念过什么书，也不爱念书，诗是更没有听过读过；只是好幻想，有自己奇异的梦与情感。

宗白华的文字就是有这样的魔力，你会不自觉地大段大段地读下去。从文章的字里行间，能感受到宗白华的童年是松弛的、舒适的。

弃医从文

宗白华在青岛住了半年，便去了上海的外祖父家，入读了德国人在上海创办的同济医工学堂中学部。按照同济医工学堂的要求，学生要先在中学学习四年德语，通过语言考核后可以直接升入大学部的医科。宗白华在青岛时学了半年德语，在上海只学了不到一年，就以优异的成绩通过了语言考核。

1916年秋，宗白华顺利升入同济医工学堂大学部。此时，一战的欧洲战场进入僵持阶段，德法敌对，而德国人办的同济医工学堂却在法国租界内，学校被法国人强行解散，德国人无暇他顾，撤走了相关人员。北洋政府教育部派人接管了这所学校，将其迁往吴淞继续办学。年近二十的宗白华在资讯发达的上海深刻感受到世界局势的动荡，他开始关心政治和国家命运，决定弃医从文。他本就对文学和哲学兴趣浓厚，放弃学医后，开始全身心地投入自学中。

宗白华在同济医工学堂中学部的同学魏时珍晚年时回忆道：“白华喜欢读哲学，学习甚勤。毕业时他和我受到学校奖励，学校赠给他康德的《纯粹理性批判》一书，赠给我《歌德传》。”

宗白华回忆说，他的哲学入门是从佛学开始的。进入同济医工学堂中学部后，与他同一间宿舍的同学很信佛，常常盘坐在床上朗诵《华严经》，音调高朗清远，有出世之感，宗白华听了很感动。《华严经》本就文辞优美，宗白华也爱上了研读《华严经》。佛教的“因果缘起”理念，很容易将人带入冥想境界，而冥想本就是宗白华很早就有的习惯。就这样，宗白华开始读中西方的哲学经典。西方哲学家中，他读得最多的是叔本华、康德、歌德、尼采。因为深爱自然的天性，中国古代思想家中，他尤爱庄子。

离开同济医工学堂后，宗白华闭门自学了一年多。在此期间，他每天在书房里、在山水间，与先哲对话、与自然对话、与自己对话。宗白华的思想底色，就是在这段时间形成的。他常跟人说：**“拿叔本华的眼睛看世界，拿歌德的精神做人。”**要理解宗白华，需要理解这句话。

叔本华是德国的哲学泰斗，他被称为“悲观主义哲学家”，他认为世界的本质就是由永远无法满足的欲求组成的，所有人永不停歇地努力，本质上是在试图寻找满足自己欲求的方法。但叔本华认为，人只可能永远在路上，不可能真正得到满足。他试图告诉人们，要接受生命的无常和无意义，然后尽可能地减少痛苦，追求内心的宁静和自由。这与佛陀讲的“诸行无常、诸法无我、有漏皆苦”有相似之处。

此外，叔本华肯定艺术的价值。虽然世界是悲观的，但人依然可以在追求美的过程中寻得心灵的慰藉，暂时摆脱世俗欲望无法被满足的痛苦。叔本华的艺术观，对宗白华后来投身艺术、钻研美学产生了深远影响。

歌德是德国文学史上最伟大的作家之一。在文学创作领域，歌德是全能型选手，诗歌、小说、戏剧，无一不通，无一不精。他的代表作《浮士德》，倾注了他毕生的心血，创作持续了六十四年之久，塑造了浮士德这个进步知识分子的形象，浮士德一生都在追求真理和自我的完善。

在人生观方面，歌德与叔本华相反，叔本华是悲观的，而歌德是乐观的。在歌德看来，未来是充满希望、值得憧憬的，人生的价值就在于利用有限的时间去奋斗、探索。

歌德大约在六十岁时，接触到中国的文学和哲学，他说：“中国人在思想、行为和情感方面，几乎和我们一样；只是在他们那里，一切都比我们这里更明朗、更纯洁、更合乎道德。”

我们回过头来看宗白华说的“拿叔本华的眼睛看世界，拿歌德的精神做人”。宗白华是将两种看似截然不同的人生观在自己身上统一起来，他认同“人生的底色是苦难和不易”，但依然以歌德倡导的乐观、坚韧的精神面对世界——不是应对，更不是应付。宗白华认为，人应该深刻认识到“乐观积极地创造和奋斗”就是人生的意义。

青年心声

1918年冬，宗白华在闭门自学了一年多后，经好友魏时珍介绍，加入了“少年中国学会”筹建小组。少年中国学会由王光祈、张尚龄、李大钊等七人在北京发起，发起时间是1918年6月30日，学会宗旨是“本科学的精神，为社会的活动，以创造少年中国”。

王光祈说：“吾人所欲创造之‘少年中国’，即适合于20世纪的中国……欲集合全国青年，为中国创造新生命，为东亚刷一新纪元。”

少年中国学会是五四时期的重要社团组织，先后吸收了一百二十名会员，毛主席也是学会成员之一。

宗白华后来在文章《少年中国学会回忆点滴》中回忆道：“当时青年的求知欲和关心国家前途的热情是普遍的。第一次欧战的结束和俄国革命的成功对于中国青年的刺激是难以想象的。青年们相见时，无论识与不识，都感到拥有共同的要求、共同的热望，胸怀坦白相示，一见如故。少年中国学会的朋友们就是这样集拢起来、组织起来的。浪漫精神和纯洁的爱国热忱、对光明的憧憬、新中国的创造，是弥漫在许多青年心中的基调。”

这番话正是青年宗白华的内心写照，他全身心地投入到少年中国学会的筹建工作中。学会成员主要通过文章将学会的精神与声音传递给更多的人。宗白华不仅文笔了得，他所受的哲学思想熏陶，也让他对社会活动有着明确的价值主张。他的文章和演讲主要分为两条线，一条线是纯粹的哲学论述，主要论述歌德、康德、叔本华的哲学观点；另一条线是在哲学理论的指导下，号召青年们积极参与社会活动，投身创造与奋斗中。

早在1917年，宗白华就在《丙辰》杂志上发表了一篇论述叔本华哲学观点的文章《萧彭浩（叔本华）哲学大义》，上一篇在中国发表的关于叔本华的文章，还是十年前王国维写的。

在1918年12月29日和1919年3月1日的少年中国学会座谈会上，宗白华分别做了《歌德与〈浮士德〉》和《略论康德唯心主义哲学大意》的主题演讲，演讲稿后来在《会务报告》和《晨报》上发表，宗白华的文笔和思想受到了广泛赞誉。五四运动发生前，胡适受邀到上海参加集会演讲，他在一次聚会上提出，希望能见见“研究康德的宗白华老先生”，宗白华在人群中站起来说：“胡先生好，我是宗白华。”胡适一脸的难以置信，万万没想到那些了不起的文章竟是眼前这位二十岁出头的小伙子写的。

自此之后，胡适对少年中国学会格外关注。经胡适介绍，少年中国学会的月刊《少年中国》由上海亚东图书馆发行，文稿由李大钊等人在北京初审，审完再寄给在上海的宗白华和左舜生，他们负责校勘、印刷。宗白华笔耕不辍，在很长一段时间里，几乎每期《少年中国》都有他的文章。

在1919年11月的《少年中国》中，宗白华发表了题为《中国青年的奋斗生活与创造生活》的文章，他在文中写道：“我们改良社会的唯一办法，就是要每个人都过上正当的奋斗生活和创造生活，完全消灭寄生生活……要达到这个目的，就要从我们青年做起……我们一方面要战胜自己心中的黑暗，为自己创造光明；一方面要战胜社会的黑暗，为社会创造光明，积极地进行，至死不懈，以造就光明雄健的少年中国。”

宗白华对创造和奋斗的极力推崇，显然是受歌德的影响，他在文中呼吁：“真正的生活就是奋斗和创造，不奋斗、不创造，就没有生活，就不是生活。”此时的宗白华，是一位标准的青年社会活动家。

宗白华在加入少年中国学会的同时，受好友张东荪委托，还在《学灯》杂志参与编辑工作，负责其中的“新文艺”专栏。“新文艺”专栏主要刊登新体诗。宗白华是1918年年底去的《学灯》杂志编辑部，最初是助理编辑。当年年底，主编郭虞裳赴英国留学，宗白华接任总编之职。

在接下来的新文化运动中，《学灯》杂志是重要阵地之一。《时事新报》副刊《学灯》、《民国日报》副刊《觉悟》、《晨报》副刊《晨报副镌》，并称为新文化运动的三大副刊。

宗白华接任《学灯》主编之职后不久，就在“新文艺”专栏发表了一首新体诗《问祖国》。

祖国！祖国！
你这样灿烂明丽的河山，
怎蒙了漫天无际的黑雾？
你这样聪慧多才的民族，
怎堕入长眠不醒的迷途？
你沉雾几时消？
你长梦几时寤？
我在此独立苍茫，
你对我默默无语。

那个时代爱国青年的心声，在宗白华的诗歌中尽显无遗。

三叶之交

宗白华担任《学灯》主编期间，从收到的稿件中发现了一首从日本寄过来的新诗，他觉得写得太好了，这才是新体诗该有的样子。宗白华很快就将这首诗刊登出来，而它的作者，正是日后大名鼎鼎的郭沫若。当时郭沫若还是一名在日本福冈学医的留学生。郭沫若后来在《创造十年》一文中说：“看见自己的作品第一次成了铅字，真是有说不出的陶醉，这给了我一个很大的刺激。”

这首新诗名为《抱和儿浴博多湾中》，是一首短诗。

儿呀！你快看那一海的银波。
夕阳光里的大海都被新磨。
儿呀！你看那西方的山影罩着纱罗。
儿呀！我愿你的身心像海一样的光洁
山一样的清疏！

诗作由心而发，文辞简约，无多修饰，真挚的情感自然流露，韵味悠长。我们现在读来可能感觉并不惊艳，但在当时，这算是用白话文写的高水平的诗了。

五四运动前后，以胡适、陈独秀、钱玄同为代表的知识分子大力倡导白话文运动。相较于拥有数千年积淀的文言文，白话文就像一个幼儿，倡导白话文运动的改革派人物也还处于咿呀学语的阶段。1917年2月，胡适的《蝴蝶》发表于《新青年》杂志上，引来一片冷嘲热讽，国学大师黄侃评价胡适是在“驴鸣狗吠”。

了解了这个历史背景，我们就能理解倡导白话文运动的宗白华看到郭沫若的诗文时的激动心情了。宗白华给郭沫若回信，鼓励他多多创作。看到自己的作品受到重视，郭沫若诗兴大发，接连写出几十首诗，不管是短诗还是长文，宗白华都一首不落地发表在《学灯》杂志上。郭沫若称宗白华是他的钟子期，郭沫若后来回忆道：“我的创作欲爆发，应该感谢一位朋友——《学灯》主编宗白华先生。”

经宗白华介绍，郭沫若结识了同在日本留学的田汉。

田汉当时是少年中国学会东京分会的成员，他积极倡导新文学。田汉后来成为一名全能型作家，在诗歌、小说、剧本、歌词上皆有高质量的作品，《义勇军进行曲》的词作者就是他。

从1919年到1920年，宗白华、郭沫若、田汉三人通过书信，深入探讨了人生、哲学、事业、爱情、诗歌、戏剧等多方面话题。1920年5月，宗白华将三人的书信结集出版，取名为《三叶集》。《三叶集》被后人评价为东方的《少年维特之烦恼》，在新文化运动中的影响力，堪比胡适稍早出版的《尝试集》。

超然物外

宗白华虽然被西方哲学与中国新文学深深吸引，但他的精神已经扎根于中国传统文化的土壤里，其中对宗白华影响最大的是庄子。宗白华从小便对自然有着超乎常人的感知能力，庄子那份遨游天地间的自由令他深受感染。1919年7月，宗白华在《少年中国》月刊上发表了一篇名为《说人生观》的文章。在文章中，他将人的人生观分为三种：**乐观、悲观和超然观**。宗白华最为赞同佛陀和庄子的那种既超然出世又不忘世间疾苦的人生观。

宗白华在文章中写道。

庄周与释迦，诚古之真能超然观者矣。虽然众生迷妄，犹未解此，贪嗔痴迷，造业受苦，圣哲之士，心生悲悯，于是毅然奋身，慷慨救世，既已心超世外，我见都泯，自躬苦乐，渺不系怀，遂能竭尽身心，以为世用。困苦摧折，永不畏难，不为无识之乐观，亦非消极之悲观。二观之病，皆能永离。是以超世入世之派，为世界圣哲所共称也。

超世入世派，实超然观行为之正宗。超世而不入世者，非真能超然观者也。真超然观者，无可而无不可，无为而无不为，绝非遁世，趋于寂灭，亦非热衷，堕于激进，时时救众生而以为未尝救众生，为而不恃，功成而不居，进谋世界之福，而同时知罪福皆空，故能永久进行，不因功成而色喜，不为事败而丧志，大勇猛，大无畏，其思想之高尚、精神之坚强、宗旨之正大、行为之稳健，实可为今后世界少年永以为人生行为之标准者也。

当时社会动荡不安，不少人处于极度悲观的情绪中，觉得前途一片渺茫，索性打着老庄超然的幌子，无所事事、浑浑噩噩。宗白华的这篇文章旨在告诉青年们，既要超世也要入世，这才是真超然。

1920年4月，宗白华在《学灯》上发表了一篇关于读书的文章《读书与自动的研究》。这篇文章是用白话文写的，探讨了“如何正确地读书才能形成自己的知识体系，才能让自己拥有自主思考、自主研究的能力，而不至于变成一个‘杂乱无章的藏书楼’”的问题。宗白在书中转述了一段叔本华的观点。

读书是拿他人的头脑，代替自己的思想……我们的头脑中充满了许多外来的思想，这种外来的思想纷呈堆积，东一块，西一块，好像一堆乱石；不比那由我们自己心中亲切体验发展出来的思想，可以自成一个有生气的、有机体的系统。我们常常以他人的思想为思想，以读书为唯一的思索时间，离了书本，就茫然不能思索；得了书本，就如鱼得水。这种脑筋是没有用的，至多不过是一个杂乱无章的藏书楼。我们要晓得古人留下来的书籍，好比是他在一片沙岸上行走时留下来的足印。我们虽可以从他这足印中看出他所行走的道路与方向，却不能知道他在道路上所看见的是些什么景物，所生发的是些什么感想。如果我们想了解书籍中的话、获得书籍的益处，还是要自己按着书籍所指示的道路，亲自去行走一番，直接地看这路上有些什么景物，能生出些什么感想。

宗白华尤其推崇“走到大自然中去”，他认为在大自然中自主地观察、自主地归纳，从这种自主动作中得来的思想，才是创造的思想，才是真实的学问，才是亲切的知识。在这一点上，宗白华不遗余力地推崇庄子。

庄子……并不是坐在家中读死书，他常常走到自然中观察一切、思索一切，一切都可以触动他的灵感，发挥他的妙想。他书中引用自然现象作譬喻非常之多……他爱在自然中活动又富于伟大的理解能力，若生于现在，知道了许多科学实验的方法与器具，不也是一个大科学家吗？但是他所得的结果也已经不小了。以我所知道的中国哲学家来看，创造的思想之丰富，恐怕要推庄子为第一。

庄子是中国学术史上最与自然接近的人、最富于自主观察的人，所以也是个最富于创造思想的人。我们模仿他的学者人格，再具有精密的科学方法，抱着丰富的科学知识，在大自然间做自主的研究，发挥自主的思想，恐怕这神秘万方的自然也要悄悄地告诉我们几件未曾公开的秘密呢！

宗白华这段描述庄子的文字，一定程度上也是在说自己。年幼时他在外公的影响下，游走于安庆周边的山水之间；到了上海后，虽然工作繁忙，但一有空闲，宗白华就会游历长三角一带的山水名胜。宗白华钟情王维寄情山水的诗词，他说王摩诘的清丽淡远很投他的癖好，王维的“行到水穷处，坐看云起时”，他更是时常挂在嘴边。

宗白华早期为数不多的旧体诗，就是在游绍兴东山时写的。东山又名谢安山，东晋名士谢安在此山中隐居到四十一岁，而后出山从政，名扬天下，成语“东山再起”即出于此。宗白华游东山一共写了三首诗，我们选其中的《别东山寺》来欣赏一下。

游屐东山久不回，依依怅别古城隈。
千峰暮雨春无色，万树寒风鸟独徊。
渚上归舟携冷月，江边野渡逐残梅。
回头忽见云封堞，黯对青峦自把杯。

暮雨、寒风、冷月、残梅，宗白华后来自己都说，这不像是年轻人写的东西，他后来确实很少写旧体诗了。

投身美学

1920年5月，在好友田汉的鼓励下，宗白华赴德国留学。这一年，宗白华二十三岁，虽然他的正式学历只有中学，但通过长年的自学，他的中西方哲学功底已经十分扎实，尤其是对美学，他有着很深的理解。

宗白华从上海登上轮船，先是到了法国，这是当时中国留欧学生的聚集地。那时的日本社会对中国人的敌意越来越强，中国青年学子对日本的反感也日益加深，大家把目光投向了欧洲。

宗白华作为少年中国学会的骨干，受到法国少年中国学会成员的热烈欢迎。正在法国求学的徐悲鸿充当向导，带宗白华细致参观了巴黎的博物馆、艺术馆。宗白华虽然并非艺术科班出身，但他在国内发表的一系列艺术评论文章，已经让他在艺术界颇具影响力。

宗白华在巴黎待了不到一个月，就前往德国学习。他之所以留学德国，很重要的原因是他的求学方向是哲学和美学；他的哲学导师叔本华、康德、歌德，都是德国人。

1920年年底，宗白华在《少年中国》月刊上发表了一篇名为《看了罗丹雕刻以后》的文章。宗白华认为，自然是一切美的源泉，是一切艺术的范本，真正好的艺术是自然的重现。他在文中有一段关于自然和艺术的描述。

什么叫作美……“自然”是美的，这是事实。诸君若不相信，只要走出书室，仰看那檐头金黄色的秋叶在光波中颤动；或是来到池边柳树下俯看那白云青天在水波中荡漾，包管你有一种说不出的快感。这种感觉就叫作“美”。

我前几天在斯蒂丹博物院（阿姆斯特丹国立博物馆）里徘徊了一天，看了许多荷兰画家的名画，以为最美的莫过于大艺术家的图画、雕刻了，哪晓得今天早晨起来走到附近森林中去看日出，忽然觉得自然的美终不是一切艺术所能完全达到的。你看空中的光、色，那花草的动、云水的波澜，有哪位艺术家能够完全表现得出？所以自然始终是一切美的源泉，是一切艺术的范本。艺术的目的，不外乎将这种瞬息变动、起灭无常的“自然美的印象”，借着图画、雕刻扣留下来，使它普遍化、永久化。什么叫作普遍化、永久化？就是说一幅自然美的好景往往在深山丛林中，不是人人能享受的；并且瞬息变动、起灭无常，不是人时时能享受的。艺术的作用就是将它描摹下来，使人人可以普遍地、时时地享受。艺术的目的就在于此，而美的源泉仍在自然。

宗白华在德国求学期间，笔耕不辍，他的文章不断地在《少年中国》和《学灯》上发表。从1922年到1923年，宗白华以《流云》为主题，在《学灯》上连续发表了一系列新诗，一共有四十多首。1924年，上海亚东图书馆将宗白华的这一系列小诗结集出版。1928年9月，宗白华又将这些小诗重新编辑，加上题目，以《流云小诗》为书名再版。

宗白华发表《流云》时，冰心以《春水》为主题的系列小诗也在《晨报副镌》上连载，也采用了白话文。一南一北，被传为一时佳话。

诗歌之美

宗白华虽然鼓励郭沫若写诗，但他自己却极少写，他在给郭沫若的信中写道：“我们心中不可没有诗意、诗境，但却不必一定要做诗。”

对于为什么写诗，宗白华在《我和诗》一文中是这么描述的。

1921年的冬天，在一位景慕东方文明的教授的家里，我过了一个罗曼蒂克的夜晚。舞阑人散，踏着雪里的蓝光走回的时候，因着某一种柔情的萦绕，我有了写诗的冲动。从那时以后，横亘约莫一年的时光，我常常被一种创造的情调占有着。黄昏的微步，星夜的默坐，大庭广众中的孤寂，时常仿佛听见耳边有一些无名的音调，把捉不住而呼之欲出。往往是夜里躺在床上熄了灯，大都会在千万人声归于休息的时候，一颗战栗不寐的心兴奋着，静寂中感觉到窗外横躺着的大城在喘息，在一种停匀的节奏中喘息，仿佛一片平波微动的大海，一轮冷月俯临这动极而静的世界，不禁有许多遥远的思想来袭我的心，似惆怅，又似喜悦，似觉悟，又似恍惚。无限凄凉之感里，夹着无限热爱之感。似乎这微渺的心和那遥远的自然和那茫茫的广大的人类，打通了一道地下的深沉的神秘暗道，在绝对的静寂里获得自然人生最亲密的接触。我的《流云小诗》，多半是在这样的心情中写出的。往往在半夜的黑影里爬起来，扶着床栏寻找火柴，在烛光摇晃中写下那些现在人不感兴趣而我自己却借以慰藉寂寞的诗句。“夜”与“晨”两诗曾记下这黑夜不眠而诗兴勃勃的情景。

我们来读一下宗白华的《夜》和《晨》这两首诗。

《夜》
一时间
觉得我的微躯
是一颗小星，
莹然万星里 随着星流。
一会儿
又觉着我的心
是一张明镜，
宇宙的万星在里面灿着。

《晨》
夜将去。
晓色来。
清冷的蓝光
进披几席。
剩残的夜影
遁居墙阴。
现实展开了。
空间呈现了。
森罗的世界
又笼罩了脆弱的孤心！

《流云小诗》里有一首名为《诗》的小诗，我很喜欢。

啊，诗从何处寻？

在细雨下，点碎落花声！
在微风里，飘来流水音！
在蓝空天末，摇摇欲坠的孤星！

宗白华的小诗在词句上特别简省，清新雅致，意趣深远。关于写诗，宗白华在文章《美从何处寻》里这样写道。

诗并不像大家所想象，只是情感，它是经验。单要写一句诗，我们要观察过许多城、许多人、许多物，要认识走兽，要感到鸟儿怎样飞翔、知道小花清晨舒展的姿势；要能够回忆许多远路和僻境，意外的邂逅……神秘还未启明的童年，和容易生气的父母……和在一间静穆而紧闭的房里度过的日子，海滨的清晨和海的自身，和那与星斗齐飞的高声呼号的夜间旅行——而单是这些犹未足，还要享受过许多夜不同的狂欢，听过妇人生产时的呻吟，和坠地便瞑目的婴儿轻微的哭声，还要曾经坐在临终人的床头和死者的身边……可是单有记忆犹未足，还要能够忘记它们，当它们太拥挤的时候，还要有很大的忍耐去期待它们回来。因为回忆本身还不是这个，必要等到它们变成我们的血液、眼色和姿势了，等到它们没有了名字而且不能别于我们自己了……然后可以希望在极难得的顷刻，在它们当中伸出一句诗的头一个字来。

读了宗白华的这段话，我们会理解，写诗不是一件容易的事。正是因为有如此深沉的思考，他的诗歌才能拥有哲学的意境。宗白华的诗歌，除了偶尔有对人生、爱情、哲学的吟诵，更多时候是对自然世界的描绘，明月、星空、流云、细雨、落花、大海、森林、暮霭……宗白华关于艺术与美的思考，恰如其分、宁静隽永地融入这些自然物象之中。

美学散步

1925年春，宗白华结束留学生活，回到中国。经好友曾朴介绍，到南京的东南大学哲学院任教。东南大学后来改名为中央大学，中华人民共和国成立之前，宗白华一直任教于中央大学哲学系。中央大学也是大师云集，茅以升、汤用彤、徐悲鸿、陈之佛、刘敦桢等大师都曾在此任教。

1949年，中央大学正式更名为南京大学，宗白华继续担任该校的哲学系教授。1952年，宗白华调任北京大学哲学系教授。此后的三十多年，宗白华一直住在北京大学的校园里。1986年12月20日，宗白华病逝于北京，享年九十岁（离他的九十大寿只差两天）。

在宗白华六十余载的执教生涯中，他始终深耕于哲学和美学领域，同一众高产学者相比，可谓惜字如金。他的思想主要体现在发表于杂志或报纸中的文章里，这些文章优美、简练、深刻、隽永。尽管文章的数量不多，但涵盖面却非常广，尤其是在艺术和美学领域，古今中外的建筑、雕塑、绘画、音乐、舞蹈、诗歌等，都有所涉及。宗白华的每一篇文章，都像精心雕琢的艺术品，都是一把开启美学之门的钥匙。

我常跟人说，宗白华先生的《美学散步》，我是拿它当《红楼梦》一样的文字来读的，即便不甚了解其中的深意，仅仅是词句的美，就足够佐茶下酒了。

如果我们静下心来读一两篇，就会跟随宗先生的思想，去了解中西方艺术观、审美观的差异，了解中西方绘画的差异，了解中国书法的美在哪里，了解中国绘画的美在哪里。我们会慢慢理解自然的美、诗歌的美、音乐的美、舞蹈的美、园林建筑的美。这个过程可能会很长很长，但对美的感知就应该如此，需要几年、十几年、几十年、一辈子的浸染。敏锐灵透如宗白华先生，都花了一辈子时间去体悟什么是美、如何发现美——美育这件事，急不来。

关于宗白华“散步式”的治学和人生态度，值得特别聊一聊。宗白华和朱光潜同为现代中国的美学高峰，但两人的治学方式完全不同。李泽厚在《美学散步》的序言中说：“朱先生的文章和思维方式是推理的，宗先生却是抒情的；朱先生偏于文学，宗先生偏于艺术；朱先生是近代的、西方的、科学的，宗先生则是古典的、中国的、艺术的；朱先生是学者，宗先生是诗人。”

宗白华从少年到老年，一直以“散步者”的姿态游走于学问间、山水间，无拘无束，自由自在。“散步”作为一种治学方式，由来已久，亚里士多德学派就被称为“散步学派”，亚里士多德经常在散步的过程中给他的学生授课，边走边聊。

梭罗在《瓦尔登湖》中写道：“每当我开始散步时，思潮便随之涌来。”

狄更斯每天下午雷打不动地散步三小时，他在散步中观察到的人和事，为他的创作提供了源源不断的素材。

宗白华喜欢在山野里散步，他的思绪在鹏鸟虫鱼、花草树木中畅游。在他晚年时，他经常身着旧式布衣，挎着绿色书包，逛北京的画展、胡同。天朗气清时，他还会信步走到郊外。他说："散步的时候可以偶尔在路旁折到一枝鲜花，也可以在路上拾起别人丢弃而自己感兴趣的燕石。无论是鲜花还是燕石，不必珍视，也不必丢弃，放在桌上，可以做散步后的回忆。"

散步是方法，更是态度。以散步的方式面对无常的世界，多么坦然惬意。宗白华将他的著作取名为《美学散步》，也是在说，美学并没有那么遥不可及，就像散步一样，我们可以随时出发。

参考文献

[1] 宗白华. 美学散步[M]. 上海：上海人民出版社，2020.

[2] 宗白华. 宗白华美学33讲[M]. 北京：人民文学出版社，2023.

[3] 宗白华. 写给大家的美学二十讲[M]. 南京：江苏凤凰文艺出版社，2020.

[4] 宗白华全集（第一卷）[M]. 合肥：安徽教育出版社，2008.

[5] 宗白华全集（第二卷）[M]. 合肥：安徽教育出版社，2008.

[6] 宗白华全集（第三卷）[M]. 合肥：安徽教育出版社，2008.

[7] 朱立元. 美学大辞典[M]. 上海：上海辞书出版社，2014.

[8] 邹士方. 宗白华评传[M]. 北京：西苑出版社，2013.

[9] 冯友兰. 中国哲学简史[M]. 北京：北京大学出版社，2012.

[10] 余英时. 现代危机与思想人物[M]. 北京：生活・读书・新知三联书店，2012.

[11] 唐德刚. 从晚清到民国[M]. 北京：中国文史出版社，2019.

[12] 范文澜. 中国通史[M]. 北京：人民出版社，2008.

[13] 郭大钧. 中国现代史探索[M]. 北京：北京师范大学出版社，2015.

[14] 李浩. 宗白华生命美学思想及其生态意蕴研究[D]. 济南：山东大学，2021.

[15] 彭锋. 宗白华美学与生命哲学[J]. 北京大学学报，2000，2（1）：100-110.

[16] 陈望衡. 宗白华的生命美学观[J]. 江海学刊，2001，1（1）：101-107.

启功

（1912—2005）

学为人师
行为世范

“人无完人，但启功除外。”

这是当年主持中国书法家协会日常工作的佟韦先生对启功的评价。

一个人活明白了是啥样，启功用他的后半生给出了答案。

他是负有盛名的书法家，甚至可以说是中国现代书法的代言人，但书法其实只是他的业余爱好，他的本职工作是在大学里教授音韵学、文学史和古典文献学，他是一位治学严谨的学者。

他只有初中学历，却在大学当了几十年的教授，还被选为中央文史馆馆长、中国书法家协会主席、西泠印社社长等。

他出身皇族，是雍正皇帝的第九世孙。民国元年出生的他，没做过一天大清的子民。他出生时，家道已经没落。

他幼年丧父、晚年丧妻、无儿无女，常年病痛缠身，孤独终老，坎坷一生。常人眼里的悲惨境遇，他却拿来自嘲，把豁达潇洒写在脸上。他的笑容如弥勒佛一般，让人看了都心生欢喜。

他的诗文功底了得，但他后来写的诗文却越来越像顺口溜、打油诗，他畅快地直抒胸臆，没有任何包袱。

1977年，启功六十六岁，与他相守四十三载的妻子已经于两年前离世，自幼照顾他的母亲和姑姑也早已亡故。残夜孤灯下，无儿无女、病痛缠身的启功，给自己写下了那篇著名的墓志铭。

中学生，副教授。博不精，专不透。

名虽扬，实不够。高不成，低不就。

瘫趋左，派曾右。面微圆，皮欠厚。

妻已亡，并无后。丧犹新，病照旧。

六十六，非不寿。八宝山，渐相凑。

计平生，谥曰陋。身与名，一齐臭。

全篇七十二个字，以并不常用的三字句行文，字里行间溢满了老先生的幽默、豁达、谦虚，从中可窥见他的诗文功力。

启功在经历了六十六载跌宕人生后，自觉行将就木。他没想到的是，他的艺术、学术生涯，还有近三十年的光景。

出身宗室

1912年，民国元年。这一年7月26日，盛夏的北京酷热难当。皇城根下的一条胡同里，一个男孩出生了，祖父给他取名为启功。

启功是雍正的第九世孙，原姓爱新觉罗，正蓝旗人。大清在他出生的前一年就亡了；即便大清没亡，启功家家道衰落也是注定的。

清朝的世袭制度，原则上每过一代就降一级，能世袭罔替的，只有十二位“铁帽子王”。“世袭罔替”的意思是爵位世代承袭，不降级。清朝建立之初，八个“铁帽子王”是因战功卓著而被册封的。往后两百多年中，只有四个人获得恩封，分别是和硕怡亲王胤祥、和硕恭亲王奕䜣、和硕醇亲王奕譞、和硕庆亲王奕劻。除了和硕怡亲王胤祥是雍正皇帝封的，后三个都是晚清时封的，还没怎么世袭，清朝就没了。

启功家到他的曾祖父这一代，只剩下一个“奉国将军”的头衔，俸禄微乎其微，养家糊口都难。

启功的九世祖是雍正皇帝，八世祖是与乾隆争过皇位的弘昼。弘昼被封为和亲王，本来也想向比自己大一个时辰的皇帝哥哥争取一下，看能不能争取个世袭罔替。乾隆看在兄弟情分上，让他的儿子多袭了一代，世袭罔替就别想了。

按照清朝规定，在旗有爵位的人是不能参加科举的。启功的曾祖父溥良是个读书人，眼见顶着个“奉国将军”的头衔，家里都快揭不开锅了，一咬牙——爵位咱不要了。这个朝廷是允许的，你可以向朝廷申请卸去爵位，这对于朝廷来说也是好事，少一个爵就少一份开销；你走科举之路，没准国家还多一个可用之才呢。

溥良学识功底深厚，再加上破釜沉舟、卸去爵位，除了金榜题名，别无他选，因此只能格外刻苦用功。好在他最终如愿高中，入了翰林，仕途也算顺利，一路做到礼部尚书。

溥良为官勤勉、德行端正，不管是在朝廷还是在地方，口碑都很好。溥良曾在江苏做学政，江苏本就文风极盛，溥良在江苏的那段时间，发掘、栽培了不少文人学者。大名鼎鼎的学者型实业家张謇，当年就被溥良请去做了崇明书院山长（相当于校长）。

启功的祖父叫毓隆，1894年甲午战争那年中举，与张謇是同一年的进士。毓隆育有一儿一女，儿子就是启功的父亲恒同。1911年，十七岁的恒同完婚。1912年，启功出生。1913年，启功刚满周岁，患有肺病的父亲便不治身亡。

父亲的死，对启功家来说是莫大的打击。祖父年迈丧子，老泪横流。启功的母亲更是悲痛欲绝，多次寻死。祖父和姑姑不断宽慰，提醒她襁褓中的启功需要母亲抚育，才让她逐渐接受了丈夫去世的现实。这时候，启功家只剩下四口人：祖父、母亲、姑姑，还有小启功。

启功的姑姑恒季华为了教养这一脉单传的侄子成人，毅然决定终身不嫁，协助启功的母亲一起抚养启功。她将自己看作这个家庭中的男人，启功亦称姑姑为“爹爹”（在满人的习俗里，“爹爹”即叔叔）。

启功的幼年过得还算幸福，虽然父亲去世了，但祖父尚在，依靠祖父的庇护，一家人的日子勉强能过下去。

1922年，启功十岁。那年除夕夜，启功的曾祖父去世。曾祖父出殡前三天，祖父又离世。那年正月，曾祖和祖父一起出殡，启功家彻底没了依靠，姑姑和母亲带着年幼的启功，几乎陷入绝境。

清朝灭亡后，按照清室与袁世凯达成的协议，所有的爱新觉罗氏都改姓金。启功说他们家上上下下都十分痛恨袁世凯，觉得这个人出尔反尔，一点信誉都不讲，是个十足狡诈的政客。

启功祖父临死前向启功交代了两件事，其中一件就是“你绝不许姓金，你要是姓了金，就不是我的孙子”。启功谨记祖父遗命，坚决反对别人叫他金启功。他在口述自传里开篇就强调，他叫启功，姓启名功。

后来很多皇族为了夸耀自己的身份，还是希望别人称自己为爱新觉罗氏。启功觉得这样做很无聊，有人给他写信，信封上注明“爱新觉罗启功”收，他都直接标明“查无此人，请退回”。

曾祖父和祖父为官清廉，没有遗下什么家产，反而为了筹办丧事，还添了债务。好在他们当年为官时，提携了一些门生。一些在京的门生见启功家的日子太难了，就组织筹集善款。牵头捐款的是两名四川人，是祖父当年在四川做学政时的学生，他们起草了一篇募捐词，其中一句“孀媳弱女，同抚孤孙”，将启功家的凄凉境遇写了出来。最后一共筹集了两千元，他们将这两千元买了七年的公债，每个月能有三十元的利息，勉强支撑一家三口的日常生计。

正是有了这笔钱的帮助，启功才能正常入学。

早年间的坎坷

启功十二岁那年正式读小学，但这并不是说启功十二岁才开始学习，实际上，启功在上小学前，所学知识就已远超同龄人。

祖父本就是饱学之士，看着两代单传的小孙子，在教育上自然倾尽全力。从启功记事起，祖父就经常将他放在膝上，教他朗诵唐诗宋词。启功后来回忆，当时他年幼，对于词句的深意自然是理解不了多少，但在长年累月的诵读过程中，他对诗词的音韵美产生了浓厚兴趣，这也成了启功开启诗词殿堂的第一把钥匙。

祖父还写得一手好字，亲自为启功写字帖，并耐心讲解书法要领，让启功一遍遍临摹。

同大部分传统文人一样，祖父也喜欢画画。每次祖父作画时，都让启功在旁边观摩。启功见祖父点点刷刷，不经意间，山水松竹已经跃然纸上。年幼的他觉得很神奇，这种感觉就像我们儿时在电视中看魔术表演一样。

画画的表现力要比写字强，对启功的吸引力自然也就更大。启功小时候的志向是做一名画家，他在绘画上也下了苦功夫，功底相当了得。一直到晚年，真正熟悉他的人都说，启功的画比字好。

我们所认识的诗、书、画俱佳的启功先生，底子在孩童时期就打好了，他的蒙学起点是很高的。

启功入读的是汇文学校，因为已经有一定的底子，所以直接从四年级读起。读了两年小学又顺利升入初中，初中读了两年，又升入高中。这期间，启功的学习成绩还不错，尤其是国文，下笔成章，在学校小有名气。但也有不如意的，启功的英文成绩并不理想。

启功在校外拜师学习古文和书画。到了高三那一年，他跟随戴绥之先生学习古文入了迷，知道自己英语那一关肯定过不了，索性放弃了高中学业，专心学习古文。正因如此，启功只能算是“高中肄业”，正式文凭只有初中毕业证。

启功离开高中后，并没有放松学习，相反，他更加专心地投入到做学问中。从十五岁到二十五岁这十年间，机缘巧合下，启功先后受教于贾羲民、吴镜汀、戴姜福、溥心畬、溥雪斋、齐白石等大家。启功在这些大家门下，全方位地学习了书法、绘画、诗文、鉴赏鉴定等领域的知识，学问日益精进。

1933年，启功二十一岁。这一年，启功遇到了他人生中，也是余生最重要的贵人和老师——辅仁大学校长陈垣。

辅仁大学最初作为公教大学（基督教背景的大学）设立，于1927年正式更名为辅仁大学，与北京大学、清华大学、燕京大学并称“北平四大名校”。

尽管启功学问深厚，但他没有文凭，找不到正式的工作。为了养家糊口，他一边做私塾教师，一边卖字画贴补家用。当年为他们家筹集善款的两位伯父觉得这样下去也不是办法，于是找到曾任北洋政府教育总长的傅增湘帮忙。傅增湘入过翰林，是近代著名学者，也是启功曾祖父的门生。

傅先生在了解启功家的情况后，又看了启功的诗文书画，欣喜不已。他特意将启功推荐给自己的好友陈垣。陈垣曾与傅增湘在北洋政府教育部任职，后来辞去公职，担任辅仁大学校长。

一天上午，傅先生让启功准备几篇文章和一个扇面，然后让启功等消息，自己拿着启功的作品去了陈垣家。

启功在九十岁高龄时写回忆录，对那个上午既忐忑又激动的心情依然记忆犹新。等了许久，傅先生回来了，语气平和地对启功说："陈先生说你诗书绘画俱佳，对你的印象不错，你可以去见他。"

启功临行前，傅先生特别叮嘱道："无论能否得到工作，你都要勤向陈先生请教，摸索到做学问的路径，这比得到一份工作还重要，一生受用不尽的。"

就这样，启功拜会了陈垣校长。陈垣看了启功写的几篇文章，以及他画的扇面，看出启功功底不浅，就安排他到辅仁附中教一年级的国文。启功很是珍惜这份工作，他认真备课，讲课生动有趣，学生们都很喜欢他，教学效果也不错。但好景不长，一年多后，他就被分管领导给开除了，理由也冠冕堂皇——启功自己中学都没毕业，怎么能教中学呢？

这件事对启功打击很大，好在陈垣校长认定启功有真才实学，安排他到辅仁大学美术系当助教。启功自幼学画，又师从齐白石、溥心畲、溥雪斋等大师，当个助教，那是绰绰有余。

启功虽然干得得心应手，但分管美术系的还是之前开除他的那个领导。一年多后，启功再次因为资历不够被开除了。

对于启功来说，他太需要这份工作了。当时他已经结婚，母亲、姑姑、妻子加上他，一家四口唯一的生活来源就是他的工资。

陈垣校长本来有意将启功安排到校长室做秘书，启功当然也想接受这份工作，但口头上还是谦虚地表示担心做不好这份工作。传话的人有意安排自己的人，耍了心机，对陈垣校长回话说启功不愿意做秘书，启功只能眼睁睁地看着工作机会没了。为了养家糊口，启功继续做私教、卖字画。

卢沟桥事变后，北平陷入混乱，物资短缺，物价飞涨。日军攻陷北平后，启功的一位叔祖父在日伪政府供职，他看启功家太困难了，就想介绍启功到日伪政府里谋个差事，好歹先把日子过下去。叔祖父帮启功填了一份履历交了上去，结果启功被录用了。启功虽然极不情愿，但无奈形势逼人——日伪政府对于不配合的人是格杀勿论的。

1938年的3月至6月，启功在日伪政府里干了三个月。到了夏天，陈垣校长找到启功，问他现在可有事干。启功没有如实相告，说没事干。

陈垣校长说："那好，九月份发聘书，你回辅仁教大一国文吧。"

多年后，中华人民共和国成立了，启功终于鼓起勇气，把他做了三个月伪职的事情向陈校长坦白。陈校长听完，沉默了一会儿，只回了一个字："脏！"

对启功来说，这一个字，如万箭穿心。他暗下决心，这辈子再也不染上任何污点了。

启功有一方古印，上有铭文："一拳之石取其坚，一勺之水取其净。"他将自己那间小小卧室兼书房取名为"坚净室"，自号"坚净翁"，时刻提醒自己：**"取水其净，取石其坚。"**

恩师陈垣

从1938年9月一直到2005年6月启功去世，一共六十七年，启功再也没有离开这所大学（1952年，全国高等院校进行院系调整，辅仁大学与北京师范大学合并）。

这期间有一个小插曲。中华人民共和国成立后，辅仁大学的一位同事出任北京市教育局局长，想请启功去做个科长。单从收入上看，这比当教师要挣得多得多，启功家里一直过得紧巴巴的，启功确实动了心，他去请教陈校长。

陈校长："你母亲愿意不愿意？"

启功："她不太懂，让我请教您。"

陈校长："你自己觉得怎样？"

启功："我少无宦情。"

启功的意思是，自己从小就没想过要当什么官。

这时候，陈校长才捋着胡子哈哈大笑道："既然你并无宦情，我可以直接告诉你：学校给你的是聘书，你是教师，是宾客；政府给你的是委任状，你是属员，是官吏。你想想看，你适合干哪个？"

自此之后，启功就一门心思地当好他的教师了。

这里有一段历史要说明一下。抗日战争期间，清华大学、北京大学、南开大学这三所大学被迫转移到昆明，组成西南联大，但辅仁大学基本没有受到战争的影响，这是因为辅仁大学属于教会学校，董事会由德国人把持，日本人没敢过多骚扰这所学校。当时很多想留在北平学习的有志青年投奔了辅仁大学，加上陈垣校长治校有方，大量地吸收人才，所以虽是一所教会学校，但学术成就毫不逊色于普通大学，它一度与西南联大齐名。

讲到这里，有必要展开介绍一下陈垣校长。

陈垣与陈寅恪并称为“史学二陈”，他与陈寅恪、吕思勉、钱穆并称为“史学四大家”，可以想见他的学术地位。

陈寅恪对做学问要求极高，能获得他的赞扬的人不多，但谈及陈垣，陈寅恪说：“近二十年来，国人内感民族文化之衰颓，外感世界思潮之激荡，其论史之作，渐能脱除清代经师之旧染，有以合于今日史学之真谛，而新会陈援庵（陈垣字援庵）先生之书尤为中外学人所推服。”又说：“盖先生之精思博识，吾国学者，自钱晓徵以来，未之有也。”

钱晓徵是乾嘉学派的代表人物，被誉为“中国18世纪最为渊博和专精的学术大师”，也被后世公认为有清一代学问最渊博者之一。陈寅恪说陈垣“自钱晓徵以来，未之有也”，评价不可谓不高。

胡适评价陈垣道：“南方史学勤苦而太信古，北方史学能疑古而学问太简陋……能够融南北之长而去其短者，首推王国维与陈垣。”

1951年，毛主席在怀仁堂举行国宴，向大家介绍陈垣：“这是陈垣，读书很多，是我们国家的‘国宝’。”

在启功眼里，陈校长不仅是一位大学问家，还是一位以身作则、身体力行的教育家。陈校长引导年轻教师们，教大家如何教书、如何做学问、如何做人。

启功回到辅仁大学教大一国文时，陈校长亲授一个班，几名年轻教师各教一个班。陈校长鼓励教师们相互听课，取长补短。

在开课前，陈校长对启功说：“教大学生和教中学生不同。大学生知识多了，他们会提出很多问题，教一堂课一定要把相关内容都预备到，要预想到学生会提出什么问题，免得到时被动。要善于疏通课堂气氛，不要总是站在讲台上讲，要适当地到学生座位中间走一走，一方面可以知道学生们在干什么，有没有偷懒、睡觉、看小说，顺便看看自己的板书效果好不好，学生记下了没有，没有记下的可以顺便指点一下他们。更重要的是，这样可以创造深入沟通的氛围，创造平等和谐的教学环境，让学生们觉得你平易近人、可亲可敬。到了大学，更要重视学生实际能力的提高，要多让学生写作，所以上好作文课是非常重要的。批改作文一定要恰到好处，少了，他们不会有真正的收获；多了，就成了你给他重作。最好的办法是面批，直接告诉他们优缺点在哪里，他们要有疑问，可以当面讲解，这样效果更好。要把发现的问题随时记在授课笔记上，以便以后随时举例，解决一些普遍性问题。”

陈校长的这段话，即便放在今天，依然值得青年教师们细细品读。

作文课后，陈校长会将学生们的作文贴到公告栏里，贴出来的作文都是经过教师们认真批改的，这对于学生和教师都是一种鞭策，学生写的时候要认真写，教师批改的时候要认真批改。教师们时常能在公告栏里看到陈校长亲自给学生批改的作文。启功说，因为陈校长这一举动，他每次批改学生作文都极其认真，不仅内容要反复琢磨，连作批改的字也是端端正正，丝毫不敢懈怠。

自从1938年9月回到辅仁大学，启功一边给青年学子们上课，一边跟着陈校长学习治学、为人。1963年，启功拿着自己准备出版的第一本专著《古代字体论稿》去请陈校长过目并请他题签。

陈校长非常高兴，他问启功：“你出版过专著吗？”

启功说：“这是第一本。”

陈校长又问：“你今年多大岁数了？”

启功答：“五十一岁。”

陈校长翻阅着启功的书稿不再说话，良久之后，他自顾自地细数起前辈学者的寿命来：“全谢山活了五十岁，戴东原活了五十四岁……”

细数了几个人的寿命后，陈校长看向启功：“你要好好努力啊！”

多年之后，启功回忆起这一幕，依然眼含热泪。他明白陈校长这是既高兴看到自己的弟子有所建树，又告诫启功光阴易逝、时不我待，要抓紧时间，好好做学问。

1971年6月21日，陈垣先生与世长辞，享年九十一岁。陈垣先生一生从事教学七十四载，担任大学校长四十六载，将自己的一生都奉献给了教育事业。他离世前叮嘱后人，将自己的四万余元稿费和上千件字画全部捐给国家。

陈垣校长离世时，启功还是被批斗的对象，不被允许参加恩师的葬礼。他仰天悲泣，默默地写了一副挽联。

依函丈卅九年，信有师生同父子。

刊习作二三册，痛余文字答陶甄。

启功回望自青年时得遇陈垣校长，几十年来，陈校长对自己多番提携、指点、帮助，虽然名为师生，却早已情同父子。

启功晚年功成名就，他将卖字画所得的报酬捐给北京师范大学，成立奖学金。北京师范大学希望以启功之名来命名该奖学金，他婉拒了，建议采用陈垣校长的书房名“励耘”，命名为“励耘奖学金”。

1996年，北京师范大学征集校训，启功感念恩师陈垣校长，欣然写下**“学为人师，行为世范”**八个大字，很快就得到了全校师生的认可。这八个字，既是启功对陈垣校长一生的概括，也是他对未来将要走上教师岗位的青年学子们的期盼。

相濡以沫

特殊时期，启功曾被划为“右派”，后来虽然获得了社会的认可与推崇，担任中国书法家协会主席、故宫博物院顾问等职务，但他的本职工作一直是北京师范大学教授。

启功一直穷困到七十岁。作为家里唯一挣工资的人，他要养活母亲、姑姑和妻子。母亲和姑姑含辛茹苦，将他抚养成人，血脉亲情，感情至真至深自不必说，启功与妻子章宝琛的感情却要稍加细说。

1932年，启功二十岁。那年初春的一个早上，母亲对启功说：“今天家里祭祖，请了一位姓章的姑娘过来帮忙，你去胡同口迎一下。”这个姑娘就是章宝琛，是母亲和姑姑为启功物色的妻子。

章宝琛大启功两岁，没念过书，也是苦命的孩子，一身的乡土气息。启功起初是极不情愿的，他对母亲说自己年纪尚轻，事业尚无成就，不想结婚。

母亲含泪说：“你父亲离开得早，妈守着你很苦，你早点成家，身边好歹有个人照顾你，我也就放心了……”

启功是个孝子，见母亲伤心，便答应了这门婚事，他说："只要您老满意就行，我听您的。"

如此开头的婚姻，怎么看也不会幸福。

章宝琛过门后，家里的大事小情，启功就没再操心过。章宝琛虽然文化程度不高，但能理解启功。启功自年轻时就在诗文书画方面小有名气，来家里同他探讨的人络绎不绝。启功家里并不大，来的人经常一聊就聊到大半夜，章宝琛总是默默地在一旁添水倒茶，长年如一日，没在启功面前发过半点牢骚。

章宝琛可能听不懂丈夫同朋友讨论的话题，但这并不影响她从心底里支持丈夫。在动荡年代，启功遭受批斗，悲愤之下将自己的心血之作《诗文声律论稿》扔进火盆里。章宝琛来不及多想，徒手从火盆里将文稿抢救出来，手上多处烧伤。

启功握着妻子的手说："你真傻！"

章宝琛哭着说："不要怕，谁骂你都不要紧，我知道你是好人，你的朋友也知道你是好人，有我们相信你就够了。"

章宝琛知道，这些她看不懂的东西，对于丈夫来说，比命还重要。

章宝琛没读过书，说不出大道理来，每每看到丈夫消沉，她总是对丈夫重复一句话："留得青山在，不怕没柴烧！"

启功同章宝琛结婚多年，一直没有孩子。启功在辅仁大学教书时，因为艺术造诣很深，班上的女学生经常跟着他参观展览，于是有人传言启功搞师生恋。当时，师生恋确实不少见。谣言传到章宝琛耳朵里，她完全没往心里去，更没有在启功面前追问半句，她相信启功的为人。

面对在她面前嚼舌根的人，章宝琛平静地说："我没能替元白（启功字元伯，一作元白）生下一男半女，我对不住他。如果谁能为他生育，我还要感谢她，一定会把孩子当作亲生子女一样对待。"

启功晚年回忆道："她的善良，连来嚼舌根的人都觉得过意不去。"

启功家的生活一直很拮据，等日子好起来时，家里只剩下启功一个人了。章宝琛跟了启功一辈子，苦了一辈子。

早年间，启功想卖些字画补贴家用，但又放不下面子到大街上叫卖。章宝琛心领神会，主动从丈夫手里拿过字画说："你负责创作，我负责拿去卖。"

一年冬日，那天的雪下得很大。到了傍晚，启功见妻子还没回来，就出去寻找。来到集市上，启功远远地看见妻子蜷缩着坐在街角的一个小马扎上，身上落满了雪，他心疼不已。当启功走近时，章宝琛看到丈夫来寻她，开心地挥舞双手，笑着对启功说："只剩下两幅没卖出去！"

在吃穿用度上，章宝琛从来不考虑自己，稍微有点好东西，都紧着婆婆、丈夫吃。哪怕在最艰难的岁月里，她也总能省出一点钱来给启功买笔墨、书籍。

1957年，启功的母亲和姑姑相继病倒；紧接着，启功被划为"右派"，家里的重担全都压在章宝琛的身上。她独自一人不分昼夜地在婆婆和姑姑床前伺候，喂水喂药、端屎端尿，照顾得细致入微。

时日一久，两位老人便因为病痛、心情烦躁，常对章宝琛乱发脾气。都说"久病床前无孝子"，可章宝琛却常年如一日，日日守在婆婆和姑姑床前尽孝，哪怕老人再无理，她也毫无怨言。

启功的母亲去世前，拉着章宝琛的手说："我没有女儿，你就跟我的亲闺女一样。"

这一切，启功都看在眼里。看着妻子日渐消瘦、憔悴，他满是心疼、感激。母亲去世后，启功把妻子扶坐在椅子上，双膝下跪，给妻子磕了个响头，恭恭敬敬地叫了声"姐姐"。

1975年，章宝琛积劳成疾，一病不起。在医院里，她感觉自己时日无多，把启功叫到床前，与启功耳语片刻后，启功大惊，匆匆赶回家中，按照妻子所说，在后院墙角挖出一个大缸，里面有四个麻袋，装着启功早年的书画作品、文稿、藏书。启功捧着这些画作、书稿，浑身颤抖，失声痛哭，好似劫后重生。他怎么也没想到，不通文墨的妻子竟然冒着巨大的风险，在动荡年代将自己的作品全部保存了下来。

章宝琛生命的最后时光是在医院里度过的，六十三岁的启功白天上班，晚上就在妻子的病床边用几把椅子拼成床过夜。

眼见妻子无力回天，启功回家给妻子找一身体面的衣服入殓。翻遍了柜子，才发现妻子多年未曾添过新衣，仅有的几件旧衣都是补丁压补丁；再看看自己身上穿的是妻子年前亲手缝制的衣服，启功老泪纵横，泣不成声。

妻子去世那天，启功守在病床前。他握着妻子的手，不停地说着话，希望能有奇迹发生。看着妻子永远地闭上了眼睛，启功悲痛欲绝，对亲友说，他想跟妻子单独待一会儿。启功关上病房门，围绕着妻子的遗体，念诵了很多遍《往生咒》，他把愧疚、祝愿、信念都寄托在了这诵经声中。

章宝琛去世后，启功用他独有的诗文风格，写了二十首悼亡诗，组成了《痛心篇》。

先妻讳宝琛姓章佳氏，长功二岁，年二十三与功结褵，一九七一年重病几殆，一九七四年冬复病，缠绵百日终于不起，时为一九七五年夏历花朝前夕，是为诞生第六十六年初，逾六十四周岁也。

结婚四十年，从来无吵闹，白头老夫妻，相爱如年少。

先母抚孤儿，备历辛与苦，曾闻与妇言，似我亲生女。

相依四十年，半贫半多病，虽然两个人，只有一条命。

我饭美且精，你衣缝又补，我腾钱买书，你甘心吃苦。

今日你先死，此事坏亦好，免得我死时，把你急坏了。

枯骨八宝山，孤魂小乘巷，你在待两年，咱俩一处葬。

强地松激素，居然救命星，肝炎黄疸病，起死得回生。

愁苦诗常易，欢愉语莫工，老妻真病愈，高唱乐无穷。

老妻病榻苦呻吟，寸截回肠粉碎心，四十二年轻易过，如今始解惜分阴。

为我亲缝缎袄新，尚嫌丝絮不周身，备他小殓搜箱匣，惊见衷衣补绽匀。

病床盼得表姑来，执手叮咛托几回。为我殷勤劝元白，教他不要太悲哀。

君今撒手一身轻，腾我拖泥带水行，不管灵魂有无有，此心终不负双星。

梦里分明笑语长，醒来号痛卧空床，鳏鱼岂爱常开眼，为怕深宵出睡乡。

狐死犹闻正首丘，孤身垂老付漂流，茫茫何地寻先垄，枯骨荒原到处投。

妇病已经难保，气弱如丝微袅，执我手腕低言，把你折腾瘦了。

把你折腾瘦了，看你实在可怜，快去好好休息，又愿在我身边。

只有肉心一颗，每日尖刀碎割，难逢司命天神，恳求我死她活。

自言我病难好，痛苦已都尝饱，又闻呓语昏沉，阿玛刚才来到。

明知呓语无凭，亦愿先人有灵，但使天天梦呓，岂非死者犹生。

爹爹久已长眠，姐姐今又千古，未知我骨成灰，能否共斯抔土。

启功给妻子写的悼亡诗，既不像苏轼写的“十年生死两茫茫，不思量，自难忘”那样哀婉凄绝，也不像李商隐写的“庄生晓梦迷蝴蝶，望帝春心托杜鹃。沧海月明珠有泪，蓝田日暖玉生烟”那样引经据典、借古言情。启功的词句几乎没有雕饰，像是对妻子的喃喃细语，朴素直白，但字字真切、句句情深。

章宝琛在世时，也曾大病一场，险些丢了性命。鬼门关走了一遭后，章宝琛和启功开玩笑说，我若先死，你一定会找个后老伴。启功说，我绝不会的。章宝琛说，那我们打个赌吧。

章宝琛临终前，叮嘱启功要再找个人照顾他。但在启功心里，妻子跟着自己一生受苦，妻子走后，他过一天好日子都觉得对不住妻子。

启功在口述自传中说：“到1989年冬，离先妻去世已十四年了。我又因心脏病发作住进了北大医院，再次面临死亡考验。在别人都围着我的病床为我担心的时候，我忽然又想起了当年和老伴设赌的事，我觉得毫无疑问，是我赢了，于是写了一首《赌赢歌》。”我们来读读其中的一段。

老妻昔日与我戏言身后况，自称她死一定有人为我找对象。
我笑老朽如斯哪会有人傻且疯，妻言你如不信可以赌下输赢账。
我说将来万一你输赌债怎生还，她说自信必赢且不需偿人世金钱粪土样。
何期辩论未了她先行，似乎一手压在永难揭开的宝盒上。

章宝琛去世一年后，文革结束。启功迎来了名利双收的人生阶段，他的书画备受推崇，在学界的名气也越来越大，不少人张罗给他续弦，还有上门毛遂自荐的，启功都回绝道：“我早已把双人床换成了单人床。”

启功晚年潜心学问，他看到自己的书画受到追捧，市场价越来越高，常对人说，自己名不副实。

1990年，他在香港举办了一场“启功作品义卖”，所得收入一百六十三万余元，他全部捐给北京师范大学，成立了“励耘奖学金”。启功晚年的大部分收入，他都捐给了学校，用于资助贫困学生。

启功晚年时，朋友们常约他出游，他都婉拒了，他觉得妻子跟着自己一辈子辛劳，没有出游过一次，现在妻子走了，自己却享受好日子，他心里难受。

启功在诗里写道：

先母晚多病，高楼难再登。
先妻值贫困，佳景未一经。
今友邀我游，婉谢力不胜。
风物每入眼，凄恻偷吞声。

他甚至不敢多吃肉，因为那样他会觉得不仅对不住妻子，也对不住在困难时期一直提携、照顾自己的陈校长。一碗面条、一碟青菜就是他的一顿饭。

启功人生的最后三十年，孤身一人，当他把所有物质层面的东西都放下后，幽默不羁的性格就更加明显了，他活成了一个率真、潇洒、可爱的老头。表面上看，他是游戏人间，实际上这是历经悲欢离合、人间百态后的豁达与释然，是真正活明白了。

2005年6月30日，启功先生病逝于北京，享年九十三岁。在他弥留之际，他嘱托章宝琛的侄子：“我离开这个世界后，请把我的遗体葬在宝琛身边。来世，我们还要做夫妻。这一生里，她为我付出太多，我来生一定要好好照顾她……”

一个人活成了一座宝库

要真正了解启功，就必须了解他的艺术成就和学术造诣。

只有初中学历的启功到底有多厉害呢？他一个人活成了一座宝库。

他因为书法而为世人所熟知，但实际上书法只是他的业余爱好。他在古籍整理、文物鉴定、宗教史、文学史、佛学、音韵学等领域皆成就斐然。也正是他在众多学术领域的高深造诣，滋养了他在诗文书画方面的爱好。

启功的书法创作颇丰，他在书法理论上也作出了巨大贡献。很多道理别人讲不明白，他总能三言两语就讲清楚。

比如书法家们总建议人们临摹古帖，但没说明白为什么要这样做；启功解释道：因为古帖距离现在较远，当时的纸笔工具、运笔方法与当下总有些不同，我们临摹古帖，可以促使我们在临摹的过程中不断加深对古帖中字体意境的理解，并且在想方设法追求形似的过程中产生出自己的风格。启功说：“名家之书，皆古人妙处与自家病处相结合之产物耳。”

基于这个逻辑，启功特别强调：学习书法要师法古人，不能学习包括启功在内的当下者。书法家徐利明年轻时特别喜欢启功的字，反复临摹，他写信向启功求教，启功赶紧回信，劝他不要这样练字。启功认为：写今人的字，容易写得像，因为大家用的笔墨工具都差不多，如果能看到原书者的书写过程，就更容易写得像了，但这不是好事。虽然这个方法容易见效，但坏处更明显——你模仿谁，你就一辈子摆脱不了你模仿的那个人的习气。这个习气无论好坏都于自己是无益的，因为这意味着你很难成为你自己了。学习书法，终究是要以“形成自己的风格”为归宿。从古至今，凡是书法大家，都有自己的风格。苏东坡就曾说：“吾书虽不甚佳，然自出新意，不践古人，是一快也。”

启功对于书法学习效率的理解，也很值得我们认真聆听。练习书法是不是写得越多越好，书写时间越长越好呢？启功认为：相比没有目的的堆量练习，少而精更有效率。每天练习的字数不必多，每一个字反复练，边练边分析、比较，过过脑子。即使一个字的笔画位置、结构都准确了，还是要继续反复练习，每晚睡前闭上眼睛，像看电影一样在脑海里再过几遍，直到形成书写习惯。这样的方法看似比较慢，其实是省时、省力、高效的好方法。这个过程需要经过很长时间，并且只练习了几百个字，但是要明白，这些字是一步一个脚印、扎扎实实练下来的，是自己真正掌握、已化为己用的。有了这个基础，再练其他的字，掌握得会越来越快，即使是没练过的字，也能写好。

启功对草书有一个经典的比喻。他说草书像开得快的公共汽车，虽然某些站没有停，但和正常行驶的公共汽车所走的路线大体一致。草书不能胡乱写，动感和激情要在点、线上。

有人问晚年的启功，他是怎么练习书法的，他说：“我走在大街上，看到哪家的牌匾上的哪个字写得好，我就记下来，反复琢磨。”

提问者问：“您这是什么时候的事？”

启功回答：“我现在还是这样。”

我也是一名书法爱好者，但我没有系统地学习过书法，小时候也没那个条件。我自己摸索着练习很多年后，现在才敢在大家面前比画两下。我的练字方法同启功先生所讲的差不多：每看到一个自己喜欢的字，就记下来，然后反复临摹、琢磨。我现在还记得我从小学到中学的课本上，可以写字的地方都被我用来练字了，不管写得多么密密麻麻，翻来覆去就是那两三个字。后来读到启功先生关于书法的一些文章，我深有共鸣。

启功对各家书法都有深入的研究，也反复钻研、临摹过很多名帖。他的字，很难看出出自哪一家、哪一派。他在用笔上非常简练，有人评价说启功写的就是“棍棍字”，意思是：他的字就像由一根根粗细、大小不一的棍子组成的一般，说他是大书法家，他是名不副实的。给出这样评价的人，一看就是外行。

启功写的是“棍棍字”没错，但这其实代表了一种极高的境界——把所有繁复、花哨的笔画技巧都去掉，用最朴拙的线条来体现每个字的结构美，整幅字还能体现出整体的韵律美来，这是大巧若拙。稍微练过字的人就能体会，要达到这种境界，着实不易！

弘一法师出家后，一心向佛，把几乎所有的爱好都丢掉了，所写的字也收敛了笔画的锋芒，看不出任何书体、派别，圆润朴拙、笔墨无法，已经到了简省得不能再简省的境界了。

我想了很久，用什么样的词来形容启功先生的字呢？我想到了两个词——清澈、干净。启功的书法虽然备受推崇，但他一直不承认自己是书法家。终其一生，他也没有收过一位书法弟子。

启功说他真正刻苦练字还是从十七八岁时才开始的，当时他的绘画已经很有格调了，他的一个表舅请他画一幅画，要挂在屋里，启功很是高兴。但表舅又特地嘱咐：“你只要画画就好，题字就请你的老师题。”显然，表舅认可他的画工，但嫌他字写得不好。启功暗下决心，一定要把字练好。

启功自幼就想成为一名画家。熟悉他的人都说，启功的画比字好。启功打小跟着祖父学习书法与绘画，到了十五六岁，又先后师从几位大画家。最开始，他拜在贾羲民门下。贾先生学问广博，不仅书画俱佳，还擅长书画鉴定。一有机会，贾先生就带着启功去故宫博物院看书画藏品。当时故宫博物院每月的一、二、三号票价打折，只要三毛钱（平时需要一块钱）。每个月的这三天，只要没有特殊情况，启功都会早早地在故宫博物院门口敬候贾先生。

故宫博物院内收藏的可是精品中的精品。贾先生给他细致地讲解，什么是南派山水，什么是北派山水，宋人画的山水同元人画的山水有什么区别。诸如范宽的《溪山行旅图》、郭熙的《早春图》等大作，贾先生为他详细分析每一处细节，在此过程中，将鉴别字画的本领也传授给了他。多年以后，启功依然能回忆起这些名作当时在什么位置展出。

这些东西，仅仅对着书本，很难理解透彻。启功天资聪颖又勤勉好学，十八九岁时，在绘画方面便已小有名气。

启功师从的老师中，还有一位重要人物——溥心畬。按照辈分，溥心畬与启功的曾祖父溥良同辈。虽同为皇族，溥心畬的家世却富贵显赫得多。溥心畬的祖父是恭亲王，是清朝十二个“铁帽子王”之一。溥心畬的诗文、书画造诣极高，在文化艺术界享有盛誉。当时绘画界有“南张北溥”之称，“南张”就是张大千，“北溥”就是溥心畬。

启功儿时就听说过溥心畬，后来学画时虽然心慕这位名家，但他觉得两家门第悬殊，不愿让自己有攀附高门之嫌。溥心畬是一位爱才的伯乐，在一次聚会上，溥心畬见到了启功，邀请他务必来自家走走。

启功谨记母亲的教诲：对于贵亲，一定要做到“非请勿到”。这以后，溥心畬又几次相邀，启功这才登门拜访。溥心畬很看重启功的天赋，对启功的诗、画皆用心指导，家里的收藏也都借给启功鉴赏临摹。

有一次，张大千应邀去溥心畬家做客，两位大师合作作画。屋子中间摆一张大案子，两位大师相对而坐，一方拿起笔来，画几笔后就递给对方，请对方根据自己的理解继续画几笔；对方亦是如此。全程没有语言交流，全凭心意相通。画成之后，整幅画神完气足、浑然一体，毫无拼凑之感。

几个小时下来，两位大师共创作了几十幅画作，启功全程在一旁观摩。这种看大师过招的机会实在太难得了，对于渴望精进绘画功底的启功来说，这样的学习机会弥足珍贵。

启功有一个远房的叔祖父是开棺材铺的，给齐白石做过一口上好的棺材，跟齐老爷子有些交情。这位叔祖父很喜欢齐白石的画，而且觉得齐白石的画能卖好价钱，便介绍启功拜到齐白石门下学画。齐白石觉得启功功底不错，人又机灵，也愿意教他。齐白石自1919年定居北京后，以卖画为生，每天都要画好几幅。启功有空就过去观摩学习，如果有一阵子没去，齐白石还会念叨：“那个小孩儿怎么老没来？”

启功的画属于典型的传统文人画，在学画的时候，要从临摹古画入手，在创作中加入自己的想象与构思。传统文人画追求情趣与意境，启功的画作虽然不多，但布局、用笔、线条都展现了相当深厚的功力。

打油诗、顺口溜

启功虽然跟随齐白石学画，但他的画作同齐白石的画作完全不是一个路数，反而是诗，他受齐白石的影响很深。

启功的诗文也是功底扎实、规整至极。跟随溥心畬学习时，他模仿起唐人的空灵幽远来，可以乱真。下面这首启功在自己画的扇面上的题诗，大家可以感受一下。

八月江南岸，平林欲著黄。
清波凝暮霭，鸣籁入虚堂。
捲幔吟秋色，题书寄雁行。
一丘犹可卧，摇落莫神伤。

溥心畬看后，很是欣喜，甚至不敢相信年纪轻轻的启功能写出这样的词句，他反复追问道："这真是你写的吗？"

但启功本人并不喜欢这样的诗，他觉得这样的诗虽然优美，但感情空泛、不落实处。当启功看到齐白石的诗文时，他欣喜不已。齐白石二十七岁才正式学习诗文，从一开始就没有背上考取功名的包袱，因而没那么多讲究。直抒胸臆的写法，令他的诗作读起来像打油诗、顺口溜，但正因如此，反而令诗作返璞归真，充满灵动之趣。

启功早年写的很多诗，引经据典，相当规整。渐渐地，他的诗开始诙谐起来。启功骨子里的幽默、豁达都体现在他的诗里。

我最喜欢的是启功写的如顺口溜一般的诗。除了他给自己写的墓志铭外，那阕《贺新郎·咏史》也非常好。

古史从头看，几千年，兴亡成败，眼花缭乱。

多少王侯多少贼，早已全部完蛋，尽成了灰尘一片。
大本糊涂流水账，电子机，难得从头算。竟自有，若干卷。
书中人物千千万，细分来，寿终天命，少于一半。
试问其余哪里去，脖子被人切断。还使劲，断断争辩。
檐下飞蚊生自灭，不曾知，何故团团转。谁参透，这公案。

启功虽然自嘲说自己写的是“顺口溜”，但这种看上去用词简单直白的“顺口溜”却并不容易作出来，音韵、对仗都是相当讲究的，他是在用白话文写旧体诗。启功对诗歌有很严谨的学术研究，他有一段概括精彩至极：“唐代以前的诗是长出来的，唐代人的诗是嚷出来的，宋代人的诗是想出来的，宋以后的诗是仿出来的。”

这段话越咂摸越有味道：唐以前的诗歌以质朴天然为主，是长出来的；唐诗重在表达作者的心意，是嚷出来的，大家可以体会一下李白的诗，“飞流直下三千尺，疑是银河落九天”，就是要嚷出来才更有气势；到了宋代，引经据典越来越多，作者大多深思熟虑，作品重在说理，所以宋代的诗是想出来的；宋以后虽然偶有创新诗句，但总体是在模仿前人。

笑对人生

抛开学术成就、艺术成就不谈，启功幽默的性格也值得我们学习。有人说现在要当个“大师”不容易，要专家点头、百姓鼓掌，自身还要会搞笑。这些，启功都占齐了。他那张慈眉善目的脸，如弥勒佛一般，令人看着看着就不自觉地心生欢喜。

启功的幽默是刻在骨子里的。他的一生命运多舛，出生时家道中落，父亲早亡，孤儿寡母相依为命；晚年丧妻，无儿无女，病痛缠身；尽管人生的最后三十年功成名就，但孑然一身，孤苦终老。如果一个人的一生是一部电视剧的话，那么从常人的眼光来看，启功的人生算是悲剧。但我们在启功身上看不到悲剧的影子，在他的生活中，反而处处是段子。

有人问启功：“您一生历经坎坷，为什么能够不失赤子之心，仍然保持着乐观向上的心态呢？”

他答道："人的一生主要是'过去'和'未来'，'现在'很短暂。已经过去的事，还想它干什么？要多想未来。我幼年丧父、中年丧母、老年丧妻、无儿无女，但很舒服，什么牵挂都没有了！被划为'右派'后，不许我教书，我因祸得福，写了许多文章……幸亏有那么多曲折，让我受到了锻炼。**我最反对温习烦恼，自找不痛快干什么？**"

启功说的道理其实很简单——凡事向前看。但这看似简单的道理，真正做到却很难。启功是真的做到了。

启功的书法名扬海内外后，很多人仿冒他的字，北京潘家园居然出现了启功书法作品的专卖店。有一次，启功走进这家店，一幅幅地仔细看。

随行的人就问他："启老，这是您写的吗？"

启功微微一笑说："比我写得好！"

逗得众人哄堂大笑。可以想象店主当时是多么惶恐。启功感受到了店主的情绪，随后他又改口说："啊，这就是我写的。"

事实上，社会上有大量仿冒他的字的人和作品，他从不打假。旁人问他为何不打假，他是这么说的："人家用我的名字写字，是看得起我。再者，他一定是生活困难、缺钱用，我干吗要打破人家的饭碗呢？他要是来向我借钱，我不也得借给他吗？"

你看这态度、这心胸！

中央电视台曾经有一档节目叫《东方之子》，想采访启功，却被启功拒绝了。因为节目组最开始邀请启功时，开场白是："我们这个节目档次很高，采访的都是知名的专家学者和社会精英，所以取名《东方之子》。"

启功赶紧回答："那我不够你们的档次，我最多是个'东方之孙'。"

后来《东方之子》节目组又通过启功的同事与好友来游说启功，启功终于在1994年接受了他们的采访。

采访时，主持人说："大家公认您是一位享誉海内外的书法家，可您在文物鉴定、古汉语研究上也取得了很高的成就。"

启功注视着主持人说："我告诉你，不是这样的。如果我说我会飞，你信不？信不信？"

主持人不知如何作答，只得慢吞吞地说："当然不信……"

启功马上说："所以说嘛，我说的话也是不算数的。"

聊到他的书法，启功自嘲道："我没当上中国书法家协会主席的时候，写字还好点，最起码踏踏实实的。有了点虚名之后，到处有人叫我写字，这时候都是些伪劣产品。"

你说启功先生这是坦率、幽默，还是豁达？可能都有一点儿。现在不少人评论启功先生的书法名不副实，其实启功先生早就自嘲过了。

启功成名后，很多人找各种渠道来请他写字。老百姓请他写字，他基本都应允，就连送他回家的司机、帮他修水管的师傅，他都写一幅字送给人家。但有些人请他写字，他的诙谐往往让对方下不来台。

据说一位高级将领派秘书前来求字，对方自报家门后，满以为启功会抓紧给他写一幅字，没想到启功认真地打量着他，然后一本正经地问："我要是不写，你们不会派飞机来炸我吧？"

秘书被问得摸不着头脑，赶忙说："哪里哪里！"

启功说："哦，那好，那就不写了。"

一个地产商准备好笔墨纸砚，非要请启功为自己的楼盘题名，启功脸色一沉说："你准备好了笔墨纸砚，我就非要写；你要是准备好一口棺材，我就得往里跳吗？"

有个香港导演拍了两部清宫剧，想请启功题写片头，启功一口回绝了。清朝末代皇后婉容的老家来人，想请启功题个匾额，启功也没题。启功跟人提起这些事时还说："他们把我看成什么人了？以为想让我写什么，我就写什么！"

1994年，韩国总统金泳三访问中国，向我国外交部提出请求，想见见启功先生。外交部工作人员对启功说："韩国总统想见见您，地点在钓鱼台国宾馆，时间大概半个小时。"

启功想了想，还是决定不去，让医生帮忙开了一张病假条转过去。第二天，金泳三送来了花篮，上面还写着"祝先生早日康复"。

启功对身边的人说："大夫无朝外王之礼，何况我是个小老百姓。他是韩国总统，但没有召见我的资格；我是中国百姓，也没有朝拜他的理由，所以就不去了。"

20世纪90年代初，国家文物鉴定委员会在山东蓬莱开年会。启功每到一处，求字的人都络绎不绝。他和随行的工作人员商量：“咱们到那边，光写字不开会是不行的；光开会不写字，估计人们也不会饶了咱们。要不这样，咱们提前三天过去，到了之后提前把字写出来，谁求字，你登记一下，到时候一落款，齐活了！这样开会、写字两不误。”

启功还特别交代：“登记时，你掌握两条原则：其一，求字的人没有高低贵贱之分，尤其是服务员、办事员，只要人家张嘴，咱们就送。其二，领导干部必须本人亲自来要，秘书、办公室主任或其他人代求的，一律不给。这样做不是有什么目的，咱们是避嫌——避行贿之嫌，避拍马之嫌。”

启功的性格就是这样，外圆内方，不趋慕权贵，看似随性，其实内心始终有一杆秤。

启功晚年被病痛折磨，经常往医院跑。换作是一般人，愁都愁死了，启功却作打油诗、顺口溜来聊以自慰。他躺在病床上，填了一阕《沁园春·病》。

旧病重来，依样葫芦，地覆天翻。
怪非观珍宝，眼球震颤；未逢国色，魂魄拘挛。
郑重要求，“病魔足下，可否虚衷听一言？亲爱的，你何时与我，永断牵缠？”
多蒙友好相怜，劝努力精心治一番。
只南行半里，首都医院，纵无特效，姑且周旋。
奇事惊人，大夫高叫：“现有磷酸组织胺。别害怕，虽药称剧毒，管保平安。”

1998年冬，启功突发心脏病，病情危急，被送入医院抢救，他在病床上即兴赋了一首长句。

填写诊单报病危，小车直向病房推。鼻腔氧气徐徐送，脉管糖浆滴滴垂。
心测功能粘小饼，胃增消化灌稀糜。遥闻低语还阳了，游戏人间又一回。

启功越接近生命的尽头，那股游戏人间的豁达就越明显。他的话，常令人在会心一笑后豁然开朗。

有一次接受采访，主持人说：“您说过一句话：这辈子没有比培养后人学子更重要的事了。”

启功说："这也是吹牛。培养什么后人学子，我自己还没培养好（自己）呢，我培养谁去？"

有人同他聊中医、西医，他说："经过长期的总结，我得出两条经验：在中医眼里，没有治不好的病，哪怕是世界上刚发现的病；在西医眼里，没有没病的人，哪怕是体魄再健壮的人。"

在启功被任命为中央文史研究馆馆长后，有人祝贺说，这是"部级"呢。启功利用谐音风趣地说："不急，我不急，真不急！"

启功外出讲学时，听到会议主持人说"现在请启老作指示"，他便说："指示不敢当。本人是满族，祖先在东北活动，属于游牧民族，历史上通称'胡人'，因此在下所讲，全是不折不扣的'胡言'……"

启功与一位朋友到无锡游览，朋友高价买了条丝绸内裤，对启功说："虽然很贵，但穿着真舒服、真轻便，穿上就跟没穿一样。"

启功说："我不花钱也能得到这样的效果。"

启功讲课的时候，有人请教他拿笔的姿势是否同书法的优劣有直接关系。启功打了个比方："这就像你到街上买包子吃，你只管好吃不好吃，还能管厨子是站着捏的还是坐着捏的？是用三根手指捏的，还是四根手指捏的？"

一个书画商人前去拜访启功，启功知道此人口碑不佳，便问他来做什么。商人说："来看您。"启功贴近窗前，认认真真地转了个圈，展示给对方看，然后说："看完了，请回吧！"对方一脸尴尬。

启功在晚年时，亲朋好友见到他，难免关切地问："您最近身体可好？"

启功回答："鸟乎了！鸟乎了！"

问者一脸疑惑："什么是'鸟乎了'？"

启功笑眯眯地说："差一点就'乌乎了'！"

你说身边要是有启功这样的一个老头儿，多好玩！要是能活成启功这样子，那又得多有趣！

人生不如意事十之八九，在笑对人生、宽容豁达这方面，启功先生给了我们太多启发。

借用启功先生的一句诗文作为本文的结尾：**"余生几朝夕，宜乐不宜哀。"**

参考文献

[1] 启功. 启功口述历史[M]. 北京：生活·读书·新知三联书店，2022.

[2] 启功. 启功讲学录[M]. 北京：北京师范大学出版社，2004.

[3] 启功. 启功说唐诗[M]. 北京：人民文学出版社，2009.

[4] 启功. 启功给你讲书法[M]. 北京：中华书局，2020.

[5] 启功. 学习书法的十三个问题[M]. 杭州：浙江人民美术出版社，2022.

[6] 启功. 无所畏，无所忧[M]. 北京：花山文艺出版社，2022.

[7] 郭梅. 启功传：坚净翁[M]. 南京：江苏人民出版社，2010.

[8] 钟少华. 学术启功[M]. 广州：广东人民出版社，2019.

[9] 张志和. 中国古代书法艺术史[M]. 北京：中国社会科学出版社，2015.

[10] 唐德刚. 从晚清到民国[M]. 北京：中国文史出版社，2019.

[11] 郭大钧. 中国现代史探索[M]. 北京：北京师范大学出版社，2015.

[12] 范文澜. 中国通史[M]. 北京：人民出版社，2008.

林徽因（1904—1955）
梁思成（1901—1972）

伉俪情深 万古人间

梁思成与林徽因是民国时期一对极具话题性的才子佳人。尤其是集美貌、才情于一身的林徽因，很多人在介绍梁启超时，都会顺带提一句“他是林徽因的公公”。

梁思成与林徽因的出身、学识、品格，甚至样貌，在那个时代的历史星河中熠熠生辉。他们的爱情故事，比小说还要精彩，时至今日，依然是大家津津乐道的话题。

胡适、徐志摩、金岳霖、沈从文、张奚若、陈岱孙、费正清等一众大名鼎鼎的人物，都因为他们而有关联。

他们是中国现代建筑学的开创者，是中国古建筑文化的抢救者。他们在战乱中调研了超过两千座古建筑，走遍了超过两百个县的山山水水，编写了《中国建筑史》，这是第一部由中国人自己编写的较为完善、系统的中国建筑史。

他们设计了新中国的国徽，为人民英雄纪念碑的设计提供了宝贵意见。

他们为了保存北京古城，呕心沥血，拍案力争。在看到老北京的牌楼、古建筑、城墙被拆的时候，他们仰天悲泣：“五十年后，你们会知道，我是对的！”

2024年5月18日，宾夕法尼亚大学给林徽因补发了一张迟到了一百年的建筑学学位证书。宾夕法尼亚大学韦茨曼设计学院院长说："我们在纠正历史的错误。"

我之所以把梁思成与林徽因放在一起讲，是因为这些工作是他们精诚合作的成果。梁思成与林徽因这样的夫妻，古今少有，他们志趣相投、性格互补，有着相同的家国情怀。"天作之合"这个形容夫妻的抽象的词，在他们身上变得具象了。

初见

1918年盛夏的一个午后，梁启超带着长子梁思成专程拜访了福建政法专门学校、福州二中的创办人林长民。梁启超和林长民是故友，二人互相欣赏。这次见面，是两位父亲为自己心爱的子女精心安排的。

梁思成十七岁，就读于清华学堂。

林徽因十四岁，就读于培华女子中学。

因为父亲们的关系，梁思成与林徽因肯定听说过对方，但真正见面，还是第一次。

梁思成跟随父亲走进林家的书房，书桌前的少女翩然转身，手里捧着书、面带微笑、双眸清澈。梁思成知道，这女子就是父亲说的林家长女林徽因。

十四岁的林徽因已经出落得亭亭玉立，天生丽质的她稍加打扮，便恍若仙女下凡。

梁思成心想，世间还真有这般稀世俊美、风华绝代的女子。梁思成多年后回忆起这一幕时还说："十四岁的林徽因面容仍带稚气，却生得亭亭玉立，双眸清亮有神采，五官精致有雕琢之美，左颊有笑靥。告辞时，她翩然转身，动作飘逸如一个小仙子。"

十七岁的梁思成已经是清华学堂有名的才子，知识广博、温文尔雅，风度、气质在同龄人中也是出类拔萃的。

那天下午，梁家父子与林家父女聊得很好。若是循旧例，这门亲事应该提上日程了，但梁启超和林长民都是新知识分子，他们都赞成两个孩子先接触接触，最终的结果由孩子们自己来定。

民国时期最耀眼的一对才子佳人的故事，就从这个下午徐徐展开了。

清华才子

流亡日本时，梁思成的出生给了梁启超夫妇莫大的慰藉。[illegible]年前，他们生了一个儿子，但仅两个月就夭折了。

梁思成自幼体弱，刚出生时两个脚后跟外撇、脚尖相对，足部有点畸形。好在及时听从医生的建议，一出生就用夹板进行矫正，渐渐地恢复了正常。

梁思成体弱多病的状态维持了好长一段时间，母亲李惠仙三天两头抱着他往医院里跑。据说有一天李惠仙梦见一个男孩一直朝她哭，她找了一个解梦的先生请教。先生说，是她夭折的长子要求梁家承认他的身份。此后，梁启超夫妇在人前都说梁思成是二儿子，弟弟妹妹们自小就被父母叮嘱叫梁思成二哥。

神奇的是，自此之后，梁思成的身体状况真的逐渐好了起来。

在日本时，梁启超将主要精力投在办报纸上，先后创办了《清议报》《新民丛报》，一家人就挤在报社的楼上住。最初时人不多，挤一挤还勉强够住，但随着子女的增加，以及梁启超老家受牵连的亲戚的陆续投奔，报社二楼越来越挤了。好在一位名叫麦少彭的广东老乡仰慕梁启超的学识，他在神户须磨有一座空置的别墅，愿意借给梁家居住。这座别墅原名叫“怡和山庄”，虽然偏僻了一些，但周围的环境很好，背山面海，后山的松涛与海面的波涛相映成趣，梁启超遂将这座别墅改名为“双涛园”。

从1906年起，梁启超一家就住在双涛园，梁家的孩子们在这里度过了美好的童年。生活虽然清贫，但一家人其乐融融。梁启超尤其重视孩子们的教育，他联合神户华侨创办了一所华侨子弟学校，取名为同文学校，梁家子女都在这所学校里读书。

梁启超只要在家，晚饭后就和孩子们围坐成一圈，给他们讲故事。据梁思成回忆，父亲讲得最多的就是中国古代爱国将领的故事，梁家的爱国主义教育是从娃娃抓起的。梁家“一门三院士，九子皆才俊”，九个孩子中，有七个曾赴海外留学，但学成之后，无一例外地选择了回国报效祖国。

梁启超尤其注重孩子们的体育锻炼，他给孩子们请的游泳教练是海军退役教官。幼年时体弱多病的梁思成后来之所以能成为清华大学的体育健将，与父亲的用心培养有直接的关系。

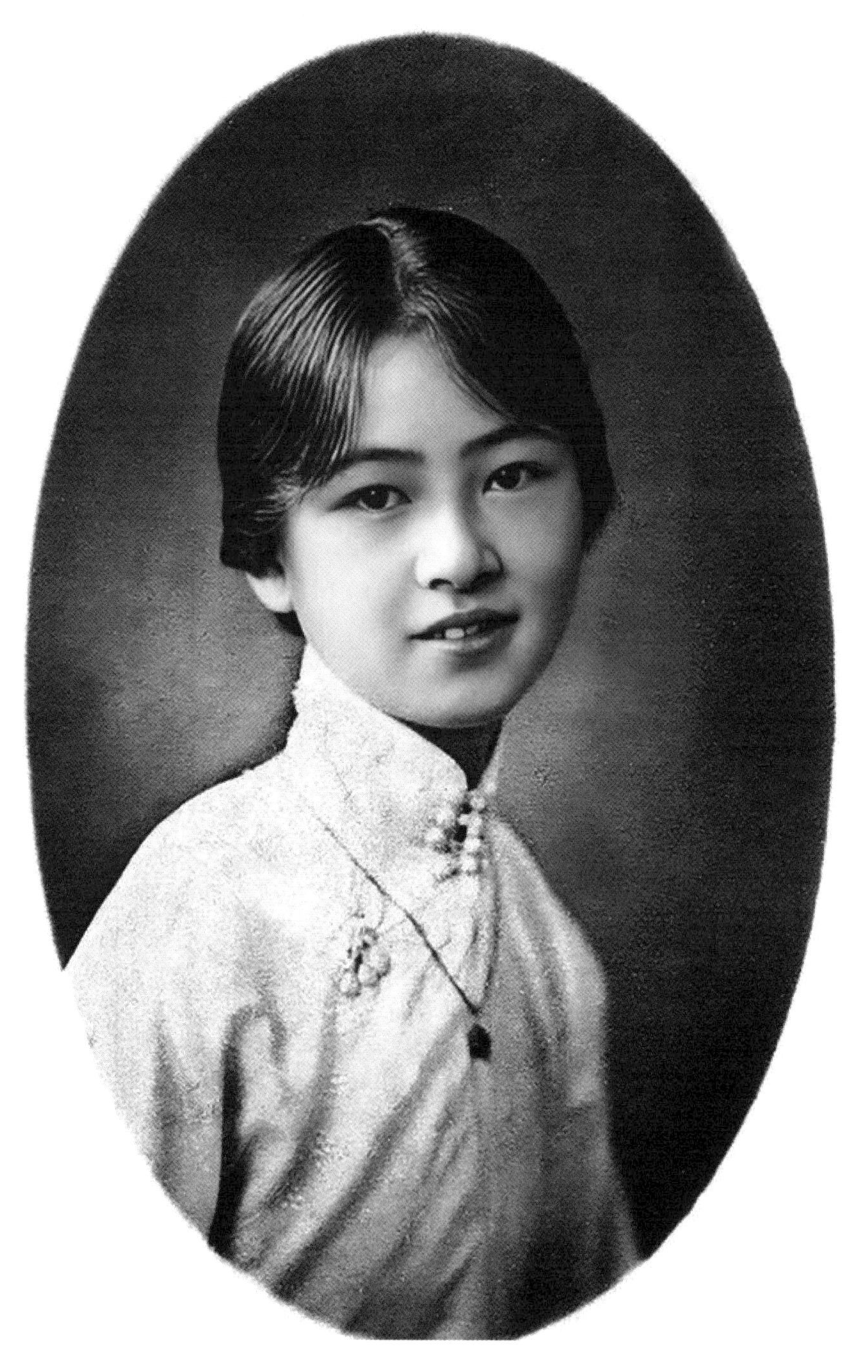

林徽因

梁思成

自1911年起，推翻清政府的起义此起彼伏。随着武昌起义的胜利，诸省纷纷宣布脱离清政府。1912年2月12日，隆裕皇太后领着年仅六岁的溥仪走进养心殿，以清帝溥仪的名义颁布了退位诏书。

辛亥革命的胜利，使梁启超一家终于可以不必流亡海外了。1912年10月，十一岁的梁思成第一次踏上祖国的土地。回国后，梁思成一家长居北京。最初，梁思成入读的是北京汇文中学。

1915年，梁思成以优异的成绩考入清华学校。得益于自幼接受的良好教育，梁思成在清华学校的一众骄子中，仍是引人注目的佼佼者。他不仅学习成绩名列前茅，在美术、音乐、体育、文学等方面也表现出众。在当时的清华校园里，他被称为“最有才华的小美术家”“一个有政治头脑的艺术家”“首屈一指的小音乐家”。

在美术方面，梁思成曾在《清华年报》中任美术编辑。梁思成的清华同学、后来也成为建筑学家的陈植回忆道：“在清华的八年中，思成兄展现出多方面的才能，他擅长画钢笔画，构思简洁、用笔潇洒。”

在音乐方面，梁思成与其弟梁思永师从张蔼贞女士，学习钢琴；师从菲律宾人范鲁索，学习小提琴。课余时间，梁思成孜孜不倦地练习演奏这两种乐器，并引以为乐。此外，他还擅长吹奏小号和短笛。1916年，清华学校成立管乐队，梁思成担任乐队队长。

在体育方面，梁思成在足球、单杠、双杠等项目上可谓技能了得，还曾在学校运动会中取得跳高第一名的成绩。

在文学方面，梁思成与清华学校的同班同学吴文藻、徐宗漱等人共同翻译了威尔斯（Herbert George Wells）的《世界史纲》，这一版中文译本由商务印书馆出版。

毛主席所写的“恰同学少年，风华正茂；书生意气，挥斥方遒”，正是少年梁思成的写照。

名门闺秀

梁思成与林徽因初识后，并没有马上进入恋爱阶段，他们各自忙于学业。

林徽因出生于1904年，祖籍福建福州，与林则徐算是同宗同族。林徽因的祖

林徽因与父亲林长民

父林孝恂是光绪十五年（1889年）的进士。

林徽因的父亲林长民生于1876年，1899年中秀才后，转读新式学堂，学习日语和英语；1906年赴日本早稻田大学学习政治和法律；1909年毕业回国后，潜心教育，创办了福州法政学堂。辛亥革命后，林长民被推选为福建省代表，参与《中华民国临时约法》的修订，之后任职于国民政府，1915年升任司法总长。

袁世凯曾经任命梁启超短暂担任过司法总长。林长民与梁启超同在国民政府中任职，他们的同僚之谊就是在此期间结下的。林长民和梁启超都有自己明确的政治主张，都看不惯北洋政府的很多做法。林长民担任司法总长后，极力主张依法治国，而袁世凯正张罗着称帝。林长民自知势单力薄，在担任司法总长三个月后，愤然离职，还给自己刻了一枚闲章[①]“三月司寇”。

林长民一共有两妻一妾。第一任妻子叶氏属于指腹为婚，早逝，没有留下

① 闲章是一种镌刻姓名、官职、斋号以外的信息的印章，主要用于展现持有者的情怀、主张、境遇等。

子女。第二任妻子何雪媛就是林徽因的母亲。何雪媛出身浙江嘉兴的一个小康家庭，父亲经营着一家小作坊。何雪媛是家中的幼女，自幼娇生惯养，没受过什么教育。她与林长民生过一男两女，但只有长女林徽因长大成人，其余的一子一女皆早夭。林徽因两岁时，林长民赴日本留学，学成归国后，他与何雪媛的共同语言就更少了。

林徽因八岁那年，林长民纳了一个上海姑娘程桂林为妾。程桂林年轻貌美、性格乖巧，家中的长辈都很喜欢她，加之她接连给林长民生了四子一女，所以深得林长民的宠爱，林长民将自己的书房改名为“桂林一支室”，给程桂林取号为“桂林一支室主”。

自程桂林过门以后，林长民安排何雪媛搬到后院住，林徽因跟着母亲住在了后院，好在林长民并没有冷落这个长女。

林徽因出生时，名字是祖父林孝恂取的。林孝恂想到《诗经・大雅・思齐》中有一段话：“思齐大任，文王之母，思媚周姜，京室之妇。大姒嗣徽音，则百斯男。”这段话的大意是：周文王的祖母太姜、母亲大任、妻子太姒都是贤良淑德的女子，她们品行美好，因此子孙繁盛、贤才辈出。林孝恂从中取“徽音”二字作为孙女的名，足见他对林徽因的喜爱。

林徽因的名字，一直到1935年，都是“林徽音”。据说当时上海有一位男作家与她同名，这人写文章暗讽鲁迅，鲁迅直接回击他是“讨伐军中最低能的一位”。为了避免被众人误会，林徽因只得将名字中的“音”改成“因”。

林徽因自幼聪颖，深得家中长辈的喜爱。林长民让林徽因从小学习诗文，开始时是亲自教，后来因为事务繁忙，便将林徽因的教育托付给姐姐林泽民。林泽民虽是女子，但自幼苦读，学识修养了得，她对侄女林徽因的学习抓得很紧。林徽因同父异母的弟弟后来回忆道：“大姑母比父亲长三岁，为人忠厚和蔼，对我们姊兄弟胜似亲生母亲。父亲不在时，皆由大姑母督促，林徽因更是受到了严格的教育。”

林徽因六七岁时就能出口成章、落笔成文。父亲林长民常年在外，林家人与林长民的通信经常由林徽因来写。林长民从未将林徽因当小孩看，叮嘱她要用心学习、照顾长辈。

林徽因六岁那年，在日本留学的林长民给林徽因的信是这样写的。

徽儿：

知悉得汝两信，我心甚喜。儿读书进益，又驯良，知道理，我尤爱汝。闻娘娘往嘉兴，现已归否？趾趾（林徽因的弟弟）闻甚可爱，尚有闹癖（脾）气否？望告我。

祖父日来安好否？汝要好好讨老人欢喜。兹寄甜真酥糕一筒赏汝。我本期不及作长书，汝可禀告祖父母，我都安好。

父长民三月廿日

这哪里看得出是父亲写给一个六岁女儿的信？

林长民娶了程桂林，又有了四子一女，但对林徽因的宠爱并未减少。随着年龄的增长，林徽因出落得越发灵气动人，再加上她的才情与上进，很难令人不喜欢她，林长民出门也愿意带着林徽因。

但这种美好，只是林徽因生活的一面。

自从母亲搬进后院，就一直郁郁寡欢。父亲很少来后院，每每过来，父母总是会争吵；而前院传来的，往往是欢声笑语。

虽然林家上下都对林徽因宠爱有加，但有意疏远何雪媛。林徽因的处境很尴尬：她在前院同弟弟们游戏玩乐得很开心，回到后院后，难免被母亲埋怨。林徽因本就冰雪聪明，她当然能理解母亲的苦楚。久而久之，林徽因对大家庭里的人情世故越发敏感。

林长民回国后在北洋政府任职，举家迁往北平。不久后，祖父离世，父亲公务太过繁忙，刚满十岁的林徽因承担起一家之主的重任，除了照顾弟弟们，还要处理好母亲与后母的关系。林徽因虽然生在官宦人家，但日子过得并不轻松，她比同龄的孩子要成熟得多。后来人了解林徽因，往往会忽视她的童年，总以为林徽因过的是养尊处优的大小姐生活，其实不然。

林徽因十二岁那年，林长民送她入读培华中学。学校是寄宿制，这让林徽因能够专心读书。对于林徽因来说，在学校的日子是轻松惬意的，她成绩优异、性格开朗、样貌脱俗，成了众人眼中一道美丽的风景线。同期在读的校友文洁若后来回忆道："林徽因是我平生见过的最令人神往的东方美人。她的美在于神韵——天生丽质、超人的才智、后天良好的教育三者相得益彰。"

作家陈衡哲的妹妹陈衡粹回忆起林徽因时，更是说道：“有一天同一位朋友上山游览，半山腰一顶山轿下来，我看见轿子里坐着一位年轻女士。她的容貌之美，是我平生没有见过的。想再看一眼，但轿子很快下去了。我心中出现‘惊艳’两字。身旁的人告诉我，她叫林徽因。用什么现成的话赞美她呢？‘闭月羞花’‘沉鱼落雁’等词都套不上，她不但天生丽质，而且容貌和眼神里透着由内心深处、骨头缝里散发出的文采和书香气息。我认定她是我见过的‘第一美人’，没有其他人能使我一见难忘、一生倾倒。”

十七岁的清华才子梁思成，初见的正是培华中学的校花林徽因。

1918年，一战结束。1919年，国民政府外交总长陆徵祥率领顾维钧等人出席巴黎和会，林长民被特聘为外交委员会事务长，这令林长民能够在第一时间了解到关于巴黎和会的消息。得知中国代表团在巴黎和会上遭受不公正待遇后，林长民第一时间在报纸上发表了文章《铁路统一问题》《外交警报敬告国民》。他还频繁地在各大院校进行演讲，发动青年学生共同抵制政府签订《凡尔赛和约》，轰轰烈烈的五四运动由此爆发。梁思成作为学生代表，积极参与了北京的示威游行。

1920年，林长民以国际联盟中国协会成员的身份出访欧洲，他决定带上十六岁的林徽因，让女儿出去见见世面。林徽因当时已经可以说一口流利的英语，对外面的世界也充满了好奇。

林徽因满怀憧憬地登上了去往欧洲的轮船，梁思成则在清华继续他的学业。

林徽因到了伦敦后，新鲜感很快就过去了。父亲公务太忙，奔波于欧洲各国，自己独自留在伦敦。伦敦的阴湿多雨，令心思敏感细腻的林徽因经常对着窗户发呆，儿时念的伤春悲秋的诗句涌上心头。

这样的日子过了大半年，林徽因考入了圣玛丽学院。入读后，林徽因很快便融入了集体，她的学识、涵养和出水芙蓉般的美貌，受到了同学们的广泛关注。有同学后来道：“她总是嘴角带着笑容，梨涡微陷，有着西方人的潇洒外放，也有着东方人的含蓄内敛。总之，她整个人是张弛有度的，待人接物滴水不漏，是个无可挑剔的美人。”

林徽因在伦敦念书，父亲通过书信与她交流在欧洲各地的见闻；假期时，带着她到处游玩。这样的日子很是自由惬意。在此期间，一个重要人物走进了林徽因的生活，他就是大诗人徐志摩。

林徽因与徐志摩

林长民是当时伦敦华人圈里的核心人物之一，各界名流都会来拜访他。徐志摩早年在北京大学读书，拜梁启超为师，后来留学美国克拉克大学和哥伦比亚大学。1920年，徐志摩还在哥伦比亚大学攻读经济学时，父母来信表示，希望他能学成回国、继承家业，没想到他读了罗素的文章后，深受吸引，义无反顾地放弃了哥伦比亚大学的学业，直接来到了英国。

来到伦敦后，徐志摩多次拜访林长民，林长民也觉得这小伙子不错，有想法、有才华，就把他引见给了英国作家高斯华绥・狄更生（Goldsworthy Lowes Dickinson）。在狄更生的推荐下，徐志摩以特别生的身份入读剑桥大学皇家学院，攻读政治经济学。

徐志摩就是在拜访林长民的过程中结识了林徽因。徐志摩骨子里就是个浪漫的人，他一见到林徽因，就被吸引得不可自拔，忘记了自己已有妻儿。

徐志摩经常来找林徽因聊天，约林徽因出去游玩。林徽因也确实倾慕徐志摩的才华，心思细腻的她肯定能感受到徐志摩对她的爱意。或许林徽因也一度春心萌动，两人经常互赠诗文。

后来徐志摩的妻子张幼仪来到伦敦，林徽因才知道原来徐志摩已有家室，于是开始有意地疏远徐志摩。徐志摩不顾一切地要离婚，此时张幼仪还怀着他的第二个孩子。在徐志摩看来，他与林徽因的唯一障碍就是他的婚姻。林徽因要比徐志摩理性得多，她的成长经历使她能够体会张幼仪的心情，她不可能因为自己而让张幼仪成为一个像自己母亲那样幽怨凄婉的女人。

1921年秋，就在徐志摩忙于同张幼仪签订离婚协议的时候，林徽因跟随父亲离开伦敦，回到了北平。

林徽因是徐志摩情感深处一道不可愈合的伤疤，这道伤疤让徐志摩成了了不起的诗人。在遇到林徽因前，徐志摩只是对文学和诗歌感兴趣，主攻的还是经济学；遇到林徽因后，林徽因成了他创作诗歌的动力和灵感缪斯——当他知道自己已经失去林徽因后，诗歌成了他慰藉心灵的药。

林徽因后来回忆说：“徐志摩喜欢的那个我不是真正的我，是他想象出来的我。”

当徐志摩得知林徽因不辞而别回国后，他也回到了北平。梁启超得知徐志摩离婚，专门写了一封信敲打他。

万不容以他人之苦痛，易自己之快乐。弟之此举，其于弟将来之快乐能得与否，殆茫如捕风，然先已予多数人以无量之苦痛。

若沉迷于不可必得之梦境，挫折数次，生意尽矣，郁悒侘傺以死，死为无名。死犹可也，最可畏者，不死不生而堕落至不复能自拔。

呜呼志摩，可无惧耶！可无惧耶！

已被爱情冲昏头脑的徐志摩哪能听得进去，他给老师的回信中写道。

我将于茫茫人海中访我唯一灵魂之伴侣。得之，我幸；不得，我命，如此而已。

回国后，徐志摩依然抱有幻想，希望用他的真心和行动打动林徽因。但他看到的是林徽因与梁思成你侬我侬，人家两人年龄相仿、门当户对；梁思成的父亲梁启超又是自己的老师，他哪能撬老师家的儿媳妇?

徐志摩的心情跌落谷底，他全身心地投入诗文创作中，在国内的报纸、杂志上发表了大量作品。

琴瑟和鸣

一场意外，让梁思成与林徽因的感情进一步升温。

1915年5月7日，日本政府向袁世凯提出“二十一条”的最后通牒，袁世凯不顾国人的反对，秘密签订了卖国条约，爱国人士将5月7日定为“国耻日”。当时梁思成骑着大姐梁思顺从国外给他买回来的摩托车，去参加学生游行，没想到路上被一辆疾驰而来的轿车撞倒，梁思成当场昏厥过去，而撞他的轿车连停都没停，扬长而去。

坐在车里的，正是北洋军阀金永炎，他是时任国民大总统黎元洪的心腹。平日里趾高气扬惯了的金永炎，并没有把撞倒人当回事儿。梁启超对此愤怒不已，他撰文谴责金永炎。金永炎迫于舆论压力，赶紧到医院探望并致歉，承诺承担所有医疗费用，此事才算告一段落。

梁思成在此车祸中遭了大罪。他的右腿被轧断，经过多次手术，也只能勉强恢复。此后，梁思成的双腿一长一短，彻底告别了他钟爱的运动场。

林徽因听到梁思成遭遇车祸的消息，第一时间赶到医院。在那一刻，她深刻地感受到了可能失去心爱之人的痛苦。梁思成在医院治疗的那几个月，林徽因时刻陪着他，照顾他的饮食起居，陪他读书看报，两人的感情进一步升温。梁、林两家把他们的婚事定了下来。

梁思成恢复健康后，他在清华学校的学业也基本完成。梁启超和林长民觉得，应该让两个孩子去美国读书。对于学什么专业，梁思成当时还没有主意，但林徽因早就想清楚了——她要学建筑学。

林徽因在伦敦时，她的房东是一位女建筑师，给她讲了很多关于建筑学的知识，还经常带她到伦敦街头欣赏那些知名建筑，给她分析建筑的风格流派，讲解建筑之美。

林徽因不知不觉地爱上了建筑学，内心憧憬着自己有朝一日也能成为一名女建筑师。当时国内还没有“建筑学”这个概念，林徽因向梁思成介绍什么是建筑学的时候，梁思成还以为“学建筑”就是做工匠师傅。

建筑在西方被称为“凝固的音乐”，建筑学是一个将技术和艺术相结合的专业，它融合了力学、美学、历史等多方面的知识。一名优秀的建筑师既要是具有极强理性思维的科学家，还要是具有丰富想象力的艺术家。

梁思成本就兴趣广泛、绘画功底好，听完林徽因的介绍后，觉得最适合自己的专业就是建筑学。两人一拍即合，一同前往美国学习建筑，他们的目标是入读宾夕法尼亚大学建筑系。宾夕法尼亚大学的建筑系闻名于全美，每年美国的建筑设计大赛，宾夕法尼亚大学都会包揽四分之一以上的奖项。

就在梁思成与林徽因出发前往美国的两个月前，徐志摩依然在为争取林徽因的心做最后的努力。当时徐志摩、胡适等人创办的《新月社》邀请来了诺贝尔文学奖获得者泰戈尔（Rabindranath Tagore），这吸引了当时几乎整个中国文化圈的目光，梁启超、林长民、蔡元培、辜鸿铭等文化名流都前来为泰戈尔接风。在泰戈尔在华访学的近一个月时间里，林徽因和徐志摩一直陪伴左右，负责翻译。泰戈尔很欣赏徐志摩的才华，徐志摩也向泰戈尔表露了自己对林徽因的一片痴心。泰戈尔不知道前因后果，还真有心撮合这对年轻人，他试探性地同林徽因沟通后，才知道林徽因已经心有所属，只能表示遗憾。对此，泰戈尔还专门写了一首小诗。

天空的蔚蓝，
爱上了大地的碧绿，
他们之间的微风叹了声："唉！"

徐志摩在知道林徽因即将与梁思成赴美留学后，心乱如麻。

1924年6月，梁思成与林徽因怀着对理想的憧憬，登上了去往美国的轮船。

在海上航行的那段时间里，甲板上的两个青年，在最美好的年华，携手最心爱的人，朝着共同的目标奔去，在无垠的海面上，迎来朝阳，送走余晖。

梁思成与林徽因来到美国后，满心期待能够成功入读宾夕法尼亚大学建筑系，没想到命运同林徽因开了一个大大的玩笑——当时的宾夕法尼亚大学建筑系不招收女性，原因是建筑系经常需要通宵画图，对于女性而言不安全。结果是，梁思成顺利入读了宾夕法尼亚大学建筑系，林徽因只能退而求其次，转报美术系。

但这并没有阻挡林徽因对建筑学的热爱，她选修了大量的建筑系课程，努力完成每一项作业。建筑系的教授们见这位华人小姑娘是发自内心地热爱建筑学，就破例聘请林徽因担任助教。

林徽因在近三年的时间里，不仅修完了美术系的全部课程，还修完了建筑系的绝大部分课程，以优异的成绩毕业。

对于梁思成与林徽因来说，完成宾夕法尼亚大学的课程并不难。随着梁思成对西方建筑文化了解的加深，他的内心产生了一种紧迫感：他在多家图书馆里翻遍了馆藏资料，发现欧洲的很多国家已经系统整理并出版了本国的多部建筑史书籍，而关于中国建筑的资料，只能零星地在一些日本学者的文章里看到，而且写得都很浅。

中国作为一个文明不曾中断的东方古国，怎么能没有自己的建筑史书籍呢？

梁思成下定决心，他要全力以赴地投入中国建筑史的研究中。他在信中对父亲梁启超说了自己的想法，梁启超非常支持他，给他寄来了一部书，这部书对梁思成的后半生影响巨大。这部书就是《营造法式》，它被誉为我国古代最完整的建筑技术书籍，是北宋官方颁布的一部建筑设计、施工方面的规范书，出版于宋徽宗崇宁二年（1103年）。

收到书的那一刻，梁思成欣喜若狂——原来中国早已有自己的建筑书籍！但随即他又陷入了迷茫：这部书的内容、图画虽然精美，但根本看不懂。虽然所有文字都是中文，但在梁思成眼里，它同天书没什么区别。

要研究中国建筑史，《营造法式》是必须啃烂的硬骨头，梁思成暗下决心，要破译这本“天书”。此时，梁思成确定了新的目标：他要详细研究中国建筑史，然后写出一部《中国建筑史》。

答案很长

在梁思成与林徽因入读宾夕法尼亚大学后，课堂上，老师说古典建筑有既定的范式，新的建筑外观设计要严格遵循古典建筑原则。思想活跃的梁思成心生疑惑，他写信向父亲请教。

梁启超本就有过一些担心，他担心梁思成最终成为一个没有灵魂和创造力的工匠。他希望儿子和儿媳不要只接受西方的建筑科学，要保持开放的心态，学习多方面的知识。梁启超在给儿子的回信中这样写道。

思成，你有这种担心，证明你的学业即将发生进步，我听到欢喜极了。

孟子说“能与人规矩，不能使人巧”。凡学校所教与所学无外乎是规矩方面的事，若想找到技巧，则要离开学校才能发现。

规矩不过是求巧的一种工具，然而终不能以此为教、以此为学。所谓熟能生巧，正是掌握规矩后才能找到窍门之意。况且一位大文学家、大美术家的成就，还要许多环境及其附带学问的帮助。

中国先辈说要“读万卷书，行万里路”。将来你学成之后，要时常找机会转变自己的环境，开阔自己的眼界和胸襟，到那时候天赋或许才能爆发出来，而现在还不到时候。

关于你的学业，我也有点意见。你现在的学习太专门了，我希望你趁毕业后一两年，分出点光阴多学些常识，尤其是文学或人文科学中的某部门，以免把生活弄得过于单调。

我这两年来不知何故，常常会有异样的感觉，怕我的思成会走入孤峭冷僻的一路去。我希望你回来见我时，还我一个三四年前活泼有朝气的孩子，我就心满意足了！

这段文字我反复读了多遍，字里行间浸透着一位父亲对儿子的关怀，其中有担心、有敦促、有期盼，更有爱。

梁思成与林徽因在完成宾夕法尼亚大学的学业后，听从父亲的建议，没有马上回国。梁思成进入哈佛大学攻读博士学位，研究方向是东方建筑学；林徽因则进入耶鲁大学戏剧学院，主修舞台美术专业。这为他们后来成为全能型设计师打下了坚实的基础。

就在梁思成与林徽因到达美国后不到两个月，梁思成的母亲李惠仙癌症复发，病情急剧恶化。梁启超经过艰难的抉择，还是写信告知了梁思成，让他回国尽最后一份孝心。梁思成收到消息后，准备即刻启程回国，但他还没来得及动身，噩耗便传来了——母亲已经离世。

梁思成陷入无尽的悔恨与自责中。他回忆起离开北平时，母亲虽然不舍，却依然强打精神鼓励他男儿当有远志，要学好真本事报效祖国的情景。自己的脸颊几乎还能感受到母亲双手的温暖，可现实却是母亲已与自己天人永隔。

梁思成还没从丧母的悲痛中走出来，国内又传来消息：林徽因的父亲林长民参加了郭松龄的队伍。奉系军阀混战，东北形势堪忧。

1925年年底，梁启超寄去了一封家书，大家最担心的事情还是发生了——林长民所在的军队全军覆没。林徽因得知这个消息后，几度昏厥。虽然连续几个月她都处于极度不安之中，也知道战场凶险，但她还是祈祷父亲能够逢凶化吉。如今噩耗传来，林徽因难以接受，本就体弱的她连续多日高烧不退，既吃不下，也睡不着。

林徽因的母亲随信写了一句话给她：“徽因此时不必回国。”

林徽因知道，父亲近些年一直奔波不定，家里的经济状况已经很糟糕了。作为家中长女，她只能放弃学业回国，肩负起照顾家庭的责任。

林徽因主意已定，梁思成也不知如何安慰她，只能紧紧地抱住她，希望能给她一点安全感。

远在国内的梁启超早已预料到儿媳的决定，他写信鼓励两位年轻人，要化悲痛为力量，努力求学。他还告诉林徽因，不必为家里担心，林家的所有用度，他会一力承担。

那段时间，梁思成经常牵着林徽因的手来到学校后面山坡的草地上，两人举目西望，看着太阳一点点在祖国的方向落下。他们之间的话不多，但都知道对方在想什么——一定要学有所成，才不负家人不负己。

1928年3月21日，一场简单而浪漫的婚礼在加拿大温哥华举行。梁思成与林徽因之所以将结婚日期定在3月21日，是因为《营造法式》的作者李诫的生日是农历三月二十一日。他们的儿子出生后，夫妻俩给孩子取名为梁从诫，取“师从李诫”之意。

婚礼后，梁思成问林徽因：“有一句话，我只问一次，以后都不会再问：你选择的人为什么是我？”

林徽因含情脉脉地看着梁思成说：**“答案很长，我得用一生去回答。”**

最后一课

梁思成与林徽因顺利完成学业后，面对美国体面高薪的工作机会，他们没有丝毫犹豫，毅然决然地回国报效祖国。梁启超得知二人的决定后，非常欣慰。

梁启超建议他们回国之前，花一点时间游历欧洲，这既是蜜月旅行，又是考察欧洲建筑风貌的学习之旅。梁启超将他的建议写在信中。

你们最主要的目的是游南欧，从南欧折回俄京搭火车也不太经济，想省钱也许（反而）要多花钱。

我替你们打算，到英国后折往瑞典、挪威一行，因北欧极有特色，市政亦极严整有新意，必须一往。

由是入德国，除几个古都市外，莱茵河畔著名堡垒最好能参观一二。

回头折入瑞士，看些天然之美；再入意大利，多耽搁些日子，把文艺复兴时代的美彻底研究了解。

最后便回到法国，在马赛上船，中间最好能腾出时间和金钱到土耳其一行，看看伊斯兰教的建筑和艺术，附带着替我看看土耳其革命后的政治。关于这一点，最好能调查一两部极简明的英文书回来讲给我听听。

其实此时梁启超已经病重，他有意对梁思成隐瞒了病情。等梁思成的旅行进行到一半的时候，他收到家书，得知梁启超病情突然加重的消息。梁思成与林徽因以最快速度赶回国内，在医院的病床上见到了阔别四年的父亲。梁启超此时形容枯槁、脸色苍白。梁思成怎么也没想到自己印象中精气神十足的父亲，竟已病重到如此地步。他坐在父亲的床前，泪如雨下。

看到儿子、儿媳来到自己身边，梁启超心生欢喜，他在给女儿梁思顺的信中这样写道。

新人到家以来，全家真是喜气洋溢。

初到那天看见思成风尘憔悴、面庞黑瘦、头筋胀起，我很有几分不高兴。这几天将养过来，很是雄姿英发的样子，令我越看越爱。

看来他们夫妇身体都不算弱，忧虑了几年，现在算是放心了。

新娘子非常大方，又非常亲热，不解作从前旧家庭虚伪的神容，又没有新时髦的讨厌习气，和我们家的孩子像同一个模型里铸出来的一样。

字里行间，满是一位老父亲对子女的爱。

家人团聚、共享天伦的欢乐没能令梁启超的病情好转。1929年1月19日，梁启超溘然长逝。临终前，他没有给子女留下遗言，也许他认为这么多年，已经在一封封家书里把想说的话都说了，他只是交代，将自己的遗体捐献给医院，希望能用自己的身体为现代医学的发展作一点贡献，或许这是他给孩子们上的最后一课。

倾注心血

父亲的葬礼结束后，梁思成与林徽因按照梁启超生前的建议，赴东北大学执教。当时张学良主政东北，有心作出一番成绩，在政治、经济、教育等方面力图改革。张学良亲自担任东北大学的校长，创建了国内大学中的第一个建筑系。梁思成与林徽因成了东北大学建筑系的教师，他们身兼多职，通力协作：梁思成既是系主任，又是主力教师；林徽因既要处理行政事务，还兼任几门课程的教师，夫妻俩就把整个建筑系的课都教了。

初步稳定后，梁思成邀请自己在宾夕法尼亚大学的同学陈植、童寯等人来东北大学任教，东北大学建筑系的教学班子算是搭建起来了。学建筑的人，对他们的名字肯定不陌生，陈植、童寯是近现代的建筑大师。

从1928年到1930年，梁思成与林徽因在东北大学任教了近三年时间。在此期间，东北大学建筑系的教学工作逐渐进入正轨。梁思成与陈植、童寯等人联合成立了“梁陈童蔡营造事务所”，打破了中国的大型建筑工程被西方设计师垄断的局面。梁思成还抽空完成了《中国雕塑史》的编写。

1930年年底，林徽因积劳成疾，肺病越发严重。东北的严寒实在不利于养病，梁思成将东北大学建筑系托付给童寯，自己偕妻儿回到北平。

回到北平后，夫妇俩受邀加入了中国营造学社，这是由政治家朱启钤个人出资创立的学社。朱启钤历任北洋政府的交通总长、内务总长、国务总理等职，后来他又开办了煤矿和轮船公司，对公共文化事业尤为热衷。尽管朱启钤不了解建筑学，但他意识到保护中国古建筑的紧迫性，所以出资创立了中国营造学社。早在1919年，他就出资刊印了《营造法式》。

对于梁思成与林徽因来说，中国营造学社的学术宗旨与他们留美期间定下的志向完全吻合，所以他们毫不犹豫地加入了这个民间学术组织。刚一加入，他们就成了这个组织的核心成员，后来哪怕在抗日战争最艰难的时刻，中国营造学社分崩离析，梁思成与林徽因也从未动过放弃古建筑研究的念头。

就在梁思成与林徽因加入中国营造学社后不久，日本建筑学家伊东忠太来到北平进行学术交流。当时中国的建筑研究才刚刚起步，中国古建筑研究这个细分领域基本处于空白状态，反倒是日本学者已经对中国古建筑做过调研。伊东忠太是云冈石窟的发现者，他还出版了一本关于中国建筑史的书。伊东忠太以高高在上的姿态对梁思成、林徽因等中国学者说，中日可以合作开展对中国古建筑的研究，但你们只负责文献查阅就行，实地考察的工作，还是日本学者比较有经验。

梁思成与林徽因听后气愤不已。他们早就立志要写出中国人自己的《中国建筑史》，他们要用实际行动来回应日本人的高傲！

北平当时就有不少古建筑，清廷工部曾颁布过一本《工程做法则例》，虽然其中的概念、图样依然不太好懂，好在不少工匠师傅还在世，梁思成拿着书，寻访请教这些师傅，甚至直接拜师。对照着故宫等建筑实体，梁思成用两年时间完成了对《工程做法则例》的翻译。对于原书中很多模糊不清的地方，梁思成还增加了图样说明。

1932年3月，梁思成编著的《清式营造则例》完稿。此书一经刊印，立刻引起国内外建筑史学界的高度关注，尤其是日本学者的瞩目。时至今日，《清式营造则例》依然是了解中国古建筑的一把钥匙。

清华大学多年后再版《清式营造则例》，在前言中说："自出版以来的近半个世纪里，这部书一直是中国建筑史界的一部极为重要的教科书。无论中国还是外国，凡是想登堂入室、深入了解中国古代建筑的人，都离不开《清式营造则例》这个必经的门径。"

对于梁思成来说，《清式营造则例》只是他研究中国建筑史的开端，在接下来的几年时间里，他的足迹遍布河北、河南、山西、山东、陕西、浙江等地。他在中国营造学社提出"非作遗物之实地调查测绘不可"的观点。只要有一点线索，不管是文献中模糊提及也好，还是古画、诗文中朦胧描绘也罢，哪怕是在街头巷尾、田间地头听到的只言片语，梁思成都不辞辛苦地前往实地调研。这些建筑遗迹有的位于偏远小镇，有的甚至在荒野深山。那时候的交通条件非常有限，汽车最多只能到达县城，要想继续深入，只能借助驴车，很多时候还要背着设备步行。运气好的时候能在镇上的小旅馆落脚，但一掀开被子，臭虫、跳蚤到处乱窜；运气不好时，只能在旧屋破庙里过夜。

从1932年到1937年，梁思成调研了137个县的1823座古建筑，深度测绘的有206座，完成手绘图稿1898张。虽然中国营造学社的同事也有所参与，但主要工作还是由梁思成、林徽因夫妇完成的。

林徽因的身体时好时坏，只要精神稍微好点，她就跟着梁思成去野外风餐露宿。梁思成少年时期习得的攀爬技能派上了用场，他经常不顾危险，在没有任何保护措施的情况下爬到屋顶、塔顶去测绘建筑细节。林徽因也不甘示弱，一般男子能爬到的地方，她也总能爬到。

伴随着一座座古建筑被发现并公之于世，中国建筑史被一次次地刷新与改写。梁思成发现的第一座建筑瑰宝是独乐寺（位于今天津市蓟州区。始建于隋，后经多次修缮与扩建），他通过一张模糊的照片发现了这座被时间尘封的古寺。当时他已经对中国古建筑的木结构有了很深的理解，从照片上，他可以辨认出梁柱、斗拱等结构，基本确定这是一座建造时间远早于明清的古建筑。

这张模糊的照片让梁思成兴奋不已，他唯一担心的是照片中的古寺是否在连年的战火中已遭毁坏。梁思成一刻也不能等了，他跑回家简单收拾了一下行李，叫

梁思成与林徽因

上正在读大学的弟弟梁思达做帮手，便出发了。

梁思成、林徽因、梁思达三人经过艰难跋涉，总算来到了独乐寺。幸运的是，这座寺庙保存得相对完好。当地人只知道在明清更迭之际，这座寺庙差点被毁，当地百姓誓死保护，它才免遭一劫。至于到底是何人营建此庙于何时，就都说不清楚了。

寺庙内的建筑经过多次修缮，其中最古老的两座建筑是山门和高二十三米的观音阁。梁思成对观音阁进行了细致的测绘研究，基本确定这座建筑建于辽代。

回到北京，在林徽因的协助下，梁思成完成了一篇四千字的调研报告。梁思成称："独乐寺上承唐代遗风，下启宋式营造，是研究中国建筑蜕变之重要资料、罕有之宝物也。"

于学界而言，是发现了一座古建筑实物；于梁思成而言，意义更为重大，他多年对《营造法式》的研究与推测，很多能在这座建筑中找到实物依据。

当时就有人评价说，梁思成的发现与研究不仅一举超过了欧美人和日本人对于中国古建筑的研究水平，而且就“透过形式深入探讨古建筑设计规律”而言，也超过了日本人对日本建筑研究的深度。

1937年6月末的一天，在五台山深处，梁思成、林徽因等一行人在翻越了多座山峰后，黄昏已近，就在大家以为会再次无功而返的时候，梁思成惊呼道：“是它，就是它！”

人们顺着梁思成所指的方向望去，远远地看到群山环抱着一座古寺，古寺中的大殿轮廓依稀可辨。梁思成仅凭建筑的轮廓就能确定，寺中的大殿正是《敦煌石窟图录》中记载的唐代建筑——佛光寺东大殿。

多年来，梁思成虽然已发现了近两千座古建筑，但始终没能发现一座唐代的木结构建筑。当时日本学界多次声称，中国已经没有唐代的木结构建筑了，要想一睹唐代建筑的风采，还得来日本京都欣赏。梁思成与林徽因始终相信，偌大的中国，一定还在某些地方屹立着唐代的木结构建筑。

梁思成始终没有放弃寻找唐代的木结构建筑。他在法国汉学家伯希和（Paul Pelliot）所著的《敦煌石窟图录》中，发现有五台山佛光寺的记载。虽然古寺很可能已不复存在，但梁思成还是抱有一丝希望。他是幸运的，佛光寺还存在，只是位于人迹罕至之处，寺庙内只有一位年逾古稀的老僧和一位聋哑弟子。

当梁思成进入寺院、走到佛光寺大殿前时，那出挑的屋檐、坚实的斗拱、优美的屋顶轮廓、近乎完美的比例结构，令梁思成与林徽因眼泛泪光。这就是他们一直苦苦寻找的唐代木结构建筑！

中国古建筑在唐代达到了一个高峰，主要的木构件都承担着不可替代的功能。比如巨大的斗拱，逐层放大，既能竖向承载屋顶的重量，又能减少雨水对建筑墙面的侵蚀，还能形成较为深远的檐下空间。我们到故宫里观察一下就能发现，明清时期的建筑，斗拱变小了很多，各种构件、装饰变得较为繁复。在我看来，不及唐代建筑那样大气优雅。

梁思成在日记里写道：“当时夕阳西下，映得整个庭院放出光芒。远看山景，美极了，这是我从事古建筑调查以来最快乐的一天！”

在接下来的时间里，他们分工协作，攀梁爬柱，细致测绘描图，生怕错过一处细节。大殿顶上已经数百年没人登上去了，梁思成与林徽因爬上去，钻进木结构的空隙里，每踩一脚，都像是踩在棉花上一般，灰尘已经积了数寸。黑暗处挂满了蝙蝠，手电筒一照，一群蝙蝠便朝人乱腾腾地飞扑过来，令人根本睁不开眼睛。从梁上下来，双脚往往被灰尘中的虫了咬得满是包。

在对佛光寺里里外外都完成测绘之后，虽然梁思成能确定这是一座唐代建筑，但具体建于何时还无法确定。一般来说，中国的古建筑在竣工时，工匠会将建筑的基本信息写在梁上，比如何人因何事而建。但梁思成他们找遍了佛光寺的每一处，都没有找到这些信息。

就在他们苦寻不得的时候，在一天的傍晚，梁思成与林徽因在大殿里仰视佛像，一束亮光透进殿内，打到了头顶的主梁上。主梁距离地面两丈有余，按说距离那么远，一般人看不清梁上隐藏的文字，而林徽因恰好是远视眼，她看到梁上有若隐若现的文字。之所以这些天他们一直看不到，是因为主梁后来被粉刷过，把文字给盖住了。夫妇俩激动不已，他们请师傅找来帮手，搭起架子，小心翼翼地清理后补的粉刷层，果然有一行墨字："女弟子宁公遇，助造佛殿泽州功曹参军张公长。"

读后他们恍然大悟：原来寺庙里端庄的女菩萨塑像，并不是以武则天为原型，而是以寺庙的捐建者宁公遇为原型。建成时间推测为唐大中十一年，也就是公元857年。

在考察结束、要离开佛光寺时，林徽因站在宁公遇的塑像前，久久不愿离去，她对梁思成说："我真想也为自己塑一座像，让自己永远陪伴这位虔诚的唐代大德仕女，在这儿盘腿再坐一千年。"

梁思成的《佛光寺大殿调研报告》一经刊出，震惊学界。佛光寺东大殿被誉为"中国古建筑第一瑰宝"，高校建筑系的学生在学习中国建筑史时，佛光寺东大殿的平面、立面图样，都是要求默画的。

艰苦岁月

梁思成与林徽因完成调研、回到县城后，他们在报纸上看到卢沟桥事变的新闻，日本发动了全面侵华战争。梁思成、林徽因等一行人急忙赶往北平。

梁思成与林徽因回到北平时，战壕已经挖到了他家门口。看到政府军难以抵挡日军的攻势，梁思成最担心的不是自身的安危，而是这些年调研测绘积累下来的资料会遭到损坏，或是落到日本人手里。资料实在是太多了，不可能全部带走。最后，梁思成和朱启钤将所有资料存在了天津英租界的英国银行保险库里。

遗憾的是，1939年天津连日暴雨，梁思成存在银行地下室的资料全部被淹。当时年近七旬的朱启钤赶去抢救，他把一张张图纸铺开来晾晒。图纸还可挽救，而梁思成拍摄的大量底片却无法恢复了。梁思成与林徽因得知消息后，相拥痛哭失声。

梁思成因为在建筑研究领域的成就，被日本人列入了“拉拢名单”。很快，日本人就给他送来了一封“东亚共荣协会”的请柬。

梁思成夫妇是绝不可能为日本人做事的。当时北平已经沦陷，他们带着孩子经过一千多公里的奔波，来到了长沙。

1938年1月的一天，日军空袭长沙，炸弹击中了梁思成一家所住的那栋二层筒子楼，房子的一角被炸塌，所有房间的窗户玻璃被震碎。梁思成与林徽因各抱起一个孩子往楼下跑，一枚炸弹落了下来，就落在他们不远处，夫妻俩赶紧用身体护住孩子。好在苍天有眼，炸弹没有爆炸。

这次空袭后不久，梁思成一家西迁昆明。一路上，先是梁思成的脊柱炎病发，他还能强忍疼痛赶路，但紧接着林徽因肺炎发作，连续数天高烧不退。当时兵荒马乱，沿途买不到退烧药。好不容易遇到一位女医生，按照她开的方子吃了几天汤药，总算是退烧了。

梁思成一家花了三十九天时间，终于到达了昆明。到了昆明后，梁思成彻底病倒了，他的脊柱关节发炎感染，牙周发炎化脓，只能听从医生的建议，强忍疼痛，把整口牙全拔了。

身体稍稍恢复后，梁思成继续投入工作中。梁思成与林徽因一方面要抓紧恢复中国营造学社的工作，另一方面要为云南大学和西南联大设计校舍。

梁思成与林徽因加班加点地赶出了一套校舍方案。当他们介绍完方案后，校长梅贻琦面色凝重，梁思成与林徽因还以为是自己的方案设计得不好。

梅贻琦抱歉地对他们说：“我们的经费非常有限，没办法按照你们的方案来建。”梁思成与林徽因理解经费短缺的困难，他们抓紧时间修改方案，没想到方案是一改再改，最后除了图书馆能使用青瓦外，校舍基本只能用茅草盖屋顶，墙也只能用土坯垒建。一向温文尔雅的梁思成一时间没能控制住情绪，他对梅贻琦说：“一个普通农民都能盖茅草房，请我梁思成干什么啊？！”

梅贻琦对梁思成说：“梁先生，委屈你了。现在是非常时期，将来抗战胜利，我一定会请你设计最漂亮的校园大楼。”

梁思成马上为自己的情绪失控向梅贻琦表达歉意，他哪能不理解现在的难处呢？夫妻俩任劳任怨地将方案一改再改，希望在经费有限的情况下，尽可能地让校舍好一些。此后，在整个设计和建设过程中，无论校方提出什么样的修改要求，梁思成夫妇都不再抱怨。

中国营造学社的几名同事到达昆明后，他们又以昆明城为中心，调查城里城外的古建筑。他们安慰自己：之前这些年，主要在北方做调研，这次迁居昆明，正好可以深入调研西南建筑。

在昆明的这段时间里，他们走访了昆明、大理、丽江等地，又北上川西，足迹遍布四川、西康（曾经的一个省，已并入四川省和西藏自治区）的四十多个县，对当地古建筑进行了细致的测绘勘察，为梁思成之前所写的《中国建筑史》填补了西南建筑这部分的空白。

1940年11月，中国营造学社跟随中央研究院迁往宜宾李庄。李庄是四川省宜宾市的一个小镇，紧邻长江，素有“万里长江第一镇”的美誉。这个小镇深藏大山之中，出于安全考虑，中央研究院、中央博物院、同济大学研究院等一批学术研究机构搬到了这里，李庄一度成为与昆明、成都、重庆齐名的文化中心。

中国营造学社安置在一所平房里，梁思成一家也住在这里。李庄虽然自然环境优美，但物质条件极其匮乏。梁思成一家搬过来时，正值湿冷的冬天，林徽因的肺病复发。李庄没有治疗的条件，林徽因只能硬扛，她从此一病不起。梁思成夫妇的女儿梁再冰多年后回忆起在李庄的那段岁月时写道。

四川气候潮湿，冬季常阴雨绵绵，对父亲和母亲的身体都很不利。

我们的生活条件比在昆明时更差了。两间陋室低矮、阴暗、潮湿，竹篾抹泥为墙，顶上席棚是蛇鼠经常出没的地方，床上又常出现成群结队的臭虫，没有自来水和电灯，煤油也须节约使用，夜间只能靠一两盏菜油灯照明。

我们入川后不到一个月，母亲肺结核症复发，病势来得极猛，一开始就连续几周高烧至四十摄氏度不退。

李庄没有任何医疗条件，不可能进行肺部透视检查。当时也没有治疗肺病的特效药，病人只能凭体力慢慢煎熬。从此，母亲就卧床不起了。

尽管她稍好时还奋力持家并协助父亲做研究工作，但她身体日益衰弱，父亲的生活担子因而加重。

更使父亲伤脑筋的是，此时（中国）营造学社没有固定的经费来源。他只得年年到重庆向“教育部”请求资助，但“乞讨”所得无几，很快就会被通货膨胀所抵消。抗战后期物价上涨如脱缰之马，父亲每月薪金到手后如不立即去买油买米，则会迅速化为废纸一堆。食品愈来愈贵，我们的饭食也就愈来愈差。母亲吃得很少，身体日渐消瘦，后来几乎不成人形。为了略微变换伙食花样，父亲在工作之余不得不学习蒸馒头、煮饭、做菜、腌菜和用橘皮做果酱等。

三叔到李庄后，肺病也复发了，病情同母亲的非常相似。父亲对兄弟和妻子的病都爱莫能助。他自己的体质也明显下降，虽然才四十多岁，背已经驼得很厉害，精力也大不如前了。

1941年春，林徽因遭受了更大的打击——她的弟弟林恒在对日空战中牺牲。姐弟俩自幼感情深厚。林恒在1935年放弃了清华大学机械系的学业，报考了航空学校。1940年，林恒在他那一届一百二十五名学生中，以第二名的成绩毕业，毕业后就前往前线参战。当时我国的飞机性能落后日军太多，在空中对战中处于劣势，空军也是抗战期间我军阵亡率最高的军种，有超过百分之九十的空军将士牺牲。事实上，走上战场的空军将士们，都做好了随时以身殉国的准备。

梁思成得知林恒牺牲的消息后，担心正在病中的林徽因承受不了这个打击，没有第一时间告诉她，梁思成以出差的名义赶往成都为林恒料理后事，还带回了一片林恒所驾驶的飞机的残片。后来林徽因知道了弟弟牺牲的消息，悲痛万分，她在《哭三弟恒》中写道。

弟弟，
我没有适合时代的语言来哀悼你的死；
它是时代向你的要求，

简单的，你给了。

这冷酷简单的壮烈是时代的诗，

这沉默的光荣是你……

我既（然）完全明白，

为何我还为着你哭？

只因你是个孩子

却没有留什么给自己，

小时我盼着你的幸福，

战时你的安全，

今天你没有儿女牵挂

需要抚恤同安慰，

而万千国人像已忘掉，

你死是为了谁！

包括林恒在内，在抗战期间，梁思成与林徽因一共送走了九名空军弟弟。事情是这样的。1937年，他们西迁昆明的途中，林徽因高烧不退，旅馆又没有空房，他们遇到了八名赶往昆明入读空军学校的青年学生。这些学生看到林徽因一家的困难，便主动把房间让出来给她住，后来他们还结伴同行了一段路程，这八位青年就把梁思成与林徽因当成了自己的哥哥和姐姐。在上战场前，所有人都要填写自己的家庭住址，如果牺牲了，军队好给家里报个信。这些青年的家都在沦陷区，他们就把家庭住址都填成了梁思成家的地址。等这些青年走上战场后，林徽因每天都在为他们祈祷平安，但噩耗还是接二连三地传来。每牺牲一名青年，就有一个包裹寄到李庄，每一次都令林徽因肝肠寸断。到1944年春天，梁思成夫妇认下的八名弟弟全部殉国——他们那一批飞行员，一共有二十多人，都将宝贵的生命献给了祖国。

后来，林徽因的卧室里一直挂着一块飞机残片，那是梁思成带回来的林恒所驾驶的那架飞机的残片。在林徽因心里，这是她对九个空军弟弟的缅怀。

人们说林徽因卧室挂的飞机残片是徐志摩所搭乘的失事飞机的残片，这是误会。林徽因确实也收藏了一块徐志摩所搭乘的失事飞机的残片，但没有挂出来。

到了1943年，因为研究经费实在跟不上，中国营造学社的其他成员全部离开了。梁思成全身心地投入《中国建筑史》的编写和《营造法式》的注释中。林徽因只要身体稍微好一些，就会协助丈夫。终于，在1944年，梁思成完成了他十几年前在美国留学时定下的目标。

《中国建筑史》完书了！同时，梁思成还完成了《中国建筑史图录》一书。

回过头来看，梁思成与林徽因那些年的实地调研考察，可谓是抢救性研究。自1937年开始，中国经历了长达十余年的战争，很多古建筑在战火中被毁。如果没有梁思成与林徽因那十几年的艰苦付出，《中国建筑史》估计只有现在的一半内容。

百年树人

1945年8月，中国人民取得了抗日战争的胜利。消息传到李庄，梁思成与林徽因相拥而泣。

梁思成第一时间带着林徽因到重庆治病。经过一系列检查，医生告诉他，林徽因可能不久于人世。这对梁思成来说是一个晴天霹雳，他哪里能接受这样的结果！他没有把实情告诉林徽因，林徽因对他说想去昆明看看，他便带着林徽因回到了昆明。昆明气候虽好，但高原缺氧，不利于林徽因的治疗。梁思成一家于1945年年底回到了阔别八年的北平。

回到北平后，清华大学校长梅贻琦邀请梁思成夫妇来清华大学创建建筑系，梁思成夫妇欣然接受了梅贻琦的邀请。中国经历了这么多年的战乱，百废待兴，确实需要一大批建筑人才。

梁思成在担任清华大学建筑系主任不久，就被派往美国访学，考察美国的建筑学教育，希望把最新的建筑学教育理念带回国内。建立清华大学建筑系的很多工作都是由林徽因躺在病床上筹划的，包括课程设计也是林徽因亲自完成的。

当时梁思成已经向刘致平、莫宗江等人发出来清华大学建筑系任教的邀请，但大家在一个学期之后才能到岗。在此之前，整个清华大学建筑系的课程，都是林徽因指导着几名助教来完成的。只要身体能支撑，林徽因就会亲自教学。

梁思成在哈佛大学、耶鲁大学、普林斯顿大学等著名高校进行深入考察与交流，其间还作为中国代表，参与了联合国大厦设计委员会的相关工作。

1947年，林徽因病情恶化，不得不进行手术。虽然梁思成的考察、讲学计划没有完成，但他顾不得其他了，他心急如焚地赶回北平。这一次，上天眷顾了他们，林徽因的手术非常成功。看着林徽因的身体逐渐康复，压在梁思成心头的大石头终于放了下来。

没有了妻子健康上的后顾之忧，梁思成全身心地投入到清华大学建筑系的教学和古建筑研究工作中。他对清华大学建筑系的课程进行了全面改革，既吸收了美国建筑教育的优秀理念，又融入了中国传统建筑文化中的精神。梁思成让中国的建筑学同国际接轨。时至今日，中国建筑学教育依然受益于梁思成先生。

初识解放军

1948年年底，国民党政府大势已去。梁思成作为“中央研究院”的首批院士，自然在“学术专家抢救人员名单”里。面对国民党的劝说，梁思成夫妇早就做了决定——他们哪儿也不去，就留在清华园。虽然他们对政权更迭可能带来的动荡有所担心，但解放军的表现很快就令他们放下心来。

1948年12月13日清晨，北京城寒风萧瑟，梁家的阿姨从北郊农村赶到清华园里的梁思成家，她告诉梁思成夫妇：“‘八路’是半夜悄悄开进村里的，连一条狗都没惊动。大冷天的，战士们竟然在胡同里挤成堆睡了一夜。清早乡亲们给‘八路’送开水，也是谢了又谢才接过去喝的。我活了六十多岁，可没见过这样的队伍。人家都说‘八路’好，我还不信，今儿个我可是亲眼瞧见了！”

五天后，解放军进驻清华园，在校园里贴出告示：“清华大学为中国北方高级学府之一，凡我军政民机关一切人员，均应按我党我军既定爱护与重视文化教育之方针，严加保护，不准滋扰。希望学校当局及全体学生照常进行教育（工作），安心求学，维持学校秩序。”

梁思成看到这份告示，又见解放军纪律严明、作风朴素，悬着的心总算是放下了。

一天夜里，两名解放军战士拜访梁思成家，他们拿出北京地图，请梁思成帮忙标注出北京城里的重要古迹。万一谈判不顺利、需要强攻，解放军希望能尽量避开古建筑。

解放军此举，令梁思成心生敬佩。梁思成夫妇整整工作了一个通宵，将做好标记的地图交给了解放军同志。

几天之后，这张图就出现在了西柏坡的作战指挥室里。

不朽的设计

1949年1月，北平和平解放，古老的北京城免于战火。梁思成与林徽因开心得像个孩子。

党中央派人到清华园拜访梁思成与林徽因，希望他们能为保护全国文化遗产提建议。梁思成激动极了，他组织清华大学的教师们加班加点，不出一个月就编写成了一本长达百页的《全国重要文物建筑简目》。

中华人民共和国成立前后，梁思成与林徽因不得不将古建筑研究的事情放一放，新中国还有几桩大事需要他们夫妇。

第一件是国旗、国徽的设计、评选。

第二件是人民英雄纪念碑的设计、评选。

第三件是关于新北京城的规划。

国旗的设计方案确定得比较顺利，面向全国的征求意见稿发布后，很快就从几百份设计方案中确定了“五星红旗”为设计方向。政协将国旗的设计方案与梁思成沟通后，梁思成带领清华师生通宵达旦地推敲五星的位置、比例、方向、大小等细节，最终绘制出五星红旗的设计图。

但国徽的方案却迟迟定不下来，虽然也征集到了上百份设计方案，但没有一份设计方案得到评委会的认可，所以在中华人民共和国成立的时候，天安门城楼上是没有悬挂国徽的。

梁思成决定带领清华师生设计国徽，但连续数月的辛劳累垮了他的身体，他不得不住院治疗。病情严重时，他连开口说话都困难。好在此时林徽因的身体稍稍恢复了一些，她接过丈夫的工作，继续带领师生们反复比对设计稿。每绘制出一批新的设计稿，林徽因就拿到病床前同梁思成讨论。那段时间，梁思成的床头堆满了国徽的设计稿。

经过几个月的思考、讨论、比较，林徽因与清华师生设计的方案得到了大多数人的认可：颜色采用极具民族特色的红色与金色，庄严大气，与国旗相得益彰；中央偏下部分是天安门的立面图，五四运动发源于此，毛主席正是在天安门城楼上宣告新中国成立的；天安门上方的五颗星星与国旗呼应，寓意在我党领导下，中国人民终于站起来了；围绕国徽上部边缘的金色麦穗和下部边缘的齿轮，象征工农联盟。

早在1949年7月，《人民日报》就刊登了面向全国的国徽征求启事，主要有三点设计要求：一、要有中国特征；二、要体现政权特征；三、要庄严而富丽。

1950年6月23日，在全国政协一届二次会议上，林徽因主导设计的国徽方案获得一致通过。当时梁思成依然卧病在床，林徽因受邀列席。当全体人员起立通过国徽设计方案的时候，林徽因激动得热泪盈眶、浑身颤抖。

同步进行的还有人民英雄纪念碑的方案设计。

1949年9月30日，毛主席与一众代表在天安门广场参加了人民英雄纪念碑的破土仪式。当时，人民英雄纪念碑的设计方案还在征集中。评委会最终收到了一百八十余份设计方案，古典的、现代的、中式的、西式的都有，梁思成是评委会的顾问，但他因病住院后，对人民英雄纪念碑的设计方案参与得就不多了。

当林徽因将人民英雄纪念碑的基本定稿拿给梁思成看的时候，梁思成顿觉不妥：底座太高，而底座上又仿照天安门开了三个门洞，这样既显得不够稳重，也不符合结构常理，整体方案无法展现“永垂不朽”的精神。

梁思成既是建筑师，也是古建筑专家。早在二十多年前，他就写过《中国雕塑史》。他的直觉告诉他，人民英雄纪念碑上的雕塑，不能以十年、百年的眼光来看，要以千年的视野来看，只有朴素稳重的设计，才经得起岁月的洗礼。

调研了中国那么多古建筑，梁思成发现往往就是那些朴素的石碑、石柱能历经千百年而不倒。他拖着病体，给评委会写了一封长信，又给北京市市长写了一封信。最终，评委会接受了梁思成的建议，这才有了我们现在看到的庄严肃穆、高大雄伟的人民英雄纪念碑。

被毁的瑰宝

除了亲自设计或参与国旗、国徽、人民英雄纪念碑的设计外，梁思成还参与了北京城的规划。中华人民共和国一成立，他就邀请当时在中央大学任教的陈占祥来北京。陈占祥在英国学习了建筑学和城市规划学，早在1946年就应国民政府的邀请，主持北平的规划工作。

陈占祥与梁思成一样重视对北京城的保护，他见到梁思成后说："世界上再也没有第二个北京城，规划时要像保护自己的眼睛一样保护它，不然会愧对先人。"

在接下来的北京城市规划会议上，苏联专家巴兰尼克夫提出，北京没有大的工业，作为首都，它应该不仅是文化的、科学的、艺术的城市，也应该是一个工业的城市。在他看来，北京这座千年古城价值不大，古城墙更是阻碍了工业的发展。

梁思成与陈占祥听完苏联专家的意见，后背发凉。他们是学贯中西的建筑学家，既明白一座千年古城的价值，也见识过其他国家的工业城市。建设一座现代工业城市并不难，但像北京城这样的历史与文化瑰宝，是人类共同的财富，一旦遭到破坏，就再也无法恢复了。梁思成与陈占祥能清楚地看到北京城十年、百年、千年后的价值，他们极力阐述自己的想法，尽全力保住北京城。

会后，梁思成与陈占祥通力协作，完成了一份详细的北京城市规划方案。他们绘制了十几张规划图纸，并配有大量的文字说明。他们的规划理念可以总结为以下三点。

一、北京城墙围绕的老城区，保留所有的建筑，这是世界上最伟大的历史博物馆。无论是北京城墙，还是北京的老城区，都要全力保护起来。

二、中央和北京市的行政中心在西郊选址新建，这样做既可以避免对老城区的破坏，也有利于缓解城市交通拥堵。

三、新老城区之间建设城市绿化带，为首都人民创造城市花园。

这个方案放在今天，依然令人激动不已。为了确保赢得更多的支持，梁思成自费刊印了一百多份设计方案，寄给了各类政府部门。

遗憾的是，梁思成与陈占祥苦心作出的方案没能对抗得了苏联专家的意见。但梁思成与林徽因始终没有放弃对北京城的保护，他们到处奔走、沟通，希望苏联专家和决策者们能重视对古建筑的保护，尽量少拆一点。

1953年年底，在关于北京市建设、拆除的会议上，领导宣布北京大规模的拆除工作即将展开，他提议将北京的牌楼全部拆除。梁思成据理力争，他强调说，北京城的城门、牌楼、牌坊是北京城的特色，经过合理规划，是可以加以利用的。

领导竟站起来说："您是老保守，将来北京城到处建起高楼大厦，那些牌坊、宫门在高楼包围下岂不成了鸡笼、鸟舍？有什么文物价值可言！"

这个领导还表示，这些牌楼不仅影响交通，以前牌楼下就是刑场，不如拆了，用欧式铜像和喷泉来取代。

梁思成本是谦谦君子，不擅长争论，被气得当场落泪。

林徽因带病出席这次会议，她当场反驳道："要说死过人，那故宫里面死过多少人？死过人的地方就要拆除的话，那么整个故宫都得铲平！"

会议最终不欢而散。

临走时，林徽因留下了一句话："你们拆掉的是八百年的真古董……有一天，你们后悔了，想再盖，也只能盖个假古董了！"

领导觉得林徽因太不尊重他，后来在人前评价林徽因"出身低微、思想因循守旧"，这话传到林徽因的耳朵里时，当时她已经因为肺结核晚期躺在医院的病床上，但她仍强撑着身体来到那个领导面前质问他："我侯官林氏满门忠烈，你又算什么东西！"

林徽因所言不虚，"黄花岗七十二烈士"中，她家就有三位（林徽因的叔叔林觉民、林尹民、林文）；她的父亲林长民参与制定《中华民国临时约法》，最终在讨伐张作霖的战争中牺牲；她的弟弟林恒在对日空战中以身殉国。

巨匠陨落

1954年秋冬之际，梁思成与林徽因心力交瘁，双双病倒，一起住进了同仁医院。林徽因的病情已经无力回天，她早些年就切掉了一个肾，如今双肺满是空洞，呼吸困难。梁思成每天到床前和林徽因说说话，林徽因每讲一句话都要缓半天。

1955年3月31日晚，林徽因预感自己要走了，她请护士帮她叫醒梁思成，过来说几句话。护士觉得太晚了，让她有话明天再说。第二天凌晨六点，林徽因在凄冷的病房里离世，享年五十一岁。

梁思成闻讯赶来，他握着妻子冰冷的手，嘴里不断念叨："受罪呀，徽，你真受罪呀！"

回想两人自三十七年前的那个下午开始，相识、相知、相爱、相伴、相惜。

二十七年前，他问妻子为什么选择自己，妻子回答："答案很长，我得用一生去回答。"妻子真的用她的一生回答了他。

如今回望一起走过的万水千山、荣辱悲欢，梁思成痛不欲生。他们的爱情，曾经受到了太多的流言非议，但只有他们自己知道是如何深爱着对方的。

他们的女儿梁再冰多年后在书中写道。

父亲和母亲一生感情深厚。他们相识之初，让父亲心动的不仅是母亲灵秀的面容和闪亮的双眸，更吸引他的是母亲特有的艺术灵气，还有她对建筑艺术与文化的认识和独到见解。父亲后来说过，当年他曾酷爱美术雕塑，是母亲引导他认准了建筑师这个职业，对建筑艺术和文化的共同热爱将他们二人的事业与爱情紧密相连。从此，他们一起坚守事业，纵然遇到千难万难，终生不改其志。

周总理亲自批复，将林徽因安葬于八宝山革命公墓。

梁思成亲自为妻子设计墓碑，上面刻着"建筑师林徽因"几个大字，他知道妻子一直以来的目标就是做一名出色的建筑师。墓碑上的汉白玉浮雕，正是林徽因生前设计的人民英雄纪念碑的草图。

梁思成出院后，始建于1420年的地安门已经被拆。梁思成跑到工地上，双手抱着拆下来的城砖，举目苍穹，放声大哭："五十年后，你们会后悔的……"

他呆呆地站在被拆的城门前，许久许久，梁思成一直喃喃自语："徽，你走了也好，要不然，你该多伤心啊……"

尽管经历了这些巨大的打击，但梁思成并没有一蹶不振。当时战后重建如火如荼，城市建设需要大量的建筑师。自清末以来，主导中国城市建设的就是西方设计师。最初，这些西方设计师完全照搬西方建筑的外观，后来部分业主要求建筑要体现中国特色，他们就把中国古建筑中最具特色的"大屋顶"扣在建筑上。不管下方的混凝土房子是几层、形式是什么样的，反正一律扣上"大屋顶"。

这种生搬硬套、不伦不类的"大屋顶"不仅不美观，建设起来还费时费力。百废待兴的新中国，将省下来的钱花在这个"大屋顶"上，实在不应该。

梁思成对此大声呼吁："'大屋顶'建筑不伦不类，犹如一个穿西装的洋人头戴红缨帽，胸前挂一块缙子，脚上穿一双朝靴，就以为自己是中国人了！"

梁思成认为，我们应该吸收中国古建筑在空间、环境上的精髓，融合现代主义建筑的优点，设计真正具有中国特色、实用、经济、美观的建筑。

我们现在回过头来看，完全能理解梁先生的苦心，但当时更多的人批评他受西方建筑荼毒太深，看不起中国建筑。

紧接着，苏联专家又提出一套建筑理论：“民族的形式，社会主义的内容。”这套理论很快就成了中国城市建设的指导思想。梁思成知道，他再批评下去也没有意义了。他想的是，即便要搞形式，也可以通过设计让建筑更合理一些。

很多人看到这里会心生不解：梁先生为何立场这么不坚定呢？其实这正是梁思成的可爱、可敬之处，他从来不为主义、主张而活。

在考察古建筑的时候，无论环境多么艰难、出现多少意外，他的想法是，能多了解一些是一些、能多测绘一座是一座。只要多留下一些资料，就是为中国古建筑多留一份遗产。

如今面对自己无法改变的局面，他依然能很快地调整心态，凭借自己的能力，能改变一点是一点、能优化一点是一点，不让自己陷入悲情中无法自拔。

写到此处，我不由想起梁思成的父亲梁启超。梁启超就是面对重重困境而能及时调整心态、最终成为他那个时代罕见的在思想上完成升华的人。

就在梁思成准备继续为国家作贡献的时候，残酷的政治漩涡把他卷了进去。梁思成是一个纯粹的学者，完全不懂政治。最初的十年，他虽然饱受不公正的评价，但还能苦撑着在清华园里做学问。从1966年开始，形势急剧恶化，梁思成被当成“典型批判对象”，他的家反复被抄，还动不动就被要求搬家。失去理性的人们面对这位体弱多病的老人，没有丝毫怜悯，经常将他拉出去批斗。

1967年冬，梁思成一家被赶到一个破旧的小平房里住。屋外零下十摄氏度，屋内没有暖气，窗户还被故意砸碎。林洙拼命地用报纸糊住窗户。

林洙是梁思成的第二任妻子。在林徽因去世七年后，梁思成娶了比自己小二十七岁的林洙。林洙与林徽因是同乡，曾在林徽因的辅导和引荐下入读清华大学先修班。林洙后来写了一本名为《梁思成、林徽因与我》的书，在书中对林徽因明里暗里有不少诋毁。林洙在嫁给梁思成时，就有不少人认为她别有用心。

关于林洙的是是非非，我这里不打算展开聊。需要提一句的是，梁思成晚年遭受磨难的那几年，林洙的确不离不弃地照顾他。

1968年11月，周总理亲自过问梁思成的近况，梁思成才得以进入医院治疗，直至病逝，他都没有离开那张病床。

1969年年底，北京城城墙开始拆除。每次拆除的爆破声响起，梁思成都心如刀绞。他对林洙说："你看他们会保留这座元代的城门吗？你能不能到西直门去看看，拍一张照片回来给我？"

梁思成人生的最后一年多，就是在一声声爆破声中度过的，身心都遭受着巨大的折磨。

1972年1月9日，一代建筑大师梁思成离开了这个世界，享年七十二岁。

弥留之际，他说："世界上很多城市都长大了，我们不应该走别人走错的路。早晚有一天，你们会看到北京在交通、人口、工业污染上的问题。"

他说："建筑是人类文化的历史，是人类文化的记录，反映着时代精神的特质。"

他说："所有建筑都是人造出来的，可它们一旦屹立在大地上，就有了自己的生命。人站在伟大的建筑面前，反而会感到自己的渺小卑微。"

他过："尊重传统，但不拘泥于传统；学习西方，但不局限于西方。在教学计划中，应该做到现代与传统、现实与历史、工程与艺术、理工与人文各门课程结构合理、融会贯通。"

他说："要成为一名优秀的建筑师，要有哲学家的头脑、社会学家的眼光、工程师的精确与实践、心理学家的敏感以及文学家的洞察力。总之，要以广博的知识为铺垫。建筑师是一位具有全面修养的综合性艺术家。"

梁思成将他对建筑、对民族文化的热爱，通过授课、演讲和文字的形式传递给世人，他的思想与精神深深地影响着中国乃至世界的建筑文化与建筑学教育。

林徽因与徐志摩·续

围绕着梁思成与林徽因，还得聊聊两位重要人物，一位是前文提到的诗人徐志摩，另一位是哲学家金岳霖。坊间流传着太多他们与林徽因之间的故事，哪怕在林徽因去世多年以后，各种花边新闻依然困扰着她的家人。

关于徐志摩，前文已经讲了前半段。1924年，徐志摩与林徽因一起为泰戈尔访学做翻译，一起登台演戏。在做完最后一次努力后，徐志摩眼睁睁地看着自己的心上人与梁思成赴美留学，心痛了很长时间，他没有“一别两宽，各生欢喜”的洒脱。

一年多后，徐志摩与陆小曼结婚前，写下了那首《偶然》，被大家解读为徐志摩对林徽因的放下。

我是天空里的一片云，
偶尔投影在你的波心——
你不必讶异，
更无须欢喜，
在转瞬间消灭了踪影。
你我相逢在黑夜的海上，
你有你的，我有我的，方向；
你记得也好，
最好是忘掉，
在这交会时互放的光亮！

徐志摩与陆小曼的爱情，写满了背叛与另类。陆小曼在认识徐志摩时，已是有夫之妇，她的丈夫是民国时期的文武全才王赓。王赓从清华学堂留美预科班毕业后留学美国，在普林斯顿大学获得文学学士学位。因为想到祖国缺乏军事人才，王赓弃文从武，报考西点军校，与美国的第三十四任总统艾森豪威尔（Dwight David Eisenhower）是同班同学。

1919年学成回国后，王赓马上以“留洋军事专家”的身份赴巴黎参加巴黎和会。因为表现出色，回国后不到两年，他升任陆军上校，当时年仅二十六岁。王赓不仅才华横溢，还长得一表人才，北京城里多少达官显贵都想让他成为自家的乘龙快婿。

1922年，王赓在一次聚会上认识了陆小曼，开始了对她的疯狂追求。陆小曼的父亲陆定是政府要员，对陆小曼自幼悉心培养。陆小曼会说英语、法语，会弹钢琴，会画画，还写得一手好字，可谓多才多艺，加之容貌出众，追求她的人不在少数。王赓自身条件确实好，陆家很快就同意了他的求婚。

1924年，王赓与陆小曼的婚礼在北京隆重举行，报纸以《一代名花落王赓》为题，做了大篇幅报道。

无论婚礼多么盛大，生活终要归于平静。婚后不久，王赓被任命为哈尔滨监察厅厅长，陆小曼觉得东北太冷了，不愿同去，而且她觉得王赓不懂浪漫，经常闹情绪。

王赓对待工作极为认真，当时社会动荡，他要保一方百姓平安，没有时间陪妻子，他便托付好友徐志摩照顾留在北京的陆小曼。

王赓是个实在人，他既不了解陆小曼，也不了解徐志摩。诗情画意、吃喝玩乐，这些都是陆小曼擅长的。徐志摩还没从失恋中走出来，现在能陪着这样一位美丽的女子到处游玩，也能散散心了。没多久，两人就“双向奔赴”了。当时陆小曼已经怀了王赓的孩子，她坚持要打掉孩子，与徐志摩结婚。

徐、陆两家都是大家族，双方父母极力反对他们的婚事。可热恋中的两人宁愿背叛所有人，也要走到一起。

徐志摩为了说服王赓，特意请了一众朋友做说客，希望王赓同意离婚。徐志摩摆了一桌酒席，还没等他开口，王赓就看着他说：“为了小曼，我愿意离婚。”说完，他端起酒杯，一饮而尽，又对徐志摩说：“望徐兄可以善待小曼，请照顾好她。”说罢，他起身离开了。

有一说一，在善待陆小曼这一点上，徐志摩还真算是做到了。

1925年10月，徐志摩和陆小曼的婚礼在北海公园举行，来参加婚礼的人不多。王赓还是送来了厚礼，并手书贺帖：“苦尽甘来方知味。”

徐志摩请来的证婚人梁启超对他俩就没那么客气了。王赓和徐志摩都是梁启超的学生，他对徐志摩这个学生的失望之情全在他的证婚词里了。

徐志摩，你这个人性情浮躁，以至于学无所成；你这个人用情不专，以至于离婚再娶。你这个人做学问不成，做人更是失败！

陆小曼，希望你今后能恪遵妇道，务要痛改前非，重新做人。

徐志摩、陆小曼，你们都是离过婚又重结婚的，都是过来人了，这全是由于用情不专，以后要痛自悔悟。希望你们不要一错再错、自误误人，不要以自私自利为行事的准则，不要以荒唐和享乐作为人生的目的，不要再把婚姻当作儿戏，以为高兴可以结婚，不高兴可以离婚，让父母汗颜，让朋友不齿，让社会看笑话！

最后，我送你们一句话：祝你们这是最后一次结婚。

梁启超的这番话“骂醒了一半”。为什么这样说呢？他的学生徐志摩确实对陆小曼用情至深至真。

因为双方家庭反对他们的婚姻，徐、陆两家断了对徐志摩与陆小曼的经济支持，两人搬到了上海居住。陆小曼没挣过钱，但花钱大手大脚惯了。到了上海后，她很快成了社交界的热门人物，穿衣打扮、吃喝玩乐都是大笔开销，后来还染上了吸食鸦片的恶习。

徐志摩为了挣钱，成了工作狂。他同时在光华大学、东吴大学、大夏大学三所学校讲课，还要赶写诗文赚稿费。

1930年，应胡适的邀请，徐志摩开始担任北京大学和北京女子师范大学的教授。徐志摩之所以愿意去北京，一个重要原因就是当时北京大学的工资比较高。在那个普通人一个月只能挣几块大洋的年代，徐志摩很多时候可以一个月收入近一千块大洋，但这居然都不够陆小曼花的。

1931年年初，梁思成与林徽因回到了北京。徐志摩和林徽因再次相见，两人都已释然，他们成了无话不谈的挚友。林徽因还写了一首诗《仍然》，被大家认为是林徽因对六年前徐志摩写的《偶然》的回应。

你舒伸得象（像）一湖水向着晴空里
白云，又象（像）是一流冷涧，澄清
许我循着林岸穷究你的泉源：
我却仍然怀抱着百般的疑心
对你的每一个映影！

你展开象（像）个千瓣的花朵！
鲜妍是你的每一瓣，更有芳沁，
那温存袭人的花气，伴着晚凉：
我说花儿，这正是春的捉弄人，
来偷取人们的痴情！

你又学叶叶的书篇随风吹展，
揭示你的每一个深思；每一角心境，
你的眼睛望着我，不断的（地）在说话：
我却仍然没有回答，一片的沉静
永远守住我的魂灵！

全诗分为三节，朦胧含蓄地解释了为何自己当年理解徐志摩的爱，却不能接受他的爱——他们在不对的时间遇上了对方。诗中还包含了对徐志摩的感激，以及对那份惺惺相惜之情的珍视。

遗憾的是，就在他们释然之后没多久，徐志摩在空难中去世。林徽因亲自主持了在北京的徐志摩公祭葬礼，她含泪写下了《悼志摩》。

我们不迷信的，没有宗教地望着这死的帷幕，更是丝毫没有把握。

张开口我们不会呼吁，闭上眼不会入梦，徘徊在理智和情感的边沿，我们不能预期后会。

对这死，我们只是永远发怔，吞咽苦涩的泪。

待时间来剥削哀恸的尖锐，痂结我们每次悲悼的创伤。

徐志摩去世时，与林徽因刚好认识十年。林徽因在诗歌创作上，确实受徐志摩很大影响。

人间四月天

徐志摩在去世前，将另一个人带进了林徽因的生活，这个人就是金岳霖。

金岳霖1895年生于湖南长沙，比梁思成年长六岁，比林徽因大九岁。他先后赴美英留学，在宾夕法尼亚大学、哥伦比亚大学和伦敦大学求学，主修文学、哲学和逻辑学。1925年，他受清华大学之邀，回国任教。

1931年年初，执教于清华大学哲学系的金岳霖在徐志摩的介绍下，正式认识了住在自家前院的梁思成与林徽因夫妇。当时金岳霖租住于总布胡同，梁思成夫妇从东北大学回到北平后，刚好租住了金岳霖家前面的院子，两座院子是完全独立的。

梁思成夫妇家的客厅，每逢周六下午就会聚集一批文化精英，真可谓“谈笑有鸿儒，往来无白丁”。大家手中端一盏清茶，围坐一室，话题包括文学、哲学、艺术、音乐、建筑等。梁思成夫妇热情好客、思维活跃，大家每每乘兴而来、尽兴而归。

病榻上的林徽因

金岳霖见到林徽因的第一眼，就被她深深吸引了。林徽因的美丽优雅，完全符合金岳霖对于梦中情人的想象。此后每到周六的聚会，金岳霖都是早早地就到了。金岳霖学识渊博、身材挺拔、相貌堂堂，肯定受到众多女子的爱慕，但自从认识林徽因之后，金岳霖的眼里、心里就再也容不下其他女子了。

同梁思成夫妇熟悉之后，金岳霖除了早饭在自己家中吃，午饭和晚饭都准时准点地出现在梁家。金岳霖与梁思成也非常聊得来，他也知道梁思成与林徽因的感情很深。

据说在1932年，梁思成调研古建筑回来后，看到林徽因满面愁容，他问林徽因怎么了，林徽因说：“我同时爱上了两个人。”

梁思成内心翻腾，但还是故作镇定。他想了一夜后，对妻子说：“你是自由的，如果你选择老金，祝愿你们永远幸福。”

当金岳霖得知梁思成的话后，对林徽因说：“看来思成是真心爱你的，我不能伤害一个真正爱你的人，我应该退出。”

这段流传很广的对话，源于林洙在梁思成去世后写成的《我所认识的林徽因》，基本可以确定是林洙编造的。那段时间，林徽因正怀着梁从诫，而且金岳霖在美国访学。

金岳霖是一个超脱、特立独行又极具理性的人。冯友兰后来回忆道：“金先生是嵇康风度在现代的影子。”金岳霖对林徽因无条件的信任、包容与爱，是人间的至爱。金岳霖与林徽因之间的感情，超脱了男女之间的爱情，升华为了兄妹之间的亲情。梁思成和梁家子女，也将金岳霖视为家人。

抗战期间，梁思成与林徽因在昆明盖了一间小房子，金岳霖就挨着他们家盖了一间侧房，依然是吃在梁家。因为物资匮乏，金岳霖就自己养了几只母鸡，用鸡蛋给林徽因补身子。林徽因搬到李庄后，他们有五年时间没有住在一起。

1945年，梁思成夫妇和金岳霖回到北平。在清华园里，两家住得不远。有一段时间，林徽因病情加重、卧病在床，金岳霖每天下午三点半雷打不动地夹着一本诗集，到林徽因的病床前，给她念诗解闷。有时候梁思成在家，见金岳霖来了，还会跟他打个招呼，说徽因在屋里。

林徽因去世后，金岳霖是治丧委员会的一员，他写了那副流传甚广的挽联。

一身诗意千寻瀑，万古人间四月天。

在金岳霖的心里，林徽因离世，人间便再无温暖和煦的四月天。

据说在梁思成再婚那天，金岳霖怀着复杂的心情，在林徽因的墓前独坐了一夜，当时他已六十七岁。

在金岳霖八十岁高龄时，有人拿着一张林徽因的照片让他辨认，他拿着照片凝视了很久，以恳求的语气说："给我吧。"

梁思成与林徽因的两个孩子自从记事起，就把金岳霖当作自家人，称呼金岳霖为"金爸"。金岳霖晚年独自生活在社科院的职工宿舍里，在北京工作的梁从诫经常到金岳霖家帮忙，陪金岳霖聊天。梁思成去世后，金岳霖的身体也每况愈下，梁从诫一家干脆搬到了金岳霖家里住，每日照顾金岳霖的起居。金岳霖非常开心，他说："我们两家又合为一家了。"

金岳霖在梁从诫一家人的陪伴下安度晚年，他虽然没有自己的孩子，却享受了天伦之乐。

1984年10月19日，金岳霖病逝于北京305医院，享年八十九岁。

他留下遗言："请勿开追悼会，骨灰请让清风吹走。"

梁从诫没按他的意思办，他将金岳霖安葬在了八宝山革命公墓，与父亲、母亲又成了邻居。

我们一提起金岳霖，好像只能想到他对林徽因的痴情，为了林徽因终身不娶，却很少想到他的学术成就。

哲学家、教育家冯友兰说："金岳霖是中国真正懂得近代逻辑学的第一人，也是使得逻辑学和认识论在中国真正发展起来的第一人。"

哲学家、数学家张申府说："在中国哲学界，金岳霖先生为第一人。"

中华民族的设计师

梁思成与林徽因那一代的知识分子，以他们的才华和能力，完全可以留在海外，从事体面高薪的工作，过着舒适的生活。但他们选择了回国报效、鞠躬尽瘁，在民族危急存亡之秋，他们将自己的生命与理想，同国家、民族的命运紧紧地联系在一起。

林徽因的美国好友邀请她到美国治病，林徽因写信婉拒道："我的祖国正在灾难之中，我不能离开她。假使我必须死在刺刀或炸弹下，我也要死在祖国的土地上。"

当林徽因的结核病再次发作时，她的美国好友再次催促她来美国治疗，她依然说："我的祖国需要我。"

战乱时期，在逃难过程中，她的儿子梁从诫懵懂地问母亲："母亲，如果日本人打过来了，怎么办？"

林徽因看着孩子，认真地回答："中国的读书人，总归有一条后路，门外就是扬子江。"

后来有人问梁思成："抗战时期，你既不是军人，也不是大学教授，完全可以待在北平，你为什么还要坚持南逃？"

梁思成回答说："我们也做不了什么，虽然不能上前线，但至少可以为国家尽忠守节。"

抗战胜利后，林徽因呼吁："**作为一个建筑师，让广大老百姓拥有适合自己生活的居住空间，比建一百座宫殿、大厦更有意义。**"

参考文献

[1] 梁思成. 中国建筑史[M]. 重庆：重庆出版社，2023.

[2] 梁思成. 梁思成中国建筑史[M]. 天津：天津人民出版社，2023.

[3] 梁思成. 梁思成注释《营造法式》[M]. 天津：天津人民出版社，2023.

[4] 梁思成，林徽因. 梁思成 林徽因建筑艺术二十讲[M]. 天津：天津人民出版社，2023.

[5] 梁思成，林徽因. 我用一生来回答：梁思成林徽因诗文集[M]. 北京：开明出版社，2023.

[6] 梁再冰. 梁思成与林徽因[M]. 北京：中国建筑工业出版社，2021.

[7] 岳南. 梁思成、林徽因与他们那个时代[M]. 长沙：岳麓书社，2022.

[8] 窦忠如. 梁思成传[M]. 天津：百花文艺出版社，2016.

[9] 朱云乔. 刹那芳华，念念不忘：林徽因传[M]. 北京：天地出版社，2022.

[10] 唐德刚. 从晚清到民国[M]. 北京：中国文史出版社，2019.

[11] 郭大钧. 中国现代史探索[M]. 北京：北京师范大学出版社，2015.

[12] 范文澜. 中国通史[M]. 北京：人民出版社，2008.